Borja Rodríguez Gutiérrez

Trece cuentos del Romanticismo Español

- STOCKCERO -

1st. Stockcero edition: 2009

ISBN: 978-1-934768-27-3

Library of Congress Control Number: 2009938911

Set in Linotype Granjon font family typeface
Printed in the United States of America on acid-free paper.

Published by Stockcero, Inc.
3785 N.W. 82nd Avenue
Doral, FL 33166
USA
stockcero@stockcero.com

www.stockcero.com

Borja Rodríguez Gutiérrez

Trece cuentos del Romanticismo Español

Contenido

Introducción

La época.

El romanticismo: elementos básicos.

TRECE CUENTOS DEL ROMANTICISMO ESPAÑOL

Introducción

El cuento como género literario.

El desarrollo del cuento literario.

En el siglo XIX el cuento adquiere auténtica dimensión literaria. Según Mariano Baquero Goyanes hay que diferenciar entre dos realidades diferentes: la primera, la aparición de la palabra «cuento» en la lengua castellana, y la utilización de esa palabra para designar relatos breves de tono popular y carácter oral; y otra muy distinta: la aparición del género que solemos distinguir como «cuento literario», precisamente para diferenciarlo del tradicional. Este existía desde muy antiguo, en tanto que la decisiva fijación del otro, del literario, habría que situarla en el Siglo XIX (Baquero Goyanes, 1988; 105-106). Esta opinión del máximo especialista en nuestro cuento decimonónico es corroborada por otros autores que apuntan conclusiones parecidas. Según Enrique Pupo-Walker «hacia fines del XIX comienza a definirse la poética del cuento» (Pupo-Walker, 1973; 12). Lo cual no hace sino confirmar la opinión que ya había avanzado Juan Valera: «Habiendo sido todo cuento al empezar las literaturas, y empezando el ingenio por componer cuentos, bien puede afirmarse que el cuento fue el último género literario que vino a escribirse» (Valera, 1907; 8-9).

Problemas terminológicos.

Todavía a principios del Siglo XX se mantiene una cierta indefinición del término. Menéndez Pelayo, en el capítulo IX de sus *Orígenes de la Novela*, «Cuentos y Novelas cortas» utiliza indistintamente las palabras cuento y novela (en el sentido italiano de *novella*) para denominar las narraciones breves. Así, refiriéndose al libro *Silva Curiosa* de Julián de Medrano, Don Marcelino dice lo siguiente: «Hay en el libro dos *narraciones* tan mal forjadas y escritas, que sin gran escrúpulo pueden atribuirse al mismo Julián de Medrano. Una es cierta *novela* pastoril [...] La otra [...] es un largo *cuento* de hechicerías y artes mágicas» (Menéndez Pelayo, 1943; III, 123). Y hablando de

Contos e historias de proveito e exemplo, del autor portugués Gonzalo Fernández Trancoso: «Llegando a los *cuentos* propiamente dichos, a las *narraciones* algo más extensas, que pueden calificarse de *novelas cortas*...» (1943; III; 144) (Las cursivas son mías).

No cabe duda de que las narraciones de longitud breve han recibido una gran cantidad de nombres distintos, a veces sin una definición clara. Por contra, el término «cuento» aparece asociado a diferentes significados que implican una valoración: transmisión oral, carácter no literario, temática fantástica.

SIGNIFICADO ASOCIADO A LA TRANSMISIÓN ORAL.

El término *cuento* aparece en general asociado a la narración oral. Menéndez Pelayo recoge la obra del portugués Francisco Rodríguez Lobo, *Corte na aldea e noites de inverno* (1619), en la que Rodríguez Lobo en los diálogos X, «De la materia de contar historias en conversación» y XI, «De los cuentos y dichos graciosos y agudos en la conversación» de su obra, diferencia entre los *Cuentos* y las *Historias*, entendiendo como tales a las novelas al estilo italiano. En las novelas se usa más

> La buena descripción de las personas, relación de los acontecimientos, razón de los tiempos y lugares, y una plática por parte de algunas de las figuras que mueva más a compasión y piedad, que esto hace doblar después la alegría del buen suceso. (Menéndez Pelayo, 1943; III; 150)

La diferencia está pues en el carácter literario de la novela y no literario del cuento.

> Esta diferencia me parece que se debe hacer de los cuentos y de las historias, que aquellas piden más palabras que estos, y dan mayor lugar al ornato y concierto de las razones, llevándolas de manera que vayan aficionando al deseo de los oyentes, y los cuentos no quieren tanta retórica, porque lo principal en que consisten está la gracia del que habla y en la que tiene de suyo la cosa que se cuenta. (Menéndez Pelayo, 1943; III; 151)

Para Rodríguez Lobo el cuento es, más que una obra literaria, lo que ahora llamamos un «chiste». Tan es así que incluso da consejos sobre como hay que incluirlos en la conversación.

> Los cuentos y dichos galanes deben ser en la conversación como los pasamanos y guarniciones en los vestidos, que no parezca que cortaron la seda para ellos, sino que cayeron bien, y salieron con el color de la seda o del paño que los pusieron; porque hay algunos que

> quieren traer su cuento a fuerza de remos cuando no les dan viento los oyentes, y aunque con otras cosas les corten el hilo vuelven a la tela y lo hacen comer, recalentado, quitándole el gusto y la gracia que pudiera tener si cayera a caso y a propósito, que es cuando se habla en la materia de que se trata o cuando se contó otro semejante. Y si conviene mucha advertencia y decoro para decirlos, otra mayor se requiere para oírlos, porque hay muchos tan presurosos del cuento o dicho que saben, que en oyéndolo comenzar a otro se le adelantan o le van ayudando a versos como si fuera salmo [...] Tampoco soy de opinión que si un hombre supiese muchos cuentos o dichos de la materia en que se habla, que los saque todos a plaza, [...] sino que deje lugar a los demás y no quiera ganar el de todos ni hacer conversación consigo sólo. (Menéndez Pelayo, 1943; III; 151-152)

Consejos, como se ve, para el hombre que quiere mantener una conversación elegante e ingeniosa.

Rodríguez Lobo es quizás quien más claramente explica el carácter oral del término cuento, pero hay otros ejemplos. Sebastián Mey, en el prólogo de su *Fabulario en que se contienen fábulas y cuentos diferentes* de 1613 recomienda «que las madres y las amas no cuenten a los niños patrañas ni cuentos que no sean honestos». (Menéndez Pelayo, 1943; III; 153). Juan de Timoneda en el prólogo de *El Patrañuelo* advierte a sus lectores, en su «Epístola al amantísimo lector» que

> Semejantes marañas las intítula mi lengua natural valenciana *Rondalles* y la toscana *Novelas*, que quiere decir: «Tú, trabajador, pues *no velas*, yo te desvelaré con algunos graciosos y aseados cuentos, con tal que los sepas contar como aquí van relatados, para que no pierdan aquel asiento y gracia con que fueron compuestos» (Timoneda, 1979; 19).

Se trata de *cuentos* por que el autor los escribe para que luego sean contados, eso sí, sin perder su gracia. Y Cervantes, en *El Quijote*, nos habla de *El Curioso Impertinente* como *novela,* pues fue encontrada escrita, mientras que la historia de Marcela y Grisóstomo es calificada como *cuento*, al ser narrada de viva voz por Pedro.

Este concepto de que el cuento se caracteriza, ante todo, por la transmisión oral aparece hasta bien entrada la segunda mitad del Siglo XIX. Ése parece ser el que le da Bécquer al comienzo de «El Rayo de Luna» de 1862: «Yo no sé si esto es una historia que parece cuento o un cuento que parece historia». Y Narciso Campillo, en 1872, explicaba de esta manera los orígenes de la novela:

> El origen histórico de la novela se pierde en la noche de los tiempos y hay que referirlo a las primitivas sociedades cuyos individuos satisfacían su curiosidad y su ansia por lo desconocido con los cuentos

> y tradiciones que desde época inmemorial habían ido pasando de padres a hijos. Posteriormente, bien fuese porque tales cuentos se hacían más complicados y difíciles de retener en la memoria, bien porque una civilización menos primitiva y ruda comprendiese el partido que de ellos podría sacar, dándoles convenientemente forma y perpetuándoles mediante la escritura, o por ambos casos juntamente, la novela pasa de la palabra al libro, se fija con carácter propio y constituye un nuevo género literario. (Campillo, 1881; 223).

Es pues la forma de transmisión lo que diferencia a cuento y novela para Campillo. Si la transmisión es oral es cuento, si es escrita es novela. Una vez que la narración está escrita es novela independientemente de sus dimensiones. Por ello Campillo no habla en su obra de la narración breve bajo ninguno de sus nombres: toda la narración en prosa está englobada en su libro bajo el nombre de novela. No deja de ser curioso esto viniendo de un autor que cultiva con asiduidad el cuento (1879, 1881). Esta diferenciación entre cuento y novela por el carácter oral del cuento se advierte también en las memorias de Julio Nombela. Nombela recuerda que en su infancia era muy aficionado a las «historias y cuentos» que le contaban sus familiares sobre todo los cuentos más fantásticos (Nombela, 1976; 26-27). Pero cuando recuerda sus inicios literarios en la narración breve habla de «novela de breves dimensiones» (1976; 296) o comenta que un amigo suyo publicaba «episodios históricos novelescos» en *El Museo de las Familias* (1976; 453).

SIGNIFICADO ASOCIADO A LO EXTRALITERARIO.

La oralidad del cuento lleva a que sea considerado como extraliterario y poco culto: no apropiado para literatos. Así lo vemos en el *Libro de erudición poética* de Luis Carrillo. Al abordar el tema de la Historia, Carrillo expresa las excelencias de este género, el más noble, en su opinión, de todos los de la prosa: «Es la Historia muy cercana a la poesía y en cierta manera a verso suelto, y por ello usando de palabras más remotas y de figuras más libres y licenciosas *evita el enfado de los cuentos*» (Carrillo y Sotomayor, 1613; 139) (el subrayado es mío). La valoración negativa del cuento puede verse en otras obras como una *Sátira contra la literatura chapucera del tiempo presente* de Juan Pablo Forner, en la que el autor dice despreciar las objeciones de «algunos lectores criticones / entre los que de cuentos se alimentan» (Forner, 1844; 190) y se lamenta del estado de la literatura y la cultura en su tiempo en que «Castillos en el aire se fabrican / Llamase docto al forjador de cuentos» (*ibíd*; 192). No es de extrañar por lo tanto que el Padre Terreros en su *Diccionario Castellano* incluya la siguiente definición de cuento: «Se dice también algunas veces por narrativa inútil y discurso despreciable» (Terreros, 1786; I, 572).

Significado asociado a lo fantástico.

Juan Valera colaboró en el *Diccionario enciclopédico hispanoamericano,* que comenzaron a editar en 1887 los barceloneses Montaner y Simón, con un artículo sobre el *cuento* que fue incluido en el tomo XIV de sus obras completas, a modo de prólogo. (Valera, 1907; 5-13). Valera pretende definir el cuento por exclusión. En principio cuento era lo que se contaba. En la antigüedad no se escribía pero se imaginaba. El origen del Universo y la vida de los dioses fueron los primeros cuentos que dejaban de serlo cuando se creían, y volvían a ser cuentos cuando dejaban de creerse. Al aparecer la escritura algunos cuentos se recogieron y fueron la materia prima de la religión, otros lo fueron de la poesía y otros los de la historia. Los que no fueron recogidos de ninguna manera quedaron como los cuentos vulgares, populares, una «ficción involuntaria» sin intención ni interés literario. Al ser oral su transmisión no forman parte de la literatura.

Antes del cuento literario, del cuento escrito, apareció otro género literario, fundado en el cuento, pero que no es el cuento; la novela.

> Es también una narración de hechos fingidos pero con la pretensión de estar más de acuerdo con la realidad, y de ser fruto de la observación y el estudio de los sitios, de la naturaleza, de las costumbres y usos de diversos países y de los caracteres de los hombres. Todo esto se observaba entonces más que con tenacidad y escepticismo, con poderosa y crédula fantasía, por donde, aún en las primitivas novelas, predomina lo maravilloso fantástico sobre lo real y salvo la mayor extensión y reposo con que la novela está escrita, la novela se parece al cuento hasta confundirse con él.

Valera encuentra tres especies de cuentos principales: los de «maravillas, encantos, y cosas sobrenaturales», los de amor, y los breves y humorísticos que el denomina «chascarrillos» –al estilo de Rodríguez Lobo–. Los últimos no merecen el calificativo de literarios, y los segundos «sobre todo cuando no hay en ellos elemento sobrenatural, son novelas en compendio, novelas en germen». Son los primeros, los de «asombros y prodigios», los que han permanecido como cuentos.

Valera, como vemos, no se fija en la extensión, sino en el elemento de fantasía, para definir *cuento* y *novela*. *Novela* es pura y simplemente la novela realista; la fantasía y el vuelo de la imaginación llevan a calificar a la narración en cuestión como *cuento.* Tal vez sea éste el sentido que Menéndez Pelayo (1949; 417) utiliza al calificar de «entretenido cuento» a *La Campana de Huesca* de Antonio Cánovas del Castillo, una novela que en edición de bolsillo de 1976 llena 254 páginas de letra pequeña y apretada.

LAS DEFINICIONES DEL GÉNERO HASTA 1800.

No es posible encontrar una definición clara del género en las distintas obras de preceptiva e historia literaria. Los nombres se mezclan y las definiciones no coinciden en uno y otro autor de tal manera que a la altura de 1800 los autores que se enfrentaron a la narración no tenían clara, en modo alguno, ninguna conciencia de género.

Miguel de Salinas escribe en 1541 su *Retórica en lengua castellana*, la primera obra de ese género que se compuso en español. En esta obra como en muchas otras retóricas las indicaciones son para la oratoria y las menciones que se hacen a *narración, fábula, apólogo*, etc, son para su inclusión en el discurso. Sólo mucho más adelante la retórica tendrá en cuenta los escritos en prosa (y muchas veces para catalogarlos como géneros inferiores a la oratoria).

Ya aparece en Salinas el concepto de *narración* que se va a repetir en sucesivas retóricas y que es la primera manifestación teórica sobre un genero literario en prosa narrativa. Para Salinas «la *narración* pone delante de los ojos lo que pasa, siempre tirando a persuadir ser verdadero lo que cuenta» (Casas, 1980; 68). La *narración* puede estar más o menos cercana al propósito de que se trata, es decir al elemento del cual se quiere convencer al oyente; la más cercana es la *narración* propiamente dicha y la mas lejana se llama *digresión*. El concepto de Salinas de *narración* es muy amplio e incluye lo que ahora consideramos modo narrativo y lo que consideramos modo descriptivo. Así el capítulo IX habla «De la narración o manera de dar cuenta de la cualidad y particularidades de la persona», el capítulo X «De la narración o pintura del lugar», («Cuando damos cuenta de algún lugar como es provincia ciudad, monte, región, [...] debemos procurar que sea así como si, estando en el mismo lugar, trajésemos por la mano al que lo oye»), el capitulo XI «De la narración o pintura del tiempo» y el Capítulo XII «De la narración de cualquier cosa en general» (Casas; 1980; 76 a 84). Hay que hacer notar que Salinas usa como sinónimos narrar, pintar, dar cuenta y contar. Los atributos fundamentales de la narración son tres:

> Y, aunque en la narración pueda servir todas las cosas dichas o muchas de ellas, no se deben estorbar a que la narración tenga lo que principalmente debe tener para ser buena, y es que sea breve, clara y verosímil [...] Breve será si de allí comenzásemos a contar donde hay necesidad, y no cosas precedentes o subsecuentes [...] clara será la narración si se dice por buena orden, contando primero lo que primero pasó, o lo que primero está en la disposición de donde lo sacamos [...] Verosímil será si dijéramos cosa natural y como comúnmente suele acaecer, y si no se contradice uno a otro por razón de los tiempos en que decimos que pasaron [...] Si la cosa es verdadera, débese esto mirar, porque faltando algo de ello, po-

> dríase presumir ser mentira. Y, si es fingida; débese tener mucho más cuidado, porque poco descuido basta para olerse la ficción. (1980; 86)

Este concepto de narración, que se va a repetir en otros autores más o menos matizado, pone en relación la oratoria con el cuento, que será de esta manera utilizado como ejemplo por los oradores, sobre todo por los sagrados, tal como se podía ya ver en la *Disciplina Clericalis* del Siglo XI. También va a dar al cuento más breve un carácter moralizante y pedagógico, del cual se desprenderá con mucha dificultad y no totalmente, pues en buen número de cuentos sigue presente hasta nuestros días.

Los retóricos que escriben después de Salinas difieren varias veces de sus ideas, pero ninguno llega a diferenciar entre narración y descripción. La mezcla teórica de estos dos elementos se mantiene, por lo menos, hasta el período que nos proponemos estudiar.

En 1589 Juan de Guzmán, en su *Retórica*, habla de los elementos de la oratoria. No discrepa de la idea que tiene Salinas de *narración*, aunque concreta un poco más las circunstancias de su uso y distingue entre un modo narrativo y un modo dialogado. Para Guzmán la *fábula* es un genero narrativo que existe dentro de la oratoria. Hay dos tipos de fábulas: de narración y de diálogo. Todas las fábulas se componen de dos partes: *narración* y *admonición*, que es la consecuencia que se debe sacar de la historia. Menciona también Guzmán la «Chria» o Sentencia, un género narrativo mas breve aún que la *narración*. Se trataría de una anécdota de un hecho o dicho famoso.

Alonso López Pinciano publica en 1596 *Philosofia antigua poética*. Aquí el concepto de *fábula* es muy diferente del de Guzmán. Se corresponde no con un género o subgénero determinado, sino con elementos modernos de la teoría literaria como *argumento* y *trama*. La *fábula* de López Pinciano aparece, por lo tanto, tanto en la épica como en la tragedia o en la comedia. Su carácter principal es la verosimilitud. «Las ficciones que no tienen imitación y verosimilitud no son fábulas, sino disparates» (López Pinciano, 1596; 166).

Continúa aún más el estudio de la *fábula* diferenciando dentro de ella entre *argumento* y *episodio*. El *argumento* sería lo fundamental de la historia y los *episodios* elementos secundarios que se pueden eliminar sin que esto afecte al argumento: «Episodio es un emplasto que se pega y despega a la fábula» (1596; 172). El *episodio* es pues un relato breve, que sirve para adornar el relato principal: más propio para López Pinciano de la épica que de la tragedia o de la comedia. El *episodio* (término que usarán los cuentistas de la primera mitad del XIX) adquiere de esta manera una cierta identidad propia: «La epopeya es una rosa abierta, y el pezón y cabezuela es la fábula, y las hojas son los episodios que la ensanchan y florecen, y así como las hojas penden de la cabezuela, los episodios penden de la fábula» (1596; 172) Por lo tanto, de la misma manera, que los *episodios* deben estar unidos a la *fábula* tan livianamente que en cualquier momento puedan eliminarse de la historia sin dañar al conjunto, por lo mismo su constitución interna no puede depender de su unión con la *fábula* y de esta manera adquieren una casi independencia y autonomía. En realidad, es el cuento en verso lo que López Pinciano llama *episodio*.

Habla también López Pinciano del *apólogo*. Lo considera una «especie poética menor», junto con la Sátira, la Égloga, la Elegía y el Epigrama. El elemento fundamental que lo distingue es su intención moralizante: «Poema común, el cual debajo de la narración fabulosa enseña una pura verdad» (1596; 506). Si bien está hablando de especies poéticas es interesante señalar que en su definición usa la voz *narración* en el sentido de relato..

Baltasar de Céspedes escribió *El Humanista* en 1600 aunque la obra no se llega a imprimir hasta 1784. Céspedes considera a la *fábula* como el género que engloba todas las obras de ficción (Céspedes, 1784; 72) y usa la voz *cuento* para referirse a aquello que se cuenta o relata sin que en ello intervenga forzosamente la invención o la creación literaria (1784; 73).

El *Cisne de Apolo* de Luis Alfonso de Carvallo (1602) vuelve a considerar a la *fábula* como un género narrativo si bien sea en verso. Pero Carvallo parece entender que *fábula* viene de fabuloso. Según él las ficciones se dividen en verosímiles e inverosímiles: *parábolas* y *fábulas*. «Las verosímiles son las que cuentan algo que, si no fue, pudo ser o podrá suceder y estas han de ser muy aparentes y semejantes a verdad [...] De estas usaron los Hebreos, llamándolas parábolas [...] las fábulas son de casos que no sucedieron en aquella forma que se cuentan, ni pueden suceder formalmente» (Carvallo, 1602; 21). Prosigue Carvallo dividiendo las fábulas en dos clases, las visibles y corpóreas (las *Metamorfosis* de Ovidio) y las intelectuales y metafísicas (cuando se presenta a personajes abstractos como el amor, la soberbia, la virtud). También es muy diferente su visión del *episodio*, que él sitúa dentro de la historia y que es «fingir lo que pudo suceder y acaso sucedió no contando lo contrario de ello» (1602; 134). Puede hacerse esto porque al historiador le es permitido añadir cosas que no sean ciertas, siempre que con arte estén escritas e insertadas y no sean radicalmente falsas: «también se usa contar algunas ficciones en estilo histórico, ya por la moral [...] ya por ejemplo, entretenimiento y gusto» (1602; 134).

De 1604 es la *Elocuencia española en Arte* de Bartolomé Jiménez Patón. Aquí el término de *fábula* está mucho más cerca del criterio de Juan de Guzmán, si bien está más definida. Se trata de un «exemplo fingido» cuyos misterios están muy encubiertos, porque no tienen un solo sentido sino muchos. Jiménez Patón contrapone la *fábula*, culta y valiosa con el *cuento* que para él es género sin valor: «Como dice Horacio son cuentos para viejas, gente rústica y que poco sabe» (Jiménez Patón, 1604; 107). Clasifica las *fábulas* en cuatro tipos: las que son totalmente inventadas y con muchos significados; las que mezclan mentiras con verdades, y que son propias de la poesía; las que son más reales y parecidas a la historia; y aquellas cuyo significado «está totalmente solo en la superficie y es invención de vejezuelas locas» (1604; 108). Otro elemento que trata Jiménez Patón es la *narración*. Se trata de un recurso de la oratoria, «una cosa importante y provechosa para lo que se quiera persuadir [...] ha de ser breve clara y que se pueda creer [...] Si dijéramos mentiras [en la narración] las ordenaremos de forma que parezcan verdades» (1604; 113-114). Parece, pues, que Jiménez Patón encuentra a la *fábula* como un género más literario (en tanto que permite más elaboración para darle significados encubiertos) que la *narración*, que concibe como un instrumento de la retórica y para la que recomienda las mismas tres características que Salinas: brevedad, claridad y verosimilitud. Especies diferentes, por lo tanto.

Francisco de Cascales, en sus *Tablas poéticas*, de 1617, vuelve a la noción de *fábula* que ya vimos en López Pinciano: «Fábula es imitación de una acción de uno, entera y de justa grandeza» (Cascales, 1779; 23). Ahora bien, precisa su concepto de imitación, diciendo que imitación es tanto retratar un hecho como ha pasado o como podría haber pasado, de forma verosímil. La acción, por lo tanto, puede ser sacada de la historia o inventada por el poeta. El hecho importante es la verosimilitud. Por ello Cascales, que admite que puede practicarse la épica en prosa (1779; 109), rechaza los libros de caballerías, que están fuera de la poesía, por su inverosimilitud (1779; 130). Ahora bien es importante su admisión de la épica en prosa, puesto que también admite los episodios de la épica a la manera de López Pinciano, y con ello tendríamos una formulación teórica más o menos parecida al cuento moderno. También habla de *narración* como intercalación en la epopeya de una exposición de cosas que han pasado o que podrían haber pasado. Saca la *narración* de la oratoria y la introduce en géneros literarios más próximos a la moderna narrativa.

El primer trabajo lexicológico de la Real Academia Española, el *Diccionario de Autoridades,* incluye todos los nombres que hasta el momento hemos encontrado y otros más que pueden servir para la narración breve. Recoge, pues, la falta de criterios fijos sobre la narración breve, que dan lugar en muchos casos a ambigüedades y confusiones o a definiciones incorrectas: el *D.A.* (Diccionario de Autoridades) da «narración» como significado de *relación*, y «relación» como significado de *narración*. De los nombres hasta ahora apuntados por los retóricos hay las siguientes definiciones.

Narración	*Relación puntual de alguna cosa.*
Episodio	*Lo mismo que* Digressión*; vicio de la elocuencia que alguna vez puede ser artificio o necesidad y se comete cuando el Orador o Historiador sale o se aparta de su principal asunto.*
Apólogo	*Especie de fábula moral en que se introducen de ordinario a hablar los brutos, plantas y otras cosas inanimadas, con animo de divertir y enseñar a un mismo tiempo.*
Fábula	*Ficción artificiosa con que se pretende encubrir o disimular alguna verdad. / Cuento o narración de cosa que no es*

verdad ni tiene sombra de ella, inventada para deleitar, ya sea con enseñanza o sin ella, las primeras se llaman APÓLOGAS *y las segundas* MILESIAS.

PARÁBOLA *Narración de algún suceso que se conoce o se finge del cual se intenta sacar alguna moralidad o instrucción alegórica por comparación o semejanza.*

Pero además de estos nombres el diccionario incluye otros que pueden ser utilizados también para referirse a la narración breve.

CONSEJA *Cuento, patraña, fábula que se inventa o refiere para sacar de ella alguna moralidad o para diversión y pasatiempo.*

CUENTO *Relación de alguna cosa, ordinariamente llaman así a las consejas que se cuentan para divertir a los muchachos.*

FABULACIÓN *Narración o cuento, mentiroso o fingido.*

HISTORIA *Fábula o enredo.*

NOVELA *Historia fingida y texida de los casos que comunemente suceden o son verosímiles.*

RELACIÓN *Narración o informe que se hace de alguna cosa que sucedió.*

La doctrina del *D.A.* es como vemos confusa y contradictoria. No acepta *episodio* como un genero narrativo ni protonarrativo. Las sucesivas definiciones hacen moverse en círculos al consultante. *Parábola, relación, fábula* y *fabulación* llevan a *narración* pero *narración* vuelve a *relación* y allí se cierra el camino. Por su parte *fábula* va a *cuento*, éste a *conseja* y *conseja* es definida como *cuento o fábula*. La definición de *apólogo* no coincide con la de las *fábulas apólogas*. Hay géneros que son definidos como referentes a cosas que sucedieron (*relación*) y otros que «no son verdad ni sombra de ella» (*fábula*), aunque tanto *fábula* como *relación* son definidas como *narración*. En resumen una confusión generalizada que va a ser la constante sobre el género de la narración breve en la primera mitad del XIX.

En cuanto a otras voces que van a ser utilizadas para nombrar a la narración breve, o bien no aparecen en el diccionario (*anécdota, crónica, historieta, relato*) o bien aparecen con otros significados (*balada, ficción, leyenda, romance* y *tradición*).

La Poética de Luzán (1737) menciona dos de los conceptos que estamos manejando: *episodio* y *narración*. No admite, al contrario que Cascales, la posibilidad de una epopeya en prosa: «según mi opinión y la común de los autores más clásicos, tampoco será epopeya ninguna obra escrita en prosa, por faltarle el esencial requisito del verso; dígolo porque me acuerdo haber visto un librillo intitulado *Historia Trágica del Español Gerardo*, a quien se le añade el nombre de epopeya» (Luzán, 1789; II, 267-268). Luzán comparte con López Pinciano y con el propio Cascales el concepto de *episodio*. Distinta es la idea que tiene de *narración*: «Narración es la parte principal de la Epopeya... siendo las otras partes como preludios de ella. Allí se ve toda la acción entera, con un principio, medio y fin, con sus episodios y circunstancias, enredos y soluciones...» (1789; II, 334-335) Es decir que su concepto de *narración* esta muy cerca del de *fábula* de López Pinciano.

La *Rethórica* de Mayans aborda el tema de las obras narrativas de forma muy diferente. Para él todos los escritos en prosa que cuentan alguna historia, sea esta verdadera o falsa son *narración*: «Narración es relación información o exposición de lo que sucedió, o se finge que sucedió» (Mayans, 1757; I, 288). *Narración* es, por tanto, historia y novela. No encuentra diferencias entre ellas más allá de ser cierto o falso el asunto del cual se habla. La narración exige un desarrollo, una sucesión de acontecimientos, porque si el desarrollo falla, no hay narración, hay sentencia (Mayans pone como ejemplo de sentencia: «El diablo engañó a Eva»). Cuando se hace narración de acontecimientos que no han sucedido se trata de *narración fingida*. Dentro de la narración fingida Mayans diferencia dos clases: el *apólogo* y la *historia fingida*. *Apólogo* es una «ficción alegórica de cosas absolutamente imposibles, tratadas como si fuesen verdaderas para instruir el ánimo» (1757; I, 312). La *historia fingida* puede tratar de cosas posibles o imposibles y se caracteriza porque se representa en una fingida ordenación de tiempo. Como ejemplos de historia fingida valen tanto los cuentos de *El Conde Lucanor* (1757; I, 346), como el *Persiles* o el *Quijote* (1757; I, 384). No hay conciencia de diferencia de género entre narración breve y narración larga: «Yo soy de sentir que entre cuento y novela, no hay más diferencia, si es que hay alguna, que lo dudo, que ser aquél más breve» (Mayans; 1972; 25). Son palabras de Mayans en otra obra suya: *Vida de Miguel de Cervantes Saavedra*.

Esta misma falta de conciencia de género podemos apreciar en la obra póstuma del colaborador de Feijoo, Fray Martín Sarmiento. El tomo primero (y único publicado por entonces) de sus *Memorias para la Historia de la Poesía y Poetas Españoles* (1775) define a los cuentos de *El Conde Lucanor* como 49 *Historietas* o *novelas*.

Dos años después, en 1777, Antonio de Capmany hablaba en su *Filosofía de la Elocuencia* de *apólogo* y de *parábola*. Se tratan ambos de narraciones breves con fines moralizantes: «Es el apólogo una ficción que atribuye lengua racional a entes incapaces de razón» (Capmany y Montalau, 1826; 520). «Las narraciones de algún suceso que se finge para sacar de él alguna moralidad o instrucción por comparación o semejanza son parábolas, distintas de las fábulas morales o apólogos porque en ellos los interlocutores que se introducen siempre son racionales [...] se disfrazan con cierto velo enigmático que el buen escritor podrá hacer más o menos transparente [...] A este género de figuras pertenecen las composiciones, que con el título de cuentos, fábulas y sueños han llenado tantos libros desde la antigüedad hasta nuestros días» (1826; 522-

523). Con anterioridad a Capmany sólo Céspedes, Jiménez Patón y Rodríguez Lobo habían usado la palabra *cuento*, y los dos últimos indicando su carácter no literario y preferentemente oral. Por primera vez aparece aquí el reconocimiento teórico de la existencia del cuento escrito, aunque todavía centrado en el apartado moralizante. Pero en 1786 el mismo Capmany encuentra que «el autor [de *El Conde Lucanor*], debajo de una graciosa fábula moral, enseña a los hombres.» (Capmany y Montalau, 1786; I, 34) Aunque de acuerdo con su definición el libro de Don Juan Manuel contiene parábolas y apólogos, no fábulas. No hay conceptos claros y fijos del género.

Ahora bien, de las indicaciones de Capmany se pueden extraer dos conclusiones: ha hecho falta llegar a 1777 para que algún preceptista reconozca la existencia de las colecciones de relatos breves, que, sea cual sea el título que lleven, han ido apareciendo desde el *Calila y Dimna*; y todavía, a finales del XVIII, el cuento se mueve, casi exclusivamente, en el ámbito pedagógico y moralizador.

De 1786 a 1788 aparecen los tres primeros tomos del *Diccionario Castellano* del Padre Terreros, una de las obras de autor individual más ingentes de la literatura española. En él encontramos diversas voces para referirse al relato breve: *apólogo, conseja, cuento, cuento de viejas, fábula, historia, historieta, narrativa, narración, novela, parábola,* y *relación*. La doctrina literaria que sigue el Padre Terreros es fundamentalmente la de Mayans a quien cita varias veces como fuente. Afirma explícitamente que es inútil intentar diferenciar distintos géneros dentro de la narrativa: «Algunos han distinguido la fábula del cuento y de la novela; pero en realidad, lo mismo es uno que otra, ya más larga, ya más breve» (Terreros, 1786; II, 140). Lo más curioso de su doctrina es, sin duda, la siguiente definición de *novela:*

> Fábula, cuento, historieta. Si la novela propone una idea muy perfecta se llama Epopeya, tales son *La Ilíada* y *La Odisea* de Homero. Si propone una idea de la vida civil con artificiosos enredos es *comedia*. Si la vida que representa es pastoril se llama *Égloga*, tal es la *Galatea* de Cervantes, si en la novela se reprenden acremente las costumbres será *sátira*, si las costumbres se representa ridículas será *entremés*, si representan los vicios amables declinan en *milesias*; la *novela psaltica* es un *cantar* o *romance*. (1786; II, 675-676).

Aquí *novela* parece englobar a todo tipo de creación literaria, incluyendo formas teatrales (comedia y entremés) y poéticas (sátira y romance). Es importante observar que se dan como sinónimos fábula, cuento e historieta. Por otra parte Terreros va a seguir un camino inverso al que siguieron la mayoría de los preceptistas para estudiar la novela: su inclusión en la épica. Más detalladamente las definiciones que nos ofrece Terreros son las siguientes:

APÓLOGO *Fábula moral o instrucción que se saca de alguna fábula inventada para este efecto.*

Conseja	*Cuento, fábula.*
Cuento	*Lo mismo que fábula, novela, narrativa de alguna cosa falsa, agradable y divertida. / Se dice también algunas veces por narrativa inútil y discurso despreciable. / Se toma también por historia.*
Episodio	*Digresión, historia o acción que por incidente introduce un Poeta, Orador o Historiador ligándolo con lo principal.*
Fábula	*Cuento, novela o narrativa falsa, embuste.*
Historia	*También se toma por algunas narrativas particulares y aún falsas.*
Historieta	*Llaman comunemente a una historia pequeña, en que hay mucho de amoroso o fingido.*
Narración	*En la Retórica es exposición de los hechos que han pasado o como si hubieran pasado.*
Narrativa	*Sinónimo de narración. / Cuento que se da de alguna historia o caso que ha sucedido.*
Parábola	*Instrucción alegórica fundada sobre alguna cosa verdadera o verosímil de la naturaleza, o de la historia para sacar alguna moralidad por medio de la comparación de alguna otra cosa que se quiere hacer entender al pueblo o gente ruda.*
Relación	*Narrativa, cuento que se da de alguna cosa.*
Relato	*Lo mismo que narrativa o cosa que se relata.*
Romance	*Llaman también a historias y libros de caballerías. En Castilla se dice comunemente Libros de caballerías y la voz Romance se queda comunemente para el verso.*

La doctrina de Terreros es mucho mas coherente que la de los académicos del *Diccionario de Autoridades*, excepto su curiosa definición de novela. La base es la definición de *narración (narrativa)* que recoge de Mayans y a la que remiten muchas otras definiciones. Evita así los círculos que ya vimos en el *D.A.*

Anécdota, balada, crónica, ficción, leyenda y *tradición* aparecen en el Diccionario de Terreros pero aún no han adquirido su significado referente a la narración.

La noción de cuento en el siglo XIX

Los tratadistas, retóricos y lexicógrafos españoles hasta 1800 han hablado, como hemos visto, de *apólogo, conseja, cuento, episodio, fábula, historia, historia fingida, historieta, narración, narración fingida, narrativa, novela, parábola, relación, relato, romance* y *sueño.* Esta multitud de nombres, que en un momento u otro se refieren al relato breve, no mantienen su significado, sino que cambian de significación según el autor que los utilice. En cuanto al relato breve estamos en un momento de indefinición que se mantendrá en los diccionarios de la época 1800-1850 que siguen la ruta marcada por el *Diccionario de Autoridades*, sin tener en cuenta las propuestas del *Diccionario* del Padre Terreros, y en los tratadistas, que no conseguirán llegar a una propuesta común.

Ángeles Ezama Gil (1995), en un muy documentado artículo, ha revisado la noción de relato breve en las preceptivas literarias del Siglo XIX. Según Ezama los preceptistas españoles siguen el modelo de Hugo Blair, *Lectures on Rhetoric and Belles Lettres* (1783) traducido por José Luis Munárriz con el título *Lecciones sobre la Retórica y las Bellas Letras* (1798-1801), y, en menor medida el de Charles Batteux, *Cours de belles lettres ou principes de littérature* (1763), cuya traducción es realizada por Agustín García de Arrieta, *Principios filosóficos de la literatura o curso razonado de bellas artes y buenas letras* (1797-1805).

Las conclusiones del estudio de Lezama son que durante el Siglo XIX no hay una conciencia teórica de la existencia de un género específico de narración breve. Se engloba a toda la literatura narrativa en prosa en un sólo género y, con mucha frecuencia, se considera al cuento como una forma más primitiva, más propia de sociedades cercanas «a la barbarie». Por lo tanto menos literaria: sigue utilizándose la voz *cuento* con tono peyorativo. En muchos tratadistas se sigue encontrando la concepción del cuento como una forma de transmisión oral, así como su intención didáctica y moralizante.

Hay que anotar el intento que a principios del Siglo XIX realizan Juan Andrés y Francisco Sánchez Barbero para introducir el termino *romance* para referirse a la narración larga en prosa y reservar *novela* para la breve. El abate Andrés (1784-1799) explica que las novelas son «pequeños romances» en las que se expone un solo hecho y que guardan una relación con los romances largos (que se corresponden a nuestras actuales novelas) como el que existe entre una drama en un acto y una comedia completa. Sánchez Barbero, pocos años más tarde, en sus *Principios de Retórica y Poética*, divide el libro en dos partes; en la de retórica, además de los conceptos tradicionales de la retórica se dedican los últimos capítulos a la Historia, a la Filosofía y a las Cartas. El Capitulo XVI habla «de los Romances y Novelas»

> La historia pinta los caracteres por los hechos verdaderos: en los romances se inventan los hechos por los caracteres que se suponen; en aquella reina la verdad, en estos lo verosímil. La primera instruye, forma el corazón, pule las costumbres, rectifica la sensibilidad y deleita por la variedad de sucesos acaecidos. Los romances consiguen estos fines, valiéndose de la ficción y por ella hacen amable la virtud, aborrecible el vicio y manifiestan los desvaríos a los que nos arrastran nuestras pasiones. Son en suma el cuadro de la vida

humana. *Los cuentos y novelas se diferencian de los romances únicamente por su mera extensión.* (La cursiva es mía) (Sánchez, 1805; 135).

El origen de este género narrativo es muy antiguo, en opinión del autor de *El Conciso*: cuentos indios, persas y árabes, griegos (jonios y milesios) etc...Ya hemos visto, como más adelante, Narciso Campillo recoge esta teoría de los orígenes de la novela y de forma implícita también Marcelino Menéndez y Pelayo, que comienza los *Orígenes de la novela* hablando del *Calila y Dimna*, del *Sendebar*, del *Barlaam y Josafat.*

En el apartado de Poética, Sánchez sigue consignando los apólogos como «una alegoría cuyos personajes son, por lo común, animales» (1805; 189), las parábolas, cuando no son animales, y los episodios de la épica que son «acciones subordinadas a la principal» (1805; 207); deben ser cortos y tratar temas diferentes de los del asunto principal. La novedad de su preceptiva, como se ve estriba exclusivamente el nombre de *romances*, aunque hay que recordar que en 1793 Pedro Montengón subtituló su novela *el Rodrigo* como *Romance épico.* Russel P. Sebold, que ha defendido el carácter romántico de esta novela de Montengón, anota en relación con este subtítulo que en 1834, en su discurso de entrada en la Real Academia Española, el Duque de Rivas habla de los «admirables romances de Walter Scott» (1992; 105).

De 1820 es el *Discurso sobre la literatura española* del Abate Marchena. Marchena contempla a toda la narrativa como un solo genero: «Al lado de las historias se colocan las novelas que son cuentos de sucesos fingidos, [...] los cuales por lo mismo de no ser verdaderos han de ser verosímiles» (Marchena, 1896; II, 327). Neoclásico de corazón, como dice Menéndez Pelayo, no puede por menos de lamentarse de que no haya guías antiguos que den «juiciosas y acertadas reglas» (1896; II, 329). Como ejemplos de novelas habla de *Rinconete y Cortadillo*, de *El Coloquio de los Perros*, de *Guzmán de Alfarache*, o de *El Diablo Cojuelo*.

En 1845 Alcalá Galiano utiliza indistintamente las palabras novela y cuento hablando de la literatura del Siglo XVIII. Refiriéndose a Voltaire, Alcalá Galiano decía lo siguiente: «Al tiempo que escribía su historia se entretenía en componer novelas y cuentos. [...] No eran sus cuentos lo que algunas novelas modernas en que se ven tratadas todos los asuntos que más ocupan a la sociedad.» (Alcalá Galiano, 1845; 8). O hablando de los orígenes de la novela: «La novela [..] en el Siglo XIV dio fuentes muy notables en el famoso *Decamerón* de Bocaccio, aunque bien mirado no pasa esta obra de ser una colección de cuentecillos picarescos.» (1845; 16).

La cuarta edición del *D.R.A.E.* (*Diccionario de la Real Academia Española*), primera publicada en el siglo XIX (1803) ofrece una doctrina sobre la narración breve que no aporta significativas diferencias sobre la existente en el *D.A.* (*Diccionario de Autoridades*). Las voces *cuento, fantasía, novela, parábola* y *relación* aparecen con la misma definición que en 1726. Otras ofrecen muy pocas variaciones.

APÓLOGO	*Especie de fábula moral en que se introducen de ordinario a hablar los brutos, plantas y otras cosas inanimadas, con animo de divertir y enseñar a un mismo tiempo. (D.A.)/ – Especie de poema en el cual debajo de una narración fabulosa se enseña una pura verdad. (D.R.A.E.)*
CONSEJA	*Cuento, patraña, fábula que se inventa o refiere para sacar de ella alguna moralidad o para diversión y pasatiempo. (D.A.)/ En el D.R.A.E. la definición es idéntica con la única diferencia de que desaparece «patraña»*
FÁBULA	*Cuento o narración de cosa que no es verdad ni tiene sombra de ella, inventada para deleitar, ya sea con enseñanza o sin ella, las primeras se llaman apólogas y las segundas milesias. (D.A.)–Narración inventada para deleytar con enseñanza o sin ella, las que enseñan se llaman* apólogas *y las que no* milesias. *(D.R.A.E.)*
HISTORIA	*Fábula o enredo. (D.A.)/ Fábula, cuento o narración inventada. (D.R.A.E.)*
NARRACIÓN	*Relación puntual de alguna cosa. (D.A.)/ Relación de alguna cosa. (D.R.A.E.)*

Son leves cambios de estilo que no solucionan el gran inconveniente que ya vimos en el *D.A.* y que se mantienen en el *D.R.A.E.* de 1803: los círculos cerrados a los que nos llevan las sucesivas definiciones. Los vicios que ya anotamos en el *D.A.* siguen plenamente vigentes en 1803: la confusión es la norma. La razón fundamental es la inexistencia de una definición que sirva de base al resto, mientras que en el *Diccionario* del Padre Terreros esa función la cumplía la palabra *narración* que rompía el círculo de sinónimos.

Los principales cambios que podemos apreciar son la aparición de una nueva significación de *episodio*, así como la presencia de la voz *historieta* inexistente en el *D.A. Episodio* aparece ya en el sentido que le habían dado los preceptistas retóricos: «Acción secundaria y como extraña respecto de la principal de un poema, pero con dependencia conexión y enlace con ella, para hacer mas vario, adornado y divertido el tono de la fábula o el asunto». *Historieta*, por su parte es «cuento o fábula, mezcladas de alguna aventura o cosas de poca importancia».

Las posteriores ediciones que el *D.R.A.E.* publica a lo largo del siglo (1817, 1832, 1843, 1852, 1869, 1884, 1899) no van a modificar estas definiciones.

La línea del *D.R.A.E.* es la que se va a imponer. Un ejemplo es el *Nuevo Diccionario de la Lengua Castellana* de Vicente Salvá (1846). Salvá no cambia las definiciones de la Academia. Pero hace una nueva aportación, buena muestra del impacto de la actividad de los narradores románticos. Se trata de la voz *leyenda*, hasta entonces definida como «lo que se lee» y a la que Salvá añade una definición entre corchetes (símbolo que indica las definiciones que ha añadido al diccionario el propio Salvá): «Ahora se da este nombre a la novela o cuento en prosa o verso que refiere sucesos históricos o fabulosos de la Edad Media».

En los años 1853 y 1855 se publicó un diccionario en dos tomos, por los editores Gaspar y Roig, con el título de *Diccionario Enciclopédico de la Lengua Española*. Aunque ya cae fuera de la época que nos proponemos estudiar, por muy pocos años, resulta interesante para nuestra estudio ya que entre sus redactores figura Ventura Ruiz Aguilera, y entre sus «revisores» José Amador de los Ríos. Es decir: se trata de un diccionario de plena respetabilidad científica y académica, al menos en el campo de la literatura. Pues bien: la confusión persiste. Las definiciones de las voces que venimos analizando son las mismas que las del *D.R.A.E.* de 1803 con el añadido de la definición de *leyenda* de Salvá.

Conclusión: ausencia de «conciencia de género»

Se encuentran, por lo tanto, los autores que escriben cuentos de 1800 a 1850, sin una base teórica para comenzar su actividad literaria. El concepto de narrativa acaba de asomarse a las teorías literarias de la época pero la diferenciación de género entre novela y cuento no está ni insinuado. No hay «conciencia de género», es decir, los autores no son conscientes de estar cultivando un genero con unas características específicas. Esto hace que haya narraciones breves de muchas formas y facturas, a veces más aproximadas a la novela corta, a lo que ahora consideramos novela corta, y otras a la «short story» tal como Eichenbaum la definía en 1925:

> El cuento se construye sobre la base de una contradicción, de una falta de coincidencia, de un error, de un contraste, etc. Pero esto no es suficiente: en el cuento como en la anécdota todo tiende a la conclusión. El cuento debe lanzarse con impetuosidad, como un proyectil lanzados desde un avión para golpear con su punta y con todas las fuerzas el objetivo propuesto. (Eichenbaum, 1980; 151)

Y otras veces encontraremos cuentos folclóricos, poemas en prosa, fragmentos que no llegan a constituir un relato, etc.

Los nombres recuperados por los románticos como *conseja o relación*, o introducidos como *leyenda, balada* o *tradición*, no responden a una tipología clara sino al gusto del sabor antiguo y medieval de esos términos. En una sola revista, el *Semanario Pintoresco Español* encontramos, de 1832 a 1857, narraciones breves con los siguientes títulos: veinticinco *cuentos*, seis *cuentos populares*, tres *cuentos de vieja*, un *cuento histórico*, diecisiete *novelas*, dos *novelas históricas*, una *novela de costumbres*, una *novela ejemplar*, una *novela en miniatura,* dieciocho *leyendas*, ocho *baladas*, una *balada en prosa,* nueve *episodios*, ocho *his-*

torias, siete *tradiciones*, cuatro *anécdotas históricas*, tres *crónicas*, dos *recuerdos históricos*, dos *fantasías*, una *parábola*, una *fábula*, una *conseja*, una *aventura*, un *rasgo histórico* y una *costumbre caballeresca*. Y en otras fuentes podemos encontrar *relatos* («1534. Relato» de Jacinto de Salas y Quiroga. en *No Me Olvides,* 1837), o *apólogos* («Las Viruelas. Apólogo.» en *Variedades de Ciencia, Literatura y Artes,* 1804).

Una profusión y confusión terminológica que viene de una indefinición teórica. Lo cual plantea al investigador un problema urgente de resolver: ¿Qué es lo que va a estudiar? ¿Cuáles son las obras narrativas que se deben considerar como *cuentos*?

EL CASO ESPECIAL DEL CUENTO.

La situación especial que ocupa el cuento dentro de los géneros literarios es patente. El estudioso de un drama, de un auto sacramental, de una égloga o de una novela no se ve tan obligado, al iniciar su estudio, a definir el género que va a tratar, ni a diferenciarlo de otros más o menos próximos o fronterizos. En la mayoría de los casos la definición de los géneros es un conocimiento no expresado que implícitamente es aceptado entre autor y lector como un conocimiento común. El cuento, en cambio, no tiene una definición, o, quizás peor, tiene excesivas definiciones. Las caracterizaciones de los géneros de la narración en prosa, son discutibles, discutidas y en muchos casos contradictorias. Las diferencias entre *cuento* y *novela* siguen siendo muy vagas y debatidas. Valga como ejemplo la polémica suscitada por Gabriel García Márquez cuando publicó *Crónica de una muerte anunciada*, que debido a sus escasas dimensiones fue calificada por un crítico como «el último cuento de García Márquez [...] una narración corta prolongada mediante artificios megalográficos» (Girgado, 1993; 169-170)

Nuestra máxima autoridad filológica no parece tener muy clara tampoco esta idea: al menos eso parece desprenderse de la lectura de la vigésimoprimera edición del *Diccionario* de la Real Academia Española. Tomándolo como guía, y sin forzar en absoluto sus acepciones, podríamos redactar tranquilamente un texto como éste:

> La segunda mitad del Siglo XIX fue extraordinariamente rica para la *fantasía* (ficción, cuento, novela) española. «Clarín» escribió probablemente el *cuento* (relación de palabra o por escrito de un suceso falso o de pura invención) más importante de su época: *La Regenta*, pero no se deben olvidar sus *novelas* (obra literaria en que se narra una acción fingida en todo o en parte, y cuyo fin es causar placer estético a los lectores por medio de la descripción o pintura de lances interesantes, de caracteres, de pasiones y de costumbres): *El Cura de*

Vericueto, ¡Adiós Cordera!, etc. Las *fábulas* (suceso o acción ficticia que se narra o representa para deleitar) de ambiente madrileño de Benito Pérez Galdós constituyen un impresionante fresco de la vida de la capital de España en aquellos años. Las *narraciones* (novela, cuento) de Emilia Pardo Bazán, las *historias* (narración inventada) de José María de Pereda y las *ficciones* (invención fingida) de Juan Valera son también dignas de mencionar.

Si tenemos en cuenta que la Academia sostiene que *novelizar* es «dar a alguna narración forma y condiciones novelescas» y por *novelescas* entiende «propio o característico de las novelas» podemos deducir que no todas las narraciones son novelas y que las novelas tienen algunas características específicas si bien tales características no llegan a ser definidas en ningún momento. Lo que si parece claro es que la Academia no cree en la existencia de un género de *novela corta*, pues esa acepción no aparece en el *Diccionario*, mientras que sí nos encontramos con *novela bizantina, de caballerías, gótica, histórica, morisca, pastoril, picaresca, por entregas, rosa,* y *sentimental.* Siendo la novela corta –si es que tal cosa existe– bastante más antigua que la gótica, su no aparición en el diccionario parece toda una toma de partido.

El cuento en la teoría de los géneros.

La clasificación del cuento en la moderna teoría de los géneros literarios, es heredera de las teorías de Edgar Allan Poe, desarrolladas en su análisis de los cuentos de Hawthorne, y de las ideas de B. Eichambaun (1980; 147-157) que, en buena parte, continúa las ideas de Poe. Estos dos autores consideran que el cuento es un género *finalista*, si se me permite la expresión: busca causar un efecto que debe quedar marcado en el final del cuento. En la construcción del cuento todo debe quedar subordinado a su fin: «en el cuento [...] todo tiende hacia la conclusión. El cuento debe lanzarse con impetuosidad, como un proyectil de un avión para golpear con su punta y con todas las fuerzas el objetivo propuesto». (Eichanbaum, 1980; 151) Esta caracterización que es válida para algunos cuentos, no lo es para todos y el mismo Eichambaun se ve obligado a decir después de las líneas que citamos, que se refiere al cuento de intriga y no al cuento-descripción o al «relato directo»[1]. De la misma manera, Anderson Imbert, en su *Teoría y técnica del cuento*. se aproxima al cuento por eliminación y así, apartando «las narraciones cortas que no son autónomas o cuyas leyes interiores no son puramente estéticas [...] me quedo con el cuento.» (Anderson Imbert, 1992; 30). Por lo tanto estas caracterizaciones no son válidas para todas las narraciones breves.

La necesidad de remediar esta situación, hace que los críticos recurran a las *formas simples* (siguiendo la nomenclatura de Andre Jolles) o *formas cortas*

1 Aunque Eichenbaum no llega a explicar que entiende por cuento-descripción o por relato directo. Como de costumbre, cuando se trata del cuento, nos movemos en una indefinición de fondo que los teóricos no llegan a aclarar nunca.

(según Anderson Imbert): formas elementales de la narración, derivadas de las necesidades exclusivamente orales de comunicación. Las formas escritas que conservamos de ellas, son debidas a un afán conservador o tradicionalista. Pueden desarrollarse, y a veces se desarrollan en tiempos modernos pero como testimonio escrito de una oralidad previa. Son por lo tanto distintas de lo que se ha dado en llamar *cuento literario*.

Anderson Imbert habla de *caso, artículo de costumbres, cuadro caracterológico, noticia, mito, leyenda, ejemplo,* y *anécdota.* (Anderson Imbert; 1992; 31-34). García Berrio y Huerta Calvo de *mito, saga, gesta, leyenda, milagro, fabliau, fábula, ejemplo, facecia* y *cuento folclórico.*(García Berrio y Huerta Calvo; 1992; 173-178). Spang de *caso, chiste, cuento de hadas, dicho, enigma, leyenda, vita, memorabile, mito, parábola* y *saga.* Además coloca la *fábula* como un género narrativo más junto al cuento y la novela (Spang; 1996; 45-56 y 110-130). No vamos aquí a examinar una por una estas formas breves. Baste ver las divergencias que se indican ya en los nombres. La teoría de los géneros no ha resuelto aún el problema de la narración breve (llamésela como se la quiera llamar).

La imposible definición.

Aquí no nos queda más remedio que confiar en la ayuda de la teoría literaria. Pero la teoría literaria, por más vueltas que le da al tema, no puede evitar un adjetivo: *breve*. El cuento es una narración breve; esa es la sustancia de todas las definiciones. Anderson Imbert recopila varias definiciones del cuento como género literario.

> «El cuento se caracteriza por la unidad de impresión que produce en el lector; *puede ser leído de una sola sentada*, cada palabra contribuye al efecto que el narrador previamente se ha propuesto; este efecto debe prepararse ya desde la primera frase y guardarse hasta el final; cuando llega a su punto culminante el cuento debe terminar; sólo deben aparecer personajes que sean esenciales para lograr el efecto deseado.»
>
> «Un cuento capta nuestro interés con una *breve* serie de eventos que tiene un principio, un medio y un fin: los eventos, aunque los reconozcamos como manifestación de una común experiencia de la vida son siempre imaginarios porque es la imaginación lo que nos crea la ilusión de realidad»
>
> «Un cuento es la *breve* y bien construida presentación de un incidente central y fresco en la vida de dos o tres personajes mínimamente perfilados: la acción al llegar a su punto culminante, enri-

> quece nuestro conocimiento de la condición humana.»
>
> «*Breve* composición en prosa en la que un narrador vuelca sucesos imaginarios ocurridos a personajes imaginarios (si son reales, al pasar por la mente del narrador se han desrealizado)»
>
> «El cuento es una ficción en prosa, *breve*, pero con un desarrollo tan formal que, desde el principio, consiste en satisfacer de alguna manera un urgente sentido de la realidad.»
>
> «El cuento vendría a ser una narración *breve* en prosa que, por mucho que se apoye en un suceder real, revela siempre la imaginación de un narrador individual. La acción –cuyos agentes son hombres, animales humanizados o cosas animadas– consta de una serie de acontecimientos entretejidos en una trama donde las tensiones y disensiones, graduadas para mantener en suspenso el ánima del lector, terminan por resolverse en un desenlace estéticamente satisfactorio» (Anderson Imbert, 1992; 39-40) (Las cursivas son mías).

La primera definición es de Poe; la última del propio Anderson Imbert. La brevedad, las pequeñas dimensiones del cuento, son una constante en todas ellas. Parece difícil de aceptar esta característica: tanto vale como decir que la novela, *en canal,* pesa bastante más que el cuento y que, sin más instrumento que la báscula, podríamos diferenciar, de manera clara, cuento y novela. Pero lo cierto es que si desaparece el elemento de la brevedad las definiciones del cuento nos resultan poco satisfactorias. Podemos comprobarlo fijándonos en otras definiciones que Anderson Imbert nos da del cuento en ese mismo trabajo, y en las que no aparece de forma directa la idea de la brevedad. Sin mucho trabajo todas ellas pueden aplicarse sin dificultad al *Quijote*.

> «Cuento es una idea presentada de tal manera por la acción e interacción de personajes que producen en el lector una respuesta emocional». La idea de la lucha de Alonso Quijano por conseguir su sueño, las acciones de éste, convertido en Don Quijote, las interacciones de Don Quijote con el resto de los personajes de la obra provocan en el lector una amplia gama de respuestas emocionales: diversión ante los accidentes, admiración por la voluntad que mantiene el caballero, compasión ante sus desdichas...
>
> «Cuento es una narración de acontecimientos (físicos y psíquicos) interrelacionados en un conflicto y su resolución; conflicto y resolución que nos hacen meditar en un implícito mensaje sobre el modo de ser del hombre». En *El Quijote* somos testigos de una serie de acontecimientos físicos (las aventuras de Don Quijote) y psíquicos (sus conversaciones con Sancho) interrelacionados en el conflicto entre los deseos de Don Quijote de ser un caballero andante

y la realidad que se opone a este deseo pues no existen tales caballeros. Este conflicto se resuelve en la derrota final de Don Quijote y su muerte que nos hace meditar en el implícito mensaje que la obra contiene sobre el modo de ser del hombre: capaz de hacer cualquier cosa por conseguir su sueño, su esperanza, su ilusión y capaz de morir si se le arrebata esa esperanza, ese sueño, esa ilusión.

«Un cuento, mediante una secuencia de hechos relativos a la actividad de gente ordinaria que realiza cosas extraordinarias o de gente extraordinaria que realiza cosas ordinarias, invoca y mantiene una ilusión de vida». Alonso Quijano es un ser ordinario, que se lanza a realizar una cosa extraordinaria: su conversión en Don Quijote, un caballero andante, lo cual produce en el lector una ilusión de vida de este personaje al ser partícipe de sus alegrías y sufrimientos.

«Un cuento trata de un personaje único, un único acontecimiento, una única emoción o de una serie de emociones provocadas por una situación única». Alonso Quijano es un personaje único que vive una serie de emociones provocadas por una situación única: ser un caballero andante en un mundo donde tales caballeros no existen.

«El punto de partida de un cuento es un personaje interesante, claramente visto por el narrador, más una de estas dos situaciones (o la combinación de ambas): *a)* el personaje quiere algo o a alguien y según parece no lo puede conseguir; *b)* algo o alguien, rechazado por el personaje, según parece va a sobreponerse al personaje». Alonso Qujano, un personaje interesante, claramente visto por el narrador, quiere algo –ser un caballero andante– y según parece no lo puede conseguir, pero eso no le impide intentarlo. Se convierte en Don Quijote y sale en busca de aventuras, pero la realidad, que ha sido rechazada por el personaje, finalmente podrá sobreponerse a él.

Para que estas definiciones que acabamos de mencionar sean válidas (y no para todos los cuentos) es necesario que el lector asuma que el término breve esté sobreentendido.

No quiere decir esto que la primera serie de definiciones nos parezca mucho más válida. Si el cuento no «capta nuestro interés» (definición número dos), ¿deja de ser cuento? ¿O si (definición número tres) está «mal construido»? ¿O si (definición número seis) el desenlace no es «estéticamente satisfactorio»? Un cuento como *El Aleph* de Jorge Luis Borges no encajaría en la definición número uno ya que su punto culminante (la visión del Aleph) no coincide con su terminación (la pérdida del recuerdo de Beatriz Viterbo). Tampoco en la número dos pues no hay una breve serie de eventos, sino la irrupción de la visión del Aleph en la biografía amorosa del narrador, de la que no sabemos ni el principio ni el fin. Ni en la tres porque no hay incidente central, en una historia que parece comenzar hablando del amor de Borges y Beatriz, se pierde luego en disquisiciones sobre la obra literaria de Carlos Argentino Danieri, hace aparecer el Aleph, y termina sin culminar ninguna de las historias. (Este es el problema de introducir conceptos como «bien construida» en una calificación genérica. El cuento de Borges no sigue desde luego una construcción clásica, pero no parece posible mejorarlo con una diferente ordenación de sus materiales).

Hacia un concepto instrumental del género «cuento».

Creo haber demostrado las dos ideas que presiden esta parte de mi trabajo:

1) Los autores que cultivan la narración breve de 1800 a 1850 no se plantean aún las diferencias estructurales y genéricas entre cuento y novela.
2) No es posible, hoy en día, encontrar una definición de cuento que esté libre de inconvenientes y concite una unanimidad general.

Sin embargo, es necesario definir, concretar, establecer unas bases mínimas que nos permitan decir si una obra es o no es «cuento», o, al menos, si entra dentro de nuestro campo de estudio. Ante la dificultad de enunciar estas bases mínimas de forma positiva, tal vez sea posible hacerlo de forma negativa. Es decir: vamos a plantearnos qué obras escritas y publicadas dentro del período que vamos a estudiar, no son, de ninguna manera, cuento.

Comenzamos por afirmar que vamos a estudiar obras narrativas; una obviedad, es cierto. Mas, en un momento en que van a proliferar los artículos de viajes es conveniente hacerlo. Muchos artículos de viajes tienen un cierto elemento narrativo, necesario para su desarrollo. Pero su intención primordial es descriptiva, no narrativa, por más que incorporen un «esqueleto» de argumento. Nuestro atención se dirige por tanto a relatos, a obras en que predomina la función narrativa.

Relatos en prosa. Esta es una caraterística fundamental. La *leyenda*, entendiendo por tal las narraciones de tema histórico, legendario o fantástico, escritas en verso, conoce en los primeros cincuenta años del siglo XIX su máximo florecimiento. El nombre de leyenda, sin embargo, no era el que se daba a todas esas composiciones y ya es sabido que Espronceda llamó «cuento» a *El Estudiante de Salamanca*. Pero esta situación se debe a la confusión terminológica que ya hemos analizado. Mas allá de ella, el hecho de narrar una historia en prosa o verso no puede ser indiferente para una clasificación genérica. El verso crea una serie de obligaciones para el autor. La rima, la medida y la ordenación estrófica influyen directamente sobre el contenido, su estructuración e incluso sobre la elección de los temas: la leyenda se centra en la historia y en la fantasía, generalmente también histórica; el cuento en prosa aborda una temática mucho mas amplia. En resumen: la forma condiciona el fondo. La narración en verso constituye un genero diferenciado del cuento. Un género, eso sí, netamente romántico, que necesita su propio estudio.

Una narración en prosa, dinámica y no estática. Aquí nos encontramos con el costumbrismo. El artículo de costumbres, como el de viajes, posee generalmente un mínimo bosquejo argumental que permite al autor presentarnos una figura, escena o ambiente determinado. Pero, las más de las veces, ese argumento no *avanza*, no tiene un desarrollo o una finalización. Se trata generalmente de un mero pretexto, para que el autor se acerque a aquello que nos quiere presentar. A partir de allí la descripción domina, el ritmo se demora, el detalle, el rasgo humorístico, la observación irónica, la crítica más o menos directa se imponen. Estos casos resultan evidentes: nos encontramos ante literatura costumbrista y no ante literatura narrativa.

Pero no siempre los casos son tan evidentes. Existen artículos de costumbres donde es necesario desarrollar más el argumento para poder presentar la escena requerida («Un Viaje al Sitio» de Mesonero). Mas allá hay obras catalogadas habitualmente como «artículos de costumbres» que, de ser escritas hoy en día, serían caracterizadas sin duda como «cuento». Sólo el hecho de estar firmadas por autores clasificados generalmente dentro del costumbrismo ha hecho que no se las considerase como obras narrativas. Es el caso de «Pulpete y Balbeja» de Estébanez Calderón, donde dos valentones fingen luchar por el amor de una mujer y ésta, viendo su falsedad, desprecia a los dos. O más claro aún el de «El Retrato» de Mesonero Romanos, que a pesar de estar incluido en la primera serie de las *Escenas matritenses*, no tiene ningún rasgo de la literatura costumbrista (como no sea la narración en primera persona).

En casos conflictivos como los que hemos indicado, usaremos un criterio amplio: clasificaremos como cuentos aquellas obras en las que lo que se narra, el planteamiento, desarrollo y finalización del relato sea lo esencial, por más que tradicionalmente hayan sido considerados «artículos de costumbres».

Eliminados de nuestro estudio los artículos de viajes, las leyendas y los artículos de costumbres, queda la diferenciación más díficil y ardua: entre cuento y novela. Aquí no podemos por menos de permitirnos un desahogo personal y clamar por la injusticia: al estudioso de los cuentos se le pide lo que no se le pide nunca al crítico de la novela. Ningún estudio sobre la novela comienza estableciendo cuales son las diferencias entre ambos géneros, por qué toma en consideración a *La Regenta* y no a *¡Adiós, Cordera!*. Pero este pequeño desahogo no impide que sea necesario hacer esta diferenciación. Es tentador establecer una afirmación como *«el cuento de 1800 a 1850 es toda narración breve que, hasta el momento, no haya sido estudiada como novela»*. Muy simplificador, es verdad, pero al fin y al cabo la novela de ese mismo período se puede definir perfectamente como *«toda obra narrativa que algún crítico haya considerado como novela»*.

Como hemos visto antes en las diversas definiciones hay muchos elementos que pueden buscarse en el «ser» del cuento: construcción que tiende a potenciar una impresión en el lector, acciones nucleares, atención preferente a un personaje, etc. Pero antes de aplicar cualquiera de ellas hay que recordar un dato si no queremos incurrir en un anacronismo: nuestros conceptos de *novela* y *cuento*, provienen del realismo. Fue en la segunda mitad del siglo XIX cuando se estableció el «canon» de ambos géneros, si tal cosa existe. Nuestro juicio sobre lo que es novela o lo que es cuento está marcado por una tradición literaria que, en España, arranca de autores como Galdós, Pereda, Clarín y Pardo-Bazán. Las características que normalmente asociamos con el cuento literario, tal como lo desarrollaron los realistas, pueden no aparecer, y muchas veces no aparecen, en los cuentos románticos.

No nos queda más remedio que enfrentarnos al problema desde un ángulo peligroso: la longitud del relato. Peligroso en primer lugar por el problema de establecer las longitudes de los relatos que publica la prensa: una página de *El Laberinto* es, aproximadamente, ocho veces más grande que una de *La Abeja* gaditana. Y peligroso porque, sea cual sea la cuantificación elegida, nunca dejarán de encontrarse casos de relatos que se encuentra justamente en esa frontera. Admitiendo todas esas dificultades, creemos que un relato que supere las quince mil palabras[2] ya puede entrar dentro de ese género, inexistente para la Academia, que es la novela corta.

¿Por qué ese número y no otro? La primera razón por pedestre que sea es de índole práctica: es necesario establecer una barrera. La segunda, es que, como ya hemos visto, la extensión del relato es fundamental para su calificación como *cuento*. Si la narración se prolonga el autor se ve obligado a complicar la trama, intercalar episodios, desarrollar escenas diferentes, aumentar los escenarios, profundizar en la personalidad de los personajes, describir las influencias que que el ambiente ejerce sobre éstos. En suma: escribe una novela. Aunque en estos momentos nos encontramos con una especie narrativa en formación, con un *protocuento* y no con el *cuento literario* de la segunda mitad del XIX, vamos a asistir al desarrollo hacia este último género a lo largo de los primeros cincuenta años del siglo. Por eso vamos a reparar ante todo en las características mas *nucleares* de los relatos de estos años. Esta *nuclearización* que vamos a buscar se diluye si la narración se prolonga. Las cincuenta páginas de las que hablábamos antes son, en este sentido, una convención: mas allá de esta longitud, en nuestra opinión, la tendencia del relato a lo *nuclear* desaparece y aparece la novela.

2 Quince mil palabras se corresponden, aproximadamente, con cincuenta páginas en formato Din A 4, en letra tipo 12 y a doble espacio.

La época.

1800-1850. Breve bosquejo histórico.

El cuento de la primera mitad del siglo es un género extremadamente sensible a las vicisitudes políticas. Es, como veremos, un tipo de escrito muy característico de la prensa de la época y tiene una clara calidad de *refugio*. En los momentos en que la censura vigila muy de cerca al periodista, éste descubre una serie de subgéneros que le permiten continuar su labor con las mínimas interferencias posibles: se trata del artículo de «curiosidades» naturales, científicas o técnicas; del artículo de viajes; de las biografías de personajes del pasado; del artículo de costumbres; de la «leyenda» en verso; y del cuento. Los períodos de máxima libertad política (Cortes de Cádiz y Trienio Constitucional) ofrecen una escasa cosecha de narraciones. En cambio la coincidencia de los gobiernos moderados (con una censura muy activa y atenta) y los avances técnicos de la impresión de los periódicos provocan en los últimos 17 años de la cincuentena una abundantísima producción cuentística. Las alteraciones políticas van a ser, por lo tanto, determinantes en la evolución del género.

Los años 1800-1850 van a ser turbulentos e inestables. A lo largo del medio siglo se suceden cuatro reyes: Carlos IV, Fernando VII, José Bonaparte e Isabel II, que llega a su mayoría de edad con trece años, así como dos regencias: la de María Cristina y la de Espartero. Los textos constitucionales se amontonan: la Constitución de Cádiz de 1812, *reproclamada* en 1820 y 1836; el Estatuto Constitucional de José Bonaparte en 1808; el Estatuto Real de 1834, inspirado por Martínez de la Rosa; la Constitución de 1837 y la de 1845. La guerra es una constante en esos años: *Guerra de las naranjas* contra Portugal en 1801; contra Inglaterra, inspirada por Napoleón en 1805; la *Guerra de la Independencia,* contra Francia de 1808 a 1814; la invasión de los *Cien mil hijos de San Luis*, en 1823; la insurrección de Cataluña en 1828; la primera guerra carlista desde 1833 hasta 1840; las guerras en Marruecos desde 1843 y la segunda guerra carlista en 1848. La inestabilidad gubernamental es una situación cotidiana: en los diecisiete años que van desde la muerte de Fernando VII hasta el fin de la cincuentena se suceden 26 ministerios.

Últimos años del reinado de Carlos IV. 1800-1808.

En 1800 el gobierno de España estaba en manos de «un rey beato y bobo y una reina intrigante y viciosa» (Gil Novales, 1987, 249). España había contemplado atónita, pocos años antes, la vertiginosa ascensión de Manuel Godoy, un joven extremeño que en enero de 1791, con 23 años, era brigadier, dieciocho días después mariscal, en julio del mismo año teniente general y en noviembre de 1792 primer ministro. Desde este puesto avanzó de fracaso en fracaso hasta el más profundo de los desastres. Su estúpida dirección de la guerra contra Francia 1793-1795 y la capitulación consiguiente le hicieron recibir el título de «Príncipe de la Paz». En 1798 fue apartado temporalmente del cargo, aunque seguía ejerciendo una fuerte influencia desde la sombra. En 1800 vuelve al poder, tras la destitución de Urquijo, impuesta por Bonaparte, primer cónsul en esos momentos.

Desde esa fecha la política exterior española va a ser la dispuesta desde París. Francia ordena que se lleve a cabo la *Guerra de las naranjas* (1801) contra Portugal, en la que Godoy se convirtió en el primer *generalísimo* de la historia de España. En 1803 se firma un tratado en París de alianza con Francia y en 1804, Carlos IV, siguiendo instrucciones de Napoleón declara la guerra a Inglaterra. Una guerra que para España significa ante todo el «desastre de Trafalgar» (20 de octubre de 1805). Godoy accede a todas las peticiones de Napoleón a cambio de una corona para sí mismo: el *principado de los Algarves*, formado por el Algarve y el Alentejo. Así consta en el tratado de Fontainebleau (1807). Simultáneamente a esta firma se descubre un complot auspiciado por el príncipe heredero para deponer a Godoy. La presencia de las tropas francesas en España (habían entrado para conquistar Portugal) y los rumores de la partida del príncipe heredero hacen estallar el motín de Aranjuez (17 de marzo de 1808). Dos días después Carlos IV abdica en su hijo Fernando VII. Toda la familia real española se apresura después a reunirse con Napoleón y a aceptar todas las medidas que el emperador dispone. Comienza el reinado de José Bonaparte.

En Literatura, las figuras predominantes de estos años son los autores «neoclásicos» José Cadalso ha muerto en 1782 a los 41 años. Cándido María Trigueros en 1801. Meléndez Valdés, Jovellanos, Quintana y Leandro Fernández de Moratín son las figuras dominantes de esos años, pero los dos primeros están en el exilio.

Leandro Fernández de Moratín estrena por entonces sus obras principales: *El Barón* (1803), *La Mojigata* (1804), y *El Sí de las Niñas* (1806, aunque editada en 1805). También Quintana cultiva el teatro con *El Duque de Viseo* (1801) y *Pelayo* (1805). María Rosa Gálvez desarrolla en estos años casi toda su producción dramática.

La prosa narrativa no ofrece ninguna figura de relieve. Son los años de Vicente Martínez Colomer (*Novelas Morales*, 1804), Gaspar Zavala y Zamora (*La Eumenia*, 1805), Antonio Valladares y Sotomayor (*La Leandra*, 1797-1807), José Mor de Fuentes (*La Serafina*, 1807 la versión definitiva), y Luis

Gutiérrez (*Cornelia Bororquia*, 1801). Pero la obra en prosa mas significatica del período no es narrativa: *Descripción del Castillo de Bellver* (1807) de Gaspar Melchor de Jovellanos, que permanece en el exilio durante casi todo el ministerio de Godoy.

Guerra de la independencia. 1808-1814.

Comienza con la revolución popular del Dos de mayo de 1808, que supone, si no el inicio, si la advertencia de lo que sería la Guerra de la Independencia. En junio de 1808 se produce la batalla de Bailén: «Fue la primera batalla perdida por el ejército imperial [...] y la primera también ganada por el ejército español –la primera y la última–. En adelante la guerra la ganarán los ingleses y los guerrilleros.» (Gil Novales; 1987; 272). La suerte de la guerra inmediatamente posterior a Bailén fue de nuevo favorable a las tropas francesas. Napoleón viene a España y en diciembre de ese mismo año de 1808 entra en Madrid. Al año siguiente entra Wellington en España. Napoleón marcha a Austria y José Bonaparte hace esfuerzos para imponer su autoridad. Sus intentos de tomar Cádiz, donde están reuniéndose las cortes españolas son infructuosos. Finalmente la guerra termina en 1814.

Durante la guerra de la independencia, convivieron dos gobiernos en España: el gobierno de José Bonaparte, y las diferentes «juntas», que más tarde confluirían en la junta central. El gobierno bonapartista acomete con rapidez la redacción de un Estatuto constitucional que es promulgado el 6 de julio de 1808. Las juntas de gobierno que se habían constituido en diferentes provincias crean la *Junta Suprema Central Gubernativa del Reino* el 25 de Septiembre de 1808. En 1810 la Junta se autodisuelve para formar un *Consejo de Regencia* con el encargo de reunir cortes. Las Cortes comenzaron su trabajo en septiembre de ese año, reuniéndose en la isla de León, primero y en Cádiz después, llegando a asumir el poder ejecutivo. El fruto principal de su trabajo fue la constitución de 1812.

Durante la guerra la actividad literaria queda reducida al límite. Los llamados afrancesados continuan su carrera literaria como Meléndez Valdés y Fernández de Moratín. En el bando de los antibonapartistas comienza su carrera Martínez de la Rosa (*La viuda de Padilla,* 1812) el Duque de Rivas (*Poesias*, 1814) y Antonio Alcalá Galiano. Es notable la efervescencia de la prensa en el Cádiz de las cortes. Uno de los periódicos mas incisivos fue *La Abeja* (1812-1813), en su mayor parte obra de Bartolomé José Gallardo. Diarios gaditanos fueron también el *Redactor General de Cádiz* (1811-1814) y el *Conciso* (1810-1814).

Reinado de Fernando VII. 1814-1833.

Fernando VII vuelve a España como rey en 1814 y su primera decisión importante es la de derogar la constitución de 1812. Se inicia así su primer período absolutista que durará hasta 1820. La derogación fue acompañada de la detención y encarcelamiento de los principales personajes de las Cortes. La pena en muchos casos fue el destierro, y sólo gracias a la influencia de Wellington, pues había sido intención de los absolutistas aplicar la pena de muerte a todos los diputados constitucionales. El primer período absolutista fue una época de conspiraciones constantes.

Son también escasas las producciones literarias en esos años. El Duque de Rivas estrena *Aliator* en 1816 en Sevilla. Pero el acontecimiento literario más importante de la época es la polémica, tantas veces ya mencionada, entre Böhl de Faber, Mora y Alcalá Galiano.

Aparte de las publicaciones de Cádiz (*El Mercurio Gaditano* y el *Diario Mercantil de Cádiz*) la revista más significativa de la época es la *Crónica Científica y Literaria*, editada en Madrid de 1817 a 1820 y dirigida por José Joaquín de Mora.

El 1 de enero de 1820 Rafael del Riego proclama en el pueblo de Las Cabezas de San Juan, la constitución de 1812. Entre los conjurados están Alcalá Galiano y Mendizábal. La Coruña, Zaragoza, Barcelona, Pamplona y Cádiz secundan en pocos días este pronunciamiento. O'Donnel también proclama la constitución en Ocaña, al mando de su ejército, y Fernando VII, acobardado, acepta el 7 de Marzo de 1820, la constitución del 12: *Marchemos francamente, y Yo el primero por la senda constitucional.*

De esta manera comienza el *trienio constitucional* que significa la vuelta al poder de los llamados doceañistas, los diputados de la constitución del 12. Desde un primer momento los gobernantes constitucionales se encontraron con la enemistad del rey y con su oposición. Los distintos gobiernos se sucedieron así como las conspiraciones. Los gobiernos se vieron a menudo enfrentados a la oposición absolutista y la liberal «exaltada». El 7 de julio de 1822 se rebela sin éxito la Guardia Real al mando de Luis Fernández de Córdova. Pero las tropas absolutistas se hacen fuertes en Cataluña y en la Seo de Urgel se constituye la *Regencia suprema de España durante la cautividad de Fernando VII* que el 15 de Agosto de 1822 dirige un manifiesto a la nación, pidiendo al pueblo que liberara su rey, «cautivo de los liberales». El Congreso de Verona (octubre-diciembre de 1822) decidió, en aplicación de las ideas de la Santa Alianza auxiliar al rey Fernando VII. El 7 de Abril de 1823 el ejército francés al mando del Duque de Angulema –*Los cien mil hijos de San Luis*– entra en España. El 1 de Octubre capitula Cádiz y Fernando VII publica un manifiesto prometiendo un perdón general y un gobierno «templado».

La desaparición de la censura, durante el trienio constitucional, provoca una multiplicación de las obras literarias, pero son escasas las que merecen recordarse. Tal vez la más notable, por razones históricas ya que no literarias, es *Ramiro, Conde de Lucena* (1823), la primera novela histórica española.

Siguen apareciendo obras de carácter clasicista: la tragedia *Lanuza* del Duque de Rivas (1822) y en el mismo año la primera edición de las *Poesías* de Alberto Lista.

Los títulos de prensa se multiplican. *El Zurriago* (1821-1823) dirigido por Félix Mejía y Benigno Morales (que fue fusilado junto a Torrijos) fue uno de los más famosos entre los «exaltados». *El Universal Observador Español* (1820-1823) representa la tendencia moderada dentro de los liberales. De tendencia afrancesada y literariamente neoclásico es *El Censor* (1820-1822) de Lista, Miñano y Gómez Hermosilla.

La reacción absolutista se inicia sólo tres días después de la promesa de Fernando VII de un gobierno «templado», con un nuevo decreto que aceptaba las decisiones de una *Regencia* cuyo secretario era Tadeo Calomarde, que el 23 de junio de 1823 dictaba un acta de proscripción general que condenaba a muerte a todos los diputados liberales. Fernando VII no sólo no suaviza la proscripción sino que aumenta su severidad, y nombra un gobierno fanático presidido por su confesor Victor Damián Sáez para aplicar estas medidas. Riego es ahorcado en Noviembre, junto con otras personalidades del trienio constitucional. Tan violenta fue la reacción que el Duque de Angulema facilito la fuga de Cádiz de todos los liberales que pudo, y los gobiernos de Inglaterra, Francia y Rusia protestaron oficialmente ante el gobierno español. Chateaubriand llega a amenazar a Fernando VII con retirar el ejército francés. El Rey, una vez más, deja en la estacada a los suyos y cesa a Sáez para nombrar a Casa Irujo, aunque no llega a aplicar una amnistía que había publicado el 1 de Mayo de 1824. Pese al cambio de ministros Calomarde fue el hombre fuerte de este período. El partido de *los apostólicos*, que luego fueron los carlistas, partidarios de un absolutismo extremo, descontentos con el gobierno de Fernando VII, a quien consideraban «blando» con los liberales, promueven dos insurrecciones: la de Bessiéres en 1825, y la de Cataluña en 1828. Fernando VII encomienda la pacificación de Cataluña al siniestro Conde de España que persiguió con igual crueldad a apostólicos y liberales. Muchos prisioneros del Conde llegaron a suicidarse para no sufrir tortura.

En 1829 el rey contrae matrimonio por cuarta vez con María Cristina de Nápoles, recibida con esperanza por los liberales. Pero no se produjeron cambios en el Gobierno. Se cerraron las universidades y fueron famosas las ejecuciones de Mariana Pineda y de Torrijos y sus 52 compañeros, entre ellos Benigno Morales uno de los dos redactores de *El Zurriago*.

El nacimiento de Isabel II en 1830 representa un cambio en la política fernandina. Los absolutistas se convierten en enemigos del rey y de la reina ya que pretenden arrebatar a su hija la corona en beneficio de Don Carlos, y la reina va a apoyarse, lógicamente, cada vez más en los elementos liberales. Esta tendencia se hace evidente en los sucesos de la Granja el 13 y 14 de Septiembre de 1832. Fernando VII está en trance de muerte y Calomarde se alía con los carlistas, para que Don Carlos herede la corona. La recuperación del rey precipita la caída del ministro. Los liberales se agrupan alrededor de la reina y su hija y su primer fruto fue la amnistía de 1832 y la apertura de las universidades, decisiones auspiciadas por María Cristina. El 30 de junio de 1833 las cortes juran como heredera a la futura reina Isabel II. Don Carlos, ya en Portugal, se negó a jurar y se preparó para reclamar la corona a la muerte del Rey.

La «década ominosa» va a ser tan funesta en la producción literaria como en todo el resto de la vida nacional, aunque en cuanto a la literatura existe, como podremos ver, un significativo cambio después del matrimonio de Fernando VII y María Cristina.

No deja de ser sorprendente que la revista *El Europeo,* a primera vista un producto del trienio constitucional, apareciese al principo de la «ominosa década». En efecto el primer número de la revista aparece el 18 de Noviembre de 1823, nueve días después del ahorcamiento de Riego y casi cinco meses después del auto de Calomarde que condenaba a muerte a todos los diputados liberales[3].

Pero la realidad del exilio de muchos escritores españoles hace que gran parte de la obra de estos años se escriba en el exterior. Son los años del exilio británico y francés, de las actividades editoriales de Jose Joaquín de Mora, del contacto con el romanticismo europeo de Alcalá Galiano, Rivas y Martínez de la Rosa.

No obstante la vida literaria en España no está totalmente muerta. En 1828 aparecen dos personajes importantes del Romanticismo español: José María Carnerero, dirigiendo su primer periódico *El Correo Literario y Mercantil* y, sobre todo, Mariano José de Larra, con su primera publicación *El Duende Satírico del Día*. «El Café», publicado el 26 de febrero de 1828 ha sido considerado con frecuencia la primera muestra del costumbrismo. Un mes después, el 31 de marzo de 1828 publica su crítica, tantas veces recordada por sus estudiosos, sobre la obra de Victor Ducange *Treinta años o la vida de un jugador.*

También de 1828 es el *Discurso sobre el influjo que ha tenido la crítica moderna en la decadencia del antiguo teatro español*, de Agustín Durán, citado hasta la extenuación por todos los críticos que han estudiado nuestro Romanticismo. Del mismo año es el primer tomo de su *Romancero*. Un año después (1829) Juan Donoso Cortés responderá al discurso de Durán con otro famoso *Discurso*.

En ese mismo año de 1829 aparece la *Historia de la literatura española* de Fiedrich Bouterwek, traducida al español por José Gómez de la Cortina y Nicolás Hugalde y Mollinedo

---

3 Esta publicación pudo ser posible porque por aquellos años Barcelona estaba gobernada por el ejército francés.

En los últimos tres años del reinado de Fernando VII (1830-33) aparecen gran parte de las obras y, por lo tanto de los autores, que se han citado como inicio del romanticismo. Una de las tertulias mas famosas del movimiento, la de *El Parnasillo,* comienza sus actividades en 1830. Mesonero, en unas paginas célebres, describe la tertulia y sus componentes: Carnerero, Bretón, Estébanez Calderón, Gil y Zárate, Ventura de la Vega, Espronceda, Larra, Escosura, el propio Mesonero Romanos...

En 1830 se publica *Los bandos de Castilla* de Ramón López Soler, a partir de la cual va a producirse una serie de novelas históricas escritas por autores españoles, entre ellas *La conquista de Valencia por el Cid* (1831) de Estanislao de Cosca Vayo y *El Conde de Candespina* (1832) de Patricio de la Escosura.

En 1831 la revista *Cartas Españolas,* dirigida por Jose María Carnerero, publica artículos y cuentos de Mesonero Romanos y Estébanez Calderón.

De 1832 data la publicación de *El Pobrecito Hablador* de Mariano José de Larra. En estos tres años van a aparecer algunos de los mas famosos artículos de Larra, –aunque *Fígaro* no puede todavía dedicarse a los artículos políticos que cultivará más tarde–: «¿Quién es el público y dónde se encuentra?», 17 de agosto de 1832; «Carta segunda escrita a Andrés», 6 de Noviembre de 1832; «El casarse pronto y mal», 30 de noviembre de 1832; «El castellano viejo», 9 de diciembre de 1832; «Vuelva usted mañana», 14 de enero de 1833; «En este país» 30 de Abril de 1833

En el año 1831 en el teatro nos encontramos con la primera obra de Larra *No más mostrador,* la primera de Hartzenbusch *Las hijas de Gracián Ramirez,* y el mayor exito de Bretón de los Herreros, activo desde 1824, *Marcela, o ¿cuál de los tres?*. Ya desde 1830 Martínez de la Rosa tiene escrita *La Conjuración de Venecia.*

Mientras todo esto ocurría en la península, las diversas naciones hispanoamericanas caminaban hacia su independencia. En 1814 el Doctor Francia se proclama dictador del Paraguay, en 1816 se constituye la República Argentina y en 1818 se declara independiente Chile. En 1822 se reúne el primer congreso constituyente peruano. Las *Provincias unidas de Centroamérica* declaran su independencia en 1823. Desde ese año hasta 1852 se van disgregando en cinco estados: Guatemala, El Salvador, Honduras, Nicaragua y Costa Rica. En 1824 Bolívar, en la batalla de Ayacucho, destruye el ejército español. Bolivia, Colombia, Venezuela y Ecuador comienzan su historia como naciones independientes. El mismo año de 1824 se proclama la República Federal de Méjico. La primera constitución uruguaya es de 1830, año el que el territorio consigue liberarse de la dominación argentina. Cuando Fernando VII muere, el imperio español ha desaparecido.

Primeros años del reinado de Isabel II. 1833-1850.

En septiembre de 1833 muere el Rey Fernando VII. Isabel II aún no ha cumplido tres años y la reina María Cristina es nombrada regente por el testamento del Rey. El primer ministerio de la regencia es dirigido por Cea Bermúdez que ya ocupaba el cargo desde los últimos años de la vida del rey. El ministerio duró poco. El comienzo de la guerra carlista y las intrigas liberales contra Cea precipitaron su caída en enero de 1834 y el nombramiento del ministerio Martínez de la Rosa, tan denunciado por Larra. De la Rosa, doceañista liberal, se había convertido en moderado e intentó una solución templada que no contentó a nadie: el *Estatuto Real*. Se trataba de una «carta otorgada» que instituía un bicameralismo en la que sólo una cámara, el *Estamento de Procuradores*, era por elección, mientras que la otra cámara, el *Estamento de Próceres*, estaba formada por aristócratas y otros próceres por decisión real. Los cargos de esta última cámara eran vitalicios. Para limitar aún más el carácter liberal del *Estatuto*, fue limitada su capacidad de decisión: sólo podían hablar sobre aquellos temas que el Rey expresamente decidiera. La apertura de ambos estamentos se hizo el 24 de julio de 1834, en medio de una devastadora epidemia de cólera-morbo que asolaba Madrid. Anota Mesonero Romanos que en la pequeña calle donde vivía fallecieron veintiuna personas, «cuatro de ellas en mi propia casa» (Mesonero; 1967; 207; nota 1). La epidemia se atribuyó a un envenenamiento de las aguas, y las turbas asesinaron a más de ochenta jesuitas de diferentes conventos de Madrid, a quienes se atribuía el envenenamiento. El principal éxito de Martínez de la Rosa, la firma de la *Cuádruple Alianza* con Inglaterra, Francia y Portugal, que aseguraba la posición de Isabel II frente a los carlistas, no impidió su caída. En junio de 1835 es nombrado el Conde de Toreno cuyo ministerio sólo duraría hasta septiembre del mismo año. Consiguió Toreno el auxilio de tropas portuguesas, inglesas y francesas en la guerra. Pero la enemistad de los liberales, a los que no contentó con la expulsión de los jesuitas (1835) y otras medidas, precipitó su caída. Le sucedió Juan Alvarez Mendizábal, que asumió todos los ministerios. En los ocho meses (15 de septiembre de 1835-15 mayo de 1836) de duración del ministerio Mendizábal, atacado con saña por Espronceda y Larra, se suceden los acontecimientos: amnistía, convocatoria a Cortes, la famosa *desamortización*... Para paliar los problemas del ejército, Mendizábal hizo publicar el decreto de *la quinta de los cien mil hombres*. Todos los solteros comprendidos entre dieciocho y cuarenta y cinco años, eran incorporados al ejército a menos que pagasen 4000 reales. El gobierno consiguió 25 millones de pesetas y el ejército aumento en 75000 soldados. El fracaso de la política económica de Mendizábal precipitó su caída. Istúriz, que le sucedió, sólo duró tres meses. El propio Mendizábal conspiraba contra el gobierno instigando el motín de la Granja. Los soldados amotinados en La Granja de San Ildefonso, imponen a José María Calatrava como primer ministro y hacen jurar a la regente la constitución de 1812. A partir de entonces se suceden gobiernos moderados y liberales, depuestos por sucesivos pronunciamientos. Mientras tanto, se había proclamado una nueva constitución la de 1837.

En Madrid liberales y moderados jugaban a las conspiraciones; la guerra carlista se centraba en el norte de España y en el Maestrazgo. El principio de la guerra en el norte fue favorable a los carlistas pero la muerte de Zumalacárregui en 1835 cambió la situación. Fernández de Córdova y Espartero consiguieron una serie de victorias que dejaron en mala situación al ejército carlista. El fracaso de una expedición real mandada por el pretendiente al trono, precipita una crisis en el carlismo que lleva al poder a la facción más reaccionaria. Los fracasos de este facción hacen que Carlos V nombre a Maroto como jefe supremo. Maroto se convierte en el director del carlismo cuando el pretendiente le declara traidor y el ejército se inclina por el general en contra de Don Carlos. Después varias victorias más de Espartero se sella la paz en Vergara (31 de agosto de 1839). Todavía Cabrera siguió batallando diez meses más hasta que se refugió en Francia.

Espartero, el militar más importante del momento gracias a sus victorias contra los carlistas y la regente María Cristina entran en conflicto. Espartero se inclinaba hacia el progresismo y la alianza de Narváez, su gran rival, con los moderados acentúa esta inclinación. La regente se inclinaba hacia los moderados. Las disputas entre los dos culminan con la caída del gobierno moderado de Pérez de Castro (diciembre 1838 - julio 1840) y el nombramiento de Espartero como presidente del Consejo de Ministros. María Cristina, muy impopular desde que se había descubierto su matrimonio secreto con Fernando Muñoz, un guardia de corps, renuncia a la regencia y marcha a París. Espartero es nombrado regente (1841), pero las divisiones entre los liberales debilitan el partido. Espartero nombró cuatro ministerios: González, Rodil, López y Gómez Becerra, combatidos duramente por la oposición. La respuesta de Espartero con frecuentes disoluciones de cortes y la asunción de poderes dictatoriales, precipita una rebelión en la que participan Prim, Serrano y Narváez. Las tropas de Espartero se pasan a los rebeldes. Espartero abandona la regencia y marcha a Londres en 1843.

La falta de acuerdo para el nombramiento de un nuevo regente, hizo que Isabel II fuese declarada mayor de edad a los trece años y 29 días. El primer gobierno de Isabel II, presidido por Salustiano Olózaga apenas duró 19 días y Olózaga acabó desterrado, víctima de las intrigas de los moderados. González Bravo, un periodista liberal pasado al moderantismo, forma gobierno y toma medidas autoritarias contra los liberales, imponiendo, entre otras cosas, una fuerte censura. Pero su pasado le hacía sospechoso para los liberales y a los cinco meses fue sustituido por Narváez.

El gobierno de Narváez duró casi dos años (marzo 1844-febrero 1846), todo un record para la época, y fue una dictadura con apariencia parlamentaria. Las elecciones a cortes de 1845 ofrecieron un resultado sorprendente: todos los diputados, salvo uno, pertenecían al partido moderado. Estas cortes proclaman la Constitución de 1845 que es claramente reaccionaria con respecto a la del 37. El gobierno de Narváez cayó en febrero de 1846, debido a las intrigas en torno al matrimonio de la Reina. El marques de Miraflores formó un gobierno que duró 29 días y de nuevo Narváez formó un gobierno que duró aún menos: 19 días. La Reina Madre que desde París intrigaba para conseguir que la Reina se casara con su primo Francisco de Asís Borbón, consigue el nombramiento de Istúriz. El 10 de octubre de 1846 se celebra el matrimonio de Isabel II.

Los moderados van a estar en el poder hasta 1854, pero sometidos a múltiples divisiones. Istúriz se mantendrá hasta enero de 1847, el duque de Sotomayor de enero a marzo de ese año, Pacheco de marzo a septiembre, y García Goyena, sólo un mes hasta octubre. Finalmente Narváez vuelve al poder y lo mantiene hasta 1851, con la pintoresca interrupción del gobierno del conde de Cleonard que duró 27 horas del día 19 al 20 de octubre de 1849.

Durante todo este período no dejaron de sucederse las guerras. En Marruecos con frecuentes incidentes desde 1843. Y una nueva guerra carlista desde 1846, pocos días después de casarse la reina. El Conde de Montemolín, pretendiente carlista y frustrado aspirante a la boda con la Reina es aclamado como rey. En 1847 Cabrera vuelve a España. La situación se complica con el levantamiento de partidas republicanas. El General de la Concha vence rápidamente a los carlistas (1848). Cabrera vuelve a Inglaterra y Montemolín es capturado por unos aduaneros franceses.

Sin embargo esta constante conflictividad no impide que sean esta época la de mayor efervescencia creadora romántica.

En el teatro se van a suceder los estrenos de las obras más representativas del drama romántico: *La Conjuración de Venecia* de Martínez de la Rosa (1834), *Macías* de Larra (1834), *Don Alvaro o la Fuerza del Sino* del Duque de Rivas (1835), *Alfredo* de Joaquín Francisco Pacheco (1835), *El Trovador* de García Gutiérrez (1836), *Los Amantes de Teruel* de Hartzenbusch (1837) y *El Zapatero y el Rey* de Zorrilla (1840).

La poesía va a iniciarse en este decenio con las *Poesías* de Martínez de la Rosa. En 1834 aparece una obra fundamental en el desarrollo del romanticismo español: *El Moro Expósito* del Duque de Rivas con el prólogo, tantas veces citado, de Antonio Alcalá Galiano. Pero como ya hizo notar E. Allison Peers es 1840 el año en que se congregan mayor número de libros de poesía del romanticismo: el «annus mirabilis» en palabras de Peers. En 1840 publican Espronceda (*Poesías líricas*), Nicomedes Pastor Díaz (*Poesías*), Salvador Bermúdez de Castro (*Ensayos poéticos*), García Gutiérrez (*Poesías*), Campoamor (*Ternezas y Flores*), Arolas (*Poesías Caballerescas y Orientales*), José Joaquín de Mora (*Leyendas Españolas*), y Miguel de los Santos Álvarez (*María*). En 1841 de nuevo Espronceda (*El Diablo Mundo*), Zorrilla (*Cantos del Trovador*) y el Duque de Rivas (*Romances Históricos*)

En novela nos encontramos en 1834 con Larra (*El Doncel de Don Enrique el Doliente*) y Espronceda (*Sancho Saldaña*), en 1835 con Escosura (*Ni Rey ni Roque*), en 1837 con Martínez de la Rosa (*Doña Isabel de Solís*) y Eugenio de Ochoa (*El Auto de Fe*), y en 1838 con Estébanez Calderón (*Cristianos y Moriscos*).

Larra es, sin disputa, ni entonces ni ahora, el principal periodista de esta época hasta su muerte (1837). *Fígaro* se compromete totalmente en la lucha contra los carlistas, sobre todo en la época del ministerio de Cea Bermúdez (29 de septiembre de 1833 a 15 de Enero de 1834). «Nadie pase sin hablar al portero o los viajeros en Vitoria», (18 de octubre de 1833); «El hombre menguado o el carlista en la proclamación», (24 de octubre de 1833) ; «La planta nueva o el faccioso», (10 de noviembre de 1833). La llegada al poder de Martínez de la Rosa hace que diriga sus dardos contra el gobierno: «Los tres no son más que dos y el que no es nada vale por tres», (18 de febrero de 1834). A partir de aquí el pesimismo de Larra se va acentuando. Sus últimos artículos son celebres por la desesperación que late en ellos: «El día de difuntos de 1836» (2 de noviembre de 1836) y «Horas de invierno» (25 de diciembre de 1836). Pocos años después de su muerte, en 1843, fueron publicadas las primeras *Obras Completas de Fígaro*, con una biografía escrita por Cayetano Cortés.

El costumbrismo está enteramente dominado por Mesonero Romanos que escribe incesantemente. Pero son también los años en que publican Modesto Lafuente, *Fray Gerundio*; Santos López Pelegrín, *Abenámar*, y Antonio María Segovia, *El Estudiante* entre otros.

Las revistas románticas están en su apogeo. Del abundantísisimo número de ellas se destacan sobre todas *El Artista* (1835-1836) dirigida por Eugenio de Ochoa y la gran triunfadora de la época, el *Semanario Pintoresco Español*, que nace en 1836 bajo la dirección de Mesonero Romanos y va a llegar hasta 1857, funcionando con diversos directores.

La mayoría de edad de Isabel II se inicia, en literatura, con tres importantes obras del romanticismo. Una novela, *El Señor de Bembibre*, (1844) de Enrique Gil y Carrasco; una obra de teatro estrenada en el mismo año, *Don Juan Tenorio* de José Zorrilla, y una obra colectiva, *Los españoles pintados por sí mismos,* que fue publicada en dos tomos, entre 1843 y 1844.

Poco más hay en este período de obras de primera fila. Zorrilla es sin disputa el gran dominador del momento: gran parte de sus mejores leyendas son de estos años.

Wenceslao Ayguals e Izco publica en 1845-1846 *María, la Hija de un Jornalero*, folletín social de enorme éxito y larga descendencia.

De los autores románticos que ya han publicado con anterioridad poco va a aparecer de importancia en su obra. Espronceda muere en 1842 y Gil y Carrasco en 1846. Rivas edita en 1844 *El Desengaño en un Sueño,* pero no lo llega a estrenar. Ventura de la Vega estrena en 1845 *El Hombre de Mundo,* su obra más famosa y principio de la alta comedia. Gertrudis Gómez de Avellaneda, Francisco Navarro Villoslada y Antonio Flores son figuras que brillan con fuerza hacia la mitad del siglo XIX.

Son los años de mayor aparición de relatos breves. El cuento se convierte en uno de los componentes fundamentales de las revistas de la época y todos los autores, en un momento u otro, van a cultivarlo. Podemos encontrar cuentos de toda la plana mayor del Romanticismo: Espronceda –«La Pata de Palo»–, Mesonero Romanos –«Isabel o el Dos de Mayo»–, Zorrilla –«La Mujer Negra»–, Gil y Carrasco –«El Lago de Carucedo»–, Eugenio de Ochoa –«Un Caso Raro»–, Jacinto de Salas y Quiroga –«Un Regalo del Emperador Carlos V»–, Serafín Estébanez Calderón –«El Collar de Perlas»–, Antonio Ros de Olano –«La Noche de Máscaras»–, Miguel de los Santos Álvarez –«Agonías de la Corte»–, Gregorio Romero Larrañaga –«Los Últimos Amores»–, Juan Eugenio Hartzenbusch –«La Reina sin Nombre»–, Manuel Bretón de los Herreros –«Una Nariz»–, Modesto Lafuente, *Fray Gerundio* –«Mis Botas»– Pablo Piferrer –«El Castillo de Monsoliu»–, Antonio Gil y Zárate –«El Paso Honroso»–, Manuel Milá y Fontanals –«Fasque Nefasque»–, José Amador de los Ríos –«El Adúltero»– etc.

El romanticismo: elementos básicos.

No es posible ignorar que el hecho literario fundamental de esos años en España es la aparición del Romanticismo. Es preciso pues reflexionar sobre el Romanticismo, sus características y su particular manifestación en España.

> El romanticismo no cabe en una definición o en una fórmula. Su naturaleza es intrínsecamente contradictoria; aparece constituida por actitudes y movimientos antitéticos y cristaliza difícilmente en un principio o en una solución únicos e incontrovertibles. (Aguiar; 1972; 366-367)

Estas palabras de Aguiar e Silva nos llevan a uno de los problemas más debatidos de la historiografía literaria: la caracterización de un movimiento, que acabó llamándose «romanticismo», que se extendió por toda Europa desde la segunda mitad del siglo XVIII, y que, en muchos aspectos, aún influye poderosamente en la cultura actual.

Gran parte del problema estriba en que el Romanticismo no es exclusivamente un fenómeno literario: es un cambio cultural que afecta a la literatura como afecta a otras áreas del pensamiento y de la sociedad, artísticas y no artísticas. Estos cambios, responden a una diversidad de causas que en su evolución pueden llegar a adoptar formas diferentes y aún contrarias, por más que todas ellas sean representativas del cambio romántico.

Al ser la libertad absoluta del creador y el individualismo extremo dos de las características fundamentales del romanticismo, la diversidad del movimiento es grande. Las caracterizaciónes basadas en rasgos formales, estructuras, temas, formas métricas predilectas, géneros cultivados, etc..., perfectamente válidas para épocas anteriores, se llenan de excepciones, añadidos, variaciones y alteraciones. Las dificultades de la clasificación han ido llevando a la creación de conceptos como *Prerromanticismo, Postromanticismo, Romanticismo dieciochesco*, en un intento de sistematizar y diferenciar períodos con diferentes rasgos, se supone, dominantes.

El intento de resumir las diferentes definiciones del romanticismo europeo llevaría a un estudio prácticamente inacabable. Ya F. Schlegel afirmaba haber «recolectado» más de ciento cincuenta definiciones del término. En 1981 Jean Louis Picoche en su artículo «¿Existe el Romanticismo español?» afirma que «no quisiera añadir una definición más del romanticismo a las 11.396 definiciones ya catalogadas por la *Princeton Encyclopedia of Poetry and Poetics*» (Picoche, 1989: 278). La tarea de rastrear todas este definiciones excede, sin duda, lo posible para cualquier historiador. Intentaremos, más modestamente, una caracterización del movimiento, en sus rasgos más generales.

Al principio de muchos de los estudios recientes sobre el movimiento aparecen los nombres de Arthur O. Lovejoy, René Wellek y Morse Peckham enzarzados en una discusión sobre la naturaleza del Romanticismo y aún sobre su existencia. La postura de Lovejoy de que no era posible llegar a conclusiones generales sobre el Romanticismo y que por ello es ociosa su caracterización y estudio, es contestada por Wellek que encuentra tres características comunes en todos los romanticismos europeos: la preeminancia de la imaginación, el organicismo como idea del mundo y la utilización del símbolo y el mito. El concepto de Romanticismo sigue siendo válido para Wellek, aunque de forma general y teniendo en cuenta que debe siempre considerarse que dentro del movimiento hay varios «Romanticismos». Morse Peckham centra el Romanticismo europeo en un giro mental que cambia el concepto del mundo del estatismo al dinamismo.

EL ROMANTICISMO ESPAÑOL.

El debate sobre el Romanticismo se ha reproducido e incluso ampliado al tratar el Romanticismo español. La amplia bibliografía que el tema ha suscitado haría muy prolijo el seguimiento cronológico o sistemático de todas las obras que se han dedicado a este movimiento. Romero Tobar (1994) ha sintetizado los estudios sobre el tema en tres corrientes de opinión principales. Aceptando estas tres corrientes, e introduciendo una más, vamos a intentar resumir las principales líneas de opinión sobre el tema.

El Romanticismo como constante histórica de la literatura española

Es la interpretación más antigua del movimiento, latente ya en la polémica calderoniana. Aunque pueden encontrarse declaraciones en tal sentido en diferentes estudios, la obra que desarrolla esta teoría de forma más completa y sistemática es sin duda la de E. Allison Peers, *Historia del Movimiento Romántico Español* (1973) cuya primera edición en inglés es de 1940. La teoría de Peers ha sido discutida y rechazada con extrema virulencia, ya desde años muy próximos a la primera publicación de su obra. (El artículo de Ángel del Río, «Tendencias actuales en el entendimiento y estudio del Romanticismo español», citado sistemáticamente como refutación de la tesis de Peers aparece en 1948.) No obstante, y pese a lo discutibles que son sus conclusiones su obra es aún imprescindible por el aluvión de datos que contiene y la amplia recopilación de documentos y testimonios, no igualados, hasta el momento, por ninguna otra obra sobre el tema.

La tesis de Peers es sencilla. La literatura española es esencialmente romántica en sus características. Después de un neoclasicismo de inspiración extranjera, ajeno a las «características primordiales» –para usar la expresión de Menéndez Pidal– de la literatura española, los autores románticos vuelven los ojos al barroco y allí encuentran las características básicas de lo que sería la literatura romántica española. Este regreso al siglo de Lope y Calderón es lo que Peers llama el «renacimiento romántico». El anhelo de libertad, de superación de las reglas neoclásicas se concreta en este caso en una vuelta al Siglo de Oro. Paralelamente a este renacimiento se produce lo que Peers llama «rebelión romántica», una búsqueda de la libertad expresiva y literaria que rechaza toda regla, y que no plantea una vuelta al pasado sino una literatura personal. Peers afirma que ambas tendencias conviven y se manifiestan ya en el Siglo XVIII: «Ambos movimientos se desplegaron, aunque algo lentos, durante la segunda mitad del Siglo XVIII, y se hallaban ya bastante avanzados hacia el último año de dicho siglo» (Peers, 1973; I, 40). Pero ambos movimientos van a fracasar muy poco tiempo después de producirse la «eclosión» del movimiento romántico (1834-1837). Peers apoya su declaración del fracaso romántico en cinco elementos: la desaparición de las tertulias, de las principales revistas románticas (*El Artista*, la más importante de ellas), el ocaso del drama romántico: «después de 1837 advertimos un descenso general así en la popularidad como en la calidad del drama romántico» (Peers; 1973; II, 15), multiplicación de las sátiras antirrománticas y, por último, criticas de la época que hablan del fracaso del romanticismo. El fracaso romántico supone la aparición y triunfo de un nuevo movimiento: el eclecticismo.

> En medio de esta confusión surgió, hacia 1837 aproximadamente, un movimiento fuerte, aunque también algo informe, que halló una aceptación más general que la dispensada al romanticismo o al clasicismo, logrando el triunfo auténtico que les había sido negado a aquellas otras dos corrientes. [...] Este nuevo movimiento era un eclecticismo literario que aspiraba a establecer un «justo medio», a tomar de los ideales clásico y romántico lo que consideraba elementos de máximo valor y estabilidad, a suavizar la abierta antítesis entre aquellos ideales y a reconocer solamente la distinción entre arte y falta de arte, entre genio y carencia de genio, entre lo bueno y lo malo. (1973; II, 77-78).

De todas formas Peers admite la pervivencia del movimiento romántico español hasta 1860 al menos. Por lo tanto la periodización literaria que Peers propone podría resumirse así: a) de 1750 a 1808 manifestaciones y testimonios que dan fe de la aparición de tendencias «románticas»[4]; b) de 1808 a 1833, un estado «latente» del romanticismo que no llega a desarrollarse por situaciones políticas (guerra de la independencia, reinado de Fernando VII), aunque en este período se encuentran acontecimientos importantes como la polémica calderoniana, la publicación de *El Europeo*, las tertulias de Olózaga y *El Parnasillo*, etc... ; c) el breve «triunfo» romántico (1834-1837); d) el fracaso romántico y la aparición y triunfo del eclecticismo (1837-1860), aunque con el mantenimiento del movimiento romántico, si bien en decadencia, durante esos años; y e) mantenimiento de las características románticas de la literatura española hasta el siglo XX.

La descripción del romanticismo español que hace Peers, comprende también la presencia en él de dos tipos de características: primarias y secundarias. Dentro de las primarias encuentra Peers a la *libertad* como la más básica y principal de todas, anhelo compartido por el renacimiento romántico y por la rebelión romántica. Después de la libertad hay otras tres características primarias: *patriotismo*, «si bien sumamente característico del romanticismo español, no es exclusivo en modo alguno del movimiento romántico, y tampoco es forzosamente una cualidad romántica»; *cristianismo*, «fuera de España, [...] se asocia, en general, con el romanticismo; pero en España es característico de todo período literario, aunque más pronunciado a principios del XIX que en cualquier otra época desde finales del Siglo de Oro»; y *medievalismo,* «concomitante del romanticismo en toda la Europa occidental, lo

4 No se debe olvidar que cuando Peers habla de características románticas entiende como tales todos los intentos de revalorizar el teatro de Lope y Calderón, representaciones de sus obras, defensa de la literatura barroca española, etc...

mismo en España que en otros países» (1973; II, 323). Como características secundarias Peers habla de *subjetividad*, «menos característica de la literatura española que la de otros países» (1973; II, 344); *sentimentalismo y lacrimosidad*, también escasos y más propios de Jovellanos que de otros autores posteriores; *melancolía y pesimismo*, también poco abundantes en comparación con el romanticismo europeo, «La poca frecuencia de individualismo exagerado en el movimiento romántico español tiene su complemento en la poca frecuencia de la melancolía, y ésta y otras causas justifican la falta absoluta de todo pesimismo razonado.» (1973; II, 371); *vaguedad, indeterminación de forma, amor al misterio,* «No hay ninguna otra manifestación nacional del romanticismo que tenga más afición que la española a lo vago e indefinido, a lo informe, e incoherente, a la fantasía, la meditación y el ensueño.» (1973; II, 381); y una *actitud hacia la naturaleza*, que, a diferencia de otros romanticismos europeos, es mas bien convencional, en la línea de sus antecesores clásicos.

Las ideas de Peers provocaron una serie de contestaciones. Ángel del Río en un artículo de 1948 (versión española 1989) rechaza de forma global todas las tesis del hispanista norteamericano:

> Existen tres hechos irrefutables. Primero, la tardía llegada del movimiento romántico a España. Segundo, sus orígenes casi exclusivamente extranjeros. Y, tercero, la peculiar transformación, o adaptación a las circunstancias históricas que experimenta el romanticismo en la literatura española tras el primer estallido de entusiasmo (Del Río, 1989; 217)

Niega del Río por lo tanto las tres ideas fundamentales de Peers. En primer lugar la existencia de indicios de la presencia de ideas románticas desde 1750. En segundo lugar, que la literatura española sea en toda su historia esencialmente romántica. Y en tercer lugar que exista el Eclecticismo como corriente literaria. Reprocha a Peers su «falta de cautela» y el haberse tomado en serio la teoría romántica del carácter «romántico» –valga la redundancia– de España y de su literatura. Prosigue del Río afirmando que las únicas obras románticas que hoy recordamos son obras enclavadas en plena revolución romántica y por lo tanto de influencia extranjera. Rechaza también el Eclecticismo que «no era en su sentido esencial, un compromiso de formas o escuelas literarias [...] era una manifestación encubierta o externa de un fenómeno más importante: la imposibilidad de integrar las nuevas ideas nacidas en la Europa de la Reforma, el Racionalismo y la Revolución, con el carácter y las creencias nacionales» (1989; 230). No hay eclecticismo sino el triunfo, a partir de 1840 de un romanticismo restaurador, religioso y neorromántico. Las críticas de del Río le llevan a proponer una «década romántica» 1830-1840. Antes de esta fecha no existiría romanticismo en España y con posterioridad a la segunda un tipo de literatura que tiene más de recreación del pasado español que de romántica propiamente dicha.

Donald L. Shaw (1968, versión española 1989) reprocha a Peers haber empleado en sus investigaciones «un carácter selectivo». Piensa Shaw que las conclusiones de Peers son correctas «a veces», pero no ofrecen un cuadro completo del movimiento de las ideas, porque se basan en una interpretación demasiado restringida del fenómeno del romanticismo. Rechaza la posibilidad del Eclecticismo como escuela del acuerdo y del «justo medio» entre dos movimientos. Peers no ha tenido en cuenta, siempre según Shaw, que «el Romanticismo fue en su misma esencia revolucionario. Traía consigo no sólo una nueva visión de la vida: visión que subvertía los presupuestos, los valores y las creencias habituales que, según el criterio ortodoxo, constituían los soportes esenciales de la seguridad y de la estabilidad sociales. Con esa visión «disolvente» no hubo posibilidad alguna de transigir» (Shaw, 1989; 246). El problema de la interpretación de Peers, dice Shaw en otro lugar, fue el no considerar un hecho clave: «Para comprender lo que realmente sucedió es necesario recordar un hecho al que Peers nunca se enfrentó directamente: un cambio importante en las formas literarias siempre ocurre en relación con algo más profundo: un cambio de sensibilidad, un cambio de actitud frente a la condición humana, una nueva visión de la vida» (Shaw, 1981; 29).

Las críticas de Del Río y de Shaw a las ideas de Peers, se dirigían a los puntos más débiles y discutibles de la *Historia del movimiento romántico español*, y ejercieron un gran efecto, pero, al mismo tiempo, adolecían de una falta de base textual y documental con que enfrentarse a Peers. Ésta ha sido una constante de críticas posteriores: a día de hoy sólo la obra de Sebold pueda igualarse o incluso superar a la de Peers en cuanto a documentación y erudición. Por eso las tesis de Peers siguen siendo influyentes durante muchos años y, todavía hoy en día, no es posible ignorar su obra por distanciado que se esté de sus planteamientos.

EL ROMANTICISMO ESPAÑOL COMO ENFRENTAMIENTO DE DOS TENDENCIAS: LIBERAL Y CONSERVADORA.

Las características específicas del romanticismo español estarían, según esta interpretación, determinadas por la confrontación ideológica y estética entre dos romanticismos uno liberal y otro conservador. La idea viene de antiguo. Díaz Plaja (1953, 33) recoge unas opiniones de Francisco Tubino en 1880 en las que hablaba de dos bandos románticos, uno «creyente, aristocrático, arcaico y restaurador» cuyo líder natural es Walter Scott, otro «descreído, democrático, radical en las innovaciones y osado en los sentimientos» acaudillado por Victor Hugo (Para Tubino estas dos manifestaciones del romanticismo son europeas y no meramente españolas); así como otras de Menéndez Pelayo que veía un romanticismo histórico nacional a cuya cabeza estaría el Duque de Rivas y un romanticismo subjetivo o byroniano cuyo máximo representante sería Espronceda. El mismo Peers admite esta diferencia cuando habla de «renacimiento romántico» (máximo inspirador: Walter Scott) y de «rebelión romántica» (modelo: Lord Byron).

Esta idea establecida combinada con los tres hechos «irrefutables» aducidos por Del Río: la tardía aparición del movimiento romántico en España, su carácter exclusivamente extranjero, y la peculiar transformación que siguió en nuestro país, compone una visión del romanticismo que ha hecho fortuna. Un movimiento inexistente en España hasta la muerte de Fernando VII, procedente principalmente de influencias extranjeras, con un duración temporal muy limitada –se suele citar la década comprendida entre 1834, fecha de publicación de *El Moro Expósito* del Duque de Rivas y 1844 cuando aparece *El Señor de Bembibre* de Gil y Carrasco– y escasa fortuna literaria –habitualmente sólo Larra y Espronceda se salvan de la censura crítica– y que rápidamente desaparece por la oposición de unas fuerzas conservadoras de la literatura española, que van a conformar un romanticismo conservador que en buena parte es la encarnación de varias de las «características primordiales» pidalianas de la literatura española: austeridad moral, cristianismo, realismo, tradicionalismo. La contienda entre el romanticismo «disolvente» de origen extranjero y el «tradicional y católico» de raigambre español se resuelve con celeridad en favor del segundo.

La idea de la contienda entre los dos romanticismos se alimenta de obras como la de Vicente Llorens, *Liberales y Románticos,* de 1954, en la que se estudia las actividades de los emigrados españoles en Londres durante la época de Fernando VII. Estos emigrados, neoclásicos en su origen como Mora y Alcalá Galiano –los adversarios de Böhl de Faber en la polémica calderoniana– y convertidos al romanticismo en el destierro, serían los portadores de las influencias románticas al volver a España a la muerte del *Deseado*. Y sigue siendo la guía de las opiniones de críticos como José Luis Varela que en 1982 dice que «no es válido [hablar del romanticismo] desde una sola de las dos corrientes ideológicas –la tradicionalista y la liberal, ambas perfectamente legítimas– que se disputan en el pasado la primacía» (Varela, 1989; 254).

Navas Ruiz matiza esta oposición entre un romanticismo conservador y entre otro romanticismo liberal: «Se es romántico en la medida que se es liberal» (Navas Ruiz, 1982; 48). Según este investigador los dos romanticismos representan la división que dentro del liberalismo político se estableció entre moderados y progresistas ya desde las Cortes de Cádiz. Solo en algunos casos excepcionales, como el de Böhl de Faber se puede hablar de un romanticismo que «estaba al servicio de una reacción absolutista» (1982; 49)

> El liberalismo en efecto acogió en su seno dos tendencias: la moderada, marcadamente conservadora y la progresista. La primera

> utilizó el pasado como factor de equilibrio frente a los desbordes del populismo [...] pero rara vez negó, al menos como principio, la libertad. [...] El reaccionarismo estaba en otro lugar, en déspotas como Fernando VII, en el infante Don Carlos. Cabe preguntarse: ¿cuántos románticos fueron carlistas? ¿Cuántos abogaron por una tiranía fernandina? Ninguno. Hasta pensadores tan conservadores como Jaime Balmes o Juan Donoso Cortés funcionaron dentro de un contexto liberal representativo, de respeto a las libertades esenciales. (1982; 49).

Esta división política, además, no siempre coincidía con la actividad literaria. Navas Ruiz recuerda el caso de Martínez de la Rosa, progresista en sus creaciones y no en sus actuaciones.

En el extremo de esta tendencia que identifica liberalismo con romanticismo se encuentra Iris M. Zavala. Para esta estudiosa «el Romanticismo es una expresión de las fuerzas revolucionarias que abrasaron Europa a partir de 1789» (Zavala, 1989; 13). Zavala se muestra muy adversa a las tesis de Sebold (que veremos después). Remite como pertenecientes a la sensibilidad dieciochesca a características como atracción por lo fúnebre, sentimentalismo, fantasía, emoción, subjetivismo, que son precisamente las que Sebold destaca como románticas en escritores como Cadalso. Llega Zavala a negar el carácter romántico del «mal del siglo» o del «tedio universal» remontándolo hasta Milton (*Il Penseroso,* 1632). Zavala insiste en la filiación extranjera del romanticismo y su orientación política: «lo autóctono es el liberalismo político, que se da primero. El romanticismo –teoría y praxis– vienen como importación extranjera. «Liberal» y «liberalismo» son palabras españolas [...] Los españoles empiezan por casa: son liberales primero, luego románticos» (1989; 23).

EL ROMANTICISMO ESPAÑOL, MOVIMIENTO APARECIDO EN EL SIGLO XVIII.

La tesis que Russel P. Sebold viene defendiendo a lo largo de su copiosa obra crítica niega uno de los pocos elementos comunes entre las ideas de Peers y los defensores de la ecuación «romanticismo igual a liberalismo»: la tardía aparición del romanticismo en España. Para Sebold «el romanticismo es un fenómeno que se produce *evolutivamente*, lo mismo en España que en los demás países de Occidente, merced a la interacción entre la poética neoclásica y la filosofía de la Ilustración, empezando a manifestarse hacia 1770 y prolongándose, bajo diferentes variantes y paralelamente con otras tendencias literarias por espacio de unos cien años» (Sebold, 1983; 7). El romanticismo es una evolución de un tipo de pensamiento que proviene del XVIII y que es más antibarroco que barroco: «lo determinante de cualquiera de los períodos en que se agrupan los escritores es su espíritu literario o su cosmovisión y en este aspecto se acusa mayor afinidad entre el neoclasicismo y el romanticismo que entre este último y el barroquismo.» (1983; 43). Sebold, tan buen escritor como investigador defiende sus tesis con ardor y voluntad polémica (presente en un título tan «provocador» como *Cadalso, el primer romántico «europeo» de España*): «La triste suerte del romanticismo español en nuestro siglo es que la mayor parte de los estudios que se le han dedicado han sido escritos por unos señores que no parecen haber sentido una sola emoción en toda su vida» (1983; 16)[5]

Sebold (1983; 127) situa un «primer romanticismo español» entre 1770 y 1800. Este romanticismo arranca con la obra de Cadalso, *Noches Lúgubres* (1771) y con la anacreóntica del mismo autor «A la muerte de Filis» publicada en la colección *Ocios de mi juventud* (1773). En esta poesía encuentra Sebold «una amenaza a la misma esencia del pacífico género pastoril al que a primera vista pertenece» (1995; 177). Señala el investigador norteamericano la presencia de un «yo» desdichado que transforma los elementos de la realidad en manifestaciones de la torturada conciencia del poeta. Los «pámpanos de Baco» devienen en «lúgubres cipreses», el canto del «tierno jilguerillo» se convierte, en el oído del poeta, en «ronca voz del cuervo» y los corderos en «rebaños de leones».

Cadalso elabora este «Manifiesto romántico español de 1773», según Sebold, partiendo de una cosmovisión que ya es romántica y que ha penetrado en España gracias a las obras de Locke, Condillac, Buffon y otros filosofos y naturalistas. En las *Noches Lúgubres* aparece un pesar personal, subjetivo y egoísta: el yo del poeta se convierte en centro del universo. Así en la obra encontramos un paralelo entre la naturaleza borrascosa del cementerio –al principio de la obra, cundo Tediato espera a Lorenzo– y la agitación del alma del poeta. Constata Sebold la aparición en la obra del tema del suicidio y detalla elementos plenamente románticos en la mentalidad de Tediato: la conciencia de superioridad, y la extrema sensibilidad que de ella se deriva. Sufre por los demás, pero alberga dentro de sí un dolor mayor que cualquier influencia externa. Se siente incomprendido por el mundo. La propia estructura y composición de la obra, en la que todo lo que no sea el protagonista está apenas esbozado, refuerza la atención a los sentimientos interiores de Tediato.

Pero Sebold no se limita al caso de Cadalso. Encuentra en las obras de Meléndez Valdés suficiententes características románticas para revisar la calificación crítica habitual de este poeta. En concreto afirma Sebold que en 1794, en la elegía «A Jovino el meláncólico», Meléndez Valdés formula el nombre español del dolor romántico cincuenta y tres años antes que los alemanes y treinta y nueve antes que los franceses, y «no sólo acuño su nombre para la

5 Voluntad polémica aún más acentuada, quizás, en otros autores. No parece muy justo, al menos con Cadalso, calificar las *Noches lúgubres* de «miserable engendro compuesto en 1774 y publicado tan sólo en 1798» como hace Picoche para oponerse a las ideas de Sebold, enfatizando la poca importancia de los rasgos románticos que el norteamericano detalla en su análisis. (Picoche, 1989; 298).

congoja romántica [*fastidio universal*] sino que también dio una definición de ésta» (Sebold, 1989; 106).

Otros autores como Cándido María Trigueros en *Cándida o la Hija Sobrina* (1773) (1983, pp 109-136), o Pedro de Montengón en *El Rodrigo. Romance épico* (1793) (1992, pp 103-108) son analizados por Sebold como autores románticos.

La visión del romanticismo español para Sebold sería la de un movimiento literario inciado hacia 1770, y por lo tanto, sin ningún retraso respecto al romanticismo europeo. Este movimiento quedaría en la sombra durante los primeros treinta años de la década de 1800 a causa de los condicionamientos políticos, y se desarrollaría de nuevo, con fuerzas renovadas, a partir de 1830, al menos hasta 1860, o más incluso, si se incluye al llamado «postrromanticismo»[6].

EL ROMANTICISMO ESPAÑOL, CONSECUENCIA DE LAS IDEAS DE HERDER Y LOS SCHLEGEL.

Derek Flitter (1995) ha enunciado pormenorizadamente esta teoría, aunque según el mismo admite, ya Juan Luis Alborg (1980) había destacado la importancia de los críticos de la década de 1820 en la gestación del romanticismo español.

En realidad la idea de que el romanticismo español comienza con Böhl de Faber ya la había avanzado Menéndez Pelayo. Tal como lo concebía Don Marcelino, el movimiento romántico en España comienza con las publicaciones de Böhl, algún ensayo dramático de Trueba y Cossío (1822) y con *El Europeo*. También menciona el estudio de Herrera y Bustamante sobre Shakespeare, que es traducción de Schlegel, y el *Discurso sobre el Teatro* de Agustín Durán (Weiss, 1983; 291)

Para Flitter hay una idea nacionalista de la literatura española, que surge con fuerza en la polémica calderoniana de Böhl de Faber, Mora y Alcalá Galiano. Böhl de Faber es, según Flitter, un profundo conocedor de las ideas de Herder y los hermanos Schlegel y no el reaccionario barroquizante que otros críticos han presentado. Insiste Flitter en su idea haciendo notar que el escrito de Böhl que desencadena la polémica es una traducción directa de las conferencias de Viena de August W. Schlegel (1995; 11). Para su defensa de Calderón, Böhl se apoya principalmente en las lecciones doce y catorce de las *Vorlesungen über dramatische Kunst und Literatur* del mismo A. W. Schlegel (1995; 17). Flitter además insiste en la amplitud de los conocimientos de Böhl sobre

6 E. Allison Peers ya había anticipado en su obra algunas de las ides de que Sebold va a desarrollar, aunque, desde luego, sin sacar las mismas conclusiones. Para Peers en Cadalso se encuentran «la irritación antre el freno, el subjetivismo, la sensibilidad y la melancolía del auténtico romántico» (Peers, op. cit.; I, 43). Y con respecto a Meléndez Valdés, refiriéndose a la misma obra («A Jovino el melancólico») que Sebold analiza, afirma que «es de sentimiento, aunque no de forma, un producto puro del espíritu romántico» (ibíd.; I, 50).

la literatura romántica del momento. En un artículo de 1811 en alemán había estudiado la obra de tres poetas ingleses: Wordsworth, Burns y Southey y en el tercer *Pasatiempo crítico* (1819) se habla de Samuel Johnson y de Sismondi, se incluye una traducción de un artículo de la *Edinburgh Review* sobre las conferecias de Viena de A. W. Schlegel, un sumario de las ideas románticas que Madame de Staël desarrolla en *De l'Allemagne*, con la traduccón del fragmento en que se alaba a A. Schlegel.

Flitter nos presenta a un conocedor de la literatura romántica europea, coincidente en muchos aspectos con el menor de los hermanos Schlegel, Fiedrich, en su valoración positiva del tradicionalismo y del catolicismo en la nueva literatura. Ese era el romanticismo europeo en esos momentos, y Böhl un buen conocedor de él. Insiste Flitter, comentando los múltiples reproches que otros críticos han hecho a Böhl por exponer una visón *descafeinada* del romanticismo, en que «el alemán no puede ser culpado por no haber podido traer a colación desarrollos que sólo se manifestaron en años posteriores» (1995; 30).

Con posterioridad a la polémica, otros críticos irían aportando sus ideas a este romanticismo tradicionalista e historicista. Los críticos de *El Europeo*, Monteggia y López Soler se mueven en la orbita de los Schlegel y Böhl. Flitter se refiere a un estudio de Brian J. Dendle, «Two sources of López Soler Articles in *El Europeo*» (1965-66), donde se documenta no solo la influencia de Schlegel y Böhl en el jovencísimo –diecisiete años– López Soler, sino también la de Chateaubriend, con lo cual seguimos moviéndonos en un romanticismo tradicionalista, nacionalista y católico.

La siguiente aportación crítica relevante es de Agustín Durán: su *Discurso* sobre el teatro español. Flitter afirma tajantemente que «Durán seguía casi enteramente el plan de conjunto de A.W. Schlegel, adaptado por Böhl» (1995; 58) y esto porque «su visión de conjunto de la historia literaria al igual que la idea de la supremacía de la imaginación creativa y del concepto de *Volkgeist* como una fuerza espiritual en las literaturas nacionales los había heredado de los teóricos románticos alemanes» (1995; 62).

En los ultimos años de la década de 1820 otros dos escritores van a sumarse a los mantenedores del Romanticismo tradicionalista: Alberto Lista y Juan Donoso Cortés. Lista había evolucionado de su inicial clasicismo después de la lectura del *Discurso* y el *Romancero* de Agustín Durán, y ahora aceptaba que la teoría schlegaliana era el Romanticismo, pero un romanticismo «bueno», porque nunca llegaría a admitir que lo que él entendía como elementos inmorales y subversivos, pudieran ser valorados de forma positiva. Donoso Cortés, como Böhl y como López Soler, va a insistir en la naturaleza orgánica de la inspiración poética. Recuerda Flitter que «las analogías orgánicas desempeñan un papel clave tanto en la filosofía de Herder como en la teoría historicista de la historia literaria que se desarrolló a partir de ella»

(1995; 74).

Tras referirse al prólogo de *Los Bandos de Castilla* de Ramón López Soler (1830) y a los artículos en favor del romanticismo tradicionalista aparecidos en la revista *Cartas Españolas*, firmados por «El Consabido» (1832), Flitter afirma tajantemente que en 1833 «la batalla a favor de las ideas románticas había sido efectivamente ganada» (1995; 78). Esto desde luego es negar la piedra angular de la teoría que identifica romanticismo con liberalismo: la llegada de los exilados como hecho desencadenante del romanticismo eespañol.

Concluye Flitter, afirmando que la abundante evidencia revela la divulgación en España de una teoría historicista del romanticismo coherente durante la decada de 1820 y en los primeros años de la década siguiente. Fundamentada en principios schlegalianos, se caracterizaba por su énfasis en el poder espiritual del cristianismo, por una visión idealizada de la Edad Media, y por la reivindicación del drama del Siglo de Oro y de la poesía popular. Hubo un acuerdo crítico general que hizo que, los que Flitter llama los «críticos fernandinos» (Durán, López Soler, Lista, Donoso Cortés, etc), aceptaran estas ideas. En este contexto y ya en los últimos años del reinado de Fernando VII, antes de la llegada de los exilados se pueden anotar hechos relevantes de la historia del romanticismo español, como la publicación de *Cartas Españolas,* la tertulia del *Parnasillo*, la popularidad de Scott, Chateubriend y Ossian, y la publicación de «las primeras obras románticas escritas por españoles dentro de España» (1995.; 80).

El año 1834, el año del regreso de los exilados no cambiará gran cosa las tendencias según Flitter. Mora y Alcalá Galiano van a defender ideas que están en sintonía con las del Romanticismo tradicionalista, y autores como Larra, Ochoa, Salas y Quiroga y Campo Alange todos «apuntan hacia una literatura nacional característica y todos con aprobación» (1995; 120). Mientras que la presencia de estos autores no va a hacer disminuir, ni mucho menos, la preeminencia e importancia de teóricos como Durán, Lista y Donoso Cortés.

Flitter solo encuentra un decidido defensor del romanticismo más extremo, profrancés y antialemán, enemigo declarado de las ideas de A.W. y de F. Schlegel: Andrés Fontcuberta editor de *El Vapor* a partir de 1835, y autor de otro periódico *El Propagador de la Libertad.* Pero, concluye Flitter, Fontcuberta estaba en minoría. Las polémicas suscitadas por el estreno de *Alfredo* de Pacheco (1835), *Antony* de Dumas (1836) y *Carlos II el Hechizado* de Gil y Zárate (1837) iban a desembocar en una afirmación del romanticismo historicista, tradicionalista y nacional de inspiración alemana, frente al romanticismo «disolvente» de inspiración francesa. Flitter cita a Salas y Quiroga, que en el primer número de *No Me Olvides* defendía un romanticismo moral, afirmando que el movimiento había sido calumniado, ya que no se trataba de «esa ridícula fantasmagoría de espectros y cadalsos» ni de la «inmoral parodia del crimen y de la iniquidad», alusiones que Flitter juzga dirigidas al drama romántico francés. Los ataques al romanticismo (Mesonero), las sátiras, el decaimiento de la popularidad del teatro francés que para Peers habían sido indicios del fracaso romántico, son para Flitter los testimonios de la derrota de un romanticismo extremo y exagerado, debido a la sólida base romántica herderiana y schlegeliana que se había originado desde los artículos de Böhl de Faber.

> Espero haber dejado claro que la promoción de las ideas románticas de Böhl y su consolidación en la *ominosa década* desempeñó un papel más importante en el desarrollo y la dirección del romanticismo español que el que muchos críticos modernos están dispuestos a reconocerle. Como ya he indicado, yo pondría en cuestión la visión de que los exilados políticos trajeron de algún modo a España el romanticismo como parte de su bagaje [...] Los exilados contribuirían poco al desarrollo de las ideas críticas, mientras que obras como el *Don Álvaro* del Duque de Rivas y las *Canciones* de Espronceda no son, en realidad, representativas de la totalidad de la obra creativa del período. Lo que se ha dado en conocer como romanticismo liberal fue mayoritariamente rechazado, especialmente en la práctica dramática, y fue el romanticismo schlegeliano el que sobrevivió para dominar la literatura y las ideas españolas en los años siguientes a 1837. Como Alborg observó el marco de las ideas en que se asienta el romanticismo español se había establecido firmemente en el reinado de Fernando VII, antes del regreso de los exiliados (1995; 293-294).

El Romanticismo español: límites cronológicos.

Las diferentes teorías sobre el romanticismo que hemos visto generan, en pura lógica, diferentes concrecciones temporales. Los hechos históricos, sin embargo, no pueden ser obviados por la teoría: la tiranía fernandina supone un desastre nacional y también un freno a la literatura que puede explicar, en buena parte, las discusiones que sobre fechas se han producido.

Llámese Prerromanticismo, Romanticismo dieciochesco o Romanticismo a secas, lo cierto es que hay un general consenso en que desde los últimos años del siglo XVIII se puede detectar en España un cambio de la sensibilidad puramente neoclásica. Peers opina que desde mediados del XVIII se aprecian ya los síntomas del renacimiento romántico y que hacia 1760-1770 el neoclasicismo pasó lentamente a la oscuridad (Peers, *op. cit.*; I, 36-39). Sebold, como ya hemos visto, habla del inicio del romanticismo propiamente dicho, en 1770. Consecuencia de las ideas de ambos autores, –recuperación de las características más típicas de la literatura española para Peers; creación de un romanticismo español contemporáneo del europeo para Sebold– es la aceptación de estas fechas y de la relevancia de las características románticas del XVIII. Para los autores que identifican romanticismo con liberalismo se trata, si acaso, de un vago prerromanticismo, o de detalles sueltos que no crean escuela. Para Jean Louis Picoche el que algunos poetas pulsen a veces alguna cuerda de la lira romántica no es relevante. «Casos aislados no pueden constituir un auténtico movimiento literario (Picoche,1989; 282).

La fecha de 1830 es citada con asiduidad por los autores que defienden la unidad de Romanticismo y Liberalismo. La periodización que propone Navas Ruiz (1982; 39) es perfectamente asumible para todos estos autores: hasta 1830 el final del Neoclasicismo, entre 1830 y 1850 el Romanticismo, de 1850 a 1875 el Postromanticismo. Los elementos anteriores a 1830 que examinan autores como Flitter no son considerados suficientemente importantes como para señalar el inicio del movimiento. Desde esta visión teórica la polémica calderoniana, la aparición de *El Europeo* y el *Discurso* de Durán no tienen entidad para iniciar el movimiento romántico español: no son obras de creación con enjundia para ello. La fecha de 1830, nacimiento de Isabel II, no corresponde tampoco a ninguna obra literaria, pero marca una inflexión en la política de Fernado VII que va a tener efectos considerables en la creación literaria. Los absolutistas del régimen van a posicionarse en contra de la heredera y de su madre la reina María Cristina. Pero no es hasta 1832, después de los sucesos de la Granja, cuando María Cristina firma el decreto que concede la amnistía a los liberales. Este regreso de los emigrados marca para muchos autores el comienzo del Romanticismo en España.

Desde la perspectiva de Flitter y Alborg (no tan claramente expuesta en este último) la polémica calderoniana (1814) es el principio del Romanticismo español. El hecho de que el romanticismo se mencione ya y sea objeto de discusión y debate significa que es un movimiento ya presente, al menos a nivel teórico y crítico, en la sociedad literaria española. Si el romanticismo no aparece en forma de obras literarias de creación es debido a las circunstancias políticas de la época. M. G. Ticknor, por ejemplo, retrataba de esta manera la vida de los escritores españoles hacia 1818: «Su número es muy corto por efecto de las persecuciones políticas y además era difícil entablar relaciones con ellos, porque viven aislados, sin mutua comunicación y casi totalmente abstraídos del trato de la sociedad que los rodeaba» (Ticknor, 1851; I, 1) En tales condiciones es claro que la actividad de estos escritores no puede desarrollarse con normalidad.

La finalización del movimiento también esta sujeta a polémicas y discrepancias. Las conclusiones de Peers, –el fracaso del movimiento romántico y el triunfo del eclecticismo–, van a influir en las posteriores opiniones de la crítica. Se hace necesario explicar la naturaleza específica del romanticismo español que posibilita la escasa entidad y permanencia de los aspectos mas «extremos», –siempre salvando a Espronceda–, del Romanticismo. Por regla general se ha hablado de un «Postromanticismo», algo así como un Romanticismo descafeinado que perduraría en España hasta la aparición de la generación realista. La fecha de la publicación de *El Señor de Bembibre* (1844), o de *La Gaviota* (publicada por vez primera por entregas en *El Heraldo* en 1849) han sido utilizadas, la primera como última obra importante del Romanticismo, la segunda como primera obra que avanza el Realismo. 1867, año de la publicación de *La Fontana de Oro* marcaría el inicio del Realismo propiamente dicho.

El hecho de postular un Romanticismo de origen extranjero y de escasa calidad literaria hace necesario afirmar también su pronta finalización. Peers, en consonancia con su tesis, prolonga la vigencia de aspectos del movimiento en toda la literatura posterior. Para Flitter el Romanticismo perdura porque su teoría parte, desde el principio, de que el Romanticismo español está en la línea de los Schlegel y Chateaubriend: no hay un fracaso del movimiento sino que una determinada modalidad del Romanticismo no consiguió arraigar en España mientras que otra sí. Desde este punto de vista, obras como el *Don Alvaro* o los poemas de Espronceda son ajenas a la corriente principal del Romanticismo en España.

No hay, como se ve, una conclusión clara y nítida. Aunque para nuestros efectos sí que se puede concluir que desde 1800 a 1850 la corriente dominante de la literatura española es el Romanticismo.

Aunque, como se ha visto en los apartados anteriores la extensión del Romanticismo es un tema que está sujeto a un intenso debate. Las diferentes opiniones sobre la naturaleza del movimiento, su nacimiento, su desarrollo y su finalización dan lugar a un sinnúmero de fechas que pueden rastrearse en los diferentes estudios. Picoche apunta con ironía que «según los [diferentes] autores el nacimiento del Romanticismo español se situa en 1774, 1794, 1823, 1830, 1833 y hasta 1898. Su desaparición se sítua hacia 1837, 1844, 1846, 1852, 1854, 1870, 1911 teniendo en cuenta que hay autores que consideran que todavía no se ha producido» (Picoche, 1989; 277).

Una de las razones de esta anarquía de fechas es la ausencia de una obra de suficiente importancia como para catalogarla como la que da inicio al Romanticismo en España. La propuesta de Sebold de utilizar para tal fin las *Noches Lúgubres* de Cadalso (1771), está, como hemos visto, muy lejos de suscitar una unanimidad sobre el tema.

Se han utillizado fechas de contenido político como 1830 (nacimiento de Isabel II, que supone los primeros inicios de liberalización del régimen) y 1833 (muerte del *Deseado)* pero de escaso calado literario. Hasta los partidarios más decididos de la hipótesis que identifica Romanticismo con liberalismo admiten que se escriben en España obras románticas antes de estas fechas. Navas Ruiz, menciona a *Ramiro, Conde de Lucena* (1823) de Rafael Humara como «la primera creación romántica española» (Navas Ruiz; 1982; 36). El hecho es que antes de 1830, además de la novela citada, nos encontramos con la poémica calderoniana (1814), el folleto *Mis Ratos Perdidos* (1822) de Mesonero Romanos, *El Europeo* (1823-24), el *Discurso* (1828) de Agustin Durán, o el periódico de Larra *El Duende Satírico del Día*, del mismo año que la obra anterior. Si miramos a las obras escritas fuera de España por exilados nos encontramos en 1824 con el primer almanaque *No Me Olvides* del editor londinense Ackermann dirigido por José Joaquín de Mora. En este almanaque se encuentra el cuento de José María Blanco White *El Alcázar de Sevilla*, descrito por Llorens como una «evocación romántica del Alcázar que se inicia con una descripción de los famosos jardines y nos transporta luego a los tiempos del rey don Pedro, entre figuras y episodios legendarios [...] para terminar con la historia del tesoro escondido en la Casa del Duende» (Llorens, 1979; 51). Del mismo año es el poema del Duque de Rivas *El Sueño del Poscrito* y de 1828 *El Faro de Malta*. Un número suficiente de obras y sucesos que se pueden calificar de románticos.

En realidad es la hipótesis crítica que elijamos lo que nos lleva a considerar una obra como «romántica», «prerromántica» o «postromántica». Esto puede llevar a caer en inconsecuencias o en afirmaciones de difícil probatura crítica. ¿Es *Venganza catalana* (1864), de García Gutiérrez, una obra postromántica, diferente en planteamientos y formas de *El Trovador* (1836)? La *Leyenda del Cid* (1882) de Zorrilla, ¿es sustancialmente diferente del resto de su poesía narrativa, publicada con anterioridad? Aparte de la fecha de publcación (1879) ¿hay alguna razón por la cual *Amaya* de Navarro Villoslada no sea considerada una «novela histórica romántica» como lo es otra novela del mismo autor *Doña Blanca de Navarra* de 1847?

Sobre las definiciones del período romántico flota una cuestión no suficientemente abordada ni explicada, pero que en muchas ocasiones aparece aludida de forma tangencial: la obsesión por la fecha significativa. Se busca una fecha que coincida con la publicación de una obra; una obra que ofrezca unos caracteres específicos que la diferencien de lo anterior y que al mismo tiempo tenga una calidad artística suficiente como para ejercer una influencia definitiva sobre lo que vendrá después; una obra que sea frontera, que liquide una tendencia e inaugure otra; una obra resonante en su época y que mantenga una alta «respetabilidad literaria» para la crítica moderna. Por diversas razones, –el modelo de Victor Hugo y *Hernani*, por un lado; el hecho innegable de que el teatro es en esta época la forma literaria que tiene más repercusión popular y crítica– se ha buscado esa fecha en obras teatrales. *La Conjuración de Venecia* (1834) y *Don Alvaro o la Fuerza del Sino* (1835) han sido las obras más utilizadas para establecer esta fecha significativa. Pero los fallos de esta tentativa son evidentes: antes de estas fechas ya hay un buen número de obras románticas: no inauguran, no son frontera. Por otra parte, tampoco liquidan las tendencias anteriores, y su valoración crítica ha caído enormemente desde la fecha de su estreno hasta la actualidad. La falta de consenso acerca de esta «fecha significativa» evidencia el desacuerdo crítico sobre el inicio del Romanticismo español.

Es significativo además que esta obra que se busca para señalar el inicio del romanticismo, deba de ser perteneciente a la facción más extrema del movimiento. Aquí vemos la fuerza crítica que ha ejercido la teoría que identifica romanticismo con liberalismo. Pues de aceptar esta teoría estará claro que el romanticismo liberal ha de ser el byroniano, o, en nuestra tierra, el esproncedanio. Es decir, esta obsesión por la fecha proviene de la creencia crítica, no expresada en su totalidad, de que sólo hay *un romanticismo auténtico*. El romanticismo de las grandes rebeldías, de los inconformistas, del poeta maldito y del amor sacrílego.

También por ello se tiende a rechazar, a la hora de estudiar la historia del movimiento romántico español, la presencia de elementos, de indicios, de características que puedan dar testimonio de una mentalidad romántica. Se exige la presencia de obras, o incluso de una corriente literaria que específicamente vaya en la dirección más extrema del romanticismo. Las tesis de Iris M. Zavala (1989) son un ejemplo claro de esta tendencia: el Romanticismo *es* liberal y de origen extranjero, producto de las emigraciones políticas. Toda manifestación que no sea liberal, de origen extranjero o producto de las emigraciones, no es, por lo tanto, romántica.

La búsqueda de esta «fecha significativa» lleva a acuñar otro motivo crítico que se repite insistentemente: la tardía aparición del movimiento en España, cuando ya en Europa se había desarrollado completamente. De esta manera, Donald L.Shaw afirma que «la palabra romántico empezó a usarse en España bastante tarde. La primera vez que aparece es en el periódico madrileño *Crónica Científica y Literaria*, el 26 de Junio de 1818» (Shaw, 1981; 23). Pero René Wellek, analizando la aparición de los términos «romanticismo» y «romántico» llega a conclusiones que no avalan la idea que Shaw expone. Piensa Wellek que la designación que de sí mismos hacían escritores y poetas como «románticos» varía considerablemente en los diversos países. Si el romanticismo comienza cuando un autor se llama a sí mismo «romántico», no habría movimiento romántico en Alemania antes de 1808, o en Francia antes de 1818. Si el punto de partida es la confrontación entre los términos «clásico» y «romántico» lo encontramos en Alemania en 1801, en Francia en 1810, en 1811 para Inglaterra o en 1816 para Italia. Si lo verdaderamente importante es la designación del movimiento encontramos *romantik* en Alemania en 1802, *romantisme* en Francia en 1816, *romanticismo* en Italia en 1818, y *romanticism* en Inglaterra en 1823. (Wellek, 1987a; 140). Es decir que la fecha de 1818 entronca perfectamente con las corrientes intelectuales europeas. Y más aún si se admite, como lo hace el mismo Shaw, que desde 1814 se utiliza la palabra «romancesco» con un significado idéntico.

Resulta curioso que, en toda esta polémica, la narrativa rara vez haya sido utilizada para establecer la aparición del movimiento romántico. Y eso pese a que José F. Montesinos documentó que desde 1801 ya hay traducciones de *Atala* de Chateaubriand, y desde 1803 (al menos) del *Werther* de Goethe. No se han considerado las novelas escritas en inglés por Telesforo Trueba y Cossío (1828: *Gómez Arias*, 1829: *The Castilian*), ni las aún más tempranas de Valentín Llanos Gutiérrez (1825: *Don Esteban. Memoirs of a Spaniard*; 1827: *Salvador, the Freemason. A Spanish Tale*), ni, con menos justificación, pues se trata de una obra escrita y publicada en España, el ya aludido *Ramiro, Conde de Lucena* de Rafael Húmara. Si esto ha ocurrido con la novela, mas patenteaún es el caso de la no utlización de la narración breve como elemento indicador de la aparición de las tendencias románticas.

Nuestra propuesta es el examen de los testimonios literarios sin partir de su definición previa como «románticos» o como «no románticos». Se echa de ver, en nuestra opinión, en todo el debate sobre el romanticismo una exagerada insistencia sobre los mismos textos, sobre los mismos testimonios, que son sometidos a múltiples y divergentes interpretaciones: la polémica de Böhl de Faber, Mora y Alcalá Galiano; las obras de Agustín Durán; *El Europeo*; el prólogo de *El Moro Expósito* son sacados a relucir constantemente por los diversos críticos. Tan sólo por esa razón es elogiable la actitiud de Sebold de ir a buscar, en nuevos textos, nuevos datos para su incorporación al debate.

Bibliografía[7]

Aguiar e Silva, Victor Manuel. (1972), *Teoría de la Literatura.* Madrid. Gredos.

Aguilar Piñal, Francisco. (1978) «La prensa española en el Siglo XVIII. Diarios, revistas y pronósticos.» *Cuadernos Bibliográficos.* XXXV.

____________. (1981-1999) *Bibliografía de autores del Siglo XVIII* Madrid. Instituto Miguel de Cervantes. CSIC. 9 volúmenes.

____________. (1987) *Un escritor ilustrado: Cándido María Trigueros.* Madrid. CSIC.

____________. (1991) «Ilustración y Periodismo» ». *Estudios de historia social.* 52-53: 9-16.

____________. (1992) *Temas sevillanos (Primera serie).* Sevilla. Universidad de Sevilla

____________. (1996) *Historia literaria de España en el siglo XVIII.* Madrid. C.S.I.C.-Editorial Trotta.

Aguinaga, Magdalena. (1995) «El artículo de costumbres y el cuento literario.» *Lucanor.* 13. 79-102.

Agúndez García, José Luis, y José Fradejas Lebrero, (2006) «Tradición oral y literatura (V). Cuentecillos de Fernán Caballero en Rafael Boira», *Revista de folklore*, 304: 120-131.

Alarcos Llorach, Emilio. (1976) «Un romántico olvidado: Jacinto de Salas y Quiroga» *Ensayos y estudios literarios.* Madrid. Júcar.

Alcalá Galiano, Antonio (1955) *Recuerdos de un anciano. Obras escogidas de Don Antonio Alcalá Galiano.* Prologo y edición de Jorge Campos. Madrid. Biblioteca de Autores Españoles.

Aldea Gimeno, Santiago y Serrano, Alberto. (1989) *Miguel Agustín Príncipe (1811-1863)* Zaragoza. Institución Fernando el Católico.

Almela y Vives, Francisco. (1949) *El editor Don Mariano de Cabrerizo.* Valencia. CSIC. Instituto Nicolás Antonio.

Almuiña Fernández, Celso. (1977). *La prensa vallisoletana durante el siglo XIX.* Valladolid. Institución Cultural Simancas.

7 Se ha intentado reflejar, no sólo la bibliografía citada en la introducción, sino también la máxima cantidad de referenciaas bibliográficas con relación con el cuento romántico.

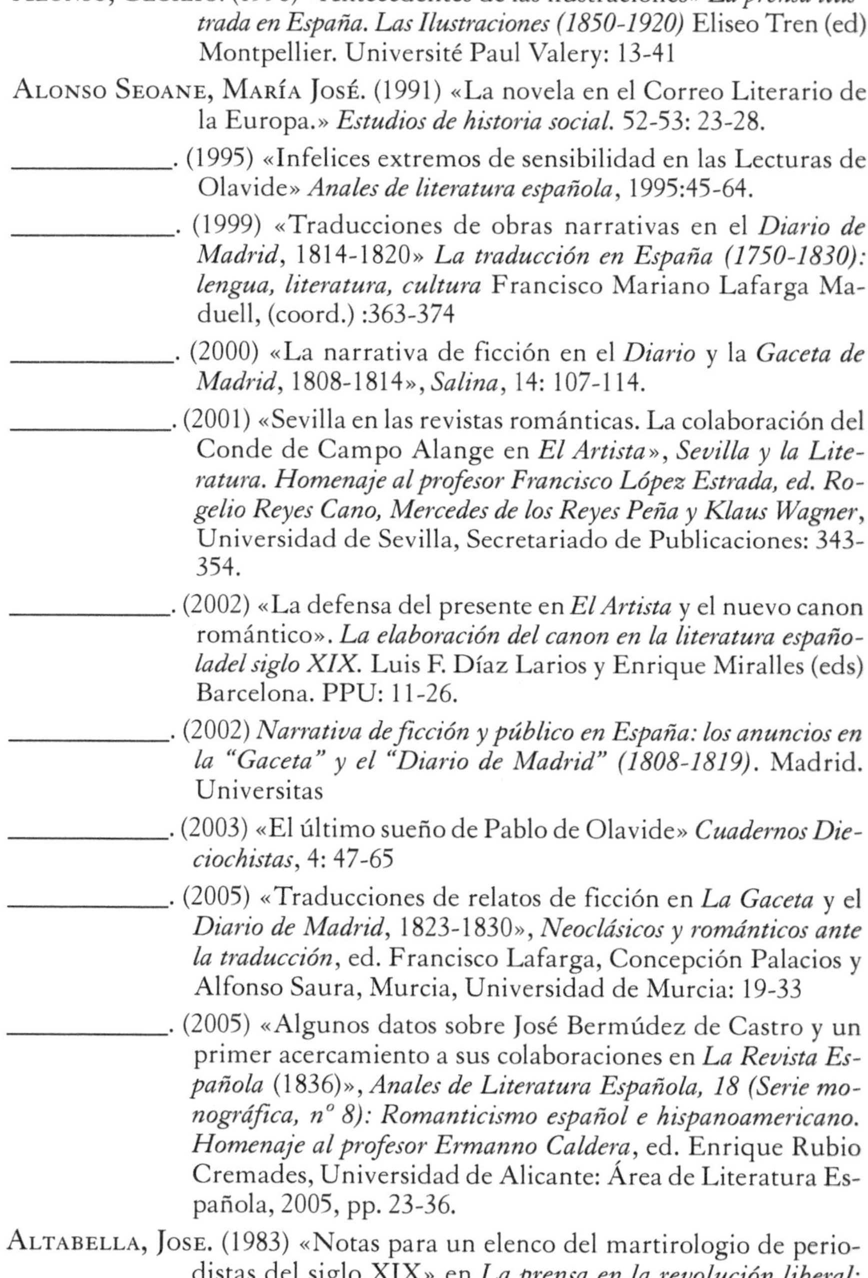

ALONSO, CECILIO. (1996) «Antecedentes de las ilustraciones» *La prensa ilustrada en España. Las Ilustraciones (1850-1920)* Eliseo Tren (ed) Montpellier. Université Paul Valery: 13-41

ALONSO SEOANE, MARÍA JOSÉ. (1991) «La novela en el Correo Literario de la Europa.» *Estudios de historia social.* 52-53: 23-28.

____________. (1995) «Infelices extremos de sensibilidad en las Lecturas de Olavide» *Anales de literatura española*, 1995:45-64.

____________. (1999) «Traducciones de obras narrativas en el *Diario de Madrid*, 1814-1820» *La traducción en España (1750-1830): lengua, literatura, cultura* Francisco Mariano Lafarga Maduell, (coord.) :363-374

____________. (2000) «La narrativa de ficción en el *Diario* y la *Gaceta de Madrid*, 1808-1814», *Salina*, 14: 107-114.

____________. (2001) «Sevilla en las revistas románticas. La colaboración del Conde de Campo Alange en *El Artista*», *Sevilla y la Literatura. Homenaje al profesor Francisco López Estrada, ed. Rogelio Reyes Cano, Mercedes de los Reyes Peña y Klaus Wagner*, Universidad de Sevilla, Secretariado de Publicaciones: 343-354.

____________. (2002) «La defensa del presente en *El Artista* y el nuevo canon romántico». *La elaboración del canon en la literatura españoladel siglo XIX.* Luis F. Díaz Larios y Enrique Miralles (eds) Barcelona. PPU: 11-26.

____________. (2002) *Narrativa de ficción y público en España: los anuncios en la "Gaceta" y el "Diario de Madrid" (1808-1819).* Madrid. Universitas

____________. (2003) «El último sueño de Pablo de Olavide» *Cuadernos Dieciochistas*, 4: 47-65

____________. (2005) «Traducciones de relatos de ficción en *La Gaceta* y el *Diario de Madrid*, 1823-1830», *Neoclásicos y románticos ante la traducción*, ed. Francisco Lafarga, Concepción Palacios y Alfonso Saura, Murcia, Universidad de Murcia: 19-33

____________. (2005) «Algunos datos sobre José Bermúdez de Castro y un primer acercamiento a sus colaboraciones en *La Revista Española* (1836)», *Anales de Literatura Española, 18 (Serie monográfica, nº 8): Romanticismo español e hispanoamericano. Homenaje al profesor Ermanno Caldera*, ed. Enrique Rubio Cremades, Universidad de Alicante: Área de Literatura Española, 2005, pp. 23-36.

ALTABELLA, JOSE. (1983) «Notas para un elenco del martirologio de periodistas del siglo XIX» en *La prensa en la revolución liberal: España, Portugal y América latina.* Alberto Gil Novales, editor. Madrid. Universidad Complutense: 525-543.

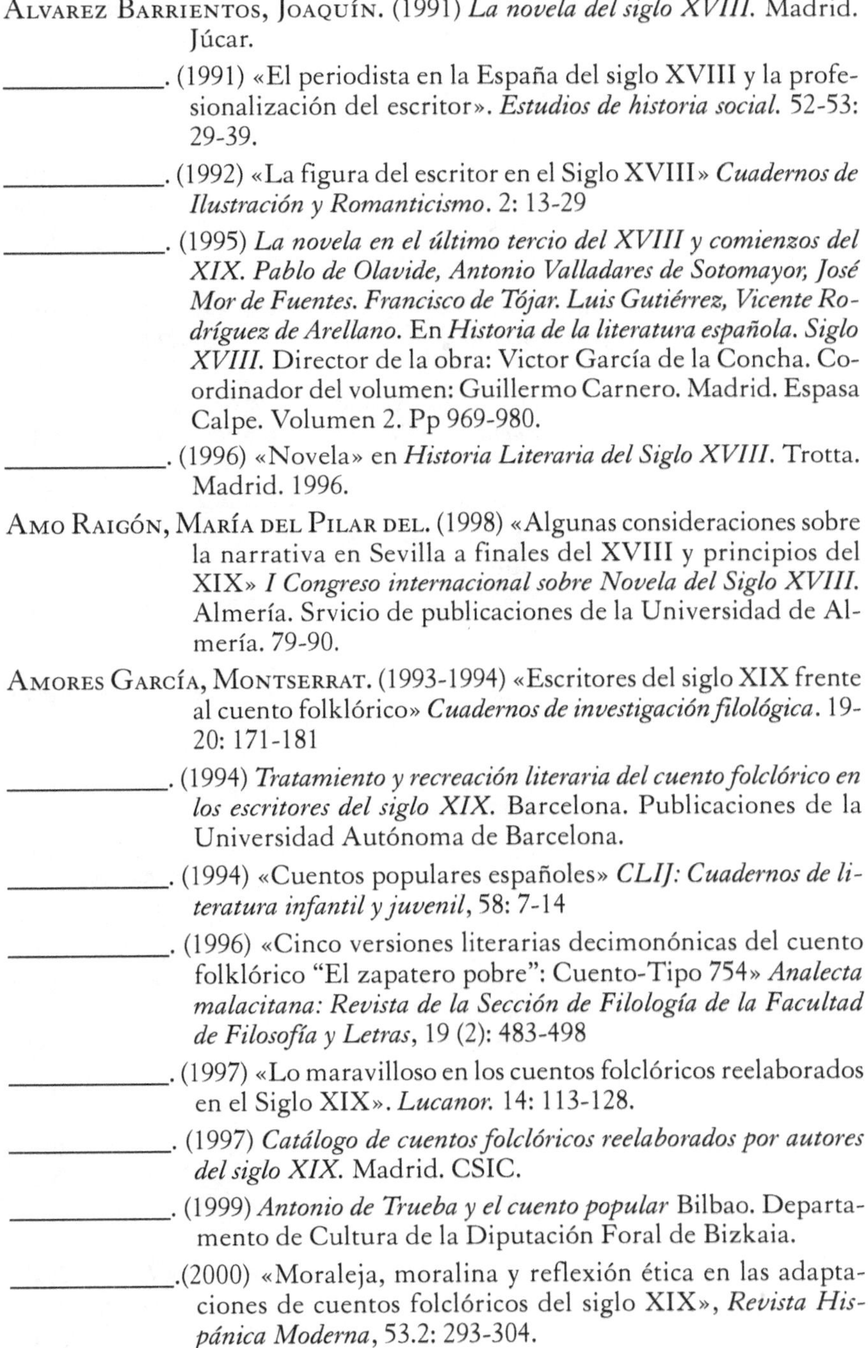

Álvarez Barrientos, Joaquín. (1991) *La novela del siglo XVIII.* Madrid. Júcar.

____________. (1991) «El periodista en la España del siglo XVIII y la profesionalización del escritor». *Estudios de historia social.* 52-53: 29-39.

____________. (1992) «La figura del escritor en el Siglo XVIII» *Cuadernos de Ilustración y Romanticismo*. 2: 13-29

____________. (1995) *La novela en el último tercio del XVIII y comienzos del XIX. Pablo de Olavide, Antonio Valladares de Sotomayor, José Mor de Fuentes. Francisco de Tójar. Luis Gutiérrez, Vicente Rodríguez de Arellano*. En *Historia de la literatura española. Siglo XVIII.* Director de la obra: Victor García de la Concha. Coordinador del volumen: Guillermo Carnero. Madrid. Espasa Calpe. Volumen 2. Pp 969-980.

____________. (1996) «Novela» en *Historia Literaria del Siglo XVIII*. Trotta. Madrid. 1996.

Amo Raigón, María del Pilar del. (1998) «Algunas consideraciones sobre la narrativa en Sevilla a finales del XVIII y principios del XIX» *I Congreso internacional sobre Novela del Siglo XVIII.* Almería. Srvicio de publicaciones de la Universidad de Almería. 79-90.

Amores García, Montserrat. (1993-1994) «Escritores del siglo XIX frente al cuento folklórico» *Cuadernos de investigación filológica*. 19-20: 171-181

____________. (1994) *Tratamiento y recreación literaria del cuento folclórico en los escritores del siglo XIX.* Barcelona. Publicaciones de la Universidad Autónoma de Barcelona.

____________. (1994) «Cuentos populares españoles» *CLIJ: Cuadernos de literatura infantil y juvenil*, 58: 7-14

____________. (1996) «Cinco versiones literarias decimonónicas del cuento folklórico "El zapatero pobre": Cuento-Tipo 754» *Analecta malacitana: Revista de la Sección de Filología de la Facultad de Filosofía y Letras*, 19 (2): 483-498

____________. (1997) «Lo maravilloso en los cuentos folclóricos reelaborados en el Siglo XIX». *Lucanor.* 14: 113-128.

____________. (1997) *Catálogo de cuentos folclóricos reelaborados por autores del siglo XIX.* Madrid. CSIC.

____________. (1999) *Antonio de Trueba y el cuento popular* Bilbao. Departamento de Cultura de la Diputación Foral de Bizkaia.

____________.(2000) «Moraleja, moralina y reflexión ética en las adaptaciones de cuentos folclóricos del siglo XIX», *Revista Hispánica Moderna*, 53.2: 293-304.

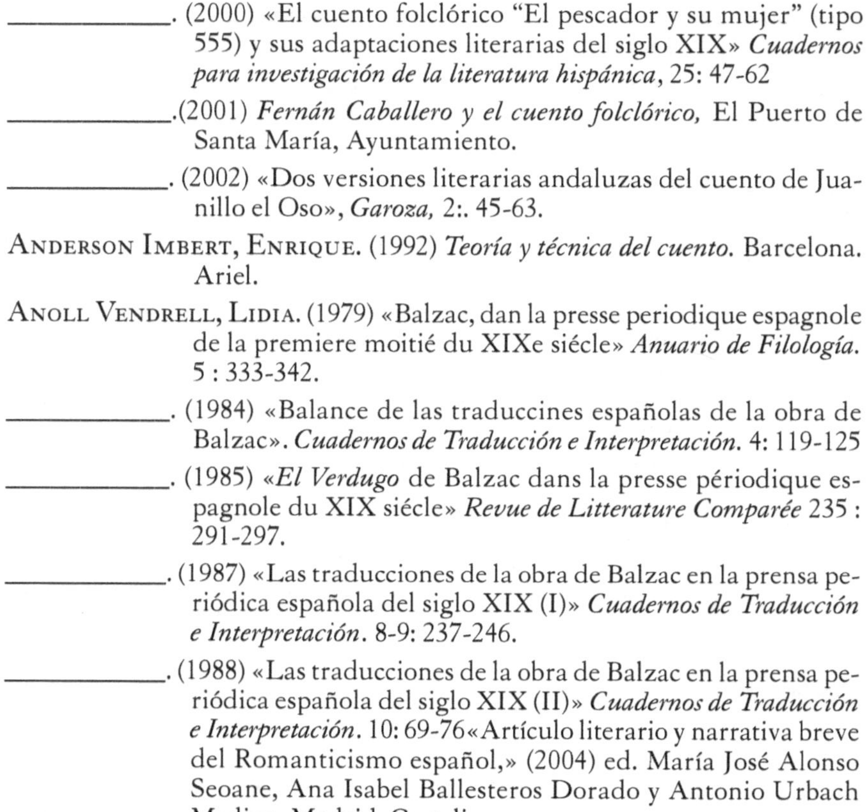

____________. (2000) «El cuento folclórico “El pescador y su mujer” (tipo 555) y sus adaptaciones literarias del siglo XIX» *Cuadernos para investigación de la literatura hispánica*, 25: 47-62

____________.(2001) *Fernán Caballero y el cuento folclórico,* El Puerto de Santa María, Ayuntamiento.

____________. (2002) «Dos versiones literarias andaluzas del cuento de Juanillo el Oso», *Garoza,* 2:. 45-63.

ANDERSON IMBERT, ENRIQUE. (1992) *Teoría y técnica del cuento.* Barcelona. Ariel.

ANOLL VENDRELL, LIDIA. (1979) «Balzac, dan la presse periodique espagnole de la premiere moitié du XIXe siécle» *Anuario de Filología.* 5 : 333-342.

____________. (1984) «Balance de las traduccines españolas de la obra de Balzac». *Cuadernos de Traducción e Interpretación.* 4: 119-125

____________. (1985) «*El Verdugo* de Balzac dans la presse périodique espagnole du XIX siécle» *Revue de Litterature Comparée* 235 : 291-297.

____________. (1987) «Las traducciones de la obra de Balzac en la prensa periódica española del siglo XIX (I)» *Cuadernos de Traducción e Interpretación*. 8-9: 237-246.

____________. (1988) «Las traducciones de la obra de Balzac en la prensa periódica española del siglo XIX (II)» *Cuadernos de Traducción e Interpretación*. 10: 69-76«Artículo literario y narrativa breve del Romanticismo español,» (2004) ed. María José Alonso Seoane, Ana Isabel Ballesteros Dorado y Antonio Urbach Medina, Madrid, Castalia.

ARIAS DE SAAVEDRA, INMACULADA. (1991) «El periodismo en Granada en el Siglo XVIII» ». *Estudios de historia social.* 152-53: 51-60.

ARIZAGA CASTRO, ÁLVARO R. (2000) «El Priscilianismo en la Historiografía Gallega» *Gallaecia* 19: 335-367 «El Artista. 1835-1836». (1981) [Ed facsímil] Introducción de Francisco Serraller y Ángel González García. Madrid. Turner.

ASENJO, ANTONIO. (1933) *Catálogo de los fondos periódicos existentes en la Hemeroteca Municipal de Madrid. 1661-1930.* Madrid. Ayuntamiento.

ATERO BURGOS, VIRTUDES. (1980) «La Revista Gaditana (1839-1840). Estudio de una revista andaluza» *Gades*, 6: 5-28. -(1984) «La Revista Gaditana (1839-1840). Estudio de una revista andaluza.» *Gades*, 12: 29-76.

AYALA, MARÍA DE LOS ÁNGELES. (2006) «Amor y erotismo en *La ondina del lago azul*, de Gertrudis Gómez de Avellaneda», en Centro Internacional de Estudios sobre Romanticismo Hispánico “Ermanno Caldera”, *Romanticismo 9. El eros romántico. Actas del IX Congreso (Saluzzo, 17-19 de Febrero de 2005)*, Bologna, Il Capitello del Solle: 13-23.

Aymes, Jean R. (1983) «Esbozo de una lectura del Semanario Pintoresco Español» *La prensa en la revolución liberal* Alberto Gil Novales (ed). Universidad Complutense: 277-288.

«Azorín». Martínez Ruiz, José (1968) «José Somoza» *Al margen de los clásicos*. Madrid. Residencia de Estudiantes.

Ballesteros Dorado, Ana Isabel. (2002) «Los artículos de Mariano Roca de Togores en *La España*» *Romanticismo. 8. Los románticos hablan de si mismos*. Bologna. Il Capitello del Sole: 47-54

Baquero Goyanes, Mariano. (1949) *El cuento español en el Siglo XIX*. Madrid. Revista de Filología Española. Anejo L.

____________. (1988), *Qué es la novela. Qué es el cuento*. Murcia. Cátedra Mariano Baquero Goyanes. Universidad de Murcia.

____________. (1992), *El cuento español. Del romanticismo al realismo*. Madrid. CSIC. Biblioteca de Filología Hispánica. N1 6.

Becher, Hubert. (1989) «Nota histórica sobre el origen de la palabra romántico» en *El Romanticismo*. Madrid. Taurus. El escritor y la crítica.

Belmar, Cecilia. (1997) «Una mirada en redondo. Breves apuntes sobre recuerdos e impresiones de José Somoza» *VIII Encuentro de la Ilustración al Romanticismo (1750-1850). La identidad masculina en los siglos XVIII y XIX*. Cádiz. Universidad de Cádiz: 307-317.

Beltrán Almería, Luis. (1997) «El cuento como género literario» *Teoría e interpretación del cuento*. Peter Frölicher y Georges Güntert (eds). Berna. Peter Lang: 17-33

Bernard, Margherita. (1988). «La imposibilidad de lo fantástico. Notas a un cuento de Gertrudis Gómez de Avellaneda». Romanticismo 3-4: 149-152.

Beser, Sergio. (1997) «En torno a Hilda, cuento de Eugenio de Ochoa» *Narrativa fantástica del siglo XIX*. Jaume Pont (ed). Barcelona. Milenio : 249-266

Blanco White, José María. (1975) Luisa de Bustamante o la huérfana española en Inglaterra. Edición de Ignacio Prat. Barcelona. Labor.

Blanes Valdeiglesias, Carmen. (2007) Romanticismo y costumbrismo: El contexto de las "Escenas Andaluzas" de Estebánez Calderón, Málaga: Universidad de Málaga, Servicio de Publicaciones.

Bolufer Peruga, Mónica. (1995) «Espectadores y lectoras: representaciones e influencias del público femenino en la prensa del siglo XVIII». *Cuadernos de Estudios del Siglo XVIII*. 5: 23-57.

____________. (1998) *Mujeres e ilustración. La construcción d ela feminidad en la España del siglo XVIII*. Valencia. Institució Alfons el Magnanim.

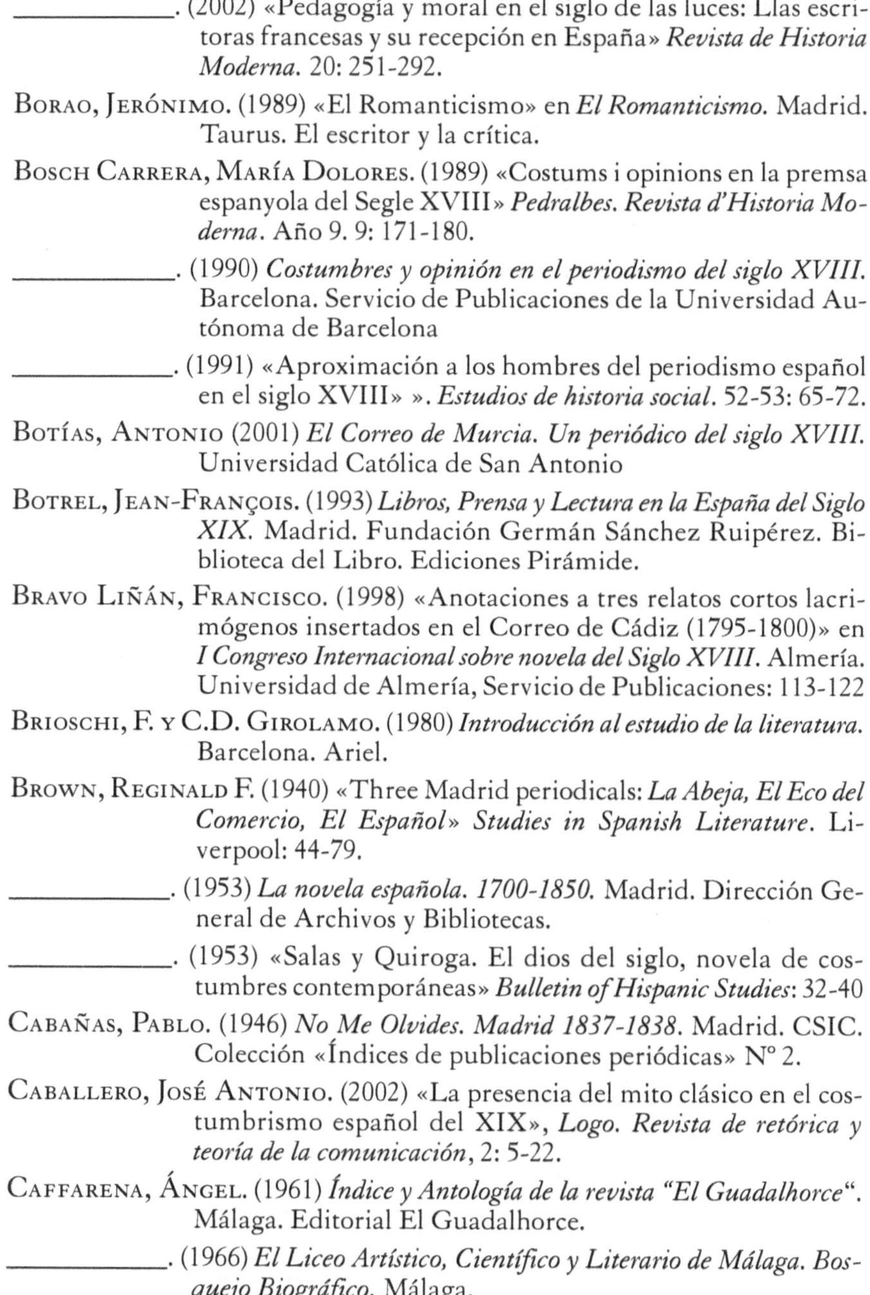

__________. (2002) «Pedagogía y moral en el siglo de las luces: Llas escritoras francesas y su recepción en España» *Revista de Historia Moderna.* 20: 251-292.

Borao, Jerónimo. (1989) «El Romanticismo» en *El Romanticismo.* Madrid. Taurus. El escritor y la crítica.

Bosch Carrera, María Dolores. (1989) «Costums i opinions en la premsa espanyola del Segle XVIII» *Pedralbes. Revista d'Historia Moderna*. Año 9. 9: 171-180.

__________. (1990) *Costumbres y opinión en el periodismo del siglo XVIII.* Barcelona. Servicio de Publicaciones de la Universidad Autónoma de Barcelona

__________. (1991) «Aproximación a los hombres del periodismo español en el siglo XVIII» ». *Estudios de historia social.* 52-53: 65-72.

Botías, Antonio (2001) *El Correo de Murcia. Un periódico del siglo XVIII.* Universidad Católica de San Antonio

Botrel, Jean-François. (1993) *Libros, Prensa y Lectura en la España del Siglo XIX.* Madrid. Fundación Germán Sánchez Ruipérez. Biblioteca del Libro. Ediciones Pirámide.

Bravo Liñán, Francisco. (1998) «Anotaciones a tres relatos cortos lacrimógenos insertados en el Correo de Cádiz (1795-1800)» en *I Congreso Internacional sobre novela del Siglo XVIII*. Almería. Universidad de Almería, Servicio de Publicaciones: 113-122

Brioschi, F. y C.D. Girolamo. (1980) *Introducción al estudio de la literatura.* Barcelona. Ariel.

Brown, Reginald F. (1940) «Three Madrid periodicals: *La Abeja, El Eco del Comercio, El Español*» *Studies in Spanish Literature*. Liverpool: 44-79.

__________. (1953) *La novela española. 1700-1850.* Madrid. Dirección General de Archivos y Bibliotecas.

__________. (1953) «Salas y Quiroga. El dios del siglo, novela de costumbres contemporáneas» *Bulletin of Hispanic Studies*: 32-40

Cabañas, Pablo. (1946) *No Me Olvides. Madrid 1837-1838.* Madrid. CSIC. Colección «Índices de publicaciones periódicas» Nº 2.

Caballero, José Antonio. (2002) «La presencia del mito clásico en el costumbrismo español del XIX», *Logo. Revista de retórica y teoría de la comunicación*, 2: 5-22.

Caffarena, Ángel. (1961) *Índice y Antología de la revista "El Guadalhorce"*. Málaga. Editorial El Guadalhorce.

__________. (1966) *El Liceo Artístico, Científico y Literario de Málaga. Bosquejo Biográfico.* Málaga.

Cal Martínez, María Rosa. (1991) «La captación del lector y la aproximación al público comunicante». *Estudios de historia social.* 52-53: 81-97.

Calatrava, Juan A. (1992) «Romanticismo y Ciudad: el Madrid de José María Quadrado» *Foro de las ciencias y de las letras* 14: 39-47

Caldera, Ermanno, (2001) «Para una tipología del héroe mágico dieciochesco y decimonónico», *Sobre literatura fantástica. Homenaxe ó profesor Anton Risco*, ed. María Jesús Fariña y Dolores Troncoso, Universidade de Vigo, Servicio de Publicacións: 97-104.

Caldera, Ermanno (ed) (1995) *La. sonrisa romántica : (sobre lo lúdico en el Romanticismo hispánico) : Romanticismo 5 : actas del V Congreso, (Nápòles, 1-3 de abril de 1993)* Centro Internacional de Estudios sobre el Romanticismo Hispánico. Roma. Bulzoni.

Calvo Sanz, Roberto (1974) *El Iris (Madrid 1841)*. Madrid. CSIC.

Camarero, Manuel. (2001) «Retratos femeninos de Estebánez Calderón en las *Escenas andaluzas*», *Voz y Letra*, XII, 1: 53-60.

Campillo, Narciso. (1879) *Una docena de cuentos.* Madrid. Librería de Hernando.

____________. (1881a) *Retórica y Poética o Literatura preceptiva.* Madrid. Librería de Hernando.

____________. (1881b) *Nuevos cuentos.* Madrid. Librería de Hernando.

Campos, Jorge. (1957), «El movimiento romántico: la poesía y la novela» en *Historia general de las literaturas hispánicas.* Guillermo Díaz-Plaja (ed) Barcelona. Editorial Barna.

Cano Malagón, María Luz (1989) *Patricio de la Escosura. Vida y obra literaria*. Valladolid. Universidad de Valladolid.

Cantero García, Víctor. (2000) «Una aproximación a la figura literaria de Eugenio de Ochoa: Estudio de su práctica dramática y análisis de su actividad como crítico teatral», *Epos*, XVI: 77-196.

Cantos Casenave, Marieta. (1997) «La recreación de la naturaleza en los cuentos de Fernan Caballero: lo pintoresco.» *Cuadernos de Ilustración y Romanticismo*. 4-5: 59-79

____________. (1998) «La apuesta por el relato breve, o sobre algunas preferencias de los lectores dieciochescos» *Cuadernos de Ilustración y Romanticismo*. 6: 41-49.

____________. (1999) «Las *Leyendas y novelas jerezanas* de José Miguel Hue y Camacho: entre la historia, la memoria y la ficción» *IX Encuentro de la Ilustración al Romanticismo: Historia, Memoria y Ficción.* Cádiz. Universidad de Cádiz: 49-61.

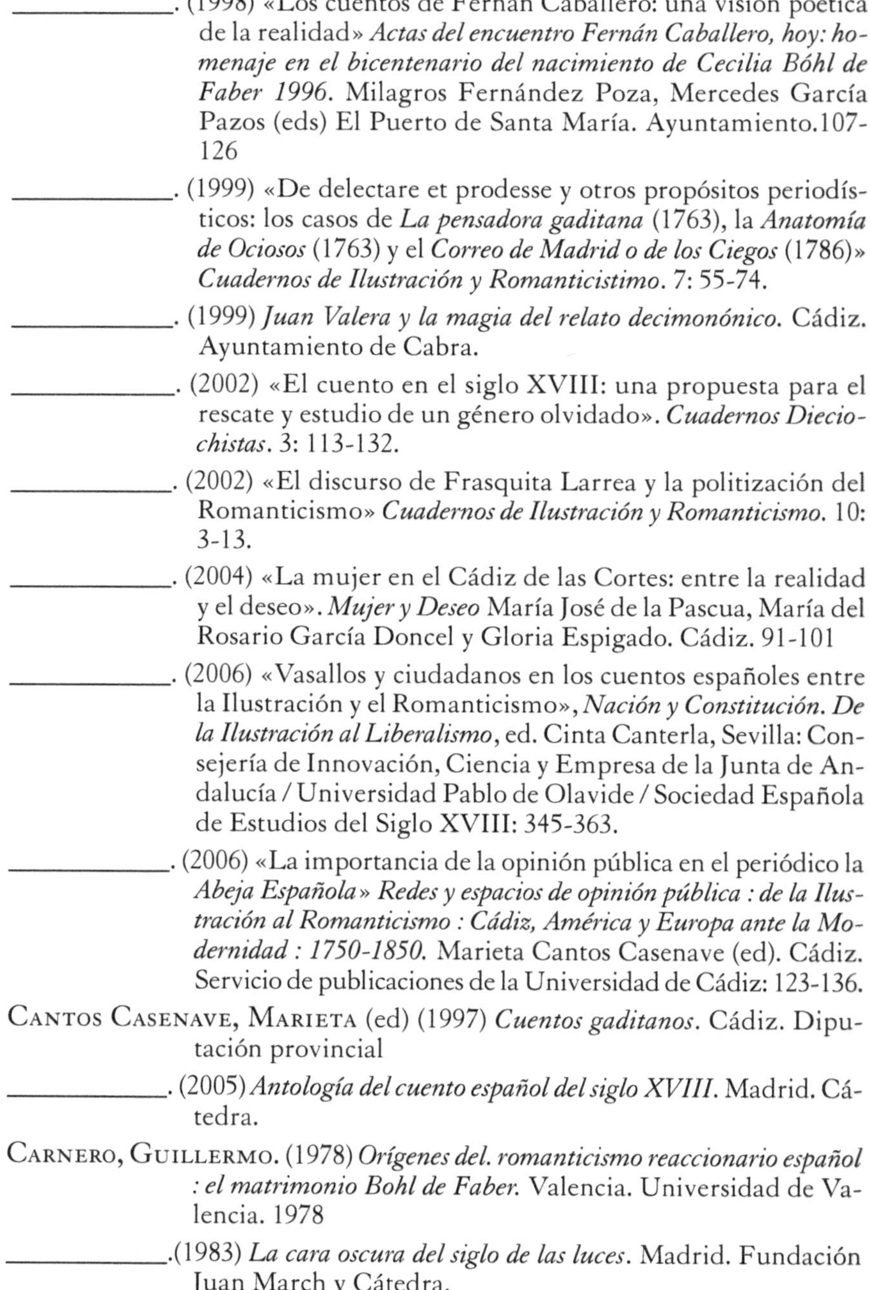

____________. (1998) «Los cuentos de Fernán Caballero: una visión poética de la realidad» *Actas del encuentro Fernán Caballero, hoy: homenaje en el bicentenario del nacimiento de Cecilia Böhl de Faber 1996*. Milagros Fernández Poza, Mercedes García Pazos (eds) El Puerto de Santa María. Ayuntamiento.107-126

____________. (1999) «De delectare et prodesse y otros propósitos periodísticos: los casos de *La pensadora gaditana* (1763), la *Anatomía de Ociosos* (1763) y el *Correo de Madrid o de los Ciegos* (1786)» *Cuadernos de Ilustración y Romanticistimo*. 7: 55-74.

____________. (1999) *Juan Valera y la magia del relato decimonónico*. Cádiz. Ayuntamiento de Cabra.

____________. (2002) «El cuento en el siglo XVIII: una propuesta para el rescate y estudio de un género olvidado». *Cuadernos Dieciochistas*. 3: 113-132.

____________. (2002) «El discurso de Frasquita Larrea y la politización del Romanticismo» *Cuadernos de Ilustración y Romanticismo*. 10: 3-13.

____________. (2004) «La mujer en el Cádiz de las Cortes: entre la realidad y el deseo». *Mujer y Deseo* María José de la Pascua, María del Rosario García Doncel y Gloria Espigado. Cádiz. 91-101

____________. (2006) «Vasallos y ciudadanos en los cuentos españoles entre la Ilustración y el Romanticismo», *Nación y Constitución. De la Ilustración al Liberalismo*, ed. Cinta Canterla, Sevilla: Consejería de Innovación, Ciencia y Empresa de la Junta de Andalucía / Universidad Pablo de Olavide / Sociedad Española de Estudios del Siglo XVIII: 345-363.

____________. (2006) «La importancia de la opinión pública en el periódico la *Abeja Española*» *Redes y espacios de opinión pública : de la Ilustración al Romanticismo : Cádiz, América y Europa ante la Modernidad : 1750-1850*. Marieta Cantos Casenave (ed). Cádiz. Servicio de publicaciones de la Universidad de Cádiz: 123-136.

CANTOS CASENAVE, MARIETA (ed) (1997) *Cuentos gaditanos*. Cádiz. Diputación provincial

____________. (2005) *Antología del cuento español del siglo XVIII*. Madrid. Cátedra.

CARNERO, GUILLERMO. (1978) *Orígenes del. romanticismo reaccionario español : el matrimonio Bohl de Faber*. Valencia. Universidad de Valencia. 1978

____________.(1983) *La cara oscura del siglo de las luces*. Madrid. Fundación Juan March y Cátedra.

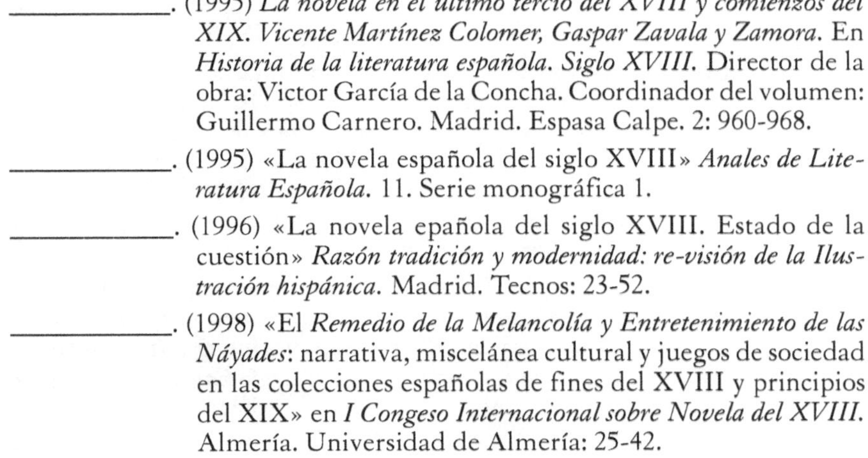

____________. (1995) *La novela en el último tercio del XVIII y comienzos del XIX. Vicente Martínez Colomer, Gaspar Zavala y Zamora*. En *Historia de la literatura española. Siglo XVIII*. Director de la obra: Victor García de la Concha. Coordinador del volumen: Guillermo Carnero. Madrid. Espasa Calpe. 2: 960-968.

____________. (1995) «La novela española del siglo XVIII» *Anales de Literatura Española*. 11. Serie monográfica 1.

____________. (1996) «La novela epañola del siglo XVIII. Estado de la cuestión» *Razón tradición y modernidad: re-visión de la Ilustración hispánica*. Madrid. Tecnos: 23-52.

____________. (1998) «El *Remedio de la Melancolía y Entretenimiento de las Náyades*: narrativa, miscelánea cultural y juegos de sociedad en las colecciones españolas de fines del XVIII y principios del XIX» en *I Congeso Internacional sobre Novela del XVIII*. Almería. Universidad de Almería: 25-42.

Carnero, Guillermo. (coord) (1995) *Historia de la literatura española. Siglo XVIII*. Director de la obra: Victor García de la Concha. Coordinador del volumen: Guillermo Carnero. Madrid. Espasa Calpe. Dos volúmenes. -(1997) *Historia de la literatura española. Siglo XIX. Volumen 1*. Director de la obra: Victor García de la Concha. Coordinador del volumen: Guillermo Carnero. Madrid. Espasa Calpe.

Carnicer, Ramón. (1963) *Vida y obra de Pablo Piferrer*. Madrid. C.S.I.C. AldusCarrillo y Sotomayor, Luis. (1613), *Obras de Don Luis Carrillo*. Madrid. Luis Sánchez.

Carvallo, Luis Alfonso de. (1602), *Cisne de Apolo*. Medina del Campo. Juan Godínez de Millis.

Casas, Elena (ed). (1980), *La Retórica en España*. Madrid. Editora Nacional.

Cascales, Francisco de. (1779) *Tablas poéticas*. Madrid. Antonio de Sancha.

Castellano Marchena, Esther, y Luciano Díaz Almeida. (2003) «Literatura fantástica española en el siglo XIX: reflexiones sobre algunos cuentos», *Boletín Millares Carlo*, 22: 237-245.

Castro, María A. (2003) «Goya: Fuente de inspiración en la narrativa de Mesonero Romanos», *Hispania (AATSP)*, 86.4: 742-750

Céspedes, Baltasar de. (1784) *Discurso de las letras humanas, llamado «El humanista» que según D. Nicolás Antonio escribió en el año 1600 D. Baltasar de Céspedes, [...] que sale a la luz la primera ves por D. Santos Diez Gonzalez*. Madrid. Antonio Fernández.

Colacicchi, Paola. (2001) P*resenza del Fantastico nella Narrativa spagnola dell'Età romántica*. Bologna. Il Capitello del Sole.

COTARELO Y MORI, EMILIO. (1930) *La Avellaneda y sus obras. Ensayo biográfico y crítico*. Madrid. Tipografía de Archivos.

CUENCA, LUIS ALBERTO DE. (1984) «Lla literatura fantástica del siglo XVIII» Cuadernos Hispanoamericanos. 410: 107-118 «El cuento español en el siglo XIX. Autores raros y olvidados,» (2001) ed. Jaume Pont, Lleida, Edicions Universitat de Lleida.«Cuentos fantásticos del siglo XIX. (España e Hispanoamérica)», (2003) ed. David Roas, Madrid, Mare Nostrum Comunicación.

CHARQUES GÁMEZ, ROCÍO. (2005) «¿Un cuento antirromántico de Juan Eugenio Hartzenbusch?», *Anales de Literatura Española*, 18 (Serie monográfica, nº 8): *Romanticismo español e hispanoamericano. Homenaje al profesor Ermanno Caldera*, ed. Enrique Rubio Cremades, Universidad de Alicante: Área de Literatura Española: 89-96.

CHAVES, MANUEL. (1896) *Historia y Bibliografía de la Prensa Sevillana*. Sevilla. Imprenta de Rosco.

CHECA BELTRÁN, JOSÉ. (1988) «Una retórica enciclopedista del siglo XVIII: *La Filosofía de la Elocuencia* de Capmany» *Revista de Literatura*. 99: 61-89.

____________. (1991) «La crítica literaria periodística en los años de *El Pensador*». *Estudios de historia social.* 52-53: 121-.

____________. (1994) «El debate literario español en el prólogo del Romanticismo. (1782-1807) *Revista de Literatura*. LVI (112): 391-416.

____________. (1996) «Teoría literaria» en *Historia Literaria del Siglo XVIII*. Trotta. Madrid. 1996.

____________. (1998) *Razones del buen gusto (Poética española del Neoclasicismo)* Madrid. CSIC

CHEVALIER, MAXIME. (1980) «Cuento folklórico y literatura en el siglo XIX» *Actas del VII Congreso de la Asociación Internacional de Hispanistas*. Roma. I: 325-333.

____________. (1983) *Cuentos folklóricos españoles del Siglo de Oro*. Barcelona. Editorial Crítica.

____________. (1983) «*El cautivo*: entre cuento y novela» *Nueva Revista de Filología Hispánica.* XXXII: 403-411.

____________. (1999) *Cuneto tradicional, cultura, literatura(siglos XVI-XIX)*. Salamanca. Universidad de Salamanca.

DEACON, PHILIP. (1986) «La libertad de expresión en España en el período precedente a la revolución francesa.» *Estudios de Historia Social.* 36-37: 17-21.

Díaz Larios, Luis F. (2001) «Notas para una poética del cuento romántico en verso (alguno ejemplos)» *Scriptura*, 16: 9-24«Diccionario de autoridades.» (1964) Edición facsímil. Madrid. Gredos. «Diccionario de la lengua Castellana. Compuesto por la Real Acdemia Española.» (1803) Quarta edición. Madrid. Viuda de Joaquín Ibarra. «Diccionario de la lengua española». *Real Academia Española.* (1992) Vigésimoprimera edición. Madrid. Espasa-Calpe.«Diccionario enciclopédico de la lengua española». (1853) Madrid. Imprenta y librería de Gaspar y Roig. 2 tomos (Tomo 1 1853 y tomo II 1855)

Díez de Revenga, Francisco Javier. (2006) «Literatura española de terror: leyendo algunos relatos breves verdaderamente estremecedores», *Verba hispanica,* XIV: 77-93.

Diez Taboada, María Paz. (1988) «Tema y leyenda en *El Lago de Carucedo* de Enrique Gil y Carrasco» *Revista de Dialectología y Tradiciones populares*. 43: 227-238.

Eichenbaum, B. (1980) «Sobre la teoría de la prosa» en *Teoría de la literatura de los formalistas rusos.* Madrid. Siglo Veintiuno.

Enciso Recio, Luis Miguel. (1956) *Nipho y el periodismo español del Siglo XVIII.* Valladolid. Universidad de Valladolid.

____________. (1991) «Nipho y los comienzos de la prensa diaria en el continente europeo.» *Estudios de historia social.* 52-53: 151-169.

Erlich, Victor. (1974) *El formalismo ruso.* Barcelona. Seix Barral. Biblioteca Breve.

Escobar, José. (1995) «Costumbrismo y novela: el costumbrismo como materia novelable en el siglo XVIII» *Ínsula.* 546: 17-19.

Ezama Gil, Angeles. (1992) *El cuento de la prensa y otros cuentos. Aproximación al estudio del relato breve entre 1890 y 1900.* Zaragoza. Editorial de la Universidad de Zaragoza.

____________. (1995)«El relato breve en las preceptivas literarias decimonónicas» *España contemporánea.* 8,2. 41-51.

____________. (1997) «El cuento» en *Historia de la literatura española. Siglo XIX (I).* (ed) Guillermo Carnero. Madrid. Espasa-Calpe. 736-747.

Fernández Clemente, Eloy y Carlos Forcadell. (1979) *Historia de la prensa aragonesa*. Zaragoza. Guara.

Fernández García, Antonio. (2004) *Mesonero Romanos y el «Semanario Pintoresco Español»*, Madrid, Imprenta Municipal.

Fernández Guerra, Aureliano. (S.A.) *Hartzenbusch, estudio biográfico-crítico.* Imprenta de la compañía de impresores y libreros. Madrid.

Fernández Insuela, Antonio. (1991) «Notas sobre la narrativa breve en las publicaciones periódicas del Siglo XVIII: estudio de La Tertulia de la Aldea.» *Estudios de historia social*. 52-53: 181-194.

___________. (1996) «Textos para la historia del cuento tradicional en el siglo XVIII» *Homenaje a Francisco Aguilar Piñal. Madrid. CSIC:* 337-346.

Ferrer del Río, Antonio. (1846) *Galería de la literatura española*. Establecimiento tipográfico de Francisco de Paula Mellado. Madrid.

Ferreras, Juan Ignacio. (1973) *Los orígenes de la novela decimonónica*. Madrid Taurus.

___________. (1976) *El triunfo del liberalismo y de la novela histórica*. Madrid. Taurus.

___________. (1979) *Apuntes para un catálogo de novelas y novelistas españoles del siglo XIX*. Madrid. Cátedra.

___________. (1987) «La novela española en el siglo XIX (hasta 1860)» *Historia crítica de la literatura hispánica*. N° 16. Madrid. Taurus.

Figuerola, M. Carme. (2006) «Sobre algunas traducciones de Valentine, de George Sand», *Traducción y traductores, del Romanticismo al Realismo. Actas del Coloquio Internacional celebrado en la Universitat Pompeu Fabra (Barcelona, 11-13 de noviembre de 2004)*, ed. Fancisco Lafarga y Luis Pegenaute, Bern: Peter Lang:129-141.

Flitter, Derek. (1995) *Teoría y crítica del romanticismo español*. Cambridge. Cambridge University Press.

Flor, Fernando R. de la (1985) «Poética y polémicas en el *Semanario erudito y curioso de Salamanca*» *Castilla*. 9-10: 129-142

Forner, Juan Pablo (1844) «Sátira sobre la literatura chapucera del tiempo presente» en *Obras de Juan Pablo Forner, recogidas y ordenadas por D. Luis Villanueva*. Madrid.

Fradejas Lebrero, José. (2004) *Biografía de Juan Eugenio Hartzenbusch*, Madrid, Imprenta Municipal.

Freire López, Ana María. (1995) «Prensa y creación literaria en el XVIII español» *Epos*. 11: 207-222.

Fuentes, Juan Francisco. (1991) «*El censor* y el público» E*studios de historia social*. 52-53: 221-230.

Fuentes, Juan Francisco y Javier Fernández Sebastián. (1997) *Historia del periodismo español*. Madrid. Síntesis.

Galván González, Victoria. (2005) «Luces y sombras en la obra narrativa de Antonio Ros de Olano». *Artifara*, 5

Gallego Burín, Antonio. (1912) *El marqués de Molins: su vida y su obra*. Albacete.

García Berrio, Antonio y Javier Huerta Calvo. (1992), *Los géneros literarios. Sistema e Historia*. Madrid. Cátedra.

García Castañeda, Salvador. (1964) «Una revista romántica: El *Observatorio pintoresco* de 1837» *Boletín de la Biblioteca Menéndez Pelayo*. 1964: 337-359.

____________. (1968) «*El Pensamiento* de 1841 y los amigos de Espronceda» *Boletín de la Biblioteca Menéndez Pelayo*. 1968: 329-353.

____________. (1971) *Las ideas literarias de España entre 1840 y 1850*. Berkeley. University of California Press.

____________. (1979) *Miguel de los Santos Álvarez. Romanticismo y poesía*. Madrid. SGEL.

____________. (2001) «La presencia de Cádiz en la obra de Telesforo de Trueba y Cossío (1799-1835)», *Cuadernos de Ilustración y Romanticismo*, 9: 3-28.

García Garrosa, María Jesús. (1992) «Valladares, adaptador de Marmontel». Una nueva versión española de los *Contes moraux*» *Investigación franco-española*. 2: 71-80.

____________. (1995) «Mujeres novelistas españolas en el siglo XVIII» *I Congreso Internacional sobre la novela del siglo XVIII*. Almería. Servicio de publicaciones de la Universidad de Almería: 163-176.

____________. (1996) «Trigueros traductor de Mercer: sobre el origen de un relato de Mis Pasatiempos» *El siglo que llaman ilustrado. Homenaje a Francisco Aguilar Piñal*, Madrid. CSIC: 391-397.

García Lara, Fernando. (1991) «Noticias en la prensa dieciochesca del fenómeno romántico» *Estudios de historia social*. 52-53: 231-238.

García Pozuelo, Salvador. (2001) «Fernán Caballero y su personal tratamiento del cuento folklórico y del cuento literario», *Romper el Espejo: La Mujer y la Transgresión de Códigos en la Literatura Española: Escritura. Lectura. Textos (1001-2000). III Reunión Científica Internacional (Córdoba, diciembre 1999)*, ed. María José Porro Herrera, Cordoba, Universidad de Córdoba, Servicio de Publicaciones: 211-223.

Gies, David T. (1988) «Larra, La Galería Fúnebre y el gusto por lo gótico». *Romanticismo* 3-4: 60-68

____________. (1997) *El Teatro en la Espña del siglo XIX*. Cambrigde University Press.

Gies, David T. (ed) (1989) *El Romanticismo*. Madrid. Taurus. El escritor y la crítica.

Gil Novales, Alberto. (ed) (1983) *La prensa en la revolución liberal: España, Portugal y América latina*. Madrid. Universidad Complutense.

Gine, Marta y Palacios, Concepción (2005) *Traducciones españolas de relatos fantásticos franceses, de Cazotte a Maupassant*. Barcelona. PPU.

Ginger, Andrew. (2000) *Antonio Ros de Olano's Experiments in Post-Romantic Prose (1857-1884): Between Romanticism and Modernism*, Lewiston, Queenston, Lampeter, The Edwin Mellen Press.

Girgado, Luis Alonso. (1993) *Crónica de una muerte anunciada. Guía de lectura*. La Coruña. Tambre.

Gómez Aparicio, Pedro. (1967) *Historia del periodismo español. Desde la «GACETA DE MADRID hasta el destronamiento de Isabel II*. Madrid. Editora nacional.

Gomez Hermosilla, José. (1826) *Arte de hablar en prosa y verso*. Madrid. Imprenta Real.

Gómez Rea, Javier. (1978) «Las revistas teatrales madrileñas. (1790-1930)» *Cuadernos Bibliográficos*. 32: 65-140.

Gonzalez Ollé, Fernando. (1995) «Arte de hablar en prosa y verso», de Gómez Hermosilla, principal retórica del Neoclasicismo» *Voz y Letra. Revista de Filología*. 6. (2): 3-20.

González Palencia, Angel. (1934-41) *Estudio histórico sobre la censura gubernativa en España 1808-1833*. Madrid. Tipografía de Archivos.

Gónzalez Herrán, José Manuel (2002) «Artículos/cuentos en la literatura periodística de Clarín y Pardo Bazán» *Actas del II coloquio de la Sociedad Española del Siglo XIX»* Barcelona. Universidad: 209-227.

González Troyano, Alberto. (ed) (1985) Estébanez Calderón, Serafín. *Escenas Andaluzas*. Madrid. Catedra.

Guinard, P. J. (1973) *La presse espagnole de 1737 a 1791. Formation et signification d'un genre*. Paris. Centre de Recherches Hispaniques.

Gullón, Ricardo. (1989) *Cisne sin lago. Vida y obra de Enrique Gil y Carrasco*. León. Breviarios de la calle del Pez.

Gutiérrez Díaz-Bernardo, Esteban. (2003) *El cuento español del siglo XIX*, Madrid, Ediciones del Laberinto

Guzmán, Juan de (1589), *Retórica*. Alcalá de Henares. Juan Íñiguez de Lequerica.

Hartzenbusch, Juan Eugenio. (1874), *Apuntes para un catálogo de periódicos madrileños desde el año 1561 al 1870*. Madrid. Rivadeneyra.

Hernández Franco, Juan. (1979-80) «El Diario de Murcia: Estudio analítico-social de un periódico ilustrado.» *Anales de la Universidada de Murcia. Filosofía y Letras*. 38 (4): 49-64.

Hernández Valcárcel, Carmen. (2002) *El cuento español en los Siglos de Oro*. Murcia. Servicio de Publicaciones de la Universidad de Murcia.

Hernández Valcárcel, Carmen. (ed) (1997) *El cuento medieval español*. Murcia. Servicio e publicaciones de la Universidad de Murcia.

Herrero, Javier. (1963) *Fernán Caballero: un nuevo planteamiento*. Madrid. Gredos.

____________. (1971) *Los orígenes del pensamiento reaccionario español* Madrid. Edicusa.

____________. (1988) «Terror y literatura; ilustración, revolución y los orígenes del movimiento romántico.» *La literatura española de la Ilustración: Homenaje a Carlos III*. Universidad Complutense. Madrid: 131-153.

Hurtado Díaz, Amparo. (2006) «José Somoza, traductor», *Traducción y traductores, del Romanticismo al Realismo. Actas del Coloquio Internacional celebrado en la Universitat Pompeu Fabra (Barcelona, 11-13 de noviembre de 2004)*, ed. Fancisco Lafarga y Luis Pegenaute, Bern: Peter Lang: 259-269

Iranzo, Carmen. (1978) *Juan Eugenio Hartzenbusch*. Boston. Twayne.

Jaus, Hans Robert. *La literatura como provocación*. Madrid. Península.

Jiménez Patón, Bartolomé. (1604), *Elocuencia española en arte*. Toledo. Thomas de Guzmán.

Jiménez Serrano, José. (1845) «Bosquejo histórico de la Literatura española en el Siglo XIX» *El Pasatiempo*. Granada. 1: 2.

Jover Zamora, José María. (1981) *Historia de España. Tomo XXXIV: La era isabelina y el sexenio democrático. (1834-1874)*. Fundada por Ramón Menéndez Pidal. Madrid. Espasa-Calpe.

Jurechtske, Hans. (1989) *Historia de España Menéndez Pidal. Tomo XXXV. La época del romanticismo. (1808-1874)* Dos volúmenes. Madrid. Espasa-Calpe.

Kirkpatrick, Susan. (1991) *Las románticas. Escritoras y subjetividad en España. 1835-1850*. Madrid. Cátedra.

Krömer, Wolfram. (1979) *Formas de la narración breve en las literaturas románicas hasta 1700*. Madrid. Gredos.

Lacarra, María Jesús (ed) (1999) *Cuento y novela corta en España*. Barcelona. Crítica.

Laguna Platero, Antonio. (1991) «El periodismo español en el siglo XVIII. ¿Qué periodismo? El caso del *Diario de Valencia*.» *Estudios de historia social*. 52-53: 283-294.

Le Gentil, Georges. (1909) *Les revues littéraires de l'Espagne pendant la premiere moitié du XIX° siecle. Aperçu bibliographque*. Paris. Hachette.

Logan, Dawn. (1943) «An index of *El Laberinto* a Spanish literary periodical» *Bulletin Hispanique* XXXVI: 159-179.

López Bueno, Begoña. (1972) *La «Floresta Andaluza». Estudio e índice de una revista sevillana (1843-1844)* Sevilla.

López Delgado, Juan Antonio. (1993) *El General Ros de Olano*. 2 vols. Murcia.

___________. (2003) «Una balada inédita de Ros de Olano», *Epos*, XIX: 295-301.

___________. (2006) «Ros de Olano y Cataluña», *Boletín de la Real Academia de la Historia*, 1: 9-98.

López Molina, Luis. (1985) «El lenguaje de Estébanez. Perfil de un costumbrista» *Homenaje a Alvaro Galmés de Fuentes*. Gredos. Madrid. 2.

López Pinciano, Alonso. (1596), *Philosophia antigua poética*. Madrid. Thomas Iunti.

López Sanz, Genoveva Elvira, (2005) *El relato breve de ficción en la prensa de Madrid (1838-1842)*, Tesis doctoral, Universidad Complutense de Madrid, 2002. (Servicio de Publicaciones, 1 CD-ROM).

Lozano Miralles, Rafael. (1988) «La prosa narrativa en *El Artista*» *Romanticismo 3-4*

Llorens, Vicente. (1979a) *Liberales y Románticos*. Madrid. Castalia

___________. (1979b) *El Romanticismo español*. Madrid. Fundación Juan March y Editorial Castalia.

Marchena, José. (1896), *Obras literarias de José Marchena. (El Abate Marchena)*. Sevilla. Imprenta de Rosci.

Marrast, Robert. (1989) *José de Espronceda y su tiempo. Literatura, sociedad y política en tiempos del Romanticismo*. Barcelona. Editorial Crítica.

Martí, Casimiro. (1987) «Afianzamiento y despliegue del sistema liberal» en *Historia de España. Revolución burguesa, oligarquía y constitucionalismo. 1834-1923.*. Tuñon de Lara, Manuel (dir.) Barcelona. Labor.

Martínez Martín, Jesús. (1991) *Lectura y lectores en el Madrid del siglo XIX*. Madrid. CSIC.

Mas Galvañ, Cayetano. (1986-87) «Periodismo ilustrado en Murcia. *El Correo Literario*. (1792-1795)» *Revista de Historia Moderna*. 6-7: 151-167.

Mata Induráin, Carlos. (2002) *Doce estudios sobre Navarro Villoslada: semblanza y obras literarias*, Viana, Ayuntamiento de Viana.

Mayans y Siscar, Gregorio. (1757), *Rethórica*. Valencia. Herederos de Gerónimo Conejos. 2 tomos.

____________. (1972) *Vida de Miguel de Cervantes*. Edición, introducción y notas de Antonio Mestre. Madrid. Espasa-Calpe.

Méndez Robles, Pedro Salvador. (2006) «Las traducciones de Jésus-Christ en Flandre de Balzac, del Romanticismo al Realismo», *Traducción y traductores, del Romanticismo al Realismo. Actas del Coloquio Internacional celebrado en la Universitat Pompeu Fabra (Barcelona, 11-13 de noviembre de 2004)*, ed. Fancisco Lafarga y Luis Pegenaute, Bern: Peter Lang: 287-300.

____________. (2006) «Eugenio de Ochoa, traductor de Balzac: observaciones sobre una versión de *Jésus-Christ en Flandre*», *Anales de Filología francesa*, 14: 175-186.

Menéndez Pelayo, Marcelino. (1907) «Cuentos y novelas cortas» en *Orígenes de la novela*. Tomo III. Santander. Aldus. Edición Nacional de las obras completas de Menéndez Pelayo. 1943.

____________. (1949) *Estudios sobre el teatro de Lope de Vega*. Tomo III. Santander. Aldus. Edición Nacional de las obras completas de Menéndez Pelayo.

Mesonero Romanos, Ramón de. (1967) *Memorias de un setentón*. en *Obras*. Ed de Carlos Secos Serrano. Madrid. Atlas. BAE.

Miralles, Enrique. (1995) «Escritoras románticas de la revista barcelonesa *El Genio* (1844-1845), con algunas notas biograficas sobre Victor Balaguer» *Salina. Revista de lletres* 9: 57-66

Miró Martí, Oriol. (2004) «La imaginación herida reconstruye lo que fue: Pablo Piferrer como recopilador de leyendas catalanas tradicionales» (Biblioteca Miralles)

Molina Porras, Juan (ed) (2006). *Cunetos fantásticos en la España del Realismo*. Madrid. Cñatedra

Monlau, Pedro Felipe. (1856) *Diccionario etimológico de la lengua castellana*. Madrid. Imprenta y Estereotipia de M. Rivadeneyra.

Montesinos, José F. (1961) *Fernán Caballero. Ensayo de justificación*. México. El Colegio de México.

____________. (1965) *Costumbrismo y novela*. Madrid. Castalia.

____________. (1982) *Introducción a una Historia de la novela española en el Siglo XIX*. Madrid. Castalia.

Morales Sánchez, Isabel. (1999) «Teoría del artículo periodístico en la España del siglo XIX» *Castilla*. 24: 148.

____________. (2000) *La novela como género: tradición y renovación en la teoría literaria del siglo XIX*. Cádiz. Servicio de publicaciones de la Universidad de Cádiz.

MUT CALAFELL, ANTONIO. (2003) *Josep Maria Quadrado, un arxiver del segle XIX a Mallorca*, Palma: Consell de Mallorca, Departament de Cultura.

NAVAS RUIZ, RICARDO. (1982), *El Romanticismo español.* Madrid. Cátedra.

NOMBELA, JULIO. (1976) *Impresiones y recuerdos.* Madrid. Tebas

Nuevo diccionario de la lenguas castellana, por D.R.B. (1867) París. Librería de Rosa y Bouretes.

NUÑEZ, TERESA. (1988) «La prensa periódica de Barcelona en el siglo XVIII. Prensa erudita, gacetas y pronósticos.» *Manuscrits. Revista d'Historia moderna.* 7: 241-261.

OLALLA REAL, ÁNGELES. (1989) *La magia de la razón (Investigación soibre los cuentos de hadas)* Granada. Servicio de Publicaciones de la Universidad de Granada.

OLIVES CANALS, SANTIAGO. (1957) *Bergnes de las Casas. Helenista y editor.1801-1879.* Barcelona. CSIC.

OZAETA GÁLVEZ, MARÍA ROSARIO. (2002) «Eugenio de Ochoa, traductor de Hugo», *Neoclásicos y románticos ante la traducción*, ed. Francisco Lafarga, Concepción Palacios y Alfonso Saura, Murcia, Universidad de Murcia: 419-436.

PALENQUE, MARTA. (1987) «El Cisne, periódico semanal de literatura y bellas artes (Sevilla, 1838)» *Archivo Hispalense* 70 (213): 141-177

____________. (1993) «La vida literaria en la Sevilla romántica» *El Gnomo* 2: 16-18.

____________. (2002) «Carlos Frontaura, escritor y periodista: *El Cascabel*», *Escribir en España entre 1840 y 1876*, ed. Marie-Linda Ortega, Madrid, Visor Libros /Presses Universitaires de Marne-Le-Vallée: 163-200.

PALOMO, MARÍA DEL PILAR. (1989) «Mesonero y Galdós (una vez más costumbrismo y novela) *Galdós. Centenario de «Fortunata y Jacinta» Actas.* Madrid. Universidad Complutense: 217-238.

____________. (1996) «Texto e imagen en el *Semanario Pintoresco*; Mesonero y Alenza» *Romanticismo. 6. El costumbrismo romántico.* Roma. Bulzoni: 239-247

PATIÑO EIRÍN, CRISTINA. (2002) «Un romántico que anticipa el canon realista: Salas Quiroga y El dios del siglo», *Sociedad de Literatura Española del Siglo XIX, II Coloquio. La elaboración del canon en la literatura española del siglo XIX (Barcelona, 20-22 de octubre de 1999)*, Barcelona: Universitat de Barcelona / PPU:. 321-331.

____________. (2004) «El dios del siglo, de Salas y Quiroga: encrucijada de folletín y novela», *Insula*, 693: 30

Pardo Bazán, Emilia. (1989) *La cuestión palpitante.* Edición de José Manuel González Herrán. Barcelona. Anthropos / Universidad de Santiago de Compostela.

Pavesio, Luisa (1988) «En torno a unas notas de Montesinos sobre el lenguaje de las Escenas Andaluzas de Estébanez Calderón». *Romanticismo* 4-4: 175-177.

Peñate Rivero, Julio. (1997). «El cuento literario y la teoría de los sistemas: propuestas para una posible articulación» *Teoría e interpretación del cuento.* Peter Frölicher y Georges Güntert (eds). Berna. Peter Lang: 47-65

Pedraza Jiménez, Felipe B. y Milagros Rodríguez Cáceres. (1982) *Manual de Litertura española. VI Época romántica.* Pamplona. Cenlit.

Peers, Edgar Allison. (1967), *Historia del movimiento romántico español.* Madrid. Gredos. 2 tomos.

____________. (1989) «La palabra romanticismo en España.» en *El Romanticismo.* Edición de David T. Gies. Madrid. Taurus. Colección «El escritor y la crítica».

Penas, Ermitas. (1993) «Discurso dramático y novela histórica romántica.» *Boletín de la Biblioteca Menéndez Pelayo.* LXIX: 167-193.

Pereira Gonzalez, Fernando. (1998) «Dos Ejemplos de "Prehistoria Imaginaria" en la Galicia Decimononica: Benito Vicetto y Leandro Saralegui y Medina» *Gallaecia* 17: 447-469

Pérez Magallón, Jesús. (1986-87) «Una teoría dieciochesca de la Novela y algunos conceptos de Poética» *Anales de Literatura Española.* 5: 357-376.

____________. (1991) *En torno a las ideas literarias de Mayans.* Instituto de Cultura Juan Gil-Albert. Diputación de Alicante.

Perugini, Carla (1982), «La prosa narrativa romántica española. Cuento e novela» *Studi Ispanici.* 125-168.

____________. (1985) «Il Fantastico nella letteratura spagnola del secolo XIX. I. Gli anni Trenta e Quaranta» *Studi Ispanici..* 97-123.

____________. (1987-1988) «Il Fantastico nella letteratura spagnola del secolo XIX. II. La seconda metà del secolo» *Studi Ispanici.125-150*

____________. (1988), «Diabluras románticas. El diablo y su corte en la prosa narrativa romántica» *Romanticismo.* 3-4. 89-99.

Perugini, Carla (ed). (1991) *Antología del racconto romántico spagnolo.* Napoli. Edizione Scientifiche Italiane

Picoche, Jean-Luis. (1978) *Un romántico español : Enrique Gil y Carrasco.* Madrid. Gredos

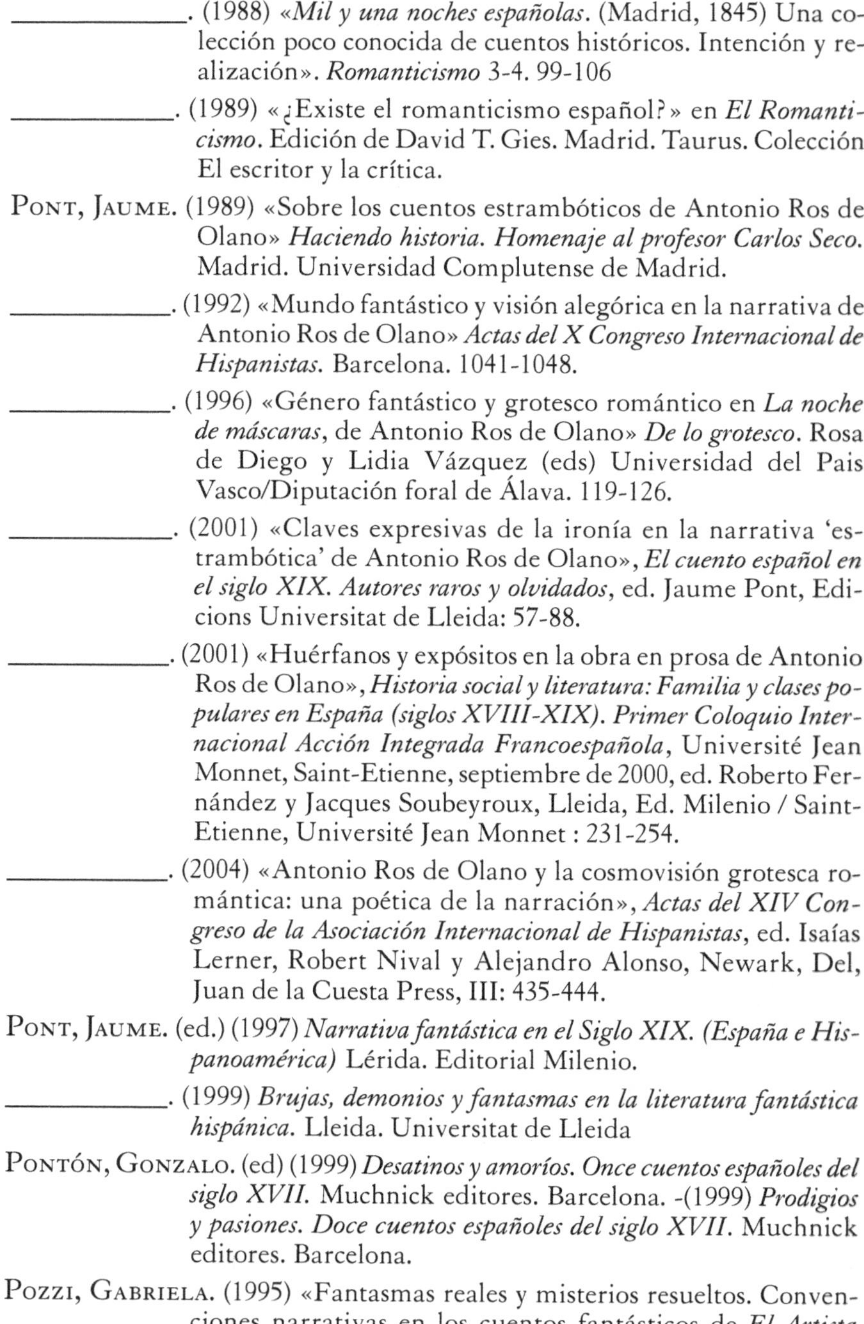

____________. (1988) «*Mil y una noches españolas*. (Madrid, 1845) Una colección poco conocida de cuentos históricos. Intención y realización». *Romanticismo* 3-4. 99-106

____________. (1989) «¿Existe el romanticismo español?» en *El Romanticismo*. Edición de David T. Gies. Madrid. Taurus. Colección El escritor y la crítica.

Pont, Jaume. (1989) «Sobre los cuentos estrambóticos de Antonio Ros de Olano» *Haciendo historia. Homenaje al profesor Carlos Seco.* Madrid. Universidad Complutense de Madrid.

____________. (1992) «Mundo fantástico y visión alegórica en la narrativa de Antonio Ros de Olano» *Actas del X Congreso Internacional de Hispanistas.* Barcelona. 1041-1048.

____________. (1996) «Género fantástico y grotesco romántico en *La noche de máscaras*, de Antonio Ros de Olano» *De lo grotesco*. Rosa de Diego y Lidia Vázquez (eds) Universidad del Pais Vasco/Diputación foral de Álava. 119-126.

____________. (2001) «Claves expresivas de la ironía en la narrativa 'estrambótica' de Antonio Ros de Olano», *El cuento español en el siglo XIX. Autores raros y olvidados*, ed. Jaume Pont, Edicions Universitat de Lleida: 57-88.

____________. (2001) «Huérfanos y expósitos en la obra en prosa de Antonio Ros de Olano», *Historia social y literatura: Familia y clases populares en España (siglos XVIII-XIX). Primer Coloquio Internacional Acción Integrada Francoespañola*, Université Jean Monnet, Saint-Etienne, septiembre de 2000, ed. Roberto Fernández y Jacques Soubeyroux, Lleida, Ed. Milenio / Saint-Etienne, Université Jean Monnet : 231-254.

____________. (2004) «Antonio Ros de Olano y la cosmovisión grotesca romántica: una poética de la narración», *Actas del XIV Congreso de la Asociación Internacional de Hispanistas*, ed. Isaías Lerner, Robert Nival y Alejandro Alonso, Newark, Del, Juan de la Cuesta Press, III: 435-444.

Pont, Jaume. (ed.) (1997) *Narrativa fantástica en el Siglo XIX. (España e Hispanoamérica)* Lérida. Editorial Milenio.

____________. (1999) *Brujas, demonios y fantasmas en la literatura fantástica hispánica.* Lleida. Universitat de Lleida

Pontón, Gonzalo. (ed) (1999) *Desatinos y amoríos. Once cuentos españoles del siglo XVII.* Muchnick editores. Barcelona. -(1999) *Prodigios y pasiones. Doce cuentos españoles del siglo XVII.* Muchnick editores. Barcelona.

Pozzi, Gabriela. (1995) «Fantasmas reales y misterios resueltos. Convenciones narrativas en los cuentos fantásticos de *El Artista* (1835-1836)» *España contemporánea.* 8,2, 75-87. «La prensa española durante el Siglo XIX.» (1987) Almería. Instituto de estudios almerienses.

Pupo-Walker, Enrique. (ed). (1973) *El cuento hispanoamericano ante la crítica.* Madrid. Castalia.

Rahola, Federico. (1892) *Don Francisco de Orellana, Literato, Economista. Discurso necrológico*. Barcelona.

Randolph, Donald A. (1966) *Eugenio de Ochoa y el Romanticismo español.* Berkeley y Los Angeles. University of California Press.

____________. (1972) *Don Manuel Cañete, cronista literario del Romanticismo y del Posromanticismo en España*. Chapel Hill. North Carolina University Press.

Ramos Santana, Alberto. (1987) *Prensa gaditana (1763-1936)* Cadiz. Diputación provincial.

Renales, Juan. (1989) «El celtismo de Benito Vicetto» *Revista de filologia románica* 6: 325-343.

____________. (1998) «Más sobre Valle-Inclan y Benito Vicetto» Madrygal. *Revista de Estudios Gallegos* 1: 91-96

Reyes, Gabriela (ed) (1989), *Teorías literarias en la actualidad.* Ediciones El Arquero. Fundación José Ortega y Gasset. 1989.

Río, Angel del (1982) *Historia de la literatura española.* Barcelona. Bruguera. 2 tomos

____________. (1989) «Tendencias actuales en el renacimiento y estudio del romanticismo español» en *El Romanticismo*. Edición de David T. Gies. Madrid. Taurus. Colección El escritor y la crítica.

Ríos, José Amador de los. (1861) *Historia crítica de la literatura española.* Madrid. Imprenta de José Rodríguez. 7 tomos.

Risco, Vicente. (1982) *Literatura y Fantasía*. Madrid. Taurus.

____________. (1987) *Literatura fantástica de Lengua Española*. Madrid. Taurus.

Roas, David. (1997) «La crítica y el relato fantástico en la primera mitad del siglo XIX». *Lucanor.* 14. 79-109.

____________. (1999) «Voces del otro lado: el fantasma en la narrativa fantástica» *Brujas, demonios y fantasmas en la literatura fantástica hispánica*, 93-110.

____________. (2001) «La recepción de la literatura fantástica en la España del siglo XIX». Barcelona. Universida Autónoma de Barcelona.

____________. (2002) «El género fantástico y el miedo» *Quimera: Revista de literatura* 218-219: 41-45.

____________. (2002) *Hoffmann en España. Recepción e influencias.* Madrid. Biblioteca Nueva.

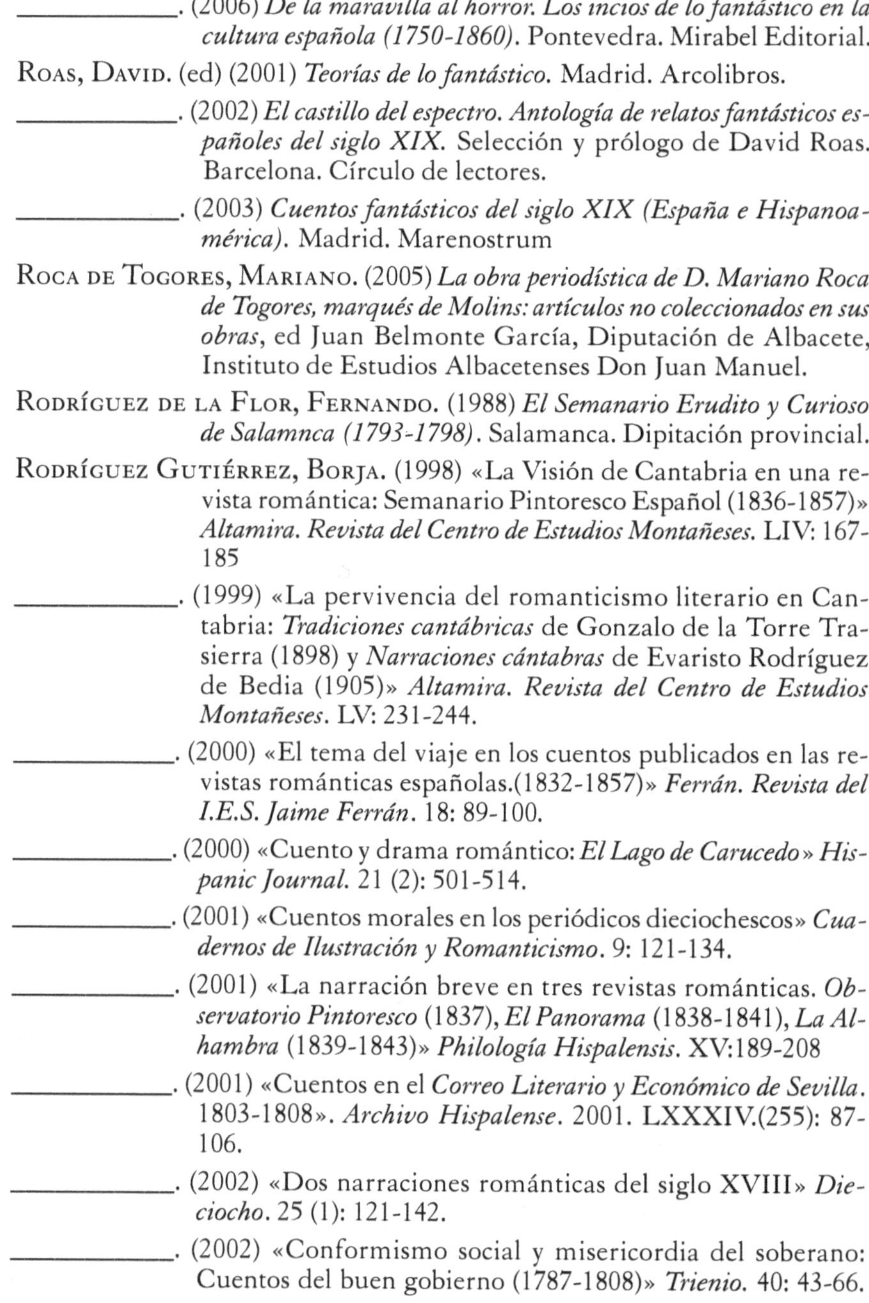

____________. (2006) *De la maravilla al horror. Los incios de lo fantástico en la cultura española (1750-1860)*. Pontevedra. Mirabel Editorial.

ROAS, DAVID. (ed) (2001) *Teorías de lo fantástico.* Madrid. Arcolibros.

____________. (2002) *El castillo del espectro. Antología de relatos fantásticos españoles del siglo XIX.* Selección y prólogo de David Roas. Barcelona. Círculo de lectores.

____________. (2003) *Cuentos fantásticos del siglo XIX (España e Hispanoamérica).* Madrid. Marenostrum

ROCA DE TOGORES, MARIANO. (2005) *La obra periodística de D. Mariano Roca de Togores, marqués de Molins: artículos no coleccionados en sus obras*, ed Juan Belmonte García, Diputación de Albacete, Instituto de Estudios Albacetenses Don Juan Manuel.

RODRÍGUEZ DE LA FLOR, FERNANDO. (1988) *El Semanario Erudito y Curioso de Salamnca (1793-1798)*. Salamanca. Dipitación provincial.

RODRÍGUEZ GUTIÉRREZ, BORJA. (1998) «La Visión de Cantabria en una revista romántica: Semanario Pintoresco Español (1836-1857)» *Altamira. Revista del Centro de Estudios Montañeses.* LIV: 167-185

____________. (1999) «La pervivencia del romanticismo literario en Cantabria: *Tradiciones cantábricas* de Gonzalo de la Torre Trasierra (1898) y *Narraciones cántabras* de Evaristo Rodríguez de Bedia (1905)» *Altamira. Revista del Centro de Estudios Montañeses*. LV: 231-244.

____________. (2000) «El tema del viaje en los cuentos publicados en las revistas románticas españolas.(1832-1857)» *Ferrán. Revista del I.E.S. Jaime Ferrán*. 18: 89-100.

____________. (2000) «Cuento y drama romántico: *El Lago de Carucedo*» *Hispanic Journal.* 21 (2): 501-514.

____________. (2001) «Cuentos morales en los periódicos dieciochescos» *Cuadernos de Ilustración y Romanticismo*. 9: 121-134.

____________. (2001) «La narración breve en tres revistas románticas. *Observatorio Pintoresco* (1837), *El Panorama* (1838-1841), *La Alhambra* (1839-1843)» *Philología Hispalensis*. XV:189-208

____________. (2001) «Cuentos en el *Correo Literario y Económico de Sevilla*. 1803-1808». *Archivo Hispalense*. 2001. LXXXIV.(255): 87-106.

____________. (2002) «Dos narraciones románticas del siglo XVIII» *Dieciocho*. 25 (1): 121-142.

____________. (2002) «Conformismo social y misericordia del soberano: Cuentos del buen gobierno (1787-1808)» *Trienio*. 40: 43-66.

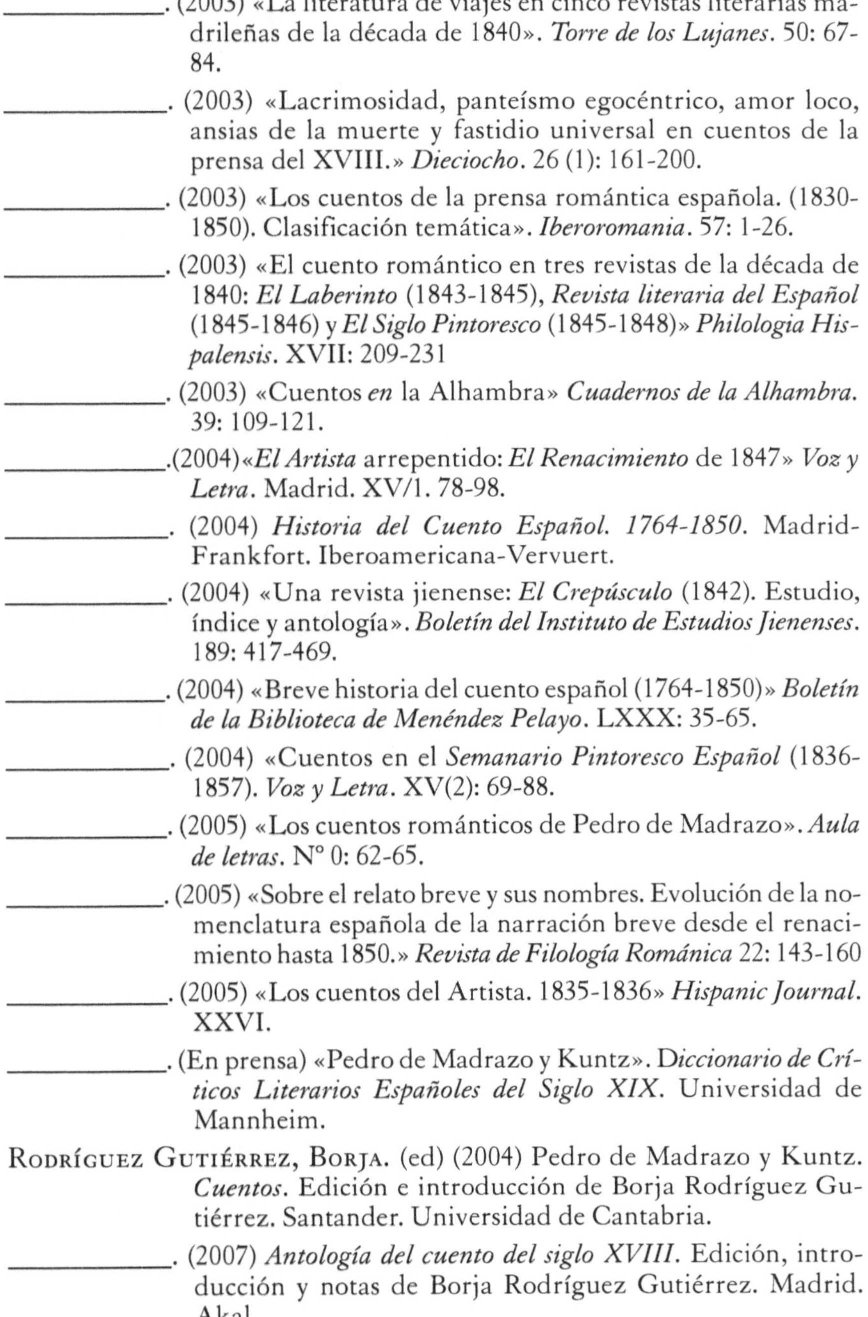

____________. (2003) «La literatura de viajes en cinco revistas literarias madrileñas de la década de 1840». *Torre de los Lujanes*. 50: 67-84.

____________. (2003) «Lacrimosidad, panteísmo egocéntrico, amor loco, ansias de la muerte y fastidio universal en cuentos de la prensa del XVIII.» *Dieciocho*. 26 (1): 161-200.

____________. (2003) «Los cuentos de la prensa romántica española. (1830-1850). Clasificación temática». *Iberoromania*. 57: 1-26.

____________. (2003) «El cuento romántico en tres revistas de la década de 1840: *El Laberinto* (1843-1845), *Revista literaria del Español* (1845-1846) y *El Siglo Pintoresco* (1845-1848)» *Philologia Hispalensis*. XVII: 209-231

____________. (2003) «Cuentos *en* la Alhambra» *Cuadernos de la Alhambra*. 39: 109-121.

____________.(2004)«*El Artista* arrepentido: *El Renacimiento* de 1847» *Voz y Letra*. Madrid. XV/1. 78-98.

____________. (2004) *Historia del Cuento Español. 1764-1850*. Madrid-Frankfort. Iberoamericana-Vervuert.

____________. (2004) «Una revista jienense: *El Crepúsculo* (1842). Estudio, índice y antología». *Boletín del Instituto de Estudios Jienenses*. 189: 417-469.

____________. (2004) «Breve historia del cuento español (1764-1850)» *Boletín de la Biblioteca de Menéndez Pelayo*. LXXX: 35-65.

____________. (2004) «Cuentos en el *Semanario Pintoresco Español* (1836-1857). *Voz y Letra*. XV(2): 69-88.

____________. (2005) «Los cuentos románticos de Pedro de Madrazo». *Aula de letras*. Nº 0: 62-65.

____________. (2005) «Sobre el relato breve y sus nombres. Evolución de la nomenclatura española de la narración breve desde el renacimiento hasta 1850.» *Revista de Filología Románica* 22: 143-160

____________. (2005) «Los cuentos del Artista. 1835-1836» *Hispanic Journal*. XXVI.

____________. (En prensa) «Pedro de Madrazo y Kuntz». D*iccionario de Críticos Literarios Españoles del Siglo XIX*. Universidad de Mannheim.

Rodríguez Gutiérrez, Borja. (ed) (2004) Pedro de Madrazo y Kuntz. *Cuentos*. Edición e introducción de Borja Rodríguez Gutiérrez. Santander. Universidad de Cantabria.

____________. (2007) *Antología del cuento del siglo XVIII*. Edición, introducción y notas de Borja Rodríguez Gutiérrez. Madrid. Akal.

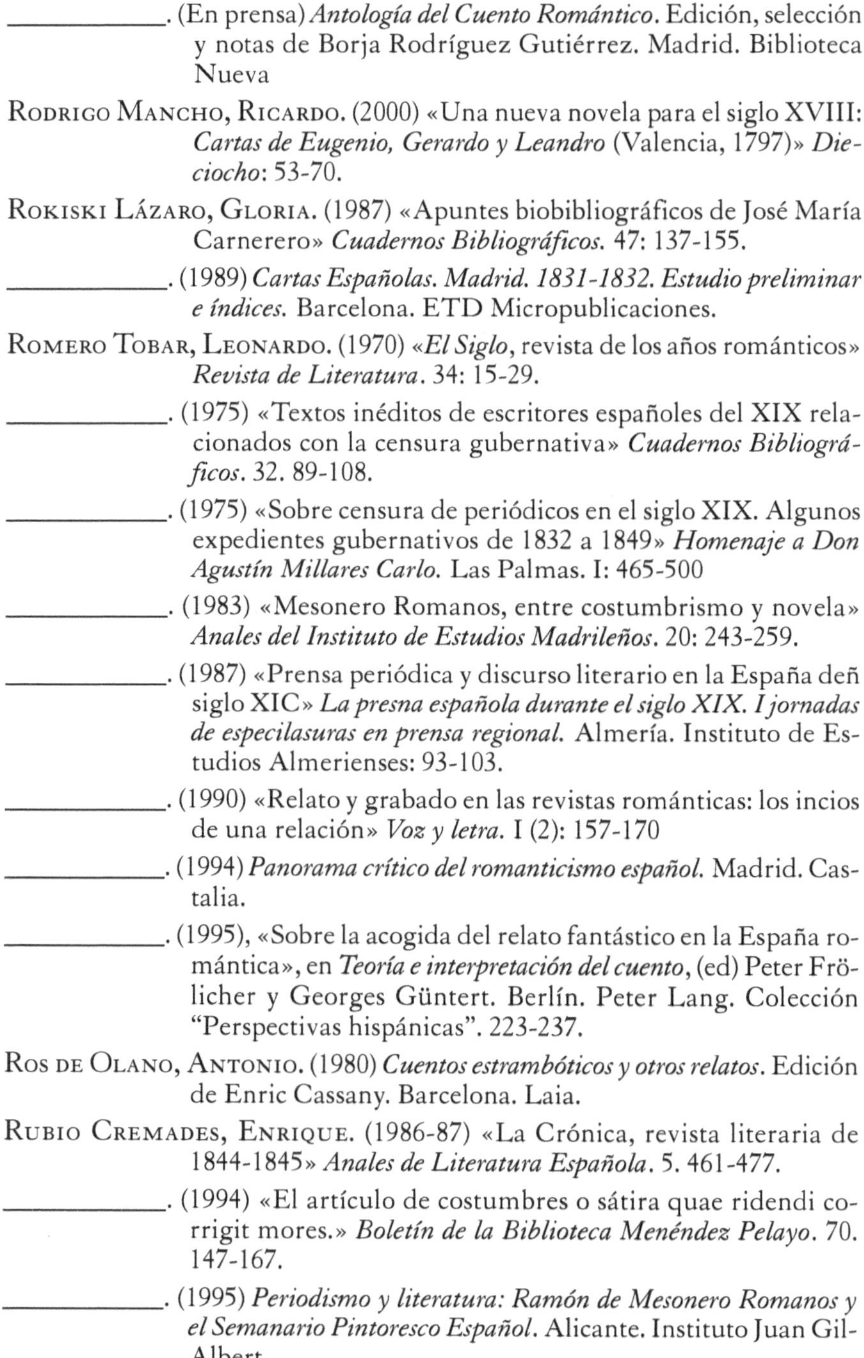

___________. (En prensa) *Antología del Cuento Romántico*. Edición, selección y notas de Borja Rodríguez Gutiérrez. Madrid. Biblioteca Nueva

Rodrigo Mancho, Ricardo. (2000) «Una nueva novela para el siglo XVIII: *Cartas de Eugenio, Gerardo y Leandro* (Valencia, 1797)» *Dieciocho*: 53-70.

Rokiski Lázaro, Gloria. (1987) «Apuntes biobibliográficos de José María Carnerero» *Cuadernos Bibliográficos.* 47: 137-155.

___________. (1989) *Cartas Españolas. Madrid. 1831-1832. Estudio preliminar e índices.* Barcelona. ETD Micropublicaciones.

Romero Tobar, Leonardo. (1970) «*El Siglo*, revista de los años románticos» *Revista de Literatura*. 34: 15-29.

___________. (1975) «Textos inéditos de escritores españoles del XIX relacionados con la censura gubernativa» *Cuadernos Bibliográficos*. 32. 89-108.

___________. (1975) «Sobre censura de periódicos en el siglo XIX. Algunos expedientes gubernativos de 1832 a 1849» *Homenaje a Don Agustín Millares Carlo.* Las Palmas. I: 465-500

___________. (1983) «Mesonero Romanos, entre costumbrismo y novela» *Anales del Instituto de Estudios Madrileños*. 20: 243-259.

___________. (1987) «Prensa periódica y discurso literario en la España deñ siglo XIC» *La presna española durante el siglo XIX. I jornadas de especilasuras en prensa regional.* Almería. Instituto de Estudios Almerienses: 93-103.

___________. (1990) «Relato y grabado en las revistas románticas: los incios de una relación» *Voz y letra.* I (2): 157-170

___________. (1994) *Panorama crítico del romanticismo español.* Madrid. Castalia.

___________. (1995), «Sobre la acogida del relato fantástico en la España romántica», en *Teoría e interpretación del cuento*, (ed) Peter Frölicher y Georges Güntert. Berlín. Peter Lang. Colección "Perspectivas hispánicas". 223-237.

Ros de Olano, Antonio. (1980) *Cuentos estrambóticos y otros relatos*. Edición de Enric Cassany. Barcelona. Laia.

Rubio Cremades, Enrique. (1986-87) «La Crónica, revista literaria de 1844-1845» *Anales de Literatura Española*. 5. 461-477.

___________. (1994) «El artículo de costumbres o sátira quae ridendi corrigit mores.» *Boletín de la Biblioteca Menéndez Pelayo*. 70. 147-167.

___________. (1995) *Periodismo y literatura: Ramón de Mesonero Romanos y el Semanario Pintoresco Español*. Alicante. Instituto Juan Gil-Albert.

____________. (1997) «La novela histórica del Romanticismo español» *Historia de la literatura española. Siglo XIX (I)*. Director de la obra: Victor García de la Concha. Coordinador del volumen: Guillermo Carnero. Madrid. Espasa Calpe. Pp 610-642

____________. (2000) *Periodismo y literatura: Ramón de Mesonero Romanos y el "Semanario Pintoresco Español"*, Alicante, Publicaciones de la Universidad de Alicante.

____________. (2001) «Afinidades entre el género cuento y el cuadro de costumbres: Carlos Frontaura», *El cuento español en el siglo XIX. Autores raros y olvidados,* ed. Jaume Pont, Edicions Universitat de Lleida: 89-102.

Ruiz Lagos, Manuel. (1966) *El escritor Don José Somoza. (Ensayo literario sobre su vida y su obra)* Avila. Excelentísima Diputación Provincial de Avila. Temas abulenses.

Sáiz, María Dolores. (1983) *Historia del periodismo en España. 1. Los orígenes. El siglo XVIII*. Madrid. Alianza Universidad.

Sala Valldaura, José María. (1990) «La novela histórica (y fantástica). *Cristianos y Moriscos* de Estébanez Calderón» *Revista Hispánica Moderna*. 43: 147-159.

____________. (1997) «Los recursos fantásticos y maravillosos en la narrativa de Estébanez Calderón» *Narrativa fantástica del siglo XIX*. Jaume Pont (ed). Barcelona. Milenio .

Salán Villasur, Ildefonso. (ed) (2001) *El esqueleto vivo y otros cuentos transtornados. Antología del relato fantástico español del siglo XIX*. Madrid. Celeste ediciones.

Salas Lamamie, María del Rosario. (1985) *Ros de Olano, un general literato romántico*. Madrid. Universidad Complutense.

Salas y Quiroga, Jacinto de. (2006) *Viages. Isla de Cuba (1840),* ed. facsimilar y estudio preliminar de Luis T. González del Valle, Biblioteca de la Cátedra de Cultura Cubana 'Alejo Carpentier' de la USC, 5: Servizo de Publicacións da Universidade de Santiago de Compostela.

Saltillo. Marqués de. (1931) «Un prócer romántico: El Conde del Campo de Alang» *Boletín de la Biblioteca de Menéndez Pelayo*. 3-23

Salvá, Vicente (1852) *Nuevo Diccionario de la Lengua Castellana.* Tercera edición corregida y mejorada. París-Méjico. Garnier Hermanos-José María Andrade.

Salvador, Emilia. (1974) «El nacimiento del *Diario de Valencia* (1790). Sus principales fundamentos como reflejo de la mentalidad de la época» *Estudis*. 2: 218-244.

Sampelayo, Juan M. (1959) *El Cínife. 1845*. Madrid. CSIC. Colección de índices de publicaciones periódicas.

Sánchez, Francisco. (1805), *Principios de Retórica y Poética.* Madrid. Imprenta de la Administración del Real Arbitrio de Beneficencia.

Sánchez Álvarez-Insúa, Alberto. (2004) El *horror de Mesonero Romanos: "La Galería fúnebre" de Agustín Pérez Zaragoza*, Madrid, Imprenta Municipal.

Sánchez Aranda, José Javier y Carlos Barrera. (1992) *Historia del periodismo español desde sus orígenes hasta 1975*. Pamplona. Ediciones Universidad de Navarra S.A.

Sánchez García, María del Carmen. (1998) «Contextulaización de la preceptiva. La moralidad en la novela del siglo XVIII.» *Dicenda. Cuadernos de Filología Hispánica*. 16: 185-201.

Sánchez Hita, Beatriz. (2003) «Prensa para mujeres en Cádiz después de 1791: el *Correo de las Damas* (1804-1807) y *El Amigo de las Damas* (1813)» *Cuadernos de Ilustración y Romanticismo*. 11: 111-147.

Sánchez de León, María Ángeles. (2003) «Pedro de Madrazo (1816-1898): historiador, crítico y conservador del Patrimonio Artístico Español», *Trasdós: Revista del Museo de Bellas Artes de Santander*, 5: 39-59.

Sanz Pérez, Celia. (2003) *Narrativa infantil francesa y española del siglo XIX, estudio comparativo de la obra de la Comtesse de Ségur y Fernán Caballero*, Tesis doctoral, Universidad de Murcia.

Scarano, Laura R. (1990). «La voluntad ficcional en *Escenas Andaluzas* de Estébanez Calderón» *Boletín de la Biblioteca Menéndez Pelayo*. LXVI: 139-154.

Schneider, Franz. (1927) «E.T.A. Hoffmann en España. Apuntes bibliográficos e históricos» *Estudios eruditos in memoriam de Adolfo Bonilla y San Martín (1875-1926)* Universidad Complutense. Madrid: 279-287.

Schurlknight, Donald E. (1992) «Spanish Romaticism and Manierism: Pedro de Madrazo. *Crítica Hispánica*. 14 (1-2): 115-124

Sebold, Russell. (1981) «Comedia clásica y escuela moderna en las Escenas matritenses de Mesonero Romanos» *Bulletin Hispanique* 83, 331-337.

____________. (1983) *Trayectoria del romanticismo español.* Barcelona. Editorial Crítica.

____________. (1985) *Descubrimiento y fronteras del neoclasicismo español.* Madrid. Fundación Juan March y Cátedra.

____________. (1989) *El rapto de la mente. Poética y poesía dieciochesca.* Barcelona. Anthropos.

____________. (1989) *Bécquer en sus narraciones fantásticas.* Madrid. Taurus.

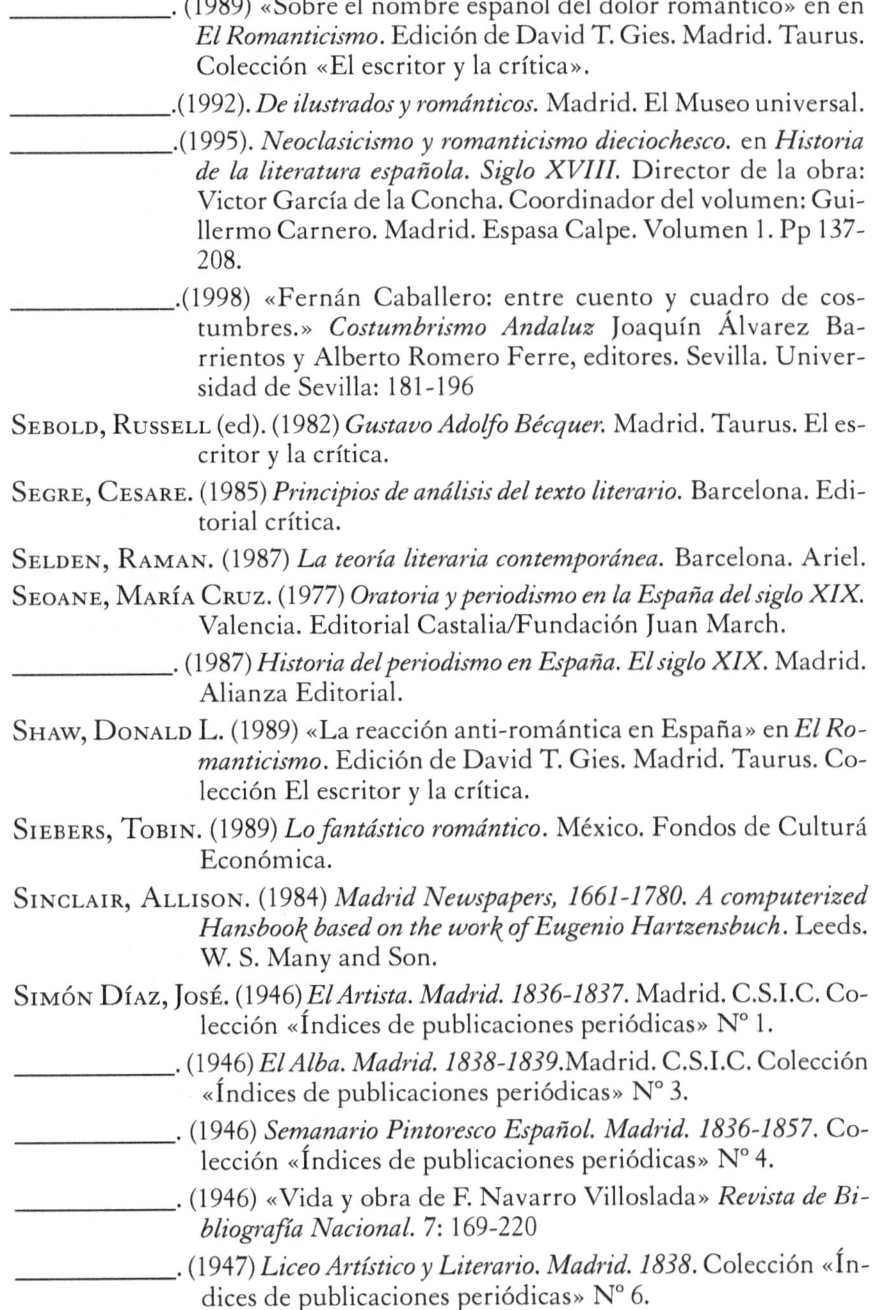

___________. (1989) «Sobre el nombre español del dolor romántico» en en *El Romanticismo*. Edición de David T. Gies. Madrid. Taurus. Colección «El escritor y la crítica».

___________.(1992). *De ilustrados y románticos.* Madrid. El Museo universal.

___________.(1995). *Neoclasicismo y romanticismo dieciochesco.* en *Historia de la literatura española. Siglo XVIII.* Director de la obra: Victor García de la Concha. Coordinador del volumen: Guillermo Carnero. Madrid. Espasa Calpe. Volumen 1. Pp 137-208.

___________.(1998) «Fernán Caballero: entre cuento y cuadro de costumbres.» *Costumbrismo Andaluz* Joaquín Álvarez Barrientos y Alberto Romero Ferre, editores. Sevilla. Universidad de Sevilla: 181-196

Sebold, Russell (ed). (1982) *Gustavo Adolfo Bécquer.* Madrid. Taurus. El escritor y la crítica.

Segre, Cesare. (1985) *Principios de análisis del texto literario.* Barcelona. Editorial crítica.

Selden, Raman. (1987) *La teoría literaria contemporánea.* Barcelona. Ariel.

Seoane, María Cruz. (1977) *Oratoria y periodismo en la España del siglo XIX.* Valencia. Editorial Castalia/Fundación Juan March.

___________. (1987) *Historia del periodismo en España. El siglo XIX.* Madrid. Alianza Editorial.

Shaw, Donald L. (1989) «La reacción anti-romántica en España» en *El Romanticismo*. Edición de David T. Gies. Madrid. Taurus. Colección El escritor y la crítica.

Siebers, Tobin. (1989) *Lo fantástico romántico*. México. Fondos de Culturá Económica.

Sinclair, Allison. (1984) *Madrid Newspapers, 1661-1780. A computerized Hansbook based on the work of Eugenio Hartzensbuch*. Leeds. W. S. Many and Son.

Simón Díaz, José. (1946) *El Artista. Madrid. 1836-1837.* Madrid. C.S.I.C. Colección «Índices de publicaciones periódicas» N° 1.

___________. (1946) *El Alba. Madrid. 1838-1839.*Madrid. C.S.I.C. Colección «Índices de publicaciones periódicas» N° 3.

___________. (1946) *Semanario Pintoresco Español. Madrid. 1836-1857*. Colección «Índices de publicaciones periódicas» N° 4.

___________. (1946) «Vida y obra de F. Navarro Villoslada» *Revista de Bibliografía Nacional.* 7: 169-220

___________. (1947) *Liceo Artístico y Literario. Madrid. 1838.* Colección «Índices de publicaciones periódicas» N° 6.

____________. (1947) *El Arpa del Creyente. Madrid. 1842*. Colección «Índices de publicaciones periódicas» N° 7

____________. (1947) *El Reflejo. Madrid. 1843*. Colección «Índices de publicaciones periódicas» N° 9.

____________. (1968) «*El Artista* y su continuador *El Renacimiento*» *Revista de Literatura*. XXIV: 15-29

____________. (1980), *Manual de bibliografía de la literatura española*. Madrid. Gredos

____________. (1980) «Fuentes de la literatura. Revistas. Archivos. Bibliografía general» en *Historia de la literatura española*. (ed) J.Mª Díez Borque. Madrid. Taurus.

SIMON PALMER, MARÍA DEL CARMEN. (1991) *Escritoras españolas del siglo XIX. Manual Bio-bibliográfico*. Madrid. Castalia.

SIMON VIOLA, MANUEL. (1988) «La prosa de creación en Extremadura: de los narradores decimononicos a los prosistas del cambio de siglo» *Revista de Estudios Extremeños* 54 (1): 21-63

SOLÉ CASTELLS, CRISTINA. (2006) «Eugenio de Ochoa traductor de George Sand: *Leoni Leone* y *El secretario*», *Traducción y traductores, del Romanticismo al Realismo. Actas del Coloquio Internacional celebrado en la Universitat Pompeu Fabra (Barcelona, 11-13 de noviembre de 2004)*, ed. Fancisco Lafarga y Luis Pegenaute, Bern: Peter Lang: 531-545.

SOLÍS, RAMÓN. (1987) *El Cádiz de las Cortes*. Madrid. Sílex.

SOMOZA, JOSÉ. (2002) *El risco de la Pesqueruela y otras prosas*, ed. José Luis Puerto, Valladolid, Castilla Ediciones (Raíces, 14).«Teoria e interpretación del cuento »(1997) Peter Frölicher y Georges Güntert, editores. Berna. Peter Lang. [2ª edición revisada]

TERREROS Y PANDO, ESTEBAN DE. (1786) *Diccionario Castellano con las voces de Ciencias y Artes y sus correspondientes en las tres lenguas francesa, latina e italiana.* 4 tomos. Madrid. Imprenta de la Viuda de Ibarra. 1786, 1787, 1788. Madrid. Imprenta de Benito Cano. 1793.

TIMONEDA, JUAN DE. (1979) *El Patrañuelo.* Madrid. Editorial Libra.

TODOROV, TZVETAN.(ed) (1980) *Teoría de la literatura de los formalistas rusos.* México. Siglo XXI «Todos los cuentos: Antología universal del relato breve», (2002) selección y notas de Gonzalo Menéndez Pidal, Elisa Bernis, Montserrat Amores y Francisco Rico, Barcelona, Planeta, 2 vols.

TOLLINCHI, ESTEBAN. (1989), *Romanticismo y Modernidad. Ideas fundamentales de la Cultura en el Siglo XIX.* Puerto Rico. Editorial de la Universidad de Puerto Rico. 2 Tomos.

Torras, Meri. (2004) «Para Gloria de las sévignés españolas: la carta privada y el género femenino en la España moderna», *Autobiografía en España: un balance. Actas del Congreso Internacional celebrado en la Facultad de Filosofía y Letras de Córdoba del 25 al 27 de octubre de 2001*, ed. Celia Fernández Prieto y Mª Ángeles Hermosilla Álvarez, Madrid, Visor Libros: 633-646.

Tosmachevski, Boris. (1982), *Teoría de la Literatura.* Madrid. Akal.

Trancón Lagunas, Montserrat. (1991) *Prensa y Cuento fantástico en el Romanticismo Español.* Universidad de Valencia. Servicio de Publicaciones.

____________. (1992) «Periodismo y cuento fantástico en el romanticismo español» en *Romanticismo y fin de siglo*. Barcelona. Universitat de Barcelona. PPU. pp 425-430.

____________. (1993) «Modelos estructurales del cuento fantástico en la prensa romántica madrileña» *Lucanor*. 8: 91-117.

____________. (1997) «El cuento fantástico publicado en la prensa madrileña del XIX (1818-1860)» en *Narrativa fantástica en el Siglo XIX. (España e Hispanoamérica)*. Lérida. Editorial Milenio.

____________. (1999) *Relatos fantásticos del Romanticismo español*. Instituto de Estudios Modernistas.

____________. (2000) *La literatura fantástica en la prensa del romanticismo*. Institució Alfons el Magnanim (Valencia)

Trigueros, Cándido María. (1804) *Mis pasatiempos. Almacén de Fruslerías agradables.* Madrid. Imprenta de la viuda de López. Dos tomos.

Trueba y Cossío, Telesforo. (2001) *Obra Varia,* ed. Salvador García Castañeda, Santander, Servicio de publicaciones, Universidad de Cantabria.

Urzainqui Miqueleiz, Inmaculada. (1984-85) «La censura de *La conquista del parnaso* y el fin de *El Apologista Universal*» Archivum. XXXIV-XXXV: 385-416.

____________. (1989) «Batteux español» *Imágenes de Francia en las letras hispánicas.* Barcelona: 239-260.

Valera, Juan (1907) *Obras completas. Tomo XIV. Cuentos.* Madrid. Imprenta alemana.

Valera Hervias, E. (1975) *Don Ramón de Mesonero Romanos y su círculo.* Madrid. Caja de Ahorros y Monte de Piedad de Madrid.

Valladares y Sotomayor, Antonio. (1818) *Almacén de frutos literarios.* Madrid. Imprenta de Repullés. Cuatro tomos.

Valls, Josep-Francesc. (1988) *Prensa y burguesía en el XIX español.* Madrid. Anthropos.

VARELA, JOSE LUIS. (1989) «La autointerpretación del romanticismo español» en *El Romanticismo*. Edición de David T. Gies. Madrid. Taurus. Colección «El escritor y la crítica»

VARELA IGLESIAS, JOSÉ LUIS. (1948) *Vida y obra literaria de Gregorio Romero Larrañaga*. Madrid. CSIC.

VASARI, STPHEN (1973) «*La pata de palo*. Fuente y sentido de un cuento de Espronceda» *Papeles de Son Armandans*. 193: 49-56

WELLEK, RENÉ Y AUSTIN WARREN. (1979) *Teoría Literaria*. Madrid. Gredos.

ZARANDONA FERNÁNDEZ, JUAN MIGUEL. (1994) «Tennyson, Doré, Zorrilla y algunas traducciones relacionadas con las leyendas del mundo artistico.» *Estudios ingleses de la universidad complutense*. 2: 221-236.

ZAVALA, IRIS M. (1972) *Románticos y socialistas. Prensa española del XIX*. Madrid. Siglo XXI.-(1989) *Las Letras*. en *Historia de España Menéndez Pidal. Tomo XXXV. La época del Romanticismo (1808-1874)*. Volumen 2. Pp 5-183. Madrid. Espasa-Calpe.

Trece cuentos del Romanticismo Español

Pamplona y Elizondo

José Negrete, Conde de Campo Alange

El relato presenta a un personaje representativo de la sensibilidad romántica, que aspira a un amor exaltado, a una pasión, que Isabel, una mujer vulgar, es incapaz de darle. La insatisfacción romántica que expresa este cuento la analizó con precisión Juan Valera (1909; 251), al comentar las poesías de Nicomedes Pastor Díaz.

> La sed no saciada de un deleite imposible en la tierra; un amor sin objeto; la alucinación momentánea de creer hallar ese objeto de amor y el frío desengaño que viene luego; la desesperación de la vida y ya el miedo, ya el deseo de la muerte; una fe vacilante y una duda enfermiza y tímida: tales son los caracteres principales de la poesía de entonces

La «alucinación momentánea» y el «frío desengaño» de que hablaba Valera son sensaciones que están en el ánimo del protagonista. Ese desengaño se vuelve abierta hostilidad contra la mujer que no es capaz de comprender el amor, la pasión, la llama que devora el pecho del enamorado romántico.

Eduardo, un joven oficial cristino, se enamora durante su convalecencia de Isabel, una muchacha de Pamplona en cuya casa se ha hospedado. Pero ésta no le corresponde y cuando Eduardo está a punto de declararle su amor, le comunica que va a casarse con su primo Diego. Eduardo, todavía convaleciente, vuelve al frente y se extravía en las montañas después de accidentarse tras una batalla. Pide albergue a unos pastores y es traicionado por ellos y entregado a los carlistas. A punto de ser ejecutado le salva la llegada de las tropas gubernamentales a Elizondo. De vuelta a Pamplona muere en el hospital, mientras Isabel celebra su boda con Diego.

Eduardo es una representación del héroe romántico en su faceta de ser solitario, y doliente. Es más: es una buena representación de cómo los románticos se veían a sí mismos: enamorados en un mundo sin amor, sufriendo en un mundo que ignora y desprecia su sufrimientos, dignos y nobles en un mundo sin dignidad ni nobleza, excepcionales, diferentes y por ello irremediablemente solitarios.

El relato se centra en Eduardo, un ser solitario que apenas habla con ningún otro personaje a lo largo del relato, que no comunica sus sentimientos a nadie y que cuando muere lo hace ignorado y olvidado de aquella a quien ama.

Todas las apariciones de Eduardo inciden en su sufrimiento. Después de la primera escena el autor nos lo vuelve a presentar tres días después, cuando la columna que manda se ha extraviado del grueso del ejército, herido y agotado. Después Eduardo se separa de sus hombres, se accidenta, cae inconsciente y queda irremediablemente separado del ejército. Se despierta por el agudísimo dolor de su brazo y solo y perdido. Le asaltan los recuerdos de su amor fracasado. El dolor físico y el moral se une en él.

> Por fin, atormentado igualmente por su imaginación y por las punzadas de su herida, se levanta delirante, resuelto a poner fin a todos sus males, atravesándose el corazón con su espada... Pero ni este recurso le quedaba, la vaina estaba vacía... el acero había desparecido, saltando de ella, sin duda, cuando dio su terrible caída. (p.14)

Herido y desarmado, Eduardo prosigue su particular «vía crucis». Consigue acomodo en casa de unos pastores que sólo hablan vascuence, pero éstos le traicionan y es apresado por un grupo de carlistas. Cuatro días después reencontramos a Eduardo en una cárcel de Elizondo, con evidentes señales de deterioro físico.

> El sol, que entra de lleno por la ventana, baña su rostro pálido, ajado por los dolores y por la fatiga. Su frente se ve arada por las arrugas que medio mes de sufrimientos han estampado en su tersa y juvenil superficie y un ribete azulado circunda sus ojos. Las vendas que rodean su brazo izquierdo, llenas de sangre y lodo, rasgados en distintas partes y en un completo desorden, dejan ver la excesiva hinchazón y funesto aspecto de aquel miembro. (p.19)

La cárcel de Elizondo no alivia el sufrimiento de Eduardo. Cuando es rescatado y vuelve a Pamplona, un médico describe su aspecto

> Pálido, hundidos los ojos, huecos los carrillos, desencajado el semblante, en un estado que es difícil formar idea a no haberlo visto. Tanto que al pronto yo mismo no le conocía. [...] El pobre joven daba diente con diente; sus miembros estaban helados en la extremidades, y temblaban convulsivamente, su rostro estaba amoratado... y a poco se desmayó. Examiné entonces su herida y vi que debieran haberle cortado el brazo hace muchos días. (p.22)

El doctor es testigo de la muerte de Eduardo, poco tiempo después.

Eduardo sufre, el héroe romántico sufre, el romántico sufre. Sufre dolores físicos y sufre por la incomprensión de sus semejantes, por la soledad.

A lo largo del cuento Eduardo no comprende a sus semejantes y es incomprendido por ellos. No comprende a Isabel y cree ser amado y se engaña. La madre de Isabel no comprende a Eduardo y no se explica su repentina partida. Prisionero entre los carlistas primero es insultado y apedreado por un grupo de milicianos y luego un oficial carlista le propone cambiarse de bando, ofendiendo su dignidad. A pesar de las amenazas de muerte, Eduardo se niega a la traición y no es ejecutado por los carlistas, como lo iba a ser, al ser rescatado por las tropas gubernamentales. El momento en que está en la cabaña de los pastores, traicionado sin saberlo, es simbólico de la situación del personaje: en presencia de dos hombres que hablan un idioma diferente, del que nada entiende, se pierde en un sueño sobre sus amores y cuando toma conciencia de la realidad se da cuenta de que ha sido vendido.

Los románticos se imaginan a sí mismos viviendo de esa manera: en un mundo de hombres extraños, que hablan un idioma desconocido e incomprensible, extraños y solitarios. Como solitario se encuentra Eduardo, extraviado en medio de la naturaleza nocturna, una naturaleza caracterizada por su gigantismo y su silencio que hace que la soledad del personaje resulte aún más manifiesta.

La soledad de Eduardo es total, como lo es la soledad del romántico. Soledad que no es momentánea, sino permanente, y que llega hasta la muerte. Se pregunta Eduardo quien llorará su muerte, fuera de su madre, que acabará consolándose gracias a sus otros hijos y con el paso del tiempo, pero entre los demás seres humanos nadie se acordará de él: ni amigos, ni amadas. Eduardo está sólo en el mundo.

Esta soledad, este extrañamiento de los hombres, esta situación aparte de los románticos, de Eduardo, está causada por un elemento fundamental de su personalidad: su sensibilidad, su especial sensibilidad, intensa, diferente, excepcional que les hace distintos de los demás. Es la «distracción apasionada y melancólica» con que Enrique Gil y Carrasco se retrata a sí mismo al principio de «El Lago de Carucedo». Por esa sensibilidad extraña y única, se sienten apartados del mundo y extraños. Por ella Espronceda «sólo cree en la paz de los sepulcros» y Larra ve su corazón como un sepulcro en que hay inscrito «aquí yace la esperanza». Eduardo, el protagonista, el «alter ego» de Campo Alange es hermano en sensibilidad de Gil y Carrasco, de Larra, de Espronceda. Él tiene enterrado en su corazón la esperanza y sólo cree en la paz de la muerte. Y todo porque es demasiado sensible para la vida, para las gentes con las que le ha tocado vivir, porque su corazón apasionado concibe un amor imposible de encontrar en la tierra, y al no encontrarlo cae en la tristeza más absoluta, porque como Macías, como Manrique, como Marsilla, como el Salvador de «El Lago de Carucedo» juega al «todo o nada». Cuando descubre el amor se lanza a él con entrega total y cifra en el amor su propia vida, de tal modo que lo mismo significa la pérdida de uno o de otra. Pero Macías, Marsilla, Manrique, Salvador encontraron otro corazón que les correspondiera, una mujer amante, si bien no con la misma pasión devoradora y rompedora de barreras. Pero Eduardo no encuentra nada: la mujer amada no está a la altura de su amor.

> Isabel no le amaba, ni su alma se hallaba dotada del temple necesario para poder amar (claro es que no usamos esta palabra en la acepción que por un abuso suele tomarse, sino con toda la energía que se encierra en su sentido exacto). Buena por naturaleza y por el ejemplo de su madre, Isabel no pasaba de ser una mujer vulgar en cuanto a sentimientos; incapaz de concebir un crimen, como de comprender un rasgo heroico o una pasión profunda: Eduardo necesitaba un alma de fuego para unirse y simpatizar con la suya; y en donde creyó encontrarla sólo halló un alma vulgar. Sólo hielo. (p.14)

Ésta es la auténtica causa del sufrimiento y la muerte de Eduardo. No las heridas, ni los dolores físicos, sino el dolor interno y mucho más lacerante de haber entregado su corazón a quien no puede comprenderle. Es ese dolor el que le lleva a intentar suicidarse y el que va a hacer imposible la recuperación de sus heridas. En esta peregrinación por el camino del dolor de Eduardo, que es el cuento, la historia pasada de los amores del protagonista se desvela al lector en dos momentos de soledad y dolor del protagonista que se entrega a sus ensueños y recuerdos. El primero cuando Eduardo queda solo y abandonado en medio de las montañas, herido y exhausto. Su mente entonces vuelve a la auténtica causa de su dolor, a su historia de amor. Y en su recuerdo repasa también la clave de sus sentimientos: la música.

La música a la que es naturalmente sensible Eduardo, es la forma artística que más le llega al corazón, la forma suprema, la que más conmueve a los románticos. Como comentaba Esteban Tollinchi (1989), el cambio de consideración de la música dentro de las artes es un elemento característico del pensamiento romántico. La música que para Kant es la más inferior de las bellas artes, por lo que tiene de irracional y por hablar al sentimiento y no a la inteligencia, se convierte para el romanticismo en el arte superior, precisamente porque se comunica de forma directa con ese interior indescriptible que es el centro del temperamento romántico. Tollinchi aduce citas de Wackenroder: «Considero la música como la más maravillosa de las invenciones artísticas porque presenta los sentidos humanos de manera sobrehumana, porque habla una lengua que no conocemos en la vida regular, que hemos aprendido sin saber ni dónde ni como» (384); y Hoffmann: «es la más romántica de todas las artes, la única auténticamente romántica [...] Le abre al hombre un universo desconocido [...] para entregarse a una nostalgia indecible.» (386-387)

Pero la música puede engañar, porque entre almas sensibles, a través de ella, se produce un cruce de sentimientos y pensamientos, al que almas no sensibles, no extraordinarias y singulares, no románticas, en una palabra, no pueden llegar. El engaño de Eduardo viene de eso. En su convalecencia se va enamorando de Isabel y cree que ella le ama sin hablar de amor con ella. Pero la oye tocar su pieza preferida, *El Último Pensamiento* de Weber e interpreta en la música, que Isabel lo ama, creyendo que ella comparte su sensibilidad. La Música de Weber convirtió a Isabel en ser que era, para Eduardo, «una necesidad de la existencia». El enamorado, oyendo la música, dejo que su imaginación «se complaciera en rodearla de cuantas perfecciones es susceptible la naturaleza humana.» Pero estas perfecciones no existen en la realidad; Isabel no necesita a Eduardo ni comparte su amor. Y el romántico rechazado no se resigna: desprecia, aborrece, odia. Por eso cuando Eduardo abandona Pamplona y de repente ve a Isabel cambia de expresión. Por eso cuando vuelve a Pamplona moribundo se niega a albergarse de nuevo en casa de Isabel. Por eso, en la segunda escena en que recuerda sus amores, un delirio cuando esta enfermo y enfebrecido en la cabaña de los pastores, reaparece la música, hecha ahora una parodia burlesca y reaparece Isabel, ahora lasciva y satánica

Como había previsto Eduardo, nadie lo echó de menos en su muerte. Su embalsamamiento se celebra al tiempo que el banquete de bodas de Isabel y ésta sólo tiene un leve dolor al «perder a su amigo, el que solía volverle los hojas en el piano». Como diría Espronceda: «que haya un cadáver más, ¡qué importa al mundo!

Este anhelo romántico de encontrar un amor sublime, siempre insatisfecho, es, probablemente, uno de los puntos en común que tenía Negrete con Larra. «En la vida le esperaba el desengaño. ¡La fortuna le ha ofrecido antes la muerte! Eso es morir viviendo todavía, pero ¡ay de los que le lloran» decía *Fígaro* de su amigo el 16 de enero de 1837. El 13 de febrero siguiente, Larra daba fin a su vida.

* * *

El Artista. 9 de marzo de 1835. Tomo 1. Pp 115-120. 16 de marzo de 1835. Tomo 1. Pp 127-132. *Apuntes para una biblioteca de autores españoles contemporáneos en prosa y verso.* Paris. 1840.

Pamplona y Elizondo

José Negrete, Conde de Campo Alange

La gente hervía en el glacis[1] de la ciudadela de Pamplona y en los alrededores de la deliciosa *Taconera*[2], contemplando con admiración el porte marcial y la franca alegría de los soldados de una brigada que salía al encuentro de las bandas rebeldes. El sol brillaba con todo el esplendor de que es susceptible en una mañana de mayo, quebrándose en mil reflejos sobre el acero bruñido de las armas, y derramando sobre toda la naturaleza ese vapor transparente y dorado que solo se ve en los cimas meridionales. Las músicas militares, a que por momentos se unían los tambores y clarines, completaban el prestigio de este espectáculo.

Veianse entre los curiosos personas de todas condiciones, sexos y edades, fisonomías animadas la verdad de bien opuestos sentimientos. Brillaba en unos la alegría mas sincera; en otras se notaba una frialdad no disimulada, y en no pocas, especialmente en la gente vestida de negro y en el populacho, se divisaba a veces una sonrisa irónica que un observador algo sagaz hubiera podido interpretar de este modo: «Bellos uniformes, ¡vive Dios! Lucidas armas, que vendrían de molde... Pero no hay cuidado, con alguna se quedarán y puede que algún día...»

Junto a la puerta de San Nicolás, en medio de un negro y tormentoso mar de apiñadas cabezas, descollaba, como un pequeño promontorio un coche de anticuada estructura que contenía cinco personas (más bien diríamos cuatro y media) cuyos trajes y modelos revelaban una existencia, si no brillante, al menos algo más que regular. Una señora como de cuarenta años, de facciones en extremo dulces y respirando mansedumbre, con un sombrero amarillo de tamaño algún tanto exagerado y de forma aplastada por el estilo de una inmensa visera, ocupaba el lado derecho del testero. En el otro estaba una joven que no había cumplido aún sus cuatro lustros, de facciones no menos dulces que su madre, aunque no de una exacta regularidad, vestida con mucho gusto y elegantemente prendida en la cabeza una mantilla blanca. Al vidrio, enfrente de ella un joven de veinticinco o veintiséis años con unos bigotitos sumamente recortados y perfilados de cada lado de la nariz, a guisa de dos pinceles, el pelo rizado y el sombrero montado a caballo en la oreja derecha. El cuarto asiento y aún algo más de lo que en buena repartición le cabía lo llenaba un caballero

1 *Glacis*: En una fortificación permanente, declive desde el camino cubierto hacia el campo.
2 *Taconera*: Plaza de la ciudad de Pamplona.

de alta estatura, vientre henchido, cabeza pequeña, calva y redonda como una manzana, carillos abultados y cubiertos de un brillante barniz de color bermejo y recortados por el cuello duro y almidonado de la camisa que de cada lado, pasando con dificultad por debajo de las orejas, se lanzaba como dos murallas hasta los confines de la boca. Este buen señor, símbolo parlante de la buena vida, tenía entra sus piernas el quinto personaje que dijimos podía calificarse de medio: a saber, un niño de diez años que, de pie al lado de la portezuela, se entretenía en hacer el ejercicio con el bastón del respetable caballero, amenazando a cada paso sus ojos con la punta, e hincando con frecuencia los agudisímos codos en el vientre algo protuberante en que en todas sus evoluciones tropezaba, con visible desazón del buen señor. Pasaron primero dos batallones de la Guardia; luego dos del ejército, la artillería, los bagajes, y finalmente alguna caballería y un batallón de infantería ligera.

Al llegar este último, el niño, que hasta entonces no había hecho otra cosa que hostilizar el vientre de su tío (que tal era) y tocar la trompeta en un cucurucho de papel, cuadrándose con una imponente seriedad siempre que pasaba algún jefe, exclamó, interrumpiendo de repente su música militar:

—¡Ay! Mamá, allí viene Don Eduardo. Dime; ¿es cierto qué se va?

—Sí, hijo mío –contestó la señora que ya conocemos–, y en verdad que es una calaverada, porque aun no está completamente restablecido de su herida, y el día menos pensado va a tener que quedarse en un lugarcillo cualquiera, o en una miserable borda[3]. Pero estos muchachos tienen las cabezas como molinos de viento, tan pronto giran a un lado como a otro, tan pronto dicen sí como no....

—Pero ¿no te estarás quieto Perico? –prorrumpió con impaciencia el colosal caballero, a quien hacían sudar copiosamente las involuntarias hostilidades del muchacho....

La señora prosiguió:

—Aún no hace una semana que Eduardo me dijo positivamente que todavía permanecería en Pamplona por lo menos un mes, que es lo que, según el cirujano, necesita para curarse enteramente. Pero al día siguiente supe que ya estaba haciendo preparativos de viaje. Yo no puedo adivinar cual haya sido la causa de tan repentina mudanza.

La joven se puso sumamente encendida. La madre continuó:

—Me lisonjeo de que no podrá quejarse del trato que en nuestra casa ha recibido, porque, aunque hubiese sido hijo mío, es bien seguro que no hubiéramos hecho más. Eso sí, el pobre joven lo merece todo. ¿Te acuerdas, Isabel, del estado en que llegó, pálido, cubierto de sangre y sin fuerzas siquiera para hablar?

La joven no contestó. Bajó los ojos y un instante después los levantó hacia su vecino del vidrio, dirigiéndole una mirada que quería decir algo, pero cuyo sentido no era fácil adivinar.

---

3 En Navarra llaman bordas a las chozas donde se recoge el ganado (Nota del autor)

Una compañía de cazadores[4] pasaba en este momento. Mandábala un teniente de veintitrés o veinticuatro años. Sus facciones, sin ser de las más regulares, tenían un no sé que de noble e interesante. La palidez de su rostro y su paso no del todo firme daban indicio de que acababa de salir de una larga enfermedad, cuyo carácter determinaba claramente su brazo izquierdo, envuelto en un pañuelo y sostenido por una venda. Estaba tan distraído que no reparaba en ninguno de los objetos que le rodeaban. Mil saludos le fueron dirigidos desde el gentío y a ninguno contestó. Por fin, al pasar delante del coche, hirió su oído una voz infantil que le llamaba. Alzó la vista y divisó al niño, que, depuesta su marcial ferocidad y dejando caer la trompeta con los ojos llenos de lágrimas, alargaba sus manos hacía él, encargándole que volviese pronto. La madre le saludaba con el abanico, enternecida al parecer. Isabel le miró con una amarga sonrisa, abrió los labios como para decir algo, pero el joven de los bigotes perfilados llamó su atención, hablándole en voz baja y, según pudo juzgarse por su fisonomía, dirigiéndole alguna queja. El rostro pálido del oficial se cubrió de fuego de repente, como con una erupción volcánica. Quiso hablar, pero la voz no salió de sus labios, y arrastrado en el movimiento general de la columna, como la hoja de un árbol en medio de la corriente de un río, una muralla de bayonetas y morriones le encubrió a breve rato el misterioso carruaje.

El niño lloraba, diciendo que ya no tenia quien le enseñase el ejercicio, y le hiciese sables con papel plateado. La madre dijo que rezaría por la feliz vuelta del interesante, aunque atolondrado muchacho. Los dos jóvenes se hablaban en voz baja. El filisteo se lisonjeó de que con la salida de esta columna podría venir carbón a Pamplona, y bajaría de este modo su precio, que a la sazón era exorbitante.

Un cuarto de hora después, una nube de polvo, que a lo lejos se desprendía del camino como niebla, era lo único que se veía de la columna.

II

El sol se escondía detrae de un enorme peñasco de la sierra de Aralar.[5]

En un valle encajonado por dos altas montañas se divisaba un numeroso cuerpo de gente armada con artillería y muchos bagajes, descansando con orden mientras una nube de tiradores se adelantaba a explorar un bosque que se hallaba en la falda de uno de los dos montes. Retumbaban en tanto algunos tiros, y entre los árboles ya cubiertos de sombra brillaban los fogonazos como exhalaciones fosfóricas.

Media hora después cesó el fuego, y la columna se puso en movimiento. Un grupo considerable de gente armada se apareció al mismo tiempo en la

4 *Cazador*: Soldado que hacía el servicio en tropas ligeras.

5 *Sierra de Aralar*: cadena montañosa entre Navarra y Guipuzcoa.

cresta de la montaña, recortándose, como un montón de puntos negros, sobre el reflejo moribundo del sol, y después de haber hecho una descarga a las tropas de la Reina[6], que salían del bosque, se hundió del lado opuesto.

Entretanto una compañía de cazadores, que desde el principio había sido destacada para flanquear la posición que se suponía ocupada por los rebeldes, seguía el fondo de un barranco bastante retirado del punto a que debía concurrir. Las cornetas de la columna repetían sin cesar el toque de llamada y retirada, y varios ordenanzas recorrían el monte en todos sentidos en busca de esta compañía, que hundida entre mil peñones, como en una tumba, no podía oír las señales, ni descubrir a los que buscaban sus huellas, y que, engañada por la luz dudosa del crepúsculo, se iba alejando cada vez más de la verdadera dirección.

El oficial que la mandaba se hallaba ya tan exhausto de fuerzas, que tenia que apoyarse en uno de sus soldados para subir la fatigosa cuesta que se hallaba a su frente. Al ver la palidez de su rostro, la lánguida y casi moribunda expresión de su fisonomía, fácil era reconocer al teniente Eduardo M*** que ya hemos visto a su salida de Pamplona tres días antes.

La noche cerraba por momentos, y con ella crecía el ansia del pobre joven que se hallaba completamente desorientado. En vano hizo tocar varias veces su corneta. El eco sólo le contestó, con su voz prolongada y de mal agüero. Finalmente, llegado a una pequeña plataforma rodeada de encinas, mandó hacer alto a su gente con el fin de recobrar un poco de aliento, porque ya ni fuerzas le quedaban para tenerse en pie, y al mismo tiempo envió descubridores en distintas direcciones, para reconocer el terreno y ver si encontraban camino o senda que los condujese a algún punto habitado, en que adquirir noticias.

Media hora hacia ya que descansaban, y habían vuelto casi todos los descubridores con nuevas poco consoladoras, cuando sonó a corta distancia en el monte un tiro, al cual siguieron otros tres o cuatro. Eduardo hizo tomar las armas a su gente, y como si la idea del peligro hubiese disipado sus males y derramado en su pecho nueva vida, mandando a sus soldados que permaneciesen en silencio, se adelantó solo hacia el paraje en que se había oído la señal de alarma. Pocos pasos había andado, cuando sonaron bastantes tiros a su espalda y oyó muy cerca el relincho y los pasos de un caballo y una voz que decía:

—No tiréis, amigos, que soy del 5° ligeros, y vengo en busca vuestra.

—¡Bendita mil veces la Providencia! –exclamó Eduardo al oír esta voz que le pareció venida del cielo. Y ansioso de ver cuanto antes al que llegaba tan a punto para sacarle de las asperezas en que se había extraviado quiso avivar el paso, pero sus piernas, mal seguras, se enredaron en una rama y cayó sobre las piedras con tal violencia que perdió el sentido.

Cuando le hubo recobrado, sintió empapado y en extremo dolorido su brazo izquierdo, y mirando a la luz de la luna, que ya brillaba con todo su

---

6 *Tropas de la Reina:* En la guerra civil que en esos momento se libraba en España, los dos bandos defendían los derechos dinásticos de dos aspirante al trono de España. Por un lado los partidarios de la hija de Fernando VII, futura reina, Isabel II, entonces menor de edad, y de su madre, la reina regente, María Cristina (por eso a las tropas de la reina se les llamaba también «cristinos». Y por otro los defensores del hermano del rey difunto, Don Carlos, los llamados «carlistas» o «facciosos».

esplendor en el horizonte, vio que la humedad era de sangre. Su herida se había vuelto a abrir al golpe que dio en una peña. No podía saber cuanto tiempo había durado su desmayo, pero el curso de la luna, que apenas asomaba en la cresta del monte cuando él dio su caída, y que a la sazón se hallaba a cierta altura, le indicaba que había durado bastante tiempo. Un silencio profundo reinaba en derredor de él. Levantóse penosamente y parándose a cada paso para respirar y apoyándose en los árboles, llegó por fin a la plataforma en que había descansado con su tropa, pero estaba desierta. Llamó por sus nombres a varios de sus soldados y sargentos; nadie le respondió.

Imposible sería dar una idea del abatimiento en que cayó el pobre joven, al verse solo, estropeado, en medio de la montaña, en una de las situaciones mas horribles que puede concebir la imaginación humana. No obstante, empezó a andar hacia donde se le figuró que se habrían retirado sus soldados, pero al cabo de media hora, desesperanzado de encontrar sus huellas, y ya enteramente falto de aliento, se dejó caer como muerto sobre un peñasco.

La naturaleza estaba tranquila, el cielo despejado, la luna con todo su esplendor. Cuanto le rodeaba era gigantesco. A sus pies se despeñaba un torrente, escupiendo hasta donde él estaba una espuma densa y ligera como niebla. El fragor del agua que azotaba los peñascos era lo único que daba alguna vida, algún movimiento a aquel paisaje. Del otro lado del torrente, se veía un pequeño monte despejado de árboles y cubierto de esa hierba resbaladiza como hielo, que suele hallarse en la cumbre de las altas montañas de Navarra. Detrás de este monte, un enorme peñón alzando sobre todos los cerros vecinos su frente quebrantada y renegrida, como el gigante de la montaña. A la derecha formaba ésta un ancho boquete, por el cual se descubría un valle, que aparecía vaporoso como una inmensa laguna y en el cual buscaba en vano la vista un objeto en que detenerse.

Al principio cayó Eduardo abrumado, como si se hubiese desplomado sobre él un monte entero. Nada veía, nada oía, todo era sombras, silencio, caos... La fatiga de sus miembros, la opresión de su pecho y el horror de su situación formaban en él un conjunto en extremo penoso, pero vago e indeterminado. Padecía cruelmente y no sabia de qué. Pero al cabo de un rato, el frío de la noche, la humedad que del torrente se exhalaba y el agudísimo dolor de su brazo le sacaron del letargo, y le llamaron de nuevo a la vida.

Entonces pensó seriamente en la situación horrible en que se hallaba, solo, sin fuerzas para dar un paso, perdido en medio de las montañas que en todo tiempo fueron la guarida de rebeldes y facinerosos... Y por un movimiento natural volvió interiormente la vista hacia el tiempo pasado, hacia la semana última ¡Qué diferente situación! Veíase en una sala adornada con elegancia, blandamente reclinado en un comodísimo sillón, clavados los ojos en una joven que él contemplaba como a una aparición celestial, y escuchando las melancólicas modulaciones del *Último pensamiento* de Weber, con el recogimiento con que nuestros mayores debieron oír la palabra de Dios, tremenda al par que melodiosa, en medio del estallido del trueno y el retemblar del firmamento. ¡Ah! ¡Cuántas veces, al escuchar este vals, aun cuando ninguna nube empañaba el bello horizonte de su porvenir, se hincharon de lágrimas los ojos de Eduardo y sintió en su pecho una opresión vaga, dolorosa, de aquellas que no se pueden explicar porque todo en ellas es misterio, y que no es posible concebir a no haberlas experimentado personalmente !!...

¡¡¡Prodigioso poder, el del músico!!!

El pintor observa los objetos que contiene la naturaleza, los combina en grupos más o menos complicados, varia a veces sus formas y sus colores, dándoles las de otros objetos, pero siempre copia. Sus creaciones, ininteligibles para los hombres vulgares, no son sino la pintura fiel de un tipo que existe o ha existido, una imitación de cosas que han visto sus ojos o que su imaginación le representa con todos sus colores.

El poeta es un pintor. Al dibujante pertenecen el exterior, las formas materiales, las propiedades visibles de los objetos, las impresiones que en nuestro físico estampan las pasiones, el prestigio de la luz y del colorido. El poeta se apodera del interior, penetra los misterios, lee en el alma, pinta lo invisible, da formas a lo que no las tiene, presenta al hombre desnudo de la corteza exterior y aprecia justamente sus acciones, no por los resultados, sino por la intención que presidió en ellas; en una palabra, analiza y pinta las causas cuyos efectos materiales copia el pintor. Para esto observa continuamente el corazón humano, se observa a sí mismo: ésta es la ocupación que llena su existencia. Estudia y copia.

El músico ¿de dónde saca sus inspiraciones? Este sí que es un misterio impenetrable para los infinitos a quienes no ha concedido el cielo el inestimable don de la música. El pintor ve cuadros hechos en la naturaleza. El poeta los halla igualmente en ella y en el corazón humano. El músico oye en los aires esas celestiales melodías, que traslada luego a una forma perceptible a nuestros sentidos y que tan profunda impresión hacen en ellos, obrando de un modo misterioso e invisible, como una esencia mágica que se filtra insensiblemente en nuestras venas. Así sucede que cuando nos sorprende la música en una situación moral algo exaltada, su impresión es sumamente duradera y tal vez eterna. ¿Quién hay, por ejemplo, dotado de un alma sensible, de una imaginación algo ardiente, que al oír cierta aria o cierta contradanza, no recuerde con emoción el día en que por última vez la oyó cantar, o bailó con aquel ser que es una necesidad de nuestra existencia y que nuestra imaginación se complace en rodear de cuantas perfecciones es susceptible la naturaleza humana...? La música, en ciertos casos, es un libro de historia. Un aria, un vals abren a una imaginación juvenil mil páginas en que lee épocas enteras.

El *Último pensamiento* de Weber[7] fue siempre el trozo predilecto de

---

7 Se asegura que este vals es de Reissiger y no de Weber; pero lo que es indudable es que este último gustaba en extremo de él, y que lo escribió una noche pocas horas antes de morir. ¡¡No parece sino que ya veía a los seres de este mundo como sombras, y abierto a sus pies el insondable abismo de la eternidad!! (Nota original de autor)
Campo-Alange está en un error; «El último pensamiento de Weber» fiue compuesto por Gottfried Reissiger, en 1833. (N. del E.).

Eduardo, porque su alma naturalmente melancólica hallaba en él un lenguaje enteramente simpático y que hería profundamente su sensibilidad.

III

Herido en un brazo Eduardo en un encuentro con los rebeldes, le alojaron en Pamplona en casa de Doña Mencía de R.***, viuda de un rico propietario, señora en extremo bondadosa, que vivía con su hija Isabel y con el niño que ya conocen nuestros lectores. Dos meses y medio permaneció Eduardo en esta casa y el esmerado trato y las demostraciones de cariño que le prodigaron la señora y sus hijos, acabaron por identificarle de tal modo con la familia, que amaba a la primera como a una madre, y como a hermanos al niño y a Isabel. Si bien, a decir verdad, esta última ocupaba en su corazón un lugar algo distinto del que a una hermana está reservado. ¿Y cómo pudiera ser de otro modo?

De los horrores del campo de batalla, de la aspereza de los montes y la miseria de las chozas, se había visto el pobre joven transportado, como por encanto, a una habitación deliciosa en que todos los objetos halagaban su vista, y cuya atmósfera templada y saludable brindaba al descanso. El duro trato de la gente de guerra, sin piedad ni consideraciones, se había trocado en una dulzura, en una mansedumbre de que casi había perdido ya Eduardo la memoria. Las conversaciones soeces de los soldados, empedradas de juramentos, blasfemias y maldiciones, se habían cambiado en dulcísimos coloquios con unos seres, cuyo principal y casi único anhelo parecía ser el de procurar algún alivio a sus dolores. En los momentos más penosos, cuando las esquirlas de su brazo se rozaban, cuando la fiebre enardecía su sangre y resecaba sus labios, sus amables patronas, sentadas al lado de su lecho, procuraban distraerle con su conversación, prodigándole cuantos consuelos se hallan al alcance de una mujer en estos casos. ¡¡Y son tantos!!.... Así es que su voz, y en particular la de la joven, aun en los momentos en que los dolores o el delirio no le dejaban entender lo que decían, resonaba en los oídos de Eduardo como una música celestial, presagio de celestiales bienes, que le ligaba a este mundo y le detenía, aun cuando el alma parecía quererse desprender de sus entrañas.

Luego que su herida le permitió levantar y salir, empezó a acompañar a paseo y a casi todas partes a Doña Mencía y a su hija. Las noches las pasaba igualmente en su compañía, ya leyendo en alta voz mientras ellas se dedicaban a sus labores, ya escuchando embelesado junto al piano los trozos de música que con exquisito gusto tocaba Isabel, y bebiendo insensiblemente y con un placer vago e indefinible el veneno que al fin había de desterrar para siempre de su existencia la paz y la alegría. Eduardo jamás había hablado de amor a Isabel, ni él mismo, en verdad, había tratado aún de analizar las sensaciones que experimentaba. Hallaba un encanto extraordinario en la compañía de la amable joven, la cual por su parte no mostraba empeño ninguno en huir de él, pero la inquietud interior que sentía, no tenia aun causa ni objeto aparente. La nube está preñada de electricidad, pero se ignora su existencia, hasta que algún choque la revela, ocasionando la explosión.

Don Antón R***, el colosal hermano de Doña Mencía, acostumbraba a los principios ir a casa de ésta dos días por semana, acompañándole algunas veces el joven que vimos en el coche en las primeras páginas de esta historia, que era sobrino de su mujer. Pero de repente empezaron a menudear las visitas de estos dos personajes y en especial las del último, que a poco tiempo acabó por pasar los días enteros en esta casa, en donde comía y aun con frecuencia cenaba. Estas visitas causaban una desazón cruel a Eduardo, que apenas tenía ya ocasión de ver sola a Isabel, a cuyo lado se fijaba Don Diego desde que llegaba por la mañana, hasta la hora de retirarse por la noche. Estas contrariedades hicieron por fin reventar la mina, y nuestro joven conoció, aunque demasiado tarde, que el mal que le roía las entrañas no era otra cosa que unos celos infernales, hijos del amor frenético que le consumía.

Resuelto, pues, a declarar abiertamente su pasión, una noche, después que se hubieron retirado Don Antón y su sobrino político, se acercó Eduardo a Isabel, pálido y trémulo como el reo a quien van a leer su sentencia de muerte, y después de algunos preámbulos, dijo que deseaba hablarle en secreto algunos instantes. Ella le contestó, sonriéndose (y al mismo tiempo se puso encendida como la grana), que lo haría con tanto mayor gusto, cuanto también tenía ella que confiarle alguna cosa, como a un buen amigo, de cuya discreción y honradez estaba segura.

Para un amante, una palabra, una mirada dicen tanto como el discurso mas prolijo, sobre todo si puede interpretarlas favorablemente. Considérese, pues, el efecto que producirían en el ardiente joven las que acabamos de oír. Inundaronse sus ojos de lágrimas de alegría, y asiendo tiernamente una de las manos de Isabel, la conjuró que no dilatase un instante mas el confiarle su secreto.

Ella entonces, bajando los ojos y entreteniéndose maquinalmente en arrugar con una mano la punta de su delantal, le dijo que, sabiendo lo mucho que él se interesaba en su suerte, creía deber participarle una gran novedad el enlace que, dentro de dos semanas, debía verificarse entre ella y su primo político Don Diego de N***, joven de bellas prendas y que la amaba entrañablemente.

Un rayo no hubiera obrado con mas violencia sobre Eduardo. Sus ojos húmedos de lágrimas se secaron de repente, clavándose en el suelo con la expresión de un hombre que medita algún plan siniestro, su frente se plegó en mil arrugas y brotó sangre de su labio inferior, que él mismo se mordió maquinalmente, sus dedos se comprimieron convulsivamente, arrancando un pedazo de cortina que tenia en la mano.

Isabel alarmada de tan repentina mudanza, le preguntó qué tenia, pero él sin contestar se retiró a su aposento, cerrando estrepitosamente la puerta.

A la mañana siguiente le vieron salir de casa muy temprano, y no volvió hasta la noche. Sus facciones desencajadas revelaban las tormentas que agitaban su espíritu.

Seis días después, sus patronas le veían salir de Pamplona con una columna.

IV

Reconcentrado en sí mismo largo rato, recorrió Eduardo en su imaginación toda esta época que acabamos de describir, y el recuerdo de las pasadas felicidades no hizo sino ahondar sus heridas y envenenarlas más y más, aumentando el horror de su situación presente. Pensaba, por una parte, en Isabel, ese ángel de luz que en los momentos mas terribles, en que, como una lámpara pronta a apagarse, fluctuaba su alma entre el mundo y la eternidad, había sabido derramar en su pecho casi helado nuevo calor, nueva vida con sus consuelos. Pero ese mismo ángel no veía en él sino a un hombre. La compasión había sido el único móvil de sus acciones, y los mismos consuelos hubiera prodigado indudablemente a otro cualquiera que se hubiese hallado en la misma situación que Eduardo. Esta conducta, que en otra mujer o en otras circunstancias no hubiera hecho sino aumentar a sus ojos el mérito de la joven, le pareció injusta, cruel, cuando tuvo que renunciar a todas las ilusiones que en su delirio había concebido, cuando vio disipar como humo el mundo ideal que le había forjado su imaginación. Isabel no le amaba, ni su alma se hallaba dotada del temple necesario para poder amar (claro es que no usamos esta palabra en la acepción en que por un abuso suele tomarse, sino con toda la energía que se encierra en su sentido exacto). Buena por naturaleza y por el ejemplo de su madre, Isabel no pasaba de una mujer vulgar, en cuanto a sentimientos. Incapaz de concebir un crimen, como de comprender un rasgo heroico o una pasión profunda. Eduardo necesitaba un alma de fuego para unirse y simpatizar con la suya, y en donde creyó encontrarla sólo halló un alma vulgar, sólo hielo. La escena de que hemos sido testigos la noche de su declaración decidió para siempre de su suerte. ¡Qué sea de tan poco peso el destino de un hombre, que un grano de polvo, una palabra, un soplo, puedan arrastrarlo y sumirlo para siempre en la desgracia!...

Enteramente arrecido por el frío de la noche, y pegados a sus rodillas sus pantalones empapados por la humedad del torrente, tiritaba el pobre joven en el duro lecho que le había dado su desesperación, y se recreaba interiormente en considerar la dulzura de un buen fuego, de una atmósfera consoladora, del mismo modo que un enfermo solo sueña en los encantos de la salud y un preso en el halago de la libertad. Por fin, atormentado igualmente por su imaginación y por las punzadas de su herida, se levantó delirante, resuelto a poner término de una vez a todos sus males, atravesándose el corazón con la espada.

Pero ni este recurso le quedaba; la vaina estaba vacía. El acero había desaparecido, saltando de ella, sin duda, cuando dió su terrible caída

—Si al menos hallase algún precipicio bien hondo, hondo como el infierno, en que su supiera deshacerme como espuma al caer –exclamó por fin con voz sepulcral subiendo penosamente al monte que se hallaba a su espalda. Y al cabo de un rato prosiguió– : Estas montañas, que han servido de sepultura a tantos millares de hombres ¿me la rehusarán a mí...? No. La providencia es justa... Ya no debo vivir... No lo puedo... Y en efecto, ¿qué vínculos me unen a la tierra? ¡Una madre!... Ella me llorará, sí, mucho tiempo; pero si supiese lo que padezco, si viese el miserable estado en que se halla su hijo. ¡Oh!, pediría a Dios que le concediese un eterno descanso. Y luego, las caricias de mis hermanos mitigarán su dolor, acabarán por consolarla; y llegará un día en que, sentada al lado del fuego, les hable de su hijo mayor, como de un ser que pasó por este mundo sin dejar rastro como un sueño. Les hablará de mí como de una de las innumerables víctimas que se hundieron en la sima de la guerra civil. Y sus hijos escucharán en silencio su relación, y cada uno pintará a su modo en su imaginación al hermano de que tan confusa imagen les conservará entonces su memoria. Que aún son muy niños, y su corazón, como la arena del desierto, como el agua de la laguna, no puede conservar largo tiempo ninguna impresión. Y fuera de mi madre... ¿Quién me llorará en este mundo, quién?

Y permaneció en silencio como si esperase una respuesta.

Al ruido de su voz se estremecieron las ramas del árbol que en aquel instante le servía de apoyo y se desprendieron asustados tres o cuatro grajos, lanzando graznidos, que en medio del silencio de la noche, resonaron en todo el monte, lúgubres y siniestros como un eco de muerte. Eduardo se sintió desfallecer.

—Estos –prorrumpió con voz apagada–, estos son los que cantarán mis funerales, los que frecuentarán mi tumba, y cruzarán el aire triunfantes con mis despojos para delicia de sus polluelos. ¡Qué horror! ¡Qué horror !...

El ladrido de un perro sonó a alguna distancia.

Eduardo se levantó para escuchar mejor. El perro volvió a ladrar, y él empezó a dirigirse maquinalmente hacia el paraje de donde parecía venir aquel sonido.

Cerca de media hora habría andado ya, sin volver a oír nada, ni divisar ninguna huella humana ni señal de habitación, y empezaba a sospechar que el ladrido habría sido una mera ilusión, cuando entre los árboles descubrió el resplandor de una hoguera. Acercóse lentamente a ella, y al cabo de pocos minutos oyó cascabeles y cencerros de ganado, que le hicieron conocer que se hallaba cerca de una borda. Al ver la llama y al considerar el consuelo que experimentaría con su calor su cuerpo todo, entumecido por el frío, y el alivio que le procuraría un poco de leche, extenuado como estaba de hambre, de cansancio y de dolores, hizo la naturaleza humana su efecto. El instinto de la conservación triunfó de las congojas del espíritu en aquel momento en que la debilidad física ya casi rayaba en extinción.

Acercóse, pues, a una choza que estaba junto a la borda, y de la cual salía el resplandor. Los perros empezaron a ladrar con furia, y dando vueltas en torno de él, parecían dispuestos a despedazarle. Al ruido salieron de la choza dos hombres armados de sendos garrotes. Eduardo, dando diente con diente y doblándosele las piernas de necesidad, les pidió que le albergasen por aquella noche; pero ellos le contestaron en su dialecto, de que él no entendía una palabra. No obstante, un peso duro le sirvió de interprete, y un momento después se hallaba dentro de la choza.

Era ésta bastante capaz. Las paredes medio arruinadas de una antigua borda formaban sus lados, sosteniendo la techumbre, que se componía de ramas verdes y tierra, si bien en algunas partes, y en especial hacia el centro, tenia algunos boquetes bastante anchos, por donde se escapaba el humo de la pequeña hoguera, cuyo resplandor había servido de norte a nuestro joven.

Sentado al lado del fuego, cuyo calor hacia humear sus vestidos enteramente empapados, se puso éste a examinar a sus dos huéspedes, cuyo exterior nada tenia ciertamente de amoroso. Uno de ellos, enteramente vestido de pieles atadas con cuerdas en derredor de sus piernas y cuerpo, presentaba, con su pelo rojo, su barba de un mes, sus cejas en torna de matorrales y sus labios espartosos y entumecidos, un conjunto salvaje con alguna semejanza lejana a un hombre Su edad frisaba en los cuarenta y cinco. El otro pastor estaba algo mejor vestido, si bien sus pantalones parecían de mosaico, y su chaqueta, azul en mejores tiempos, dejaba asomar por bastantes partes una amable sonrisa. En la cabeza tenia una boina o gorro baigorriano colorado, que es uno de los distintivos de los habitantes de las provincias vascongadas. Estos dos entes, en suma, eran de esos que no quisiera uno encontrar en la montaña, a orillas de un precipicio, en una noche de tempestad.

Eduardo, no obstante, aceptó con gusto la leche, queso y pan de maíz que le ofrecieron.

Mientras él devoraba estos manjares, tenían los dos pastores una conversación sumamente animada, echando con frecuencia miradas significativas a su huésped, que, ocupado exclusivamente en satisfacer la primera necesidad de la naturaleza, no se curaba de modo alguno de sus discursos. Cierto es que no entendía ni una palabra de cuantas ellos pronunciaban, pero esto mismo habría bastado en otra ocasión para causarle bastante inquietud. Porque, aun en las circunstancias ordinarias de la vida, suele inspirar cierta desconfianza, o cuando menos disgusto, el oír hablar en un idioma que no se entiende: siempre cree uno que es el objeto de la conversación. El hombre de las pieles parecía empeñado en persuadir a su compañero alguna cosa, que éste rehusaba, moviendo continuamente la cabeza en ademán negativo, y enseñando de cuando en cuando el duro que habían recibido de su huésped.

Éste, por su parte, apenas hubo contentado algún tanto su estómago, y desterrado de sus miembros el estupor que los tenia embotados, sintió que se le doblaba la cabeza y se cerraban sus párpados, y después de algunos esfuerzos inútiles para sacudir el sueño, rindiéndole enteramente el cansancio, se dejó caer sobre una zalea, y pocos instantes después dormía profundamente.

Casi al mismo tiempo salió de la choza el pastor de las pieles.

El dulce calor que se insinuaba por momentos en los miembros de Eduardo, el alimento que acababa de tomar y el descanso que a la sazón gozaba, no podían dejar de influir agradablemente en su sueño, al menos en los primeros instantes.

Al pronto, sólo divisaba vapores; presentía una existencia, pero aún no tenía color; veía objetos, pero sus formas eran vagas como la niebla. Poco a poco se fue animando todo a su vista, los objetos fueron adquiriendo relieve, y por fin se desplegó a sus ojos un cuadro entero de la vida real.

Hallábase en un hermoso salón, alumbrado por millares de bujías, entapizado de sedas y espejos, y embalsamado el aire con los aromas más exquisitos. Un brillante concurso de damas y galanes lo llenaba. Reinaba un profundo silencio, como en un castillo encantado. De repente, se oyó una música celestial, unos acentos que no eran nuevos para Eduardo y que le hicieron derramar lágrimas de júbilo y de ternura. Una joven cubierta de aderezos, que bullían en torno de su garganta y en medio de su negra cabellera, como gotas de rocío que tiemblan al sol, era la que producía aquellos sonidos tan armoniosos. Esta mujer era Isabel. Eduardo quiso acercarse a ella, pero sus miembros rehusaron obedecerle. Quiso hablar, sus labios no se menearon. Hallábase en la situación de un hombre que, en medio de un accidente que destierra la vida de todo su cuerpo, excepto de la cabeza, conserva el conocimiento, pero no tiene fuerza ni siquiera para mover los párpados o abrir o cerrar los ojos; situación horrible que con harta frecuencia suele acongojarnos de entre sueños. El baile empezó, por fin. Un vestido color de rosa, blanco trasparente como una gasa, revelaba las formas elegantes al par que modestas de Isabel. Un joven, con un ramo de flores en la mano, se acercó a ella y se lo ofreció y la sacó a bailar. Mil veces pasaron los dos valsando delante de Eduardo, que reconoció en el joven a D. Diego de N***. Isabel dejaba en pos de ella un rastro de aromas y frescura. Concluido el vals, el dichoso joven estrechó en sus brazos a su compañera, y selló en su frente pura el ósculo de paz: ya era su esposo. Al cabo de un rato pasó Isabel delante de Eduardo y le reconoció. Y entonces, soltando una carcajada sardónica, y bañándose su rostro en un resplandor infernal, estrechó de nuevo en sus brazos a su esposo, y empezó a cantar en tono de burla y con una voz llena de vibraciones metálicas el vals del *Último pensamiento* de Weber, que tantas veces había tocado para complacer a Eduardo. Hallábase éste inundado de un sudor frío como hielo. Su garganta oprimida por un nudo fatigoso dejaba escapar su respiración con dificultad y por intervalos desiguales, produciendo un ronquido semejante al de un moribundo. Entonces cambió la escena. Se vio perdido en el monte, a orillas de una sima. Acercóse a ver su profundidad; y al contemplarla, todos los objetos que le rodeaban empezaron a dar vueltas a sus ojos. Sintió con angustia que se apoderaba el vértigo de su cabeza, y para no caer, se abrazó con un árbol que se hallaba a la orilla, pero crujieron sus raíces y empezó a doblarse rechinando hacia el abismo al peso del angustiado joven. Este, entonces, falto ya de fuerzas y de ánimo, cerró los ojos y se dejo caer de espaldas en la sima. La conmoción fue tan violenta que despertó.

La herida de su brazo le hacia sufrir agudos dolores. Su pecho latía desigual y violento como el de un enfermo abrasado por la fiebre. La choza estaba desierta, la hoguera apagada. Fuera, se oían los pasos de uno de los pastores que se ocupaba silbando en sus faenas. El frío era excesivo, el cielo empezaba a aclararse, el oscuro esmalte de la noche se iba convirtiendo en el gris plateado del crepúsculo. Las ovejas con sus balidos indicaban que ya se acercaba la hora de que las dejasen salir al campo. A lo lejos, en los árboles se oían algunos graznidos.

Eduardo se envolvió en las pieles, y disipadas las causas que pudieron inspirarle algunas ilusiones, se halló fríamente delante de la realidad, y conoció todo el horror de su situación. La luz, que iba bañando por instantes todos los objetos vecinos, le incomodaba en sumo grado. No le parecía sino que ella había de venderle a sus enemigos.

En esto ladraron los perros, y algunos bultos negros interceptaron la luz que entraba por la puerta de la choza. Al ver aquellas sombras de mal agüero, quiso Eduardo levantarse, pero unos brazos de hierro le enlazaron, y brillaron delante de su pecho algunas bayonetas, profiriendo al mismo tiempo los agresores mil amenazas, que él no pudo entender, si bien el tono de voz y los ademanes con que las acompañaban, no podían dejarle la menor duda acerca de su sentido.

El pastor de las pieles se despidió amigablemente de los *aduaneros*[8] y echó a andar con su ganado tarareando una canción muy parecida por su armonía a los mugidos de una vaca. Y Eduardo, escoltado por seis hombres de miserable, cuanto siniestra apariencia, desapareció poco después entre los árboles.

8 Facciosos que siempre andan en pequeñas partidas y cuyo oficio se reduce a robar y saquear en detalle. (Nota del autor)

V

Era cuatro días después.

Todas las ventanas de Elizondo[9] estaban abiertas para dar paso a la brisa deliciosa que corría. En los jardines que rodean a esta lindísima ciudad en miniatura, se paseaban pacíficamente muchos soldados facciosos, persiguiendo gallinas, estudiando botánica en las huertas, y consultando en los cerezos el estado de la vegetación[10]. Pero un espectáculo más interesante nos llama a una de las casas de la calle principal.

En un miserable aposento, cuya ventana, cerrada con una reja de hierro, cae sobre el río, se halla recostado en un jergón un joven, que conocemos por sus desgracias, pagando a la naturaleza el tributo que le han negado varias noches pasadas en continua agitación, en medio de las mayores asperezas de Navarra. El sol, que entra de lleno por la ventana, baña su rostro pálido, ajado por los dolores y la fatiga. Su frente se ve arada por arrugas que medio mes de sufrimientos han estampado en su tersa juvenil superficie y un ribete azulado circunda sus ojos. Las vendas que rodean su brazo izquierdo, llenas de sangre y lodo, rasgadas en distintas partes y en un completo desorden dejaban ver la excesiva hinchazón y funesto aspecto de aquel miembro. No obstante, su sueño es tranquilo y aun vaga en sus labios una sonrisa imperceptible. Que sin duda la naturaleza tiene embotados en este momento los dolores del cuerpo y las congojas del ánimo, y además de esto, rara vez deja la juventud de derramar alguna flor sobre los males que aflijan a la humanidad. Pero de repente, esta sonrisa empieza a pronunciarse más y más, parece que su rente se despeja, y un sonrosado casi imperceptible baña sus mejillas. Unos acentos melodiosos que acaban de llegar a sus oídos son los que causan esta dulce impresión y le tienen durante un rato suspenso y como arrebatado a una esfera celestial. Empero los sonidos adquieren intensidad, crece el ruido y Eduardo despierta. No ha sido una ilusión, no un sueño. La música continúa, alegre y estrepitosa, como el canto de los soldados. Una guitarra y media docena de voces roncas, acompañadas de palmadas, que marcan el rompas, son las que producen estos sonidos, que, entre sueños y como rodeados de vapores y de misterio, le habían parecido tan melodiosos.

El paso del mundo ideal en que durante algunos instantes se había hallado el infeliz a la vida real a que había vuelto a caer era verdaderamente terrible. Un crucifijo que estaba sobre un escaño, único mueble que se hallaba en toda la habitación, le recordaba su próximo fin, que le hacían desear sus males hasta cierto punto. Sin embargo, dejar este mundo en la primavera de la vida, cuando todo él sonríe y sólo presenta el porvenir flores y cielo, ver es-

9 *Elizondo*: Población navarra del valle de Baztán, con abundancia de de palacios y casa señoriales.

10 Debe tenerse presente que hasta junio o agosto del año pasado no pusimos guarnición en Elizondo (Nota del autor)

conderse el sol detrás de una montaña siempre verde, respirar una brisa embalsamada por los árboles y por las plantas aromáticas, ver deslizarse a sus pies el manso Bidasoa, cuyas aguas se encaminan a Francia y pudieran conducirle en breves horas a aquel país hospitalario, si fuese algo menos que un hombre; ver todo esto y considerar, que cuando ese sol amanezca estarán cerrados sus ojos para siempre, que esa brisa jugará dentro de poco con las melenas de un cadáver y que el curso del río no se agitará de modo alguno por que se cometa un homicidio... Todo esto es horrible... Y Eduardo estaba pálido como un muerto.

Las risotadas de los músicos le sacaron de su meditación. Una voz vinosa cantó, o por mejor decir, berreó la siguiente copla:

«Bien hayan los nueve meses
Que tu madre te trujió
En el vientre de tu tripa
Para casarte con yo.»[11]

Y volvieron a resonar, todavía con mayor violencia, las bestiales carcajadas. Eduardo mismo no pudo menos de sonreírse al oír tan estúpida canción, si bien la alegría de aquella gente formaba un contraste cruel con la situación en que él se hallaba.

No obstante, se arrimó maquinalmente a la ventana, para ver el alegre grupo que, en frente de ella y del otro lado del rió, con tanta tranquilidad se solazaba: mas no bien lo hubo verificado, cuando un tamborcillo, metido en una enorme casaca, que para él era un traje talar, comenzó a gritar con todo el vigor de sus pulmones:

—¡Pachin! ¡Garduño! ¡Coliflor! Venid aquí.... A ver al oficial cristino, que van a fusilar esta tarde. ¡Pronto! ¡Pronto!

Y cesó la música, y volviéndose todos los ojos hacia la ventana de Eduardo, empezaron los silbidos y las injurias en vascuence y en castellano. El conoció al instante la necesidad de retirarse al interior de su aposento; pero no lo hizo tan a tiempo que pudiese evitar el golpe de un troncho lleno de fango, que de abajo le arrojaron, y que vino a aplastarse en una mano que tenia apoyada en la reja, llenándosela de inmundicia.

Encendióse en ira el joven, y lanzando una mirada fulminante a la chusma que así le ultrajaba, fue a lavarse la mano en un cubo que se hallaba en un rincón de su cuarto. Al verificarlo, reparó casualmente en una sortija toda negra de humedad y de tierra, que tenia en un dedo de la mano izquierda; y como si hubiese herido su imaginación una idea luminosa, se la quitó y empezó a limpiarla con particular esmero. A poco rato, arrojaba un brillo prodigioso el magnífico diamante que en ella estaba engastado.

—Singular casualidad –exclamó poniéndolo a la luz para que produjese mas vivos destellos–. Singular casualidad, por cierto, que me hayan dejado

11 Es auténtica (Nota del autor)

esta joya, los que para registrar bolsillos y escudriñar escondites, nada tienen que envidiar a los hurones. La costra que la cubría fue causa de que no pusiesen los ojos en una cosa, que para mí tiene mas valor en este instante que todas las armas, que todos los bienes del mundo ¡Como que acaso le deberé la vida!... ¡La vida! ¡Infeliz de mí! ¿Habrá quien quiera venderme la mía por un pedazo de vidrio?... ¿Venderme la suya?... Que nada menos aventura el que me ponga en libertad... ¿Y para qué la vida? ¡¡ Para padecer los tormentos del infierno!!... ¡Insensato! ¡¡Yo deliro!!

Ya hacía rato que el sol se había ocultado detrás de las vecinas sierras, cuando se iluminaron las rendijas de la puerta, sonaron pasos en la pieza inmediata y entró un hombro de alguna edad, alto y seco, con un rollo de papeles en la mano, una linterna, y pendiente del hombro izquierdo una charretera[12] de las que hace quince años se gastaban, pequeñas y a guisa de garra de león, señal de su dignidad militar.

—¿Usted sabe la suerte que le espera? –prorrumpió, sin mas fórmula de introducción, con un acento catalán muy pronunciado y en un tono de voz tan seco como su fisonomía. Y viendo la frescura con que el joven le respondió afirmativamente, prosiguió– : ¿Tanto le molesta a usted la vida?

Eduardo no contestó; pero la expresión de su fisonomía pudo servir de respuesta afirmativa.

—Pues yo vengo a ofrecérsela a usted, y con ella el honor.

Eduardo clavó en él los ojos con la misma admiración que le causaría a cualquiera el oír a un verdugo hablar de sensibilidad. El faccioso prosiguió:

—Han asegurado algunos que en la acción de Nazar y Asarta[13] fue usted de los que más se distinguieron... ¿Quiere usted aumentar el número de nuestros valientes oficiales?...

Los ojos apagados de Eduardo, se llenaron de fuego de repente, su fisonomía abatida se animo, cubriéndose de una imponente dignidad, al contestar con voz de trueno.

—¡No!

En aquel momento parecía que el joven había crecido por lo menos una pulgada. El viejo mismo se sintió, en cierto modo, avasallado por la energía del que él consideraba pocos minutos antes, sin ánimo y casi sin vida.

—Joven –replicó–, piénselo usted bien. A usted se le conserva su empleo, y si no acepta, antes de que acabe de anochecer, será pasado por las armas. ¿En qué quedamos?

—Ya ha oído usted mi contestación.

—Bien está –replicó el oficial faccioso abriendo la puerta–. ¡Padre capellán! Pase usted adelante, y despachemos pronto...

Casi al mismo tiempo empezaron los tambores a tocar llamada.

---

12 *Charretera*: Divisa militar de oro, plata, seda u otra materia, en forma de pala, que se sujeta al hombro por una presilla y de la cual pende un fleco como de un decímetro de largo. Una charretera en el hombro izquierdo era la insignia de un álferez.

13 *Nazar y Asarta*: Batalla librada el 18 de diciembre de 1833 entre las tropas de María Cristina y los Carlistas, en la que el ejército carlista, al mando de Zumalacárrergui, fue derrotado.

VI

—¿Cuántos prisioneros hemos hecho?–decía el coronel X*** a un ayudante suyo, apeándose de su caballo en la casa principal de Elizondo aquella misma noche.

—Ninguno mi coronel, que es tan fácil dar alcance a los facciosos como pillar gorriones con la mano. Pero hemos rescatado a un oficial nuestro que iba a ser pasado por las armas.

—Más vale esto que una docena de prisioneros. Dígale usted que quiero verle al instante.

VII

Pocos días después era verdaderamente una delicia ver a la graciosa Isabel de R*** con un ramo de flores en la mano y sonriendo a cuantos la miraban, bailando con su nuevo esposo, con la indiferente alegría de quien no da importancia alguna a sus acciones. La casa estaba iluminada con particular esmero y todo en ella respiraba movimiento y regocijo.

No obstante hacía rato que la música se cansaba en vano tocando un rigodón sin que los bailarines pudieran arrancar a sus compañeras de un corro que en derredor de un hombrecito de diminuta estatura y pelo ceniciento se había formado.

—¿Qué diablos tienen que hacer la niñas con un doctor en medicina? –prorrumpió por fin, con voz de trueno, don Antón R***.

—Nos está contando que ha visto esta tarde a Don Eduardo –contestaron varias voces femeninas con inarmónica gritería.

—¿Y por qué no ha venido a mi casa –dijo Doña Mencía–. Pero aún es tiempo, todavía puede brindar a la salud de los novios esta noche. ¡Pobre muchacho! Ya que se puede decir que nos ha debido la vida que venga al menos a bailar con mi hija, que le quiere tanto, tanto...

—¿Bailar? No, señora –repuso el doctor–. Yo me hallaba por casualidad en la *Taconera* cuando entró con la columna, montado en un macho de bagaje[14], pálido, hundidos los ojos, huecos los carrillos, desencajado el semblante, en un estado de que es difícil formar idea a no haberlo visto. Tanto que al pronto yo mismo no le conocía. Preguntele si se alojaría en esta casa y me dijo que no, que prefería ir al hospital que estaba resuelto a ello. Viéndole en un estado tan lastimoso, a pesar de no tener destino en aquel establecimiento, le acompañe hasta su lecho y mientras le desnudaban, habiéndome preguntado por Doña Mencía y su hija, le participé el fausto motivo del baile de hoy. El pobre joven daba diente con diente, sus miembros, helados en las

14 *Macho de bagaje*: mulo de arrastre.

extremidades, temblaban convulsivamente, su rostro estaba amoratado... Y a poco se desmayó. Examiné entonces su herida y vi que debieran haberle cortado el brazo hace muchos días

—¡Pobre joven! –exclamó Doña Mencía enternecida–. ¿Y habrá que hacer irremisiblemente la amputación ?

—No señora –contestó el doctor, dando a su fisonomía una expresión singular.

Un silencio sepulcral reinó en el corro durante medio minuto. Por fin uno preguntó:

—¿Por qué?

—¡Hola, niñas! ¡A bailar! ¡A bailar! Que mañana habrá tiempo para consultas de medicina –exclamó Don Antón, atronando a todos los concurrentes.

—¿Pero por qué? –volvió a preguntar al doctor la misma persona de antes.

—El mal estaba demasiado adelantado –contestó éste–, y hace poco más de media hora que ha expirado en mis brazos.

—¡Pobre Eduardo! ¡Pobre Eduardo! –y brillaron lágrimas en algunos ojos, y entre ellos en los de Isabel. Doña Mencía estaba profundamente conmovida. El baile empezó de nuevo. El médico prosiguió en voz baja, hablando con la buena señora:

—¡Qué lástima de joven!... Sus últimas palabras fueron: ¡Madre mía!... ¡Isabel!

Isabel valsaba en aquel momento. Que aunque sentía la muerte de su antiguo amigo, del que solía volverle las hojas en el piano, el compromiso en que se hallaba con la persona a quien había ofrecido aquel vals era demasiado grande para no despreciar todas las demás consideraciones. En efecto, ¿qué diría el mundo si a una de estas palabras se faltase ?...

Una hora después el doctor, sentado al lado del jovial Don Antón, brindaba a la pronta reproducción de los nuevos esposos, y resonaban las copas y las risotadas.

Al mismo tiempo, en el hospital estaban envolviendo el cadáver de un joven oficial en el lienzo que debía acompañarle a su última morada

La cena se concluyó, y un sacerdote bendijo el lecho nupcial.

Beltrán (Cuento fantástico)

José Augusto de Ochoa

Como en otros cuentos el terror sobrenatural está aquí muy ligado al castigo divino. En un viaje por las montañas de Asturias el autor oye el cuento de Beltán. Beltrán, hijo de un conde asturiano, va a la guerra contra los moros. Allí conoce a Elmira, hija de Nuño del Espinar –asesino a sueldo de los reyes moros– y educada en el islamismo. Beltrán se enamora de ella y ante sus exigencias abandona su religión. Acosado por los remordimientos la deja al cabo de unos meses y vuelve a la casa de su padre, pero allí encuentra a Elmira y a Nuño que han ido a su encuentro. Después de tres meses de abusos y violencias contra sus vasallos se celebran las bodas de Beltrán. Los asistentes ven, horrorizados, que se va a celebrar por la religión árabe pero de improviso un rayo destruye la estancia y un fantasma vestido de negra armadura se lleva a Beltrán a los infiernos.

José Augusto de Ochoa cuida desde el principio del relato de crear una atmósfera lúgubre y terrorífica. Como ocurre en muchos otros casos la presentación del relato parte de un cuento oído por un viajero en una región remota, pero el autor describe a la narradora de la historia con mucho más detenimiento que en otros casos.

> Todavía recuerdo, a pesar de los muchos años que han transcurrido, las facciones de aquella horrorosa vieja: tenía las mejillas pálidas y hundidas que formaban dos profundos huecos, los ojos cavernosos y sombreados con unas largas y cenicientas cejas, la frente despoblada y cubierta de arrugas, nariz remangada y enseñando dos agujeros más que grandes, la boca desmantelada, labios gruesos y blancos, tal es la figura que de repente se presentó a mi vista; al mismo tiempo la luz del mísero candil casi moribundo, agitado por el viento que entraba por la chimenea, alumbraba de lleno su cara: la contracción de sus ojos cuya viveza era admirable, la hacía pasar en aquel lugar y a mi vista por algo más que humano. Tal era el personaje que iba a divertir aquella reunión, en medio de una cabaña, cuyas negras paredes anunciaban la mayor miseria y en que debía sonar su voz al horrible estruendo de una furiosa tempestad.

Ochoa acumula detalles lúgubres en su presentación, y no prescinde de ninguno ni siquiera de la «horrorosa tempestad» tan del gusto de los redactores de *El Artista*, y que, según Marrast[1], se utilizaba muchas veces por «mero capricho». El relato comienza con la espera del afligido padre de Beltrán, que no recibe noticias de su hijo desde hace ya más de un año cuando marchó a la guerra contra los moros: dos peregrinos llegan con noticias de Beltrán: se trata de Nuño del Espinar y de su hija Elmira. La llegada de éste se producirá al día siguiente pero no va a volver el mismo hombre que partió de las montañas. Así lo dice Nuño: «no es ya aquel joven lozano y fogoso; todo su exterior demuestra su tristeza y la palidez de su rostro y la contracción de las facciones en que está pintado el mas vivo dolor, dan a su semblante un aspecto fatal». La segunda parte del relato nos presenta a los dos peregrinos y su historia. Nuño del Espinar es un hombre corrupto y avaricioso, asesino a sueldo del Rey moro de Jaén, que ha permitido que su hija sea educada por una tía que «profesaba la religión proscrita en España y esta señora había imbuido en la joven Elmira, todo el odio que ella profesaba a los cristianos». De acuerdo a ese odio Elmira rechaza el amor que siente por Beltrán, amor que es correspondido por el joven con ardor. Al final le plantea a Beltrán que para obtener su amor debe abjurar de su religión y Beltrán accede. Pero la conciencia de su pecado le persigue y abruma.

En la tercera parte Beltrán regresa a su castillo y encuentra allí a Nuño y a Elmira y su amor renace y con él se engolfa más en sus vicios y pecados. Rechaza la bendición del cura y cuando recibe el beso de su padre tiembla y toda su armadura resuena «como si se hubiera roto en aquel momento». Se entrega a vicios, a robos y abusos y al poco tiempo muere su padre, y convierte su castillo en «mansión de los más abominables crímenes». Sus expoliados vasallos son obligados un día a acudir al castillo y allí encuentran a «un vil sarraceno revestido de los ornamentos de su culto, esperando en las gradas del altar la llegada del conde» dispuesto a celebrar la boda de Beltrán y Elmira. Viendo eso «a nadie le quedó la duda de que el castillo se había convertido en infame asilo de impiedad e irreligión». Como no podía ser menos, cuando los novios se acercan al altar negras nubes cubrían el cielo, el viento zumbaba con un furor terrible, y la lluvia y los relámpagos se sucedían cada vez con más violencia. El trueno rodaba sobre el castillo, haciéndole temblar hasta sus cimientos [...] al llegar el *sí* fatal un trueno horroroso hace estremecer la tierra y el viento, con nueva furia, rompe las pintadas vidrieras de la capilla, entra silbando por entre las pilastras y apaga las antorchas nupciales [...] en medio de los sepulcros se ve alzarse un guerrero con torva vista y gesto amenazador [...] fija su mirada en Beltrán, le ase con una mano fría y descarnada y quiere precipitarle al sepulcro de que había salido [...] la sombra con un impulso violento le levanta del suelo y se hunde en la tumba con su presa.

Concluye el cuento con la afirmación de la narradora de que ella ha estado

---

1 1989; 406.

en las ruinas del castillo y ha visto los fantasmas errantes y desgraciados de Nuño, Elmira y Beltrán.

A lo largo del relato la identificación del bien con el cristianismo y del mal con el islamismo es constante, y el castigo del malvado se presenta como inevitable.

* * *

El Artista. 18 de agosto de 1835. Tomo 2. Pp 135-140

Beltrán (Cuento fantástico)

José Augusto de Ochoa

I

En uno de los viajes que hice, sólo por diversión, aún no ha muchos años a lo interior de las montañas asperísimas de Asturias, me detuve una noche, porque me obligó a ello una furiosa tempestad, en un pueblecillo de como hasta ocho casas, de cuyo nombre no me acuerdo. En ese pueblo me alojé en casa de uno de los vecinos más ricos, el cual me obsequió en cuanto estuvo a su alcance. Su familia se reducía a él, joven todavía y de atléticas formas y a cuatro hijos. Llegó el anochecer y entonces cené en su compañía. Apenas habíamos concluido nuestra frugalísima cena, cuando vi entrar en la casa a todos los vecinos del pueblo a pasar la velada[2] en casa de mi huésped. Encendióse una abundante lumbrada y a la luz de un mustio candil se pusieron todos a trabajar. Ya habrían pasado así como cosa de diez minutos, cuando una jovencita de las más graciosas que allí habia, con voz clara y aire desenvuelto dijo:

—¿Y que no nos ha de contar hoy ningún sucedimiento la Señora Remigia? Yo creo que porque este caballero esté aquí. no ha de ser un motivo para que usted no nos cuente algo. Y yo sé muy bien – prosiguió dirigiéndose a mi–, que después que la haya usted oído me dará usted las gracias por haberlo recordado.

—¡Ay! No, por Dios –dijo una de las hijas de mi huésped–, que esta

2 La velada, en aquel país es como en muchos de Castilla, en donde la escasez de medios no permite a todos los habitantes de los pueblecillos el extraordinario gasto de la luz. Para hacer llevadero este dispendio se reúnen en una casa, por semanas, para trabajar, las mujeres hilando y los hombres en quehaceres de su sexo (Nota original del autor)

noche más está para rezar que para oir esas historias tan tristes que cuenta la señora Remigia. Oyen ustedes los truenos y el viento y los relámpagos ¡Ay, Dios mío!

—Calla, tu bobuela –replicó su padre–, eso que dices es muy bueno, pero más ganas tenemos de oir alguna de esas historias que nos cuenta que no tus bachillerías.

Y volviéndose a un rincón de la chimenea dirigió la palabra a un bulto en que yo no había reparado todavía.

—¿Nos contará usted algo esta noche, Señora Remigia? –le preguntó.

—Si, hijo mío, ¿por qué no?

Al concluir estas palabras que fueron pronunciadas debajo de un ancho pañuelo de paño pardo, con voz cascada y ronca, descubrió el rostro la que los pronunciaba echando sobre la espalda el pañuelo que la cubría la cabeza. Todavía recuerdo, a pesar de los muchos años que han transcurrido, las facciones de aquella horrorosa vieja: tenía las mejillas pálidas y hundidas que formaban dos profundos huecos, los ojos cavernosos y sombreados con unas largas y cenicientas cejas, la frente despoblada y cubierta de arrugas, nariz remangada y enseñando dos agujeros más que grandes, la boca desmantelada, labios gruesos y blancos, tal es la figura que de repente se presentó a mi vista. Al mismo tiempo la luz del mísero candil casi moribundo, agitado por el viento que entraba por la chimenea, alumbraba de lleno su cara. La contracción de sus ojos cuya viveza era admirable, la hacía pasar en aquel lugar y a mi vista por algo más que humano. Tal era el personaje que iba a divertir aquella reunión, en medio de una cabaña, cuyas negras paredes anunciaban la mayor miseria y en que debía sonar su voz al horrible estruendo de una furiosa tempestad.

—Esta noche –principió–, ya que estos vivos relámpagos, esta oscuridad, esta lluvia continua, y este silbar del viento, me recuerdan una historia que me contó mi abuelo. Voy a referirosla. Prestadme atención. Ya habréis oído hablar, aunque no sea mas que por tradición del conde de A. Pues de este famoso dueño de todas estas montañas, voy a hablaros.

Querido de todos sus vasallos, el castellano de A. moraba en un fuerte castillo, cuyas ruinas aún se ven en la falda del monte de los Castaños. Joven de hermosa presencia y valiente cual ninguno, era el ídolo de sus súbditos y el terror de los moros.

A fines del siglo XII, después de la toma de Jaén por nuestras armas victoriosas, hallándose a las orillas del Guadalbullón, trataba ya de volverse al seno de su anciano padre y a sus queridas montañas, cuando un caso de que nadie tuvo noticia le hizo abandonar el ejército y no parecer en más de un año. Sus soldados volvieron a sus hogares al mando del joven Ramiro. Todo aquí era confusión y congoja; en el castillo su padre y hermano derramaban copiosas lágrimas, y las bovedas de la sepulcral capilla resonaban en continuos cánticos de los piadosos monjes del vecino monasterio, rogando al cielo por la pronta vuelta del adorado Beltrán. Mas en vano era todo; ni aun el eco de la fama traía a estas tristes montañas la menor noticia, ni el armonioso trovador al pie de la colina hacía temblar las cuerdas de su laud para cantar los altos hechos del señor de las montañas. Ya había pasado más de un año, cuando una tarde se presentaron dos peregrinos en el castillo pidiendo hospitalidad; fuéles concedida al momento y después de haber repuesto sus fuerzas con los manjares que les sirvieron, pidieron ser presentados al señor del castillo, lo que les fue concedido al instante.

Uno de ellos, de como hasta cuarenta años de edad, llevaba de la mano a una joven de veinte años cuyas angélicas facciones nada dejaban que desear al admirador más escrupuloso del bello ideal. Su padre, pues tal era el que la acompañaba, llevaba en su rostro pintada todas las tribulaciones de un alma empozoñada y sobre su frente el sello de la reprobación. Introducidos que fueron a la presencia del triste padre de Beltrán, el peregrino dobló humilde la rodilla, diciendo:

—Salud y paz sea contigo, piadoso señor de estas montañas.

—Salud y paz –repitió Elmira.

—Gracias amigos, gracias –contestó con un suspiro.

—No suspiréis, Señor – le dijo un anciano sacerdote que ocupaba el sitial contiguo–. Dios, con su infinita bondad os volverá a Beltrán, aun antes que creéis

—¡Ay! Siempre me decís lo mismo, padre y nunca llega el feliz momento.

—Sí llegará –contestó el padre de Elmira–. Yo le he visto en Granada cubierto de las gloriosas armas con que conquistó a Jaén, y su escudero me aseguró que volvía a las montañas.

—¿Hablas de veras, peregrino? –preguntó–, tiembla si no...

—¿Y porqué había de temblar? –respondió fijando en él una mirada viva y penetrante–. Yo le vi y su escudero me aseguró que volvía a sus hogares. No es ya aquel joven lozano y fogoso. Todo su exterior demuestra la tristeza y la palidez de su rostro y la contracción de sus facciones, en que está pintado el más vivo dolor, dan a su semblante un aspecto fatal. Mañana debe llegar.

—¡Dios mío! –exclamó el anciano e hizo una seña con la mano mandando que todos se retiraran, menos el sacerdote.

Raimundo, así se llamaba el padre de Beltrán, todavía temblaba y ya hacia rato que Elmira y su padre habían salido de su cuarto.

—Mi hijo –decía– volverá, pero desgraciado o criminal. ¡Dios mio! ¿Era esta mi esperanza? ¿Son estos tus beneficios?

El sacerdote procuraba consolarle y ya la noche con su negro manto principiaba a caer sobre las montañas; el azul del cielo se iba disipando poco a poco y negras nubes cubrían el horizonte.

—¿Veis –decía el anciano– esas oscuras nubes que se precipitan sobre mi castillo? Ellas me representan la desgracia, y mi fiel corazón me anuncia que será fatal la entrada de Beltrán en mi hogar. Venid, pediremos a Dios por él.

II

Nuño del Espinar era el padre de la hermosa peregrina que le acompañaba. Huérfano desde su más tierna infancia, había llegado a la edad de la razón sin haber hecho nada más que aumentar los vicios de que había sido dotado al nacer. Libre ya, a la edad de veinte años, dió curso a todas las pasiones de que era capaz un hombre, y asi su fortuna, que era corta, la disipó en pocos años. Viéndose sin ningún recurso, abrazó la carrera militar, que en aquellos tiempos de turbulencias intestinas y de guerras con los vecinos moros daba libre curso a empresas del más alto provecho. Poco después se casó con una joven hermosa y rica, a quien abandonó después de disipar su fortuna. De esta unión tuvo a la hermosa Elmira, y en esta joven desgraciada fundó el malvado todas sus esperanzas de fortuna. Había sido educada en Jaén por una tía suya que profesaba la religión proscrita en España, y esta señora había imbuído en la joven Elmira todo el odio que ella profesaba a los cristianos. Su padre, poco escrupuloso en materias de religión nunca la había preguntado sobre este asunto ni una palabra; y además, más avaro que cristiano, con tal de lograr con que satisfacer sus vicios, nunca reparó en los medios, y siempre lejos de su hija sólo la veía de vez en cuando y entonces era para ver en que estado se hallaba su hermosura.

En la época de que hablamos, temeroso el rey de Jaén de la próxima guerra que lo amenazaba y que no podía evitar se valió de Nuño del Espinar para varios asesinatos secretos de grandes señores con que procuró poner obstáculo a los grandes preparativos guerreros de los cristianos. Varios homicidios cometidos en los campamentos de los nobles españoles, introdujeron la confusión en sus filas y la desconfianza entre todos ellos; de aquí principiaron a removerse los antiguos odios y rivalidades. que sólo la guerra contra el enemigo común habían apagado por el momento, y los servicios del sanguinario Nuño apartaron por algún tiempo la ira cristiana de los muros de Jaén.

Entonces fue cuando Elmira y su tía salieron de Jaén, para habitar una casa de recreo que tenían a una legua de la ciudad, y allí fue donde Beltrán conoció a Elmira. Su amor a esta joven fue tan rápido como la violencia del torrente, y ella, pesar de su odio inveterado a los cristianos, lo amó también; pero fiel al juramento que había hecho, jamás consintió en darle la menor prueba de su cariño. Beltrán no podía hablarla jamás; siempre encerrada en su quinta, desesperaba al tierno amante que suspiraba debajo de su ventana.

Entonces principió el sitio de Jaén. Cada nueva acción que ganaban los cristianos aumentaba el odio y la desesperación de Elmira. Lloraba por el joven que había conmovido su alma, pero al mismo tiempo la ira que profesaba sólo al nombre cristiano, la hacía invocar con todo su corazón al falso profeta para el exterminio entero de la raza aborrecida. Amaba al joven cristiano con una pasión digna del país en qué había nacido tan ardiente como el sol abrasador del mediodía. Cuántas veces estuvo a punto de abrir las celosías y decirle «¡Yo te adoro!», cuando él pasaba las silenciosas horas de la noche, dirigiéndola sus suspiros y sus quejas; pero el recuerdo de su religión la hacia refrenar los impulsos de su amor. ¡Infeliz! La lucha interna entre su deber y sus pasiones la sofocaba, y la muerte no la hubiera parecido tan cruel como el estado en que se hallaba.

Ya hacia días que el caballero no se había presentado en aquellos sitios como tenía de costumbre, cuando una tarde le vieron venir montado en un soberbio caballo; su marcha era pausada y su exterior triste, pero decidido. Llegó al pie de la quinta y apeándose de su trotón, se dirigió con paso atrevido a la puerta, dió un fuerte golpe en ella y esperó tranquilo el éxito de su audacia. Viendo que tardaban en abrir, volvió a llamar y entonces fuéle abierta la puerta por un escudero que le introdujo en una sala alegre y risueña donde encontró sola a su adorada Elmira.

La dicha sin igual que entonces experimentó y la conmoción que sentía al verse en la presencia de la belleza que amaba, le dejaron mudo por un momento. Detuvo el paso al verla y permaneció en éxtasis, fijos los ojos en ella por espacio de algunos minutos. Su corazón latía con una violencia inexplicable. No podía hablar. Inmóvil como una estatua, se creía transportado, en aquel momento, a una esfera muy superior a la de un ser mortal, hasta que al fin, rompiendo el silencio, pudo articular con voz apagada y débil:

—¡Elmira, yo te adoro!.

Apoyó la mano al decir estas palabras sobre la coraza en la parte del corazón, con un movimiento rápido y convulsivo como si procurase contener de este modo los dolorosos latidos con que éste se agitaba dentro de su pecho.

Elmira, vuelto el rostro a la ventana, apoyada la cabeza sobre la palma de la mano, parecía indecisa acerca de lo que había de responder: amaba a Beltrán, le amaba con delirio, y todo hubiera sido capaz de hacerlo por él, menos el sacrificio de su religión. Mas de repente, volviéndose hacia el caballero le dijo:

—También yo te amo Beltrán, te amo desde el primer día en que te vi; pero la suerte ha puesto entre tu y yo una barrera impenetrable. Yo sigo la religión de Mahoma, y el que quiera poseer mi mano ha de profesar mi misma religión, si no... ¡es imposible!

Un rayo que hubiera caído en aquel momento a los pies del caballero, no le hubiera trastornado tanto. En sus ojos estaban pintados el espanto, el dolor y la desesperación. Revolvía sus miradas con delirio y no sabía dónde reposarlas. Al fin volvió la vista a Elmira y la dirigió una mirada expresiva, como preguntándola si había oído bien, y la tranquilidad que notó en toda su persona le convenció de que no se habia engañado. Ciego entonces y poseído de algún poder infernal, el señor de las montañas se arrojó a los pies de Elmira y juró sobre su espada abrazar la fe de su enemigo.

Apenas pronunció el fatal juramento cuando negras nubes cubrieron el horizonte, y un trueno horrible resonó sobre sus cabezas e hizo estremecer la tierra hasta sus más profundos cimientos. ¡Hasta estas montañas llegó el sordo rumor del estampido horrible; pero el caballero en los brazos de su amada nada veía sino ella, y todo lo olvidó gloria, patria, honor, religión... todo lo arrojó de sí en un solo día...!

Pero los agudos remordimientos sucedieron bien pronto al furor del amor, y Elmira se vio abandonada de su amante a los pocos meses. Errante por la España huía por todas partes, pero la llaga que llevaba en su conciencia, ese Dios justiciero que siempre persigue al delincuente, no le abandonaba jamás. En vano buscó la muerte en los combates, en vano procuraba sacrificarse en continuos desafíos... No podía encontrar la muerte, ni nada alcanzaba a sofocar los gritos de su conciencia. Desesperado, se entregó a la disipación y a toda clase de vicios pasando en orgías escandalosas todos los días y las noches de su miserable existencia.

Ya últimamente., fatigado su cuerpo de los excesos a los que se había entregado y su alma de los remordimientos que la despedazaban, trató de volverse a su castillo y a sus montañas para ver si en los brazos de su padre podía hallar algún consuelo. Y tal vez lo hubiera conseguido, sino hubiera encontrado, dentro de su mismo palacio, el áspid[1] fatal que acibaró su vida y le arrojó en el abismo del infortunio y del crimen.

III

Al amanecer del día siguiente, un sin número de trompas guerreras y el contínuo campaneo del vecino monasterio, anunciaban algún grande acontecimiento en el castillo. Acudieron todos los habitantes de los pueblos inmediatos, y vieron entrar a Beltrán en sus hogares. Venía montando en un caballo negro y seguido de un solo escudero. Su persona era tan distinta de cuando abandonó aquellas montañas, que nadie podía reconocerle. Estaba consumido y pálido como la muerte. Su mirar, torvo y sanguinario, se fijaba con rapidez sobre los objeto que le rodeaban, y más de un valiente tembló al encontrar sus ojos fijos en los suyos. Su padre salió a recibirle y le dio el ósculo de paz en la frente. Tembló Beltrán al recibirle, y toda su armadura resonó como si se bubiese roto en aquel momento. El capellán del castillo acudió a darle su bendicion, pero rehusó tomarla, lanzándole al mismo tiempo una mirada amenazadora, y apretando los ijares de su caballo

1 *Áspid*: Serpiente venenosa.

se internó en el castillo. Lo que pasó dentro de él, nadie lo supo; sólo sí que principiaron a hacerse sentir en estas pacíficas montañas las iras de Beltrán. Robos contínuos, y todo linaje de insolentes demasías marcaban por todas partes su ira contra los cristianos y al mismo tiempo, la muerte de su padre, que anunció una bandera negra colocada en la torre más alta del castillo, nos quitó a nuestro único protector. La voz general atribuyó esta muerte a la mano despiadada de Beltrán y además el destierro de su convento de los piadosos monjes, que le habitaban hacía muchos años, acabó de llenar de espanto y de terror toda esta desgraciada comarca.

Por fin, Dios, con su infinita bondad, oyó las súplicas de todos los vasallos de aquel hombre cruel, y dignó arrebatarle de la tierra de la manera más estupenda y horrible. Oid.

Hacía cosa de tres meses que Beltrán de A. había llegado a su castillo, antes asilo del desgraciado y ahora mansión de los más abominobles crímenes e impenetrable a todo lo que no eran o soldados o satélites de Beltrán. Todos murmuraban, pero en voz baja, pues no faltaban denunciadores viles que delatasen a los descontentos y que arrastrasen al infeliz al fatal castillo de donde no debía volver a salir. El hambre se hacía sentir aún en las casas de los más ricos, pues apenas el cielo habia concedido alguna buena cosecha cuando los agentes del déspota la conducían al castillo para satisfacer la avaricia del bárbaro señor. Tal en el estado de estas desgraciadas montañas, cuando se verificó el memorable suceso de que voy a hablaros.

Una tarde del mes de diciembre se oyó un gran ruido de trompas en las almenas del castillo. Esta era una señal de llamada a todos los habitantes de la aldea. Acudieron todos y por primera vez, después de la llegada de Beltrán, entraron en el castillo los moradores de estas montañas. Un número infinito de personas de todas edades y sexos se precipitaron en la capilla, y ¡cuál fue su asombro al ver reducido a templo de Satanás, el santuario de Dios donde moraban las sombras y las cenizas de los ilustres y gloriosos ascendientes de Beltrán, y a un vil sarraceno[2] revestido de los ornamentos de su culto esperando en la grada del altar la llegada del conde! El horror de la muerte se pintó en todos los semblantes. Entonces a nadie le quedó ya duda de que el castillo se había convertido en un infame asilo de impiedad e irreligión y todos temblaban como la hoja en el árbol, esperando algún grande suceso, no pudiendo creer que las sagradas sombras ni la Divinidad ultrajada dejasen impune tan abominable delito.

De repente se abren las puertas de la capilla y aparecen Beltrán y Elmira asidos, de la mano. Se arrodillan al pie de] impío altar, y Nuño del Espinar principia la ceremonia del matrimonio. Su ambición ya estaba satisfecha.

En tanto la noche principiaba a caer; negras nubes cubrían el cielo, el viento zumbaba con un furor terrible y la lluvia y los relámpagos se sucedían cada vez con más violencia. El trueno rodaba sobre el castillo haciéndole

---

2 *Sarraceno*: Mahometano.

temblar hasta sus cimientos, pero nada alcanzaba a conmover aquellas almas criminales, y la ceremonia continuaba lentamente... Pero al llegar al sí fatal, un trueno horroroso hace estremecer la tierra, y el viento con nueva furia rompe las pintadas vidrieras de la capilla, entra silbando por entre las pilastras y apaga las antorchas nupciales, quedando todo iluminado sólo por la lámpara funeral de los sepulcros. Los mismos aldeanos caen al suelo juntando sus rostros con la tierra y gritando con voz dolorida: «¡Salvadnos, Dios mío, piedad, piedad!» Huye el sacerdote despavorido y Beltran, levantándose de las gradas donde había caído desplomado, revuelve sus miradas a todas partes con las convulsiones del mas completo delirio. Su cuerpo tiembla y su pecho agitado arroja suspiros dolorosos. Pero, ¡oh prodigio!, de en medio de los sepulcros se ve alzarse un guerrero con torva vista y gesto amenazador. Todo él está rodeado de la luz más viva. Fija sus miradas en Beltrán, le ase con una mano fría y descarnada. y quiere precipitarle en el sepulcro del que había salido. En vano Beltrán resiste y forcejea... La sombra con un impulso violento le levanta del suelo y se hunde en la tumba con su presa. Sólo se oyó un triste gemido y el choque de las losas al juntarse con violencia.

Apenas desapareció Beltrán calmó la tempestad, las nubes se disiparon y la blanca luz de la luna entró por las rotas ventanas. Elmira sola estaba aún exánime y sin dar. señales de vida en las gradas del altar. Fueron poco a poco los aldeanos reponiendose de su pasado susto y salieron con precipitacion de aquel lugar de calamidades.

—Allí murió el impío –dijo la vieja Remigia con voz aguda, y señalaba con la mano por una ventana un sitio en el centro de las ruinas–. Yo he estado varias veces contemplando los restos del soberbio castillo y he visto entre sus escombros vagar las sombras de los malvados. He visto en la. tristes horas de la noche aparecer de cuando en cuando la sombra de Elmira, ya en un lado, ya en otro. Pero en las noches tempestuosas, en aquellas en que el huracán furioso arranca los árboles, entonces es cuando se hacen más sensibles los suspiros y más visibles las sombras que allí habitan. Se oyen sordos gemidos y rumor de cadenas, se ven levantarse aquí y allá horribles espectros y también alguna vez no ha faltado quien haya visto cruzar de un lado a otro luces misteriosas.

Desde aquel día fatal ha estado el castillo deshabitado. Ningún ser viviente llegó a poner los pies en él sin que hubiese vuelto contando horribles cosas y grandes visiones. Y así el castillo fue poco a poco cayendo en ruinas; y aún ahora que sólo se ven sus escombros es peligroso acercarse a él, pues las sombras que allí moran hacen pedazos al infeliz que osa pisar su recinto.

Así concluyó su leyenda la vieja Remigia, dejando a todo su auditorio en la mayor consternación y a mí por la expresión diabólica de su rostro y la verdad con que expresaba lo que sentía. Pasé la noche en tristes ensueños y al día siguiente continué mi viaje.

Yago Yasck

Pedro de Madrazo

La voluntad de Madrazo es, en este cuento, hacer una narración más cerrada y estructurada que en su cuento anterior, «Alberto Regadon», por medio de una serie de escenas con una explicación final. Jenaro, joven músico y pintor, conoce a Ángela, una bella joven, en el momento de la muerte de su madre. Se enamora de ella, pero Yago Yasck, un malvado abate que está también presente, le engaña, prostituye a la joven con un amigo de Jenaro y después provoca el suicidio de Ángela. Al cabo de tres años Jenaro es un músico pobre y ciego que oye una historia a un hombre tuerto. Se trata de Yago Yasck, que era en realidad el fantasma del padre de Jenaro. Él y Ángela eran hermanos de madre, y Yasck vuelve de la tumba para evitar el incesto por cualquier medio.

Hay diez fragmentos en el cuento. Los tres primeros ocurren en el interior y en el exterior de un baile de máscaras, con cuatro personajes, disfrazados e inidentificables que se pasean por la escena y que van a ser los protagonistas de la historia. Dos enmascarados hablan, uno de ellos se manifiesta ansioso de ver a una mujer, que identifica con una trenza de oro, el otro (que tiene apariencia de deán, más que de espadachín, dice el narrador) se abalanza sobre él y le arroja sobre la nieve en la que queda inconsciente. Después el agresor vuelve a pasar ante el cuerpo inconsciente del agredido llevando de su brazo a la mujer de la trenza de oro. Finalmente el inconsciente despierta y se encuentra, cara a cara, con una máscara idéntica a la suya. Todo ello en medio de una abigarrada multitud que viene y que va y se mueve incesantemente, descrita con profusión de detalles por el narrador. El constante movimiento de personajes que aparecen y desparecen ante los ojos del lector es otro elemento más de la presentación dramatizada y escenificada de los cuentos románticos

Las escenas cuatro, cinco y seis ocurren en la casa del Abate Yago Yasck. Asistimos a la entrevista entre Yasck y Ángela, que tiene sojuzgada totalmente su voluntad por del malvado abate, en la que Yasck la prepara para entregarse a Rafael, la llegada de Rafael, la unión de los dos amantes y el amanecer del día siguiente en el que Rafael se siente conmovido por la juventud de Ángela y piensa en reparar sus faltas uniéndose a ella en matrimonio. Pero Yasck, vigilante, se da cuenta de las intenciones de Rafael y le convence de que Ángela es una mujer sin honor y que arruinaría su reputación uniéndose a ella: «manchar su reputación viviendo en matrimonio con una mujer que muy bien pudiera ser hija de la querida de un abate».

La escena siete es un diálogo entre Jenaro y Rafael, sentados ambos ante la mesa de una fonda. Jenaro cuenta la historia de cómo conoció a Ángela, ante el lecho de la madre moribunda de la muchacha, y cómo de repente apareció en la habitación un abate que estremeció a Rafael y aterrorizó a la moribunda. Poco a poco se va desarrollando la historia de Jenaro hasta que ambos comprenden que es la misma Ángela: la amada de Jenaro y la amante de Rafael.

La escena ocho transcurre en la habitación de Jenaro, rodeados de sus instrumentos de artista, pintor y músico, y de elementos que transmiten una sensación misteriosa y tétrica entre los que destaca un esqueleto. En medio de su desesperación llega Yasck y le anuncia la muerte de Ángela.

La escena nueve es muy breve. Se trata del descubrimiento del cadáver de Ángela por un Jenaro desesperado que ha llegado a casa de Yasck en su búsqueda.

La escena décima y última ocurre un año después, en otra noche de carnaval. Ante una mesa hay una reunión de un sacristán y varios músicos. El cuarto donde están tiene reputación de tener un fantasma y uno de ellos se brinda a contar la historia de ese fantasma. Se trata de Yago Yasck, que va a desvelar la auténtica historia que explica y desentraña todos los misterios de la narración que hasta entonces han sido presentados al lector. Uno de los músicos asistentes es el desesperado Jenaro, ahora ciego y empobrecido. Poco a poco Jenaro va entendiendo que la historia que el otro músico está contando es la historia de su vida, historia que Yasck no duda en calificar de «romancesca». Al final aparece el fantasma de Ángela y Yasck se hunde por fin en las llamas del infierno.

Yasck es un buen ejemplo de la moral tradicional que Madrazo ataca: para impedir un incesto inconsciente, pues los protagonistas no conocen su relación, les condena a ambos al desastre. El cuento termina indicando que Jenaro vivió unos años más «en la mayor miseria». Yago proclama orgulloso que le ha librado del incesto con «una espantosa mirada de cariño» antes de regresar a los infiernos.

La presencia de Yasck domina el relato. Madrazo la describe varias veces.

Lo mismo que una de aquellas caras terroríficas que cree ver uno después de haber leído un cuento de Hoffman o visto un cuadro de Callot, en una noche de insomnio, se presentó al través de los vidrios de un balcón, que mandaba su claridad a una lóbrega callejuela, el perfil irrisorio de una cabeza horrible que, destacada fuertemente sobre la luz de la vidriera, gesticulaba y movía sus manos y hombros, recogía sus relucientes ojos y alguna que otra vez dirigía a la calle su mirada fascinadora, como esperando algún objeto.

Tal comienza la escena cuarta, cuando ya ha terminado el desfile de máscaras que es el inicio del relato. A partir de aquí la presencia de Yasck va ser puesta de relieve por el autor, cada vez que tiene oportunidad. Cuando describe el interior de la habitación vuelve a presentar la figura de Yasck.

> Ocupaba todo el hueco de un embutido confidente un hombre de edad madura que sólo por la movilidad de sus ojos grises y la fatiga de su pecho manifestaba no ser un maniquí, grueso y de siniestra fisonomía. Su anhelosa respiración era como el estertor de un moribundo.

De nuevo se vuelve a describir su aspecto cuando se presenta ante la madre moribunda de Ángela: «un hombre vestido de abate, de rostro encarnado y sombrío y mirar torcido, el color de sus facciones recortado y sin transparencia, en algunos parajes frío, en una palabra debajo de aquel cutis tostado no parecía haber una gota de sangre».

En la última escena, cuando va a desvelar las claves de la historia, vuelve a presentar al personaje.

> Un hombre grueso, como de unos cuarenta años, con un parche verde sobre un ojo y el otro encandilado y contorneado de negro, como los ojos de felpilla de una careta de tafetán, la nariz en forma de triángulo equilátero y la boca asaz modesta para comparecer a presencia del susodicho único ojo [...] entrando la luz por su desguarnecida boca iluminó su caja enjuta, en carne viva y sin lengua al parecer – más esto no lo notaron sus compañeros-

Además de su aspecto inquietante hay otras características que contribuyen a hacer temible al personaje, sus carcajadas «malignas», su fuerza sorprendente o su actitud amenazadora. Cuando se frota los brazos, tras dejar inconsciente a Jenaro, produce «el humo de una plancha sobre trapo mojado» y acto seguido desparece, después de hacer a un esqueleto que hay en el cuarto colgado un «gesto de correspondencia infernal». En el momento de la muerte de la madre de Ángela le pasa la mano por las trenzas a la niña y entonces Jenaro, atemorizado, ve en ellas «un resplandor azulado como el fósforo». Atemorizante, malvado, monstruoso es este personaje, defensor de la moral tradicional y cristiana. Resulta curioso recordar que Roca de Togores, elogiando las virtudes de la literatura de Madrazo, ponía en primer plano su «religiosidad» cuando leemos el siguiente fragmento de «Yago Yasck», que describe a Ángela humillada y sojuzgada por el infernal sacerdote.

> Es el catolicismo entero esta escena: la pasión joven, sencilla ardiente, que se desconoce a los pies de la decrepitud que conoce el

mundo, que juzga, que castiga, (¿por qué haces llorar a ese ángel?) ¡la fuerza de la vida, el poder del alma prosternados ante la ley terrible de un fantasma de hombre que ya no tiene sangre, ni vida, ni otro pensar que la venganza y una muerte cercana!!

Este personaje oscuro, terrible, sin vida, sin alma, que sólo piensa en la venganza es el representante del catolicismo. Larga debió ser la travesía desde este Madrazo juvenil, irreverente y crítico, al Pedro de Madrazo que veinte años después escribiría «El Hidalgo de Arjonilla y «El Conde de Belálcazar» dos leyendas que sólo se diferencian de las de Zorrilla en que están escritas en prosa.

* * *

El Artista. 20 de enero de 1836. Tomo 3. Pp 29-34. 27 de enero de 1836. Tomo 3. Pp 42 – 46. 3 de febrero de 1836. Tomo 3. Pp 53-58

Yago Yasck

Pedro de Madrazo

I

—¿De veras? ¿te lo ha dicho?–decía una máscara a otra en el chillón falsete de costumbre.

—Te repito que sí; adiós; creo que se acerca a nosotros. Ella me parece que es, mira allá, al fin, por entre aquel grupo último. Ahora sale de aquel corro de irlandeses. Adiós –respondía ésta en el mismo tono.

—Pero hombre... es decir que puedo contar...

—¡Dale, señor machaca! –miróle el otro de pies a cabeza con desconfianza, e hizo ademán de alejarse–. No es él –murmuró entre dientes, y volvió a examinarle.

—¡Ay! ¡qué divina! Dijo en su voz natural el primero mirando hacia donde el otro le había señalado–. ¡La trenza de oro!! –exclamó en tono melancólico.

—No es para Usted, ¡¡¡silencio!!! –prorrumpió el segundo con voz de trueno, y sus ojos grises chispearon como los de un lobo. Esta última palabra, pronunciada de un modo tan enérgico, resonó sobre la gritería general de aquella inmensidad de enmascarados y el precipitado compás de una gallop ruidosa.

Paró la orquesta, las parejas se detuvieron instantáneamente cada una en el puesto que la casualidad le marcaba como a virtud de un choque galvánico, y sólo dos individuos rebozados en dominó negro fueron los únicos que en medio del general asombro se vieron deslizarse al través de los grupos fijos en el tablado, sin comprender nadie la causa de tan inesperada escena.

Cuando las comparsas volvieron a su algazara y movimiento y la música recobró su compás, un curioso fisonomista pudiera haber notado en los ojos de las hermosas, húmedos de placer, aunque encerrados en profana cartulina y tafetán, de cuán distinto modo se retrata el alma en ellos embebida en los goces de la materia y más aun en la esperanza y en el deseo, que recordando lo que nunca en semejantes circunstancias suele entretener la imaginación de los seres entremezclados de ambos sexos –la existencia de otros seres que no habitan la tierra. Porque en efecto, aquella palabra, «¡Silencio!», pronunciada como acababa de serlo y con un acento tan poco común, más hablaba a un moribundo fluctuante entre la vida y la eternidad, que a un viviente rodeado de una atmósfera cargada de luz y de vapores, respirando el ambiente que mueve el perfumado cabello y toca la garganta y espalda de una mujer blanca, y se llena de frescura, la garganta y espalda de una morena andaluza, y se embalsama de voluptuosidad.

II

La noche era fría; la calle blanqueada con la nieve, alumbrada por la luna de enero, presentaba un cuadro triste pero dulce y sereno. Paraje a propósito para una danza de íncubos, flotando silenciosos por el aire y saltando de un tejado en otro tejado. La calma que con la soledad en él reinaba era alguna que otra vez interrumpida por los ecos de una música lejana. El mismo efecto hacían que el melancólico canto de coro de una de nuestras inmensas catedrales, escuchado desde una recóndita capilla a la mustia claridad de sus altas y pintadas vidrieras, y al pie de un lecho de mármol donde reposa su antiguo fundador. Aquel paraje hablaba más al misterio que a otra cosa; representaba el sueño tranquilo de una virgen de 13 años, alterado por los delirios que la arrastran a la adivinación de unas intrigas que no conoce –cree acordarse de lo que nunca vio– porque lo profetiza como profetiza la inocencia. Aún no la ha dicho el mundo «sé que estás ahí» y se presenta dormida en los banquetes, rodeada de jóvenes hermosos, de risas y palabras de amor; y mientras su sombra recorre por los placeres siente en su corazón latir cada uno de los acentos del que la seduce, y le parece recoger en sus entreabiertos labios rojos el beso de un hombre que se le representa como un ángel del amor. ¡¡Pobre niña!! ¡¡Si después de despertar te arrebatan el lúbrico bálsamo de tus sueños, y te arrojan a merced del oro, y te sumergen en un enfermizo tugurio entre los brazos de una vieja ponzoñosa!!

Sonó un reloj: las doce. El teatro de la Cruz arrojaba por sus puertas de cuando en cuando, a la manera de un gastrónomo ya repleto que repudia a veces un manjar delicado, algunos individuos para recibir los que nuevamente llegaban.

A la luz de la luna se miraban unos a otros. Había allí rostros encendidos, llenos de esperanza; los había también pálidos y sombríos, con todas las señales de un descontento sumo, Pero no faltaba algún calmoso que se reía de las agudezas del que marchaba adelante, llevándosele a su mujer y a su hija mayor agarradas cada una a su brazo. Ni faltó un impúbero que corrió delante de su padre gritando «¡ladrones!», por no exponerse a la humillación de verse abofeteado en público por el anciano que lo cogió fumando y requebrando a una mujerzuela...

Inútil juzgamos manifestar a los lectores un ejemplo de la confusa algarabía de entrantes y salientes. ¿Y quién no habrá estado siquiera una vez en su vida en semejante diversión?

Algunos gritos confusos y repetidos que salían de una puerta del coliseo, acompañados de un ruido como de carrera, precedieron a la aparición de dos bultos negros en persecución uno de otro; eran dos enmascarados. El perseguidor, a beneficio de las gentes que por allí andaban, pudo alcanzar a su enemigo y le asió fuertemente del cuello. La fatiga producía en su pecho un sonido ronco. Revolvióse el otro con presteza, y al revolverse, el dominó[1] abriéndose dejó ver dos piernas por su forma y aparato más de Deán[2] que de espadachín. Con su sacudimiento hizo perder a su antagonista toda la ventaja. Volvió éste a rodearle con sus brazos, y aquel levantando los suyos en calma le cogió ambas muñecas, y como quien se desprende de un niño de pecho, dando una carcajada que resonó seca como un árbol al troncharse, se libertó de su contrario arrojándole de espaldas en la nieve.

El desgraciado perdió el sentido

Dispersáronse los curiosos como una multitud de hojas al soplo de la brisa, y desapareció con ellos el de las pierna de deán, repitiendo su carcajada más atronadora que la del mismo Estentor.[3]

A pocos minutos volvió a pasar éste con una mujer envuelta en un largo mantón. Salía por los costados su cabellera rubia, flotando al aire y esparciendo una especie de resplandor azulado. Parecía un ángel arrebatado del cielo por un demonio.

Los ojos de él centellearon al pasar por el lado de la máscara que aún permanecía derribada, y señalándola con una mano:

—¿Le conoces? –preguntó a la mujer– ; parece una mosca ahogada en un

1 *Dominó*: Traje talar con capucha usado para disfraz.
2 *Deán*: Canónigo que preside el cabildo de la catedral.
3 *Estentor*: Guerrero griego, personaje de la Ilíada, famoso por su potente voz.

artesón de leche. Repitió su risotada, y prosiguieron su camino. Pero la mujer se estremeció y le dijo:

—Abate[4] ¿Le ha mandado usted con algún recado a mi madre

III

Pasó a poco otra máscara. El caído se levantó. Miráronse un momento de hito en hito. Rara vez produjeron el Carnaval y la Locura, gemelos más completamente iguales. A no ser por la nieve del disfraz del uno y su poco satisfecha catadura, no hubiera sido fácil distinguirlos. Permanecieron un rato cara a cara, después del cual sin dirigirse una sola sílaba se entró el uno en el teatro y el otro sacudiendo su dominó se retiró por el lado opuesto.

No había aún este último traspuesto la plazuela cuando volvió aquel apresuradamente, y dándole un golpecito en la espalda:

—¡Mi parodia! –le dijo en tono de máscara–, usted que se ha estado aquí tomando el sereno, me dirá si han dado las 12, o si ha llegado a sus frescos oídos alguna risotada del demonio.

—No lo sé, pásalo bien.

Y ambos desaparecieron cada cual por su camino.

IV

Lo mismo que una de aquellas caras terríficas que cree uno ver después de haber leído un cuento de Hoffmann[5] o visto un cuadro de Callot[6] en una noche de insomnio, se presentó al través de los vidrios de un balcón que mandaba su claridad a una lóbrega callejuela, el perfil irrisorio de una cabeza horrible que, destacada fuertemente sobre la luz de la vidriera, gesticulaba y movía sus manos y hombros, recogía sus relucientes ojos y alguna que otra vez dirigía a la calle su mirada fascinadora, como esperando algún objeto.

Aquella habitación, por dentro llena de preciosos muebles, de hermosos cuadros encerrados en abultados marcos de oro del nuevo estilo, profusamente iluminada y embalsamada con perfumes y ricas esencias, por una causa desconocida revelaba al corazón algo de extraordinario y fantástico. Entrar en ella y mirar aquel lujo era como mirar la fantasmagoría dentro de una calavera; aproximarse a aquellos muebles era como aproximarse al espejo de un quiromántico, porque a pesar de su riqueza, de su semejanza con una realidad voluptuosa y risueña, la casa del abate Yasck parecía formar una parte muy integrante de las regiones de Berit[7] y Astarot.[8]

---

4 *Abate*: Eclesiástico de órdenes menores, y a veces simple tonsurado, que solía vestir traje clerical a la romana.

5 *Hoffmann*: Ernest Theodor Amadeus Hoffmann (1776 - 1822), escritor romántico alemán, una de los creadores de la literatura fantástica moderna.

6 *Callot*: Jacques Callot (1592 - 1635) dibujante y grabador francés.

7 *Baal-Berit:* divinidad adorada por los judíos durante la ausencia de Abraham.

8 *Astarot*: Diosa del sexo de las cananeos.

Ocupaba todo el hueco de un embutido confidente[9], un hombre de edad madura que sólo por la movilidad de sus ojos grises, y la fatiga de su pecho manifestaba no ser un maniquí, grueso y de siniestra fisonomía. Su anhelosa respiración era como el estertor de un moribundo, por lo demás parecía muy bien acomodado en aquella posición: hubiera podido pasar por el complemento del confidente; en una palabra era la labor incrustada de aquella habitación.

Entró allí una joven tierna, hermosa, vestida de blanco con el cabello tendido. ¡Qué crimen puede pesar sobre tu corazón, linda creanza! ¡Qué temores inclinan tu frente blanca y tersa hacia la tierra, y doblan tus rodillas como las de la virgen en el pavimento del templo ante los alteres, más por el temor de las sombras del antiguo coro que por la devoción de los pecadores!

Desde la puerta por donde entró hasta los pies del abate donde yacía postrada, habría lo más seis pasos, en cada paso varió del color de sus mejillas seis veces. El abate aterrando su alma demasiado flexible, la plegaba de tal modo a su voluntad que la mandó llorar, y lo hizo.

Era un cuadro como la *Confesión* de Johannot[10]. Considérese el abate revestido de hábitos sacerdotales, el alma despojada de crímenes, y es el catolicismo entero esta escena: la pasión joven, sencilla, ardiente, que se desconoce, a los pies de la decrepitud que conoce el mundo, que juzga, que castiga (¿Por qué haces llorar a ese ángel?). ¡¡La fuerza de la vida, el poder del alma, prosternados ante la ley terrible de un fantasma de hombre que ya no tiene sangre, ni vida ni otro pensar que la venganza y una muerte cercana!!

¿Y quién sabe si aquella tierna mujer, veía en los objetos que le circuían el fondo oscuro de una antigua catedral, con su desgastada sillería del siglo XV, y aquellas antiguas sombras de madera del apostolado en su gótica simetría? ¡Quién sabe si en aquel hombre encontraba una verruga del cristianismo¡ Porque no podía desfigurarse con la ilusión, del mismo modo que no puede parecer justo un energúmeno.

¡Y a pesar de todas las apariencias, la malignidad de Yasck había encontrado un reflejo, aunque débil, en el cristal de aquella alma, y la había corrompido; no había allí ya virtud, era un frío escepticismo, un indiferencia interrumpida por el rastro de lo pasado, pero sin fuerza para entusiasmarse, crear, espiritualizar la realidad que la envolvía!...

V

La mandó reírse y estar alegre, y ella se rió, y se levantó esbelta y ligera. Mas en su risa flotaba aquel matiz que sólo da a unos ojos azules en la inocencia, el júbilo del corazón. Confundióse el color de sus pupilas en el contorno de los párpados superiores, tomando aquella fisonomía un viso de sufrimiento.

9 *Confidente*: Canapé de dos asientos, especialmente aquel cuya forma permite a una persona sentarse enfrente de otra.

10 *Antoine Johannot* (Tony Johannot); (1803-1852). Grabador e ilustrador francés.

La luz pálida que parecía esparcir su suelto cabello la hubiera hecho pasar por una aparición de un cuadro de Miguel Ángel. Y a no ser porque hacían ruido sus pisadas y por el roce de sus vestidos, pudiera pasar por una Helena como la que soñaba el visionario pintor músico y poeta alemán[11], cuando el gas del Champaña se desenvolvía lentamente resbalando de la copa como un alma que sale por la abertura de la losa sepulcral, mezclándose con la espesa nube de humo en que siempre vivía, con la cabeza inclinada y melancólica, y los codos sobre la mesa. Entonces veía sílfides, princesas, sin tacto y sin aliento, vagando sobre la azulada llama de su ponchera. ¡Entonces pintaba como Goya a pinceladas misteriosas y sin forma, cantaba, y componía como un hijo de Odín sobre el arpa de la Eolia[12] en una triste noche de invierno!

Pero otras veces adoptaba de tal manera sus acciones a la voluntad del abate, que hubiera podido compararse a una sombría virgen de las que sólo aparecen en la niebla, tomando lecciones de brujería de una vieja gitana. Y entonces el abate conservaba la superioridad del doctor, y ella la humildad del catecúmeno.

Los besos que el abate le daba sonaban como una hoja seca al estallar.

—No puede ya tardar –dijo–, créeme, tanto vale unirse a un hombre por toda la vida como encerrarse herméticamente en una botella con un mico, un gato o el verdugo por compañeros; ese lazo cruel que los hombres han dado en llamar matrimonio es la torre de Babel. Han creído preservarse de la cólera divina remontándose a la pureza de los ángeles, y al fin su edificio se desplomará, y quedarán confundidos.

En medio de tan saludables máximas, entró en la habitación un joven de rostro bello, pero desfigurado con la relajación, sin embargo sus ojos no anunciaron un simple materialista.

A una señal de cariño de los dos, alejóse de allí el abate.

La casa de éste encerraba el Pandemónium de todas las sensaciones de la vida.

No había ya una dueña cortesana que guía a una cita a una doncella; sí dos amantes que se entregan a su amor en presencia de una fiel y callada dueña.

Comenzó la hermosa a estremecerse violentamente al acercarse a ella el indolente joven; pero era su temblor causado, no por un miedo inesperado y nuevo, sino por la memoria de una escena ya ejecutada otra vez.

—¡Rafael –gritó pálida la niña.

Rafael se sintió enternecido.

Era en efecto aquella escena capaz de ablandar a un moribundo empedernido. Y Rafael estaba lleno de vida, y su alma era sensible. Su cráneo era de loco y de poeta; loco lleno de ideas, de sarcasmos, de pérfidas sonrisas, poeta burlón, escéptico, colorista a gruesos toques, de bermellón, de negro. Su mente se exaltaba con facilidad, y su imaginación se transportaba en medio de sus desenfrenos a la altura de los poetas dramáticos.

Dos lágrimas de pasión se asomaron a sus párpados, poco después yacía

11 Se refiere a E. T. A. Hoffmann.

12 *Arpa de la Eolia*: El arpa eólica o arpa de viento fue muy popular en el romanticismo. Colerigde escribió dos poemas sobre ella: *The Aeolian Harp* y *Dejection, an Ode*.

enamorado a los pies de Ángela. Temblaba ella hermosa y apasionada, la estrechaba contra su corazón convulsivamente. El entreabrió sus labios purificados con el arrepentimiento, y Ángela seducida recibió en ellos el ósculo de un amor ardiente como el infierno.

VI

A las nueve de la mañana, la luz del día pasando al través de las persianas, coloreaba débilmente la muselina del cortinaje, y permitía apenas el ver los brillantes colores de la alfombra, y los preciosos muebles de la habitación donde los dos amantes reposaban. Algunas doraduras relucían sin embargo. Tendidas en una otomana, las vestiduras de Ángela se dibujaban como una vaporosa aparición... El profundo silencio que reinaba en este templo de amor fue turbado por un ruiseñor que se colocó sobre la ventana, sus repetidos gorjeos, y el ruido de sus alas repentinamente desplegadas al tomar el vuelo, despertaron a Rafael.

—¿Para morir? –exclamó concluyendo una idea empezada en el sueño del cual salía...

Contempló a Ángela, la cual durmiendo sosteníale su cabeza, y graciosamente tendida como un infante con el rostro vuelto hacia su corruptor, parecía mirarle aún y mostrarle su hermosa boca entreabierta, que dejaba pasar un aliento igual y puro. Su divino perfil se destacaba fuertemente sobre la fina batista de las almohadas, y parecía dormida en el placer.

Rafael parecía atormentado por una carcoma que roía su corazón, y en las protuberancias de su frente, calva por el libertinaje, se pintaba en sus ojos hundidos al amargor profundo en que se le convertía el aspecto de aquel espectáculo lúbrico, apenas iluminado por el crepúsculo de la mañana.

Ángela quedaba dormida, y Rafael dejó aquella estancia, cabizbajo.

Recibióle Yago Yasck, con una expresiva sonrisa de maligna complacencia.

—Cuando el hombre duerme, el diablo está despierto; cuando la mascarilla de Polichinela[13] ríe, suele a veces por la espalda esconderse Drama con el puñal entre la manga; y cuando el hombre llora, sus víctimas se ríen, y le pisotean con desprecio.

Tal fue el recibimiento que tuvo Rafael.

—Sentencioso estáis, Yago –dijo el joven.

—Y toda la ciencia –prosiguió aquel–, se reduce a encontrar la oposición en su lugar. El bien y el mal en contraposición, pero nunca el bien solo ni el mal solo. Si en un cuadro falta el claro-oscuro, adiós pintor. Mire usted, pasé mi juventud en una universidad. Al entrar por sus puertas oí decir en una cátedra: «el hombre es igual a la planta»; y en otra cátedra: «la planta es igual

13 *Polichinela*: personaje de la Comedia del Arte de carácter ridículo.

al hombre», y un catedrático explicaba botánica, y el otro fisiología. Todo era una misma cosa puesta en oposición.

La melancolía de Rafael fue presto advertida por el abate.

—Si el seductor se arroja a los pies de la mujer le jura amor, puede destruir la oposición, y al fin cometer la necedad de cumplírselo... y unirse a ella... Y manchar su reputación viviendo en matrimonio con una mujer que puede muy bien ser hija de la querida de un abate. Id con Dios que pronto nos veremos.

Una estrepitosa carcajada histérica fue el final de este diálogo.

Rafael comprendió al abate, y lleno de espanto corrió al lecho donde reposaba aún Ángela pronunciando en sueños su nombre y vertiendo una lágrima helada que corría por su mejilla, como la gota de la gracia divina que desciende sobre la cabeza del réprobo y no hace más que alterar un momento su estado de embrutecimiento. Un impulso repentino le hizo llevar sus manos a la garganta de la infeliz, y al despertar ella trocó su furor en un beso que grabó sobre su frente.

Apenas salió a la calle varió su fisonomía. Entró en otra casa de bien diferente aspecto de la que acababa de dejar, y salió de ella con su habitual sonrisa, lleno de alegría y contando el oro que sobre sí llevaba.

Otro salió a su tiempo, y en el portal se abrasó los sesos de un pistoletazo.

VII

—¿Estaba usted distraído?

—Pensaba en esa poesía que sabe usted sentir con tanta energía –respondió Rafael–. En efecto, ¿qué cosa más bella que la poesía de S. Juan, de Homero y de Calderón?

—¡San Juan! –exclamó su compañero–. ¡Siempre me acuerdo del Evangelio como de una tierra de promisión cerrada para mí!.

Y permaneció un momento sumergido en un abismo de pensamientos fatídicos.

Ocupaban los dos una mesa de la fonda del Comercio, sentados uno en frente de otro. La mesa estaba cubierta con las reliquias de un buen almuerzo.

—¡San Juan! –prosiguió Rafael, continuando su primera idea–. Le arrebata a uno al cielo en una capa de fuego o en un torrente de luz; Homero, sobre un carro tirado por aves blancas o mujeres hermosas; Calderón en su pensamiento solo, que es su carro y su torrente de luz. El ha adoptado el mundo y sus pasiones, ¡sus pasiones!. ¿Qué piensa usted, Jenaro? Mejor que el mundo diría el infierno, porque el mundo es un infierno apagado; en él no hay torrentes de luz, ni nubes de oro, pero sí pasiones desordenadas, frentes maldecidas. ¿Eh? ¿Que cree usted Jenaro? ¡¡Placeres emponzoñados y remordimientos de sangre!! ¿Será cierto Jenaro?

Llegó aquí expresándose con una energía y un calor tales, que no podía ocultarse al conocimiento de su compañero hasta qué punto tan alto, Rafael, y lo que Rafael decía, eran una cosa misma.

Hizo en la frente dos arrugas profundas y formando ángulo en el entrecejo. Su boca tomó una latitud nerviosa, y sus ojos desencajados miraban sin ver, sin movimiento, como de ojos de cristal. Su poco cabello se encrespó sobre su frente y por las sienes, y retorció sus manos convulsivamente; después de lo cual ambos permanecieron en silencio.

—Rafael, le hallo a usted hoy diferente de lo ordinario.

—Porque hoy he padecido más que de ordinario, Jenaro.

—Ayer no nos vimos.

—¡Ayer empezó mi martirio!

—También yo soy desgraciado.

Un fuerte apretón de manos puso a ambos en comunicación de sus más secretos pensamiento, pero la fuerza magnética se disipó, y volvieron a su estado de abatimiento mutuo.

—¡Imposible! –exclamó Jenaro como distraído–. Su máscara sí era siniestra y respiraba la paz fatídica de la muerte, todas las máscaras son lo mismo, y debajo de aquellas facciones siempre fantásticas, siempre en la misma armonía, siempre inmóviles, siempre risueñas, sin alteración de color, sin contracciones, como cadáveres pintados con sangre, revueltos, desordenados y siempre con su último gesto, hay toda clase de colores, facciones, sonrisas, gestos y contracciones. Pero su mirada era inocente, y su seno virginal latía sobresaltado a los acentos del amor, su voz, ese órgano celestial de la pureza de su cuerpo, tenía un encanto para mí desconocido; tenía color, aroma, sabor, cuerpo, y llegaba hasta mi corazón, y lo movía como una hoja que sacude el viento. La primera vez que respiré el mismo ambiente que pasaba por sus labios, que sentí llegar las inspiraciones de su alma virgen hasta la mía, que nos comunicamos misteriosamente por no sé qué medio, sentía con horror sobre mi pecho el peso de un presentimiento de sangre y devastación que mezclado a sus candorosas miradas, y a su estado de lágrimas y de abatimiento se me presentaba como un cuadro de la más espantosa miseria. ¡¡¡Mi pincel corría empapado en tintas de luz y dejaba un rastro negro y hediondo!!! Anoche la vi, pero me la robaron y no pude tan siquiera clavar una mirada de amor en sus pupilas. Pero usted no sabe lo primero, voy a contárselo –añadió vivamente, y pasándose la mano por la frente, prosiguió con calma:

—Perdió a su madre hará ya dos años, espantosamente desfigurada en su lecho de muerte. La sangre corría por su frente y por su boca torcida en una convulsión. Jamás he sabido el nombre de aquella mujer. Un incidente que recuerdo con terror me llevó a aquella habitación funeraria. Un diestro jugador de manos[14] hizo una suerte conmigo y me mandó mirar en su espejo. Miré y creo que sentí los espeluznos del terror.

«¿No conoce usted a la que muere?» me dijo el empírico[15]. No pude contener la risa al oír semejante despropósito. «Siempre suelen ser o el padre o la madre,» añadió uno de los espectadores. Con todo, aquella visión me dejó una impresión que nunca he podido borrar. Hablar de su padre a un huérfano desde la cuna es como preguntar al demonio por la felicidad de los santos que hay ahora en el cielo... Salí de aquel paraje, me informé de la casa donde había visto la moribunda, su lecho derribado, y el ángel arrodillado a sus pies. Y corrí hacia ella. Todo era allí silencio, formidable terror y llanto, ¡llanto, sí!, ¡¡la pobrecita lloraba!! ¡Ah! Rafael, ¿no ha visto Usted nunca llorar a una niña de trece años? Y a una niña arrodillada delante de su madre a quien está viendo morir, y ¡¡no puede con sus tiernos brazos arrancársela a la muerte!! Aquella malhadada madre tenía profundamente grabadas en su rostro todas las señales de un desenfreno escandaloso, algunos pocos mechones de pelo apegotados hacia una de las sienes, daban a su cabeza el aspecto de una calavera preparada para dar un susto a un muchacho. ¡Parecía que la muerte, en retribución de los desordenados placeres de una vida errante, había querido presentarla al mundo en su última hora con toda la hediondez del pecado! ¡¡¡Pero la pobre niña!!! ¿Qué delito podía pesar sobre su alma inocente para someterla a una prueba tan espantosa!!!

El dolor arrancó a Jenaro un suspiro profundo; enjugó dos lágrimas que corrieron por sus amarillentas mejillas con la mano temblorosa y pálida y prosiguió:

Pero en medio de aquella lúgubre antipatía entre la madre y la hija, adiviné que la desgraciada madre velaba sobre la pureza de la niña como un ángel de la guarda que cubre con sus palmas la cabeza de la creanza sometida a su amparo. El día de que le estoy a usted hablando, o por mejor decir aquella horrible noche, a un lado del lecho medio derribado había unas vasijas con varias medicinas, y al otro estaba la niña llorando y empapando con su llanto la muselina de su vestido blanco, con el hermoso cabello tendido, los ojos clavados en el techo de aquella sepulcral alcoba, y las palmas unidas en actitud de orar con un rosario de gruesas cuentas en ellas. La encontraba yo más hermosa y más inocente que el sueño de un niño de cuatro años. Era el espíritu, el candor y la belleza como la pensaba Rafael, la armonía de Kressler, el amor de Byron, la fantasía de Rembrandt.

Jamás conseguiré olvidar aquel juego que tan inesperadamente puso en movimiento los más secretos resortes de mis existencia. Las palabras del nigromántico resonaban en mis oídos todavía, y cuando volvía los ojos a aquella encantadora sílfide creía ver una figura formada por el talento de los mejores artistas en acumulación. Era un ángel principiado por el Correggio, y terminado por Murillo. Interrumpía a veces sus plegarias para cuidar de su madre. Era la única que lo hacía. Se la acercaba en silencio con los ojos llenos

---

14 *Jugador de manos*: Mago. La magia a la que se refiere este episodio era la de la capacidad de hacer aparecer en el espejo imágenes que ocurrían en otros lugares y tiempos, pero que tenían relación con alguno de los que las contemplaban.

15 *Empírico*: mago.

de lágrimas. Quise prestar algún auxilio a aquella familia desgraciada, pero la enferma lo rehusó con gestos tan espantosos que retrocedí horrorizado, y no tuve otro recurso que el contemplar inmóvil aquella escena desgarradora.

Entró sin saber por dónde en la alcoba, un hombre vestido de abate, de rostro encarnado y sombrío, y mirar torcido. El color de sus facciones recortado y sin transparencia, en algunos parajes frío, en una palabra, debajo de aquel cutis tostado no parecía haber una gota de sangre. La enferma arrojó al verlo un grito histérico, y dando un salto de convulsión quedó como muerta a un lado del lecho. Pero acercóse a la cabecera el abate con la Biblia abierta en una mano y la otra extendida sobre el libro, y diciendo al oído de la mujer algunas expresiones misteriosas acompañadas de gestos parecidos al bostezo, produjo en ella el efecto magnético y la hizo abrir los ojos. La niña con las manos cruzadas sobre el pecho, estaba como paralizada, y cuando yo quise huir...

«Dijiste que habíamos de morir juntos», dijo a la enferma el abate con infernal sonrisa. Ella quiso incorporarse en el lecho, no pudo, miróme desencajada, y me tendió los brazos. Yo retrocedí acobardado. «Todavía no», prosiguió el abate, «él tiene que hacer méritos por mí». Y después, arrimándose a la niña, «aún me queda tu hija, y tengo tres años de término», dijo pausadamente.

«¡Mi hija no, no!», gritó furiosa la madre, incorporándose en el lecho. No pudo proseguir. Sonó interiormente su pecho como una tabla rota, azuláronse sus ojos, esparciéndose por sus facciones un color acardenalado, tendió hacia la niña sus brazos disecados produciendo un ruido de dislocación, y enseñando sus pupilas blancas como dos granizos... cayó de espaldas. Y en la convulsión postrera lanzó un fuerte grito que resonó con una vibración metálica. Puso entonces el abate las manos en la cabeza de la niña, y al tiempo que ésta sollozaba y gritaba de dolor y de espanto sobre el cuerpo frío de la muerta, «ahora comienza en ti la virtud», dijo él. Y pasando la palma por las largas trenzas de Ángela, produjo en ellas un resplandor azulado como el fósforo. Salí de allí trastornado. Sentí palpitar mi corazón en los oídos, y un frío espeso entraba por mis párpados.

—¡Ángela! –murmuró Rafael, palideciendo repentinamente.

—Sí, ¡Ángela! –repitió asombrado Jenaro mirando de hito en hito a su amigo que con la frente sobre la palma de la mano se hallaba a punto de perder el sentido–. Sí, Ángela, a quien amo con todo mi corazón, prosiguió con aire distraído. Anoche la vi, ¡¡quizá por última vez!!

Rafael parecía una figura de pasta o un maniquí preparado para una farsa, tal era el estado de su fisonomía, húmeda, recortada la barba, sin vida, sin color, sin pensamiento. Un visionario hubiera dicho al verlos: «son dos libertinos, uno vivo y otro muerto, y emplazado el muerto para una orgía viene del otro mundo a cumplir su promesa». Pero Rafael continuaba hablando distraído.

—Aquella máscara singular se acercó a mí, y me dijo: «a las doce y media la tendrás en casa como anoche». Pasó ella entonces bailando una ligera gallop. ¡¡Pero después!!... una equivocación fatal de dominó...

—¡Una equivocación de dominó! –exclamó Rafael como despertando de un letargo. Miráronse un instante con sorpresa–. La cita era para mí.

—¡¡La trenza de oro!! –gritaron los dos a un tiempo y levántaronse de sus asientos.

—¡Es mía! –gritó frenético Jenaro.

—¡Veamos! –dijo Rafael con expresión diabólica tomando un cuchillo y haciendo a su rival señal para que le siguiera–, veamos quién duerme mejor sobre la nieve.

—¡¡Mía!! –volvió a gritar Jenaro con terrorífico acento.

—¡¡De ninguno!! –dijo una voz desconocida, fuerte como el huracán al revolverse en una nube, y una bolsa cayó sobre la mesa.

Y Jenaro sobre su asiento.

Contó Rafael el dinero con gesto irrisorio.

—En sesenta escudos me la vendió por un mes, faltan cuatro escudos.

—¡¡Maldición!! ¡dos noches tuya!! –y dejó la fonda despavorido.

VIII

—¡¡Así se vende un ángel!! ¡¡Por 60 escudos!! ¡¡Ha caído ya del cielo!!—exclamaba dolorosamente Jenaro sentado en su elegante habitación delante de un pequeño cuadro a medio concluir. Sus ojos estaban encendidos, pálidas sus facciones, y un puñado de cabellos en la mano fuertemente apretada. Porque Jenaro era artista, y sentía como artista.

La paleta y los pinceles desparramados por el suelo, y un chafarrinazo dado con rabia en la tela, indicaban la ninguna superioridad de la pintura sobre su desesperación.

—¡Nunca he podido hacer una madona! –gritó lleno de despecho.

Murmuraba por intervalos algunos nombres con voz bronca y cascada. Quería también pronunciar el de Ángela, y gesticulaba como un demente sin poder pasar del primer sonido. Levantóse de su banqueta, hízola rodar de un puntapié un buen espacio sobre sus ruedas, se frotó las cavidades de los ojos con ambos puños hasta hacerles saltar lágrimas. Y repetidas veces se llevaba las manos a la cabeza, y después de un prolongado quejido que parecía salir de sus entrañas, hacía una especie de risa mezclada de dolor como la de un niño antes de llorar.

Verdaderamente es lastimosa la situación de un hombre, que se siente repentinamente arrancado a los placeres de una dicha soñada para hundirse en una realidad espantosa.

Arrojó furioso el lápiz que tenía en la mano, y miró el puñado de cabellos que rodaba por el suelo con el aire que hacía su bata, con un gesto de compasión. Y tomando en seguida un violín que descansaba todo empolvado sobre un pequeño estante de libros, abrió una portezuela disimulada en un rincón de su habitación, y se escondió en aquella especie de nicho, después de lo cual siguió un profundo silencio. Considere el lector a este joven, pintor-músico, incrustado en su nicho apenas iluminado por la pálida luz que por lo alto mandaba un reducido ventanillo, vestido con una negra bata cuyos pliegues parecían salir de la tierra, su cabeza rubia iluminada superiormente, clavados los ojos en el cielo como un alma del purgatorio en el momento de la inspiración divina, y teniendo en su mano el instrumento, inmóvil como un santo de escaparate, y rodeado de esqueletos, momias, instrumentos de anatomía, retortas y otros objetos de alquimia no menos dignos de atención. Una armadura de reluciente acero colgada a un lado de la portezuela, aumentaba lo misterioso del cuadro. Visto todo a la luz del crepúsculo de la tarde, el cerebro menos pensador y positivo se hubiera hecho de repente visionario, y creería ver el purgatorio en miniatura al reparar en aquellos jeroglíficos infernales, al sentir aquel sabor a edad media y a encantamiento a pesar del polvo y de las cuantiosas telarañas que a guisa de arabescos colgaban por toda la antigua alacena.

Levantó majestuosamente el arco, y dejándolo caer sobre las cuerdas, empezó un canto lleno de sentimiento y de misterio. Participaba aquella armonía de ideas a un mismo tiempo extravagantes y tiernas, y resonaba en aquel nicho con un inexplicable sabor romancesco y enérgico. Entraban las vibraciones del sonido por entre la armazón de hueso de un esqueleto colgado por el cráneo en el fondo de la alacena. Los huesos parecían responder por dentro con un murmullo vago a las vibraciones de afuera. Balanceábanse las piernas de aquel despojo de hombre con solemne compás, chocaban a veces una con otra con seco estallido, temblaban todas sus costillas como movidas por el chispazo eléctrico, y la amarillenta calavera formaba en sus yertas cavidades sonidos desconocidos que expedía con un no sé qué de sardónico y feroz. Al herir con el arco las prodigiosas cuerdas, un estremecimiento general confundía a la vista el contorno de la figura entera de Jenaro, como sucede al mirar por el través del gas que radia una hoguera bien encendida. Lloraban sus ojos, palidecía como un difunto, y su largo cabello se encrespaba sobre su cabeza. Inclinóla a un lado y a otro como un péndulo, bajó un poco el cuerpo, agitó convulsivamente sus hombros, corrió el arco sobre el instrumento en toda su longitud con una especie de frenesí maligno y satánico. Un punto de luz azulada subió rápidamente por todo el arco. A este siguió otro. Parecían dos estrellas al escapar de la tormenta. El arco tropezó fuertemente en la pared, desmoronó parte de la masa de polvo inveterado que había en toda ella, las vasijas e instrumentos del vasar rechinaron. Y Jenaro exclamó dejando caer el violín y alzando los ojos con dolor:

—¡Por el alma de mi padre! Que si el diablo visita la alacena, ya le he sentido dentro de mi cuerpo.

Decíase en efecto que el espíritu infernal vagaba por la misteriosa alacena, e iniciaba a los que en ella entraban en ciencias desconocidas a los demás hombres. Jenaro, o muy despreocupado o deseoso de participar de la ciencia nigromántica, hacía en aquel nicho sus estudios de música, pero siempre salía de allí con algún signo fatal en la imaginación, que a un mismo tiempo le deleitaba y desgastaba su vida de pensamiento y melancolía.

Dio un grito, salió de repente del escondrijo empolvado, con el rostro lívido y animado de un gesto sardónico y dando diente con diente.

Un niño como de 10 u 11 años, vestido a la antigua, apareció en su fondo vuelto hacia la pared, y añadiendo algunos signos a una escritura de idioma desconocido. El esqueleto alargaba su transparente mano y borraba indignado lo que el niño escribía.

Acercóse a él Jenaro con mezcla de horror y cariño, y poniéndole la mano en la cabeza:

—¿Qué haces? –le dijo con voz temblona.

Volvióse el niño a él sin responder palabra, pero enseñándole un gesto espantoso. A poco un resplandor iluminó aquella especie de calabozo. Levantóse el muchacho lleno de rabia, y agarrándose con las manos a una especie de hilos amarillentos, desapareció por lo alto. Y Jenaro cayó desmayado sobre el piso de madera.

Cuando volvió en sí se hallaba sostenido en los brazos de un hombre vestido de seda negra, en traje de abate, que le miraba con una expresión de ternura y sentimiento.

—¡¡Pobre Jenaro!! –dijo con acento grave el desconocido.

—¿Quién es usted? –exclamó el joven–. ¿Cómo sabe mi nombre?

—Te he visto nacer –dijo aquel extraño individuo–. Venía yo a traerte noticias de Ángela, y tú te estabas durmiendo en el suelo.

—¡¡Ángela!! –murmuró Jenaro limpiando su bata y ocultando con su larga cabellera al bajar la cabeza el rubor de sus mejillas.

—¡¡Ha muerto!! –dijo solemnemente el hombre, levantando con majestad hacia el techo el índice ensangrentado.

—¡¡Maldición!! –gritó el joven arrojándose rabioso al asesino.

—¡Pobre muchacho! –dijo con imperturbable serenidad el desconocido, y con los brazos cruzados sobre el pecho–. No es la primera vez que tengo el dolor de luchar contigo.

Y esto diciendo, le asió con frialdad por los antebrazos y le arrojó de espaldas en el suelo. Frotóse en seguida los brazos produciendo el humo de una plancha sobre trapo mojado, y desapareció. Pero antes hubo entre él y el hombre de sólo hueso un gesto de correspondencia infernal.

IX

Quien hubiera estado a la hora del crepúsculo de la tarde en cierta habitación lujosamente adornada, donde había una alcoba con las vidrieras entornadas que expedían por sus junturas una luz cárdena y moribunda, hubiera oído muy de cerca los gritos desesperados de un hombre entregado por las apariencias al espíritu diabólico. Y después hubiera sentido abrir la puerta, y entrar en la habitación un joven con bata negra y el cabello desgreñado diciendo:

—Aquí es sin duda.

Porque en efecto era Jenaro. Llegó a tientas a la alcoba, abrió sus puertas, y cayó sobre él el cadáver de una mujer de quince años, con el cuello destrozado, y las rubias trenzas resplandecientes encrespadas en torno de su rostro como la aureola del sol en el eclipse...

X. Conclusión

Era un año después.

Estaban una noche de carnaval reunidos en una habitación de un cuarto principal, un sacristán gordo, rechoncho y moreno, figura de saco de carbón, y varios músicos amigos suyos, tres de ellos ciegos y uno tuerto, tocadores de violín y bandurria, sentados en torno de una mugrienta y carcomida mesa de ignorada madera, mesa que parecía extraída de un archivo de parroquia. Reposaba tranquilamente sobre ella una jarra blanca vacía en medio de muchos vasos de vino, unos llenos, otros mediados, como una respetable abuela de blancas tocas, ya desecada, que mira con placer a sus alegres descendientes, animados por la sangre que algún día corrió por sus venas. Contrastaban con la algazara de la reunión, sus voces vinosas, el clamoreo de los instrumentos y la rusticidad del ajuar entero, el eco de la habitación por largo tiempo deshabitada, la empolvada tapicería y pintura de sus paredes, y el misterioso olor que cree uno percibir al entrar en una gran pieza condenada por la superstición, porque se cuenta haber sucedido en ella prodigiosas aventuras. Pero de estos cuentos no se le importaba un bledo al sacristán Cirilo que, como hombre de trastienda, en varias ocasiones había sacado buena raja de todo aquello en que metían las viejas su hocico gris. Y aunque su mollera sonara a calabaza, ¿qué cuidado podría dársele de muertos y fantasmas, cuando desde tierno pimpollo de monago se había acostumbrado a gatear a todas horas el campanario de la antigua parroquia?

—En verdad –decía él con afectada risa de confianza en sí mismo–, que he encontrado una viña. Si todo me cuesta como la casa, dentro de poco me echo una peluca de perdiguero más larga que la de la fantasma.

—Cómo quiere disimular el miedo –dijo entre la risa general que excitaron las palabras del sacristán, y su voz temblona como la de un niño que entra por apuesta en una cueva oscura, uno de los músicos, a quien todos los demás hablaban como a persona nuevamente conocida. Era éste un hombre grueso, como de unos 40 años, con un parche verde sobre un ojo y el otro encandilado y contornado de negro, como los ojos de felpilla de una careta de tafetán, la nariz en forma de triángulo equilátero, y la boca asaz modesta para comparecer a presencia del susodicho único ojo.

—Cómo quiere disimular el miedo –repitieron todos, menos uno que era ciego y el más joven de ellos, de sufrida y pálida fisonomía, cabello ajado, y vestidos en algún tiempo de rico paño y elegante corte, el cual un poco desviado de los demás, se ocupaba tan sólo de su violín Amatus[16] de robusto tono, que tocaba con gran maestría. Prosiguieron embromando al pobre acólito hasta hacerle decir, que si salía la cabeza desgreñada se atrevía a quedarse solo con ella y arrancarle el cabello.

—Presto saldrá –dijo con harto maligna sonrisa el del parche, y entrando la luz por su desguarnecida boca, iluminó su caja enjuta, en carne viva, y sin lengua al parecer. Más esto no lo notaron sus compañeros–. Entretanto vamos remojando el paladar y si gustan les contaré la historia de la fantasma.

—Ya puede usted empezar –gritaron todos a una voz.

El humo de los cigarros formaba una espesa nube sobre sus cabezas, el aire puesto en vibración por los instrumentos e impregnado de gases espirituosos había tomado cierta densidad, y los cerebros chamuscados se hallaban en su punto para figurarse espectros, apariciones, silfos[17] y variar la forma de los objetos. Acurrucóse el sacristán contra el hombro del que estaba a su derecha, cruzó los brazos, apretólos bien, y después de girar una mirada clandestina de paura hacia lo oscuro de la pieza, tosió con fuerza, escupió y miró a sus camaradas con cuanta altanería le toleraban su chaquetón apostólico y el cerote[18] de su corazón.

Concluyeron los músicos sus tocatas, y siguiendo a la bullanga un regular silencio, principió el del parche su cuento en grave entonación. Mientras tanto el joven ciego proseguía, más apartado aún de la mesa, una armoniosa inteligencia con su instrumento, a quien hacía bajo sus dedos reír, quejarse y cantar en aires por lo común dulces y melancólicos.

Así empezó el tuerto su historia:

Vivía en esta corte por los años de 1794, un matrimonio alemán con un hijo nacido en Krems de 10 años de edad, muchacho el más travieso que criaron las nebulosas márgenes del Danubio. Su padre excelente químico y minero, discípulo de los célebres Pott y Zimmermann, con sospechas de al-

16 *Amatus*: Familia de Cremona (Italia) especializada en la fabricación de violines desde el siglo XVII.

17 *Silfo*: Ser fantástico. Espíritu elemental del aire.

18 *Cerote*: Miedo.

quimista entre la gente del pueblo, anciano de genio un poco áspero, iniciaba desde pequeñito al niño en los secretos de los minerales y de los gases. Había visitado las minas de la Styria y de Saltzbourg, pero lo hizo por su desgracia con tanto acierto, que en una ocasión el discípulo encolerizado por unos azotes que tuvo muy bien merecidos de su padre, valiéndose de una composición que tenía éste en una retorta de la alacena donde guardaba sus aparatos y hacía sus operaciones, le dio la muerte en su lóbrego laboratorio poniendo en combustión el compuesto, sobre el cual trabajaba aquel a la sazón. Cuando la pobre madre se encontró con el cadáver de su marido, negro como un tizón del infierno, el niño saltaba y batía las palmas de gozo.

No hay que espantarse, porque de lo contrario no tendrán Ustedes oídos para escuchar la conclusión.

Decíase que el diablo se había colado en el cuerpo del muchacho. Eso no hay que creerlo, –dijo, haciendo un gesto irrisorio, y prosiguió–. Huyó la madre a su país, llevándose a su hijo. Cuéntase que el niño, en pago de haberle conservado la vida, la echó al agua al pasar por una barca en su viaje. –Aquí volvió a hacer el gesto de risa, y añadió una carcajada seca como el sonido de una tela al desgarrarse. Los oyentes principiaron a mirarle con recelo.

Nos lo encontramos después en las orillas del Elba, de veintiséis años, y tonsurado por una manía de ascetismo. No sé dónde diablos fue a aprender a tocar con tanta perfección que estuvo por más de dos años desempeñando la plaza de primer violín del teatro de Dresde. Pero al fin se enamoró de una cantatriz casada con un pobre diablo también del teatro. Y después de haber tenido de su trato un niño hermoso, la mujer temiendo la cólera de su marido, mandó al niño a Madrid con un tío de ella, ajustado de segundo bajo en este teatro. Casualmente fue el hijo a parar a la fatal casa primer testigo de las habilidades del padre. En cuanto a éste, la cantatriz tuvo a bien de entregárselo a Satanás, –santiguáronse los oyentes– a lo cual este señor debió de estarle muy agradecido. Dióle una bebida que le abrasó las entrañas a presencia del verdadero marido, y temerosa del cumplimiento de cierto voto le arrancó la lengua. Este buen cristiano, tan manso y pobre de espíritu, no desdeñó el tálamo de su mujer legítima, habiendo en él, seis años después del nacimiento del niño, a una niña, la más hermosa que nació con ojos azules desde la Suiza hasta el mar Báltico. La continuación es romancesca.

En uno de aquellos éxtasis que se apoderan de dos amantes, en los que se pierde el juicio y el sentido, juráronse el violinista y la cantatriz amor perpetuo o muerte mutua. Y ella, sin duda más enamorada, o quizá más dolosa, añadió al primer juramento el de no sobrevivir a su amante, y morir con sus auxilios. Aún me acuerdo: era una tarde de verano, estaban los dos enamorados en un delicioso jardín fuera de la ciudad, sentados bajo un cenador de céspedes y jazmines a la falda de una roca, sobre la cual se levantaban los restos de una antigua fortaleza perteneciente al feudo del B. de Bernightoff. El sonido de sus besos llegaba hasta la fortaleza, que les miraba con sus abiertas troneras como un lobo hambriento sobre un monte las ovejas que pastan a sus pies. Al pronunciar el juramento la mujer, salió del seno del hombre una risotada a la cual respondió el torreón de la fortaleza. Aterrado el joven de aquella exclamación histérica, que él mismo desconocía, recordó lo que decían en su niñez del alquimista. Se creyó sujeto a las potencias del infierno, y palideció repentinamente. Esto fue motivo para que la enamorada reiterara su juramento, pero dos veces que lo hizo fue respondida por dos risotadas de su amante y dos ecos de las ruinas.

—Gran patraña debe de ser la tal historia –exclamó uno de los músicos, ¡cuando nos emboca hasta los más secretos pensamientos de esos amancebados!

Sin hacer caso el del parche prosiguió su relación. El joven ciego no abandonaba su instrumento. Sus tocatas y el tono de voz del que contaba seguían una misma escala. Reinaba entre las dos voces cierta misteriosa comunicación, una inteligencia profunda.

Ya os he dicho cómo se libertó la cantatriz del violinista. Vino ella a Madrid con su hija. Pero ya las pasiones la habían desfigurado, y había perdido la voz y el cabello. Sin colocación, y abandonada por el vicio mismo, pasó sus últimos años en un miserable tugurio con su hija, que era su único consuelo, sin un pobre perro que cuidara de calentar su lecho cuando la hermosa niña cuidaba la casa, sin la menor noticia del paradero de su primer hijo. Porque su tío, a quien estaba confiado, había ya fallecido. Educóse el joven con esmero en la música y en la pintura, aunque se cuenta que nunca supo hacer una Madona. ¿Eh, señorito? –volvió la vista al ciego, el cual al oír esta interpelación y las últimas palabras de la historia suspendió su tocata, y se estremeció palideciendo de repente. Todos se miraron unos a otros.

—No es nada, proseguid tocando –pero la relación era de gran interés para que el joven no la escuchara con todos su cuatro sentidos. El otro continuó:

Llegaba su hora a la miserable cantatriz, pero ¿cómo había de morir sin auxilios? Vino, pues, a agonizarla el tonsurado del otro mundo. El diablo le concedió un cuerpo que había servido ya para otras apariciones y que estaba arrinconado en un rincón del infierno, y además 3 años de término sobre la tierra. No olviden ustedes que falta ya poco para cumplirse el plazo. Las particularidades de su viaje subterráneo no merecen referirse. Murió pues aquella miserable prostituida, dejando a su hija en manos del abate Ya...¡ha! ¡ha! ¡ha! –interrumpió el nombre con una risa cascada parecida al crujido de una carreta– y con el sentimiento cruel de ver en sus últimos momentos al hijo, que para mayor tormento la desconocía, sin poderle decir, «yo soy tu madre».

Dejó el ciego caer su violín sobre las rodillas, y entreabriendo sus ojos blancos como dos granizos, le gritó lleno de espanto:

—¡¡Quién es Usted, miserable!!

—Yo soy –respondió con calma el del parche–, uno a quien no le interesa a Usted por ahora conocer. Trabaje por el alma de su padre.

Con admiración de todos volvió el ciego a colocar entre la barba y el hombro su Amatus, mientras el del parche concluía su historia.

—Hace hoy tres años justos que murió aquella mujer. Su hijo, que tenía ya 20 años, se enamoró entonces sin saberlo de su misma hermana. Pero merced a la venta que al cabo de algún tiempo hizo el abate Yago de la trenza de oro a cierto perdido llamado... no importa su nombre, no tuvo lugar el incesto.

Detúvose un momento y miró al ciego con recelo, pero tocaba entonces éste como poseído de un espantoso frenesí.

Su cuerpo temblaba, las venas de su frente se hincharon, formaba con su violín una misma esencia, terrible, fantasmagórica, ideal. Era un hombre envuelto en un remolino, el vértigo rodando con el espanto, un energúmeno, en espíritu conjurado por un exorcista. Ráfagas de luz corrieron por lo largo de su arco. El del parche estaba inquieto, miraba al tocador con terrorífico semblante, mordía sus labios y suspendía su historia como para dar tiempo al joven. Al fin sacó de su faltriquera un librito negro de escabrosa y ardiente superficie, y apuntó en él catorce rayas blancas. Todo era enigmático y aterrador.

—Como os iba diciendo: al amanecer del tercer día de máscaras, había el libertino dejado en el lecho durmiendo y con el cabello tendido a la niña de la trenza de oro. Echóse Yago a su lado para reposar. Despertó ella, mas no sé de qué diablos tuvo tal miedo, que saltando al suelo salió asustada de la alcoba, y juntado sus vidrieras las mantuvo cerradas con toda su fuerza para ponerse en salvo del abate, mientras con los ojos desencajados gritaba pidiendo socorro. Pero las miradas de Yago Yasck son como el aliento del caimán. La pobre niña sacó la cabeza, sus cabellos resplandecientes formaron una aureola de luz en su contorno. Juntáronse las puertas y quedó ahogada entre ellas. No piensen Ustedes que Yago tuviese la menor parte en esta funeraria escena. Lo único que hizo fue colocar el cadáver aun palpitante a la parte de adentro de la alcoba, en cuya operación pudo muy bien haberse manchado de sangre. –Estas últimas palabras fueron pronunciadas con una frialdad singular, y acompañadas de una mirada escudriñadora hacia el joven ciego.

—¿Cómo se llamaba aquella niña? –preguntaron todos a un tiempo.

Esa niña –respondió el del parche–, se llamaba la trenza de oro en las máscaras, y Ángela en su casa.

Arrojóse el ciego a él como un tigre.

—¡¡Yago!! –gritó con tan terrífica voz que parecía haberle saltado el pulmón a la garganta.

—Sí, ¡¡Yago soy!! Y Ángela era hija de tu madre, ¡pero no era hija mía como tú!! –exclamó el abate abrazándose a su hijo.

Cayó Jenaro en tierra sin sentido. Sacó Yago su negra cartera, arrojóla al suelo, y paseando por el cuerpo del joven una espantosa mirada de cariño

—Muchos méritos me faltan todavía –exclamó–, ¡¡no me alcanzarás nunca el cielo!! ¡¡Pero te he apartado del incesto!!

Sonó un reloj de iglesia las nueve, con una vibración tan penetrante que parecía colocada su campana sobre el techo de la habitación. Retembló la pieza. Siguióse un zumbido prolongado que iba en aumento. Abriéronse las puertas de la alcoba y se apareció la fantasma. Arrojaba su cabello llamas, que alumbraban su rostro acardenalado y las llagas aun recientes de la garganta. Al resplandor del espíritu, entreabrió Jenaro sus ojos sin pupilas. Desaparecieron los músicos como un puñado de pajas al aliento de la tempestad, y abriéndose en el piso un tenebroso abismo, hundióse en él el abate después de haber tomado la figura de un joven de veinte y ocho años, difunto, con el rostro descolorido y ensangrentado, y abierta la boca lívida y sin lengua.

El término había pasado. El fuego reclamaba su presa.

XI

La casa fue demolida.

Jenaro vivió algunos años cubierto de miseria.

En cuanto al buen Cirilo, mucha impresión debió de hacerle la cabeza de las greñas. Al amanecer del día siguiente a aquella noche fatal lo encontraron tendido de bruces en el salón del Prado, y al levantarlo no quería abrir los ojos, y preguntaba «¿Se ha marchado ya?».

En el día no sabe salir de la sacristía de la parroquia, donde pasa su vida sentado como un archipámpano[19] en uno de aquellos oscuros bancos de cajón, y los monaguillos juegan con él como con un mentecato, le tiran de las orejas, y le hacen repetir este cuento muy a menudo.

---

19 *Archipámpano*: Persona que ejerce gran dignidad o autoridad imaginaria.

El Marqués de Lombay

Mariano Roca de Togores, Marqués de Molins

Nos encontramos aquí con el retrato del amor como obsesión, como una fuerza brutal que invade al protagonista le hace dudar de todas sus convicciones y perder el contacto con la realidad. La enajenación amorosa, tal como la pinta Larra, en *El Doncel de Don Enrique el Doliente*, es la fuerza que anega y anula la pesonalidad del protagonista del relato

El Marqués de Lombay está enamorado sin esperanza de Isabel de Portugal, esposa de Carlos V y su muerte provoca en él una honda crisis. Roca va examinado este amor del Marqués y detalla como su acendrada piedad y el amor se van mezclando hasta que Lombay cae en una suerte de idolatría. Tras de una cacería en la que Lombay cabalga junto a la reina y en la que hay un dialogo lleno de indirectas amorosas, el Marqués se recluye a rezar.

> Su alma no se prestó esta vez a sus piadosos arrobamientos; una y otra vez pasaba la vista sobre las páginas del devoto libro y no entendía sus frases. *Isabel* hallaba escrito en todas ellas, *Isabel* le repetían los oídos por todas partes y el recinto estrecho de su aposento y la humilde postura de su persona no bastaba a haberle olvidar el bosque y el alazán de por la mañana. (p.64)

Abre al azar el libro y comienza a leer. Pero la página abierta es la del *Cantar de los Cantares*. En su enajenación amorosa, Lombay no lee el escrito, sino que sin darse cuenta lo cambia y transforma. Entre los versos de Salomón aparece el bosque donde por la mañana estuvo hablando con la reina y la propia reina. Pero de repente pronuncia en su locura una frase que habla de una amor negro, oscuro, culpable, una frase que sale sólo de él y arroja el libro, horrorizado, momentáneamente, de sus propios sentimientos:

Arroja al libro, pero al instante se entrega, sin rebozos, a su amor y a su desesperación. Se decide a irse de la corte y a huir de todo, pero no puede prescindir de ver a su amada. Piensa en su esposa Leonor, pero la imagen de Isabel se superpone. Olvida sus creencias religiosas y sólo piensa en su amor. En ese momento febril oye la llamada de su esposa Leonor: la vida de Su Majestad está en peligro. Lombay, por un instante, tiene una esperanza y cree que es el emperador quien está a punto de morir, pero se entera de que es Isabel la moribunda, acometida de unas fiebres y siente que la enfermedad de su amada es un castigo a sus pensamientos amorosos.

Una diálogo ente Carlos V y Lombay constituye la cuarta escena. El Emperador, triste pero sereno, encarga a Lombay los preparativos del funeral y éste se debate entre la tristeza y el sentimiento de culpabilidad, sentimiento que le hace pedir perdón al rey. Este se lo da, sin saber por qué se lo pide, y Lombay parte a su obligación.

La quinta y última parte está dedicada a los funerales de la emperatriz. Comienza con un largo monólogo en el que Lombay va detallando todos los detalles de la comitiva. De nuevo el enamorado ha olvidado todo rasgo religioso y lo que prepara es una gigantesca y multitudinaria manifestación de dolor por su amor perdido. El sensualismo de Roca, constante en todos su relatos, aparece asociado a todo aquello que se pueda relacionar con el dolor del sufriente enamorado: colores apagados, vestiduras oscuras, ropas negras, cirios amarillos, plañideras, penitentes de todo tipo, asociaciones dolorosas van apareciendo en las órdenes del obsesionado protagonista. Pero al mismo tiempo se manifiesta una indudable delectación en la descripción del lujo. El oro aparece en las vestiduras que deben llevar los obispos que acompañan al cadáver, en lo ropas negras bordadas con las que Lombay manda cubrir el ataúd, en los sillas, riendas y arreos que han de adornar a los caballos de toda la comitiva. Los damas de la reina irán «ataviadas y prendidas como de boda», los reyes de armas con «ricas dalmáticas» y los hidalgos de la ciudad «vestidos de gala». Como remate de esta comitiva el virrey y doce escuderos irán, llevando cada uno en su puño derecho un caballo. Los caballos «enjaezados todos como en un triunfo, irán desangrándose». Este sangriento homenaje, este sacrificio ritual de trece caballos, certifica lo pagano de la comitiva y lo ausente que está en este momento Lombay de todo sentimiento religioso.

Después se desarrolla la marcha. Lombay, fuera de sí, está como ausente de lo que prepara, siente que la reina está viva y durante la comitiva cabalga a su lado, hablando con ella y dando órdenes en su nombre. Su obsesión llega hasta la misma sepultura. Pero cuando abre el ataúd para mostrar el cadáver al arzobispo: la fetidez le horroriza, llama a la reina por tres veces y cuando no obtiene respuesta, dice llorando: «¡La reina ha muerto!»

Pero aún entonces su amor se resiste a creerlo del todo y cuando los distintos caballeros que han ido acompañando al cadáver juran ante el arzobispo que aquellas es la reina Isabel, Lombay se niega a jurar, a pesar de la petición del arzobispo. Después, solo ante el cadáver, se entrega a un desconsolado y particular *¿ubi sunt?*. Los efectos de la visión del cadáver de Isabel hacen cambiar a Lombay :«yo juro que no serviré mas a dueño que me (*sic*) se pueda morir».

Roca finaliza el relato con un breve colofón de que Lombay es San Francisco de Borja, pero esto no pasa de ser un añadido. Lo que le interesa al autor del personaje no es su conversión final, sino la pasión que le caracteriza como un héroe romántico. Es su amor loco, obsesionado, enfermizo, su amor romántico que raya en la idolatría, que es una «pasión oscura e incomprensible como el infierno», que le hace olvidarse de su religión, de su matrimonio, de su deber, que le hace desear la muerte del emperador a quien ha jurado fidelidad, que le enloquece y le hace consciente de la muerte de su amada cuando ya el cadáver está ya en evidente descomposición. Este amor tan extremo, esta pasión devoradora, choca con los sentimientos del emperador que no pronuncia más que frases vulgares y que se presenta como un personaje que no es capaz de albergar una auténtica pasión. Lombay sí que es un auténtico enamorado, tal como lo presentan los primeros dramas románticos. Está a la altura del Eduardo de «Pamplona y Elizondo», del Salvador de «El Lago de Carucedo», de los protagonistas de los grandes dramas románticos como *El Trovador* o *Los Amantes* de Teruel.

Es la obsesión amorosa lo que interesa al joven Roca de Togores en sus cuentos. El hecho de que el Marqués acabe siendo un santo y convenientemente integrado en la jerarquía católica no importa en absoluto a Roca y su vuelta a la religión no le interesa.

* * *

Semanario Pintoresco Español. 10 de julio de 1836. Tomo 1. Pp 121-125

El Marqués de Lombay

Mariano Roca de Togores, Marqués de Molins

I. Introducción

Vivía hacia mediados del siglo XVI en la corte de nuestra España, que lo era entonces Toledo, un caballero de tan principales prendas que, con ser aquella metrópoli cabeza del imperio más vasto que han conocido las hombres, y estar enseñoreada por un rey quizá el más poderoso que ha ocupado trono alguno en la tierra, con todo eso, no sólo se granjeaba el aprecio de los suyos, sino que era mirado por los extraños como uno de los mejores ornamentos de nuestra nobleza, entonces galana, rica y prepotente.

Tan elevada era su cuna, que contaba entre sus más próximos ascendientes reyes y sumos pontífices, y que el monarca le llamaba no sólo con cortesía, sino con placer primo y condiscípulo, porque era su común abuelo el Rey Católico, y ambos habían aprendido juntos las matemáticas; pero con todo eso, ni se jactaba de su ilustre prosapia, ni era su alcurnia lo que más recomendaba su persona. Rayaba aperas en los veintinueve años, y una presencia gallarda y majestuosa, un continente dulce, un aire gentil, eran dotes exteriores que realzaban más las muchas que adornaban su entendimiento y su corazón; valeroso sin arrogancia, discreto sin vanagloria, y tan francamente piadoso, que a veces era objeto de risa entre sus colegas.

Una sola pasión pudo deslizarse en su pecho entre el ascetismo religioso y el respeto cortesano. Una sola, aquella que penetra igualmente en el palacio del monarca que en la celda del anacoreta: el amor, y aun éste entró tan de callado y con tan honestas formas en el pecho del Marqués, que ni él mismo pudo apercibirse a combatirlo. Empero, como los espíritus elevados no pueden dirigir sus miras sino a objetos elevados también, he aquí que nuestro héroe puso sin advertirlo las suyas en la más cumplida dama de toda la corte, en la propia Reina.

Tenía lugar de contemplarla a menudo porque desempeñaba uno de los principales empleos de su servicio, y ni la veía ni la hablaba vez alguna que no ponderase en su interior la virtud y el talento de su señora. «Es la más cristiana de todas las reinas», decía para si; y cuando su lengua repetía: «es la más cristiana», su corazón entendía «es la más hermosa». Algunas veces, a pesar de que no era inclinado a la adulación, ponderaba tanto a su ama el respeto y la gratitud que la profesaba, que otra menos honesta y pura que la Reina, hubiera entendido por amor lo que su caballerizo llamaba agradecimiento.

En alguna ocasión se lamentaba de que la suerte hubiese colocado tan alta a la bella Isabel, que sólo la corona de un emperador hubiese sido precio conveniente de su mano, y en otras aún le parecía la diadema corto premio a la virtud de su dueño, y deseaba que la distancia que los separaba fuese todavía mayor, para que su afecto, que él llamaba siempre respeto, se asemejase más a una purísima adoración colocado ya el ídolo a una altura inaccesible para el adorador.

2. La Caza

Rebosaba a la sazón en júbilo y cortesanos festines la capital de los dos mundos, porque el Emperador habla convocado a ella las Cortes del reino. Torneos y justas, y banquetes y fuegos artificiales, celebraban aquél acontecimiento, y la Corte que aventajaba entonces a todas en poder, parece que las quería también exceder en lujo y en placeres.

Uno de los que más agradaban a la emperatriz Isabel era la montería, y por eso las batidas se repetían a menudo. En una de ellas, que tuvo lugar en una de las últimas y más bellas semanas de Abril de 1539, se quedaron un breve espacio solos, y perdidos entre un bosque de nogales, S. M. y el Marqués, que como ballestero mayor no la desamparaba un momento. Cabalgaba éste el mismo alazán con que el día antes habla vencido en el torneo, y llevaba una rosa, filigranada delicadamente en Salamanca, del primer oro que Hernán Cortés había enviado de la conquista de Nueva España, objeto raro y precioso que había servido de galardón al vencedor del palenque, y que tenía para el Marqués doble valor por haberlo colocado en su pecho la mano delicada de su señora, diciéndole: «que sea para vos de tanta honra como vos lo sois para España».

Viendo Isabel que su primer caballerizo no había aún disparado una sola vez la ballesta que llevaba en la mano, se volvió a él, y con gentil donaire le dijo:

—Extráñame mucho, Lombay, que siendo vos tan valeroso como lo acredita esa rosa que lleváis al pecho, gustéis más de la caza de alones que de la montería.

—Me place, señora, en la cetrería, admirar el poder del hombre que consigue hacer sus esclavas las criaturas que Dios hizo libres, y sujetar a su voz las aves del cielo.

—Y aún con todo ese poder, amigo mío, que se extiende a amaestrar y encadenar a cuanto vive alrededor de nosotros, y aún a aquellos seres que se levantan hasta el firmamento, la pobre razón humana ni alcanza jamás a estudiarse a sí propia, ni a dominar el corazón que late dentro de nuestro pecho.

—Esas meditaciones son las que más gozo me dan, señora, porque, como bien sabe V. M., soy, como cristiano, un tanto inclinado a la contemplación, y como músico no poco afecto a la poesía; y muchas veces allá en mis correrías, comparo las aves sencillas e indiscretas con nuestros deseos, porque vagan como ellos libres e independientes, y como ellos independientes se remontan tal vez donde los esperan los halcones, que son semejantes a las pasiones del alma, que luego esclavizan las voluntades y dan tormento y muerte a nuestro albedrío. Pero permitidme señora, que yo a mi vez extrañe que un corazón tierno y sencillo como el de V. M., guste del ejercicio en que ahora nos empleamos, y pueda sin remordimiento dar la muerte a pobres bestezuelas que ningún mal la han causado.

—Y decidme, Marqués, vos que habéis militado con valor en Italia; vos que luego en Francia, en la toma de Freus, vengásteis valerosamente la muerte de vuestro amigo Garcilaso, que expiró en vuestros brazos, ¿qué os parece más difícil, odiar a un enemigo que jamás hemos visto con amor, o dejar de amar indiscretamente a quien tratamos de continuo con estimación?.

El Marqués calló, cruzó los brazos sobre el pecho más para buscar el modo de no entender aquella pregunta, que para comprender lo que veía claro en ella. La Emperatriz le dijo poco después:

—Decidme, mi contemplativo caballerizo, si os sucediera como a un montero de una de mis parientas, las princesas de Hungría, que disparando inadvertidamente su ballesta, en vez de atravesar una cierva, dió muerte a su señora, ¿qué haríais vos?.

—Antes me ha reconvenido V. M. porque no he descargado la mía, y ya veis que sería indiscreto en mí, pensar en el remedio de males que de todo punto procuro evitar.

—Pero suponed que así no fuese, decidme: ¿qué partido tomaríais?.

—Señora, soy demasiado temeroso de Dios para precipitarme en un abismo como aquél hizo. Pero soy también demasiado amante de mi Reina, para no hacer que cayese la cuchilla del verdugo sobre mi cabeza. Pero si V. M. me lo permitiera, yo me atrevería a dirigirla la misma pregunta.

—Lombay, yo fío en mi acierto, lo que vos en vuestra prudencia. Jamás (estoy segura por muy repetidas experiencias), jamás mis tiros hieren donde no se han dirigido mis miras.

—¿Y si a pesar de todo vuestro tino os hiciere traición sin vos conocerlo –respondió precipitadamente el Marqués.

—En este caso la púrpura imperial no me resguardaría más a mí, que a vos los armiños ducales. Creed que la justicia es como el amor, que no respeta a nadie.

El Emperador, que buscaba a su esposa, llegó en el mismo momento, y el Marqués, por primera vez en su vida, miró a su soberano con disgusto, y a su corazón con vergüenza.

3. EL ORATORIO

Vueltos a la ciudad aquella noche, el mal parado caballero se retiró como siempre a su oratorio. Arrodillóse, según su costumbre, en un reclinatorio que había heredado del Papa Alejandro VI, y como lo usaba también, abrió un devocionario primorosamente minado que habían escrito para su antepasado Calixto III, los monjes de Valdigna. Pero su alma no se prestó esta vez a sus piadosos arrobamientos. Una y otra pasaba la vista sobre las páginas del devoto libro, y no entendía sus frases. Isabel hallaba escrito en todas ellas; Isabel le repetían los oídos por todas partes, y el recinto estrecho de su aposento, y la humilde postura de su persona no bastaban a hacerle olvidar el bosque y el alazán de por la mañana.

—¿Qué inquietud y desasosiego es éste (se preguntaba a sí mismo) que con tal violencia hace latir mi corazón, que con tal peso abruma mi frente, que con tal fuego hace correr en las venas la inflamada sangre mía? ¿Qué siglo es este que así ha pasado sobre mí en un solo día? ¿Qué palabras eran aquellas que se escapaban esta mañana de mi boca, tan sin parte mía, en la presencia de Isabel, como sin voluntad del arcabuz se desprende la bala cuando la mecha se le acerca? ¿Y aquellas dulcísimas y oscuras comparaciones de la Reina, se dirigían a alentar mi timidez, o a reprimir mi temeridad?... ¡Isabel!... ¡Oh Dios mio! ¿Qué magia tiene este nombre que cual un velo, embaraza mi vista?.

Y como si procurara, en efecto, descorrerlo, pasaba violentamente la mano por su encendido rostro, y abriendo maquinalmente el libro que tenía delante por otro lugar, procuró convertirá él toda su atención, y leyó claramente:

> En mi lecho por las noches busco al que ama mi alma, le busco y no le hallo.

> Porque cuando yo duermo, mi corazón vela, y la voz de mi amada le despierta.
> Levántate, apresúrate, amiga mía, paloma mía, hermosa mía, y ven.
> Ven, que tú eres para mí, como la paloma del desierto para el peregrino, y como el lirio entre espinas eres tú ¡oh Reina! entre las hijas de los hombres.
> Ven y bajaremos juntos al bosque de los nogales; allí pondrás tu izquierda bajo mí cabeza, y con la diestra me acariciarás.
> Me pondrás como sello sobre tu corazón, porque el amor es duro como la muerte
> Huye, amado mío, y aseméjate a la corza y a los cervatillos sobre los montes de los aromas.
> Porque hay una pasión que es oscura e incomprensible como el infierno, y la luz de sus lámparas es luz de fuego y de llamas.

—¡Dios mío, qué profanación! –clamó entonces el infeliz, y se arrojó para huir de aquella leyenda en el sillón que tenía detrás–. ¡Qué blasfemia! ¡Yo dirijo a un objeto mundano las santas palabras de los libros sagrados! Porque ¡ay! ¿no es una persona mortal la que está fija en mi mente? ¿Y qué persona? ¡Santos cielos! ¡La esposa de mi mejor amigo, de mi protector. de mi señor, de mi Rey! Huyamos, sí, huyamos para siempre de un escollo en que mi virtud puede estrellarse... Pero ¿y esta huida, no pudiera turbar la paz de mi familia? ¿Inquietar el ánimo de mi esposa? ¿Sembrar sospechas en la mente del Emperador? ¿Empañar quizá el honor de la Reina? Ciertamente, y por evitar un mal dudoso para mí, ¿por qué he de causar yo daños ciertos a personas extrañas y venerables? ¿Ni qué motivos puedo yo temer para pensar lo que pienso? No hay duda. Esto no es más que un rapto de orgullo culpable. No; amor no es este, porque yo amo tiernamente a doña Leonor, y jamás he experimentado por ella tan fuertes sensaciones ni aun en el dia que la recibí de la mano de Isabel, y en que yo le di la mía en la Capilla Real de Madrid. Pero ¡ay! ¿no hice yo aquel sacrificio, más atento a evitar males a mí padre, que a procurarme bienes? ¿Y qué fin pudo tener la Reina en alzar con tal empeño esa barrera nueva, y en unirme al mismo tiempo a su dama más querida a su confidenta más íntima... Será que... ¡Ah! No... Vanidad es ésta, lo repito, inspirada ciertamente por el maligno espíritu, a quien conviene combatir frente a frente; quedémonos, pues, y, en verdad, aun en el caso que fuese amor, ¿cuánto más meritorio será resistirlo a la presencia del objeto que lo provoca? ¿No lo he ocultado aun hasta de mí mismo? ¿Pues por qué no he de poder recatarlo en adelante de Isabel? Ofreceré de continuo a Dios costosos actos de mortificación sin culpa alguna, porque no la hay en amar con pureza lo que todo el mundo admira; y tachar de criminal a un joven, porque se inclina a la hermosura, sería acusar a la aguja de marear porque sigue al imán, y al heliotropo, porque va en pos del astro del día. Y si en esto hubiese algún mal, ¡cuántos años no quedan para expiarlo. ¿Me los negará a mí la divina misericordia, cuando mi tía, la duquesa de Ferrara[1], incestuosa, adúltera y fratricida, pudo aún llorar largamente en el claustro crímenes tan hediondos?

—Señor –gritó entonces doña Leonor desde fuera.

—Señora, ¿qué se ofrece? –contestó el Marqués con un tono áspero que jamás había usado.

—Daos prisa, que la vida de su majestad está en peligro.

—¿Qué decís? ¿Acaso el Emperador? –exclamó corriendo a abrir la puerta el caballero.

—Os llama con premura. Su augusta esposa ha sido acometida de una fiebre violenta, y apenas la dan esperanzas de vida los médicos.

—¡Miserable de mí! –gritó el de Lombay poniéndose ambas manos en el rostro, como si temiese que alguna señal apareciera en él de la criminal esperanza que le había acometido en el primer instante, y partió al palacio de los condes de Fuensalida, donde vivían los Reyes.

4. El Emperador

—Todo ha sido inútil, mi querido Lombay, el llanto de mis vasallos no ha bastado a contener la ira de Dios, que hiere a los poderosos cuando están más engreídos y desvariados en locos regocijos, y en el banquete del mundo coloca siempre el acíbar de los dolores al lado de la miel de los placeres, ¿Quién viera pocos días ha a la imperial Toledo resplandeciente y engalanada como una rica hembra en días de bodas? ¿Cómo la conocería hoy así enlutada y huérfana?... Bien que inútiles, me sirven, sin embargo, de gran consuelo las muestras de dolor de mis pueblos, y el vivo interés que han mostrado por la vida de mi esposa, los cuatro días que ha durado la enfermedad. Los templos no se han visto libres de gentes, ni las calles y plazas desamparadas de numerosas rogativas de disciplinantes, que con lágrimas y gemidos pedían a Dios la salud de su reina. Mis grandes todos han abandonado los arneses y ricas galas, que poco ha lucían, para vestirse la túnica penitente y el humilde sayal. Ni es poco, primo, lo que a tí te debo, si es cierto que eras tú uno que se distinguía entre todos por el peso enorme de la cruz que llevaba a cuestas. Dicen que era el que cubría con más cuidado su rastro con el antifaz, y bajo lo tosco de su cilicio, nadie le hubiera conocido si la delicada pequeñez de sus ensangrentados y desnudos pies, no hubiera descubierto en él al caballerizo mayor de la Reina, al mejor amigo del Emperador.

Y ponía blandamente la mano en el hombro del silencioso Marqués.

—Ojalá, señor, que las penitencias que yo haga por la salud de los demás, alcancen a conseguir el perdón para mí.

—Vamos, Lombay, que no es cosa razonable que yo haya de aliviarte y consolarte. Hablemos de otra cosa. Mucho te agradezco el que llevando a tu esposa contigo condesciendas en dejar a tus hijos aquí; el príncipe Don Felipe

---

1 *Duquesa de Ferrara*: Lucrecia Borgia, que caso con Alfonso D'Ester, Duque de Ferrara.

tiene particular inclinación a Don Carlos el mayor de ellos, y los juegos de ambos contribuirán a aliviarme otro tanto y distraerme en el monasterio de la Sisla, donde pienso retirarme; ya que la etiqueta de palacio me priva en este caso de mi mayor amigo.

—V. M. me llama por un dictado que no merezco.

—¿Ni a quién mejor que a ti pudiera encomendar la custodia de una alhaja que he perdido para siempre. y que ya polvo volverá en breve a la tierra de que salió?.

—V. M. pudiera encontrar servidores más...

—Vamos, adiós, que es sobrada humildad la tuya... Que lleves buen viaje.

El Marqués besó entonces la mano del Emperador para despedirse.

—Levántate y abrázame, mi buen condiscípulo – le dijo éste, observando que estaba sobrado tiempo de rodillas.

—No me alzaré, señor, mientras V. M. no me perdone.

—¿Y de qué. Marqués? –contestó algo enojado el Rey y luego continuó– ¡Ea, levanta que estás perdonado! ¡Estos devotos! ¿Qué más preparativos tomaras, ni qué más hicieras, si en vez de ir a Granada, te llamase mi servicio, como a Julián de Alderete mi tesorero, a las tierras de Méjico?

Un llanto común y un abrazo cariñosísimo fue la última señal de la marcha.

5. Lombay

—Que mañana, al amanecer, la Campana de la Vela[2] en este alcázar haga la señal del regio funeral. Y tres horas después, y apenas salga de la Alhambra el primer guión del entierro, los mosquetes y arcabuces hagan salva como si fuera el día de mayor pompa. Los cuatro maceros[3] de la ciudad abran el paso con sus pértigas enlutadas, y que los añafiles[4] y atabales[5] que los sigan suenen roncos y destemplados. Que los jurados y regidores de ella vayan de duelo y montados en caballos destrenzados y sin jaeces[6]. Cien pobres con ropones negros y cirios amarillos en las manos vengan después, y tras ellos cien plañideras cubiertas con mantos de velarte[7]. Los estandartes y guiones sean los mejores y más ricos, aunque también negros, y las cruces de plata con lazos de aquel color. Los frailes no lleven la capucha alzada ni las velas ardiendo, y los clérigos traigan sus sobrepellices no rizadas. Los prestes celebren y vayan aquel día con ornamentos negros de velludo, y sólo el Arzobispo y sus diáconos con terno de brocado de oro. Los canónigos lleven las capas de coro sueltas, los capuces calados y

2 *Campana de la Vela*: La Torre de la Vela es la torre más alta de la Alhambra y su campana se utilizaba para anunciar desastres.

3 *Maceros*: Hombre que lleva la maza delante de los cuerpos o personas autorizadas que usan esta señal de dignidad.

4 *Añafil*: Trompeta recta morisca de unos 80 cm de longitud

5 *Atabal*: Tambor pequeño.

6 *Jaeces*: Adornos que se ponen en la crin del caballo.

7 *Velarte*: Paño enfurtido y lustroso, de color negro, que servía para capas, sayos y otras prendas exteriores de abrigo.

las estolas de damasco sobre el roquete[8]. Detrás del reverendo Arzobispo, la Reina, mi señora, sea llevada en caja cubierta de reposteros[9] negros por seis donceles de su corte, con las armas imperiales bordadas de oro, y otros seis hidalgos de la ciudad vestidas todos de gala. Yo, como su caballerizo mayor, cabalgaré a su lado para su mejor servicio, y los monteros la guardarán ordenados alrededor y armados de punta en blanco. Sírvanla sus damas y dueñas ataviadas y prendidas como de boda. Luego sigan los maestres de sala con las insignias reales de oro y piedras preciosas en azafates y cojines de duelo bien recamados, y a continuación veinticuatro pajes descubiertos y con lazos negros en el brazo. Vayan en pos a caballo los reyes de armas con sus pendones abatidos y ricas dalmáticas[10]; los hidalgos de la ciudad vestidos de gala, los caballeros de las órdenes que en ella haya, con armaduras y hábitos, y los gentiles hombres engalanados ricamente y con banda negra al pecho, todos sobre monturas de oro y plata, y con penachos negros. Llevará el duelo, a nombre del Emperador nuestro señor, el Virrey de este reino, y sus caballos y otros doce bridones más que traerán los escuderos del diestro, enjaezados todos como en un triunfo, irán desangrándose. Y cerrarán la marcha los tercios y gente de armas que, como dispuestos a función marcial y sonando las trompetas, darán guardia al real cadáver. Las puertas de la ciudad y de las casas estarán cerradas, volcadas las celosías de los miradores, y silenciosas las campanas, basta que S. M. sea descubierta en la catedral, y ciertos ya todos de su muerte, podamos dar libre rienda a nuestro justo dolor.

Tales eran las órdenes que el Marqués de Lombay daba y tales las ceremonias que al siguiente día se practicaron en Granada. El desgraciado no podía, sin embargo creer lo mismo que veía, y al hacer los preparativos fúnebres se figuraba que aparejaba algún torneo o montería, porque siempre tenía presente a su Señora en aquel mismo traje en que pocos días antes la había visto por última vez, y no se la podía figurar de otro modo que con aquél ademán hermoso y risueño con que le hablaba del triste caso de su parienta de Hungría.

La comitiva salió después de la Alhambra, y el Marqués ricamente adornado con la mejor armadura que tenía, y con el manto de la orden de Santiago de que era comendador sobre los hombros, creía al montar su alazán que iba a entrar en justas para ganar nuevamente la rosa de oro. Muchas veces en el espacio que media desde las puertas del alcázar hasta las de la iglesia, levantó la voz al lado de la Reina, diciendo: «S. M. quiere se camine más despacio», y siempre lo hizo con igual alegría que si lo hubiera oído de la boca misma de la Emperatriz. Las bellas de Granada que presenciaban curiosas la pompa funeral en las calles, admiraban la compostura y desembarazo del caballero, y los servidores de la Reina que asistían llorosos a aquél acto extrañaban la serenidad de su jefe, si bien lo pálido de su semblante y lo desencajado de sus ojos, les hacía conocer la enajenación mental del caballerizo.

Llegó la procesión a la ciudad, y apenas hubo entrado en ella el Arzobispo

8 *Roquete*: Especie de sobrepelliz cerrada y con mangas.
9 *Repostero*: Paño cuadrado o rectangular, con emblemas heráldicos.
10 *Dalmática*: Túnica abierta por los lados, usada antiguamente por la gente de guerra, por los reyes de armas y por los maceros.

con toda la gente que le precedía, se cerró detrás de él la puerta que hoy se llama de las Granadas en la calle de los Gomeles, y los reyes de armas llamaron por tres veces en el umbral con las astas de sus pendoncillos. Tres veces preguntaron desde dentro quién llamaba, y otras tantas también gritó sereno el caballerizo: «Abrid a la Reina».

Delante ya de la iglesia metropolitana, se apeó la comitiva, y colocado que fue el féretro en la capilla mayor y abierta junto a él la sepultura al lado del enterramiento de los Reyes Católicos, el Prelado levantó la voz y dijo por tres veces: «¿Dónde está S. M.? Mostrádmela», y los gentiles hombres abrieron la puertecilla del ataúd y no pudieron resistir la fetidez. Acercóse entonces Lombay al sitio que ellos abandonaron; el semblante se le encendió, los ojos casi se le saltaban, y sus facciones se le inmutaron de tal suerte, que dió bien a entender la sensación que tan terrible espectáculo le causaba, y con una voz rueca y terrible, como si quisiera penetrar hasta el abismo y ser oído desde la eternidad, gritó tres veces:

—¡Señora! ¡Señora! ¡Señora! –y luego rompiendo en llanto, añadió con acento débil y desmayado– : La Reina ha muerto.

El Arzobispo, continuando la ceremonia dijo:

—Jurados de Granada, sedme testigos de lo que vais a oir, y vosotros –entonces leyó una lista de doce caballeros de la corte–, juradme por la cruz en que murió Cristo señor nuestro, que este es el real cadáver de Doña Isabel de Portugal, Reina de Castilla y de León, Emperatriz de Alemania, y esposa del magnífico, poderoso y católico rey Don Carlos nuestro señor.

Dudaron algún tanto los caballeros; pero luego, poniendo todos menos Lombay las manos en la guarnición de las espadas, dijeron:

—Sí, juramos.

—Y vos, ¿no juráis, Señor? –dijo el Arzobispo acercándose al Marqués.

—Id – le respondió éste–, a que se extienda el testimonio de lo que se ha hecho, y que mis compañeros lo firmen, mientras mis ojos se cercioran de lo que no quieren creer.

—¿Es posible –decía cuando se quedó solo, porque la pestilencia hizo huir a todos–, que sea ésta la misma, aquella Isabel antes tan cortejada, ahora tan abandonada; aquella reina tan alabada del mundo entero, ahora casi negada de los suyos? ¿Pero qué mucho? ¿Dónde está, dónde, aquella belleza que la hacia el ornato de la corte? Trocada ahora en un objeto horroroso y pestilente; aquellos ojos que con un solo movimiento esclavizaban todos los corazones, ya vidriosos y hundidos; aquella voz que mandaba desde donde nace el sol hasta donde se apaga, aquí muda; aquél conjunto de gracias hecho ahora montón de podredumbre y pasto de viles gusanos. ¡Juventud, majestad, talento, hermosura, poder, virtud, todo reducido a polvo más miserable y nauseabundo que la inmundicia misma! ¿Y éste era el objeto de mis deseos? ¿Y en esto fundaba yo mis esperanzas, seguro de una larga vida? ¡Ay! ¡Si cuando yo discurría tan locamente, la muerte hubiese necesitado de una víctima menos elevada! ¡Quién sabe cuántas gotas caben en el vaso de nuestros delitos, y si una más llenará su medida y la derramará sobre nuestra cabezal. ¡Tal vez la hora de la eternidad ha sonado para tí, desventurada, concebido apenas el primer pensamiento criminal!

Volvieron entonces el Arzobispo y los caballeros, y tocando aquél en el hombro al caballerizo mayor, que aún permanecía insensible a la fetidez que despedía el cadáver, y tan inmóvil como si su corazón se apacentase en aquél espantoso espectáculo, le preguntó:

—¿Reconocéis por fin a vuestra ama?.

—Sí –respondió el Marqués. y con los ojos vueltos al cielo, poniendo la diestra sobre la cruz que llevaba al pecho, al mismo tiempo que con la siniestra dejaba caer para siempre sobre el objeto de su amor el velo mortuorio, añadió: —Pero yo os juro que no serviré más a dueños que me se pueda morir.

6. Conclusión

Algunos años después, en el pontificado de Clemente X, se celebraba en Roma la canonización de San Francisco de Borja, primer Marqués de Lombay, cuarto duque de Gandía, Grande de España, Caballerizo mayor de la Emperatriz Isabel, esposa de Carlos V, su Virrey y Capitán general en Cataluña y tercer prepósito general de la Compañía de Jesús[11].

Su cuerpo yace en esta corte en la iglesia de san Felipe Neri.

El joven Duque de Osuna lleva su título y es su descendiente

---

11 En la edición de las Obras Completas del autor (1886) se añada un nuevo final a partir de este punto: No sólo dio su vida asunto a lecciones morales y esplendor al culto católico, sino que fue materia de creaciones artísticas de toda especie. Bayeu y Goya fantasearon cuadros; el gran Calderón de la Barca y los jesuitas Fomperosa y Calleja inventaron comedias; el duque de Rivas publicó romances; el autor de estas líneas acomodó folletines. Quizá el siervo de Dios no vistió nunca las galas que le prestaron los pintores, ni intervino en las escenas a que le trajeron los dramáticos, ni concibió los sentimientos que le atribuyen loa novelistas. Si Horacio da bula de *quid livet andendi* para estos excesos, cuestión es ardua y no oportuna ahora; pero lo que es es necesario protestar, y yo he de hacerlo en cuanto me concierne, es que cuanto pueda dañar la memoria de aquel héroe cristiano, que fue en todos los estados de su vida alto ejemplo de pasmosa santidad y pureza, de sublime humildad y abnegación heroica, es hijo sólo de la fantasía del escritor, y no de la verdad del cronista. Tú, pues, desocupado lector, si en esta media docena de párrafos, hallas alguna edificación y ejemplo, glorifica al Santo, si fastidio o escándalo, culpa al novelista, si por fin, placentero entretenimiento, atribúyelo al género de literatura novelesca que, nociva o conveniente, es siempre agradable. Sabe, por ultimo, que el venerando cuerpo de San Francisco de Borja, existe hoy en la pequeña iglesia de San Antonio del Prado de Madrid. Que el palacio en que vivió en Valencia se ha convertido en fábrica de hilados, y que su nombre, título y honores, los lleva el Duque de Osuna, Don Mariano Téllez Girón y Borja.

La peña de los enamorados

Mariano Roca de Togores, Marqués de Molins

La Peña de los Enamorados» trata una historia que ha tenido muchas versiones en la literatura española[1]. Zulema, princesa mora, ama a Fadrique, prisionero cristiano. Ambos resuelven huir El padre de Zulema les persigue y les alcanza junto a una peña junto a Antequera. Ambos se suicidan arrojándose de la peña.

El cuento se divide en seis escenas. 1-Dialogo de Zulema y Zaida. 2-Descripción del templete donde está Zulema y del lema que en él hay: «Morir gozando» 3-Diálogo entre Fadrique y Zulema. 4-Fadrique intenta descifrar un mensaje (lenguaje de las flores) que le ha dejado Zulema en un ramo y contesta con otra flor. 5-Dialogo entre Zulema y Fadrique mediante el cual se cuenta la huida, persecución y muerte. 6. Conclusión.

Tres de las escenas del relato están resueltas casi enteramente por el diálogo de los amantes. Hay que anotar que Roca utiliza para su narración un artículo sobre el lenguaje de las flores que había aparecido en un número anterior del *Semanario Pintoresco.*

Desde el primer momento del relato se insiste en la sensación de calor asfixiante que agobia a todos personajes y que se corresponde con la ardiente pasión que mueve a la pareja protagonista.

Comienza Roca su narración con Zulema y Zaida dos jóvenes moras. A lo largo de su diálogo se van dando informaciones al lector, porque Roca en una especie de *exordio in abruptu* no da ninguna indicación previa al lector, ni para situar la historia en tiempo y lugar, ni para informar de los personajes. Poco a poco el diálogo de la escena primera, sin dejar de insistir en el calor, nos va informando de que Zulema es la hija del rey de Granada y Zaida su sirvienta. Nos enteramos de que es una hora en la que no puede sorprender a ambas el padre de Zulema porque está dedicado al ajedrez. La inquietud de Zulema es evidente y por fin, a pesar de la resistencia de Zaida, abandona a su sirvienta y va hacia una cita en el jardín.

La segunda escena comienza de nuevo con una alusión al tremendo calor, a causa del cual nadie está en el exterior. Zulema se dirige con rapidez hacia un pabellón en el jardín.

---

1 Jiménez Morales, 1996; Rodríguez Gutiérrez, 2002.

> Al extremo de una larga calle de cipreses hay un óvalo plantado de robustos álamos revestidos de yedra y en medio de él se eleva un pabellón que tiene grabado sobre su entrada en caracteres arábigos de oro brillante este tema:
> «*Morir gozando*»
> Era aquel sitio el más elevado de toda la hacienda y la vista que de allí se disfrutaba le hiciera delicioso aunque no fuera en sí el conjunto de la riqueza y de la magnificencia oriental.
> Este templete formado por columnas de pórfido, cuyos capiteles y bases de bronce cincelado representaban mil peregrinos juegos de voluptuosas huríes, estaba cubierto por un techo de concha embutido de nácar. Alrededor y en medio de los arcos sendas vidrieras de colores dejaban entrar el sol modificado por mil iris o descubrían su horizonte de dilatados jardines: en torno se extendían almohadones de terciopelo verde con franjas de oro intermediados por floreros de porcelana y por perfumadores de plata. Un tapiz de brocado cubría el pavimento y en el centro un baño de alabastro recibía los caños de agua olorosa que le tributaban dos ánades de oro. (p.75)

Esta es una de las descripciones mas sensuales y detallistas del exotismo árabigo-hispano que podemos encontrar en las páginas de los cuentos románticos. Y en ese marco de belleza y placer, Zulema, desesperada recorre con su mirada su interior y al encontrarlo vacío se desmaya, Roca cuenta este desmayo con un sensualismo que se corresponde con la descripción del pabellón

> Zulema [...] se revuelve con violencia, su tocado se descompone, el cabello flota en torno al ímpetu de su movimiento, y luego, desesperada y exánime cae sobre uno de aquellos cojines que la rodean, así como la erguida palma agitada por el huracán en medio del desierto sacude una y otra vez su ramaje alrededor de él y al fin tronchada por el pie se desploma sobre la arena.

Para la tercera escena, Roca, como de nuevo hará en este cuento prescinde de nexos intermedios. En este relato se hace muy perceptible el efecto de «bajada de telón» que se consigue con la división en escenas de los relatos.

> Cruzados ambos brazos, la cabeza inclinada, la barba sobre el pecho y la vista fija en un solo objeto contempla Don Fadrique de Carvajal el descuidado cuerpo de Zulema que yace sobre aquellos taburetes como un manto arrojado en el lecho en un instante de entusiasmo o de cólera

Entre las dos escenas se diría que el telón ha subrayado dramáticamente el desmayo de la mora, cerrando un acto, y abriendo el siguiente con la figura inmóvil del cautivo cristiano en medio del escenario.

Este mismo recurso se utiliza entre las otras partes, saltando además los nexos intermedios que el narrador deja al arbitrio del lector. La tercera parte termina con la declaración de Zulema, en un monólogo, de que va a mandar un mensaje a Fadrique mediante un ramo de flores. La cuarta comienza con Fadrique descifrando el ramo. Al final de esta cuarta parte Fadrique manda un mensaje por medio de unas flores: «cita». El comienzo de la quinta parte es un diálogo entre los enamorados, bajo el peñón donde van a morir. La decisión de escapar y los pormenores de la huida se dejan a la imaginación del lector. El comienzo de esta quinta parte es un perfecto diálogo teatral, tanto que incluso los personajes se detienen en su caminar, y declaran estar junto a la peña, para explicar al público los acontecimientos. Toda la escena se va a resolver casi por entero por medio del diálogo, y solo al final toma la palabra el narrador para narrar los últimos pormenores de su muerte.

* * *

Semanario Pintoresco Español. 11 de septiembre de 1836. Tomo 1. Pp 193-195

La peña de los enamorados

Mariano Roca de Togores, Marqués de Molins

I

—¡Qué calor! Jamás ha abrasado tanto el sol de Granada; la cabeza me arde; ese vergel es tan largo, tan sin sombra.

Así exclamaba una bella mora al subir las gradas de mármol que conducían al bosque de su jardín, y al mismo tiempo levantaba el velo que envolvía su rostro, y se limpiaba con un delicadísimo lienzo el copioso sudor de su tostada frente.

—¿No veis, señora –le decía una de sus damas que la venía acompañando–, cómo las flores se marchitan por estar poco guarecidas de sus rayos, cómo el agua refulgente de aquellos estanques de jaspe[2] se seca con su calor, cómo los colores que matizan las filigranadas celosías del palacio palidecen a su luz?.

2 *Jaspe*: Mármol veteado.

—Dime, Zaida. ¿no te parece que el amor es como el sol, que hace crecer a la hermosura y luego la marchita, que da el brillo de los diamantes a las lágrimas y luego las seca; que sonrosa las mejillas y luego las descolora?...

Al decir esto, no ya para enjugar el sudor, sino para restañar el llanto, cubria su bello semblante con el pañuelo y apoyándose en uno de los jarrones de porcelana, que adornaban aquella entrada, más parecía una estatua sepulcral que un ser animado y sensible. Zaida le acercaba una y otra vez un precioso pomo de oro con alcanfor[3], porque temía qne su señora sucumbiese al dolor y al cansancio.

—Zaida, amiga mia, ¡cuánto te debo!... Si quisieras dejarme sola un momento... Mira, tu amistad es mi único consuelo, tu voz es para mí como la brisa del mar para el que se abrasa de ardor; pero ¡ay!, cuando la llama se ha levantado ya, esa brisa no puede hacer más que aumentarla...

La pobre Zaida, si bien sentida del despego de su señora, atendía más al ajeno alivio que al propio sentimiento: y poco cuidadosa de las dulces palabras de su amiga, procuraba tan solo hallar motivo para obedecerla.

—Mirad, señora, que estáis muy cansada, muy decaida. ¿No fuera mejor que nos sentáramos en un sofá de césped. que está en la calle de los laureles, o que siguiérais apoyada en mí hasta que el sudor que corre por vuestras mejillas se hubiese templado?.

—Ya sabes el carácter de mi padre; si supiera que estábamos en el jardín, y nos sorprendiese a hora tan desusada.

—Es imposible. Se quedó jugando al ajedrez, junto a la fuente del cisne en la sala dorada, con el Hagib Ariz-Ben-Alí, y bien sabéis que aunque se quemase todo el palacio no movería con precipitación un solo alfil.

—Si, mas con todo, pudiera suspender la partida; más vale que te quedes; desde aquí se ve la puerta del castillo, y a la menor novedad puedes avisarme...

Estrechóla la mano con tal ternura, y con tanta expresión la miró al decir estas palabras, que la discreta dama leyó todo lo que pasaba en el corazón de su amiga, y no pudo menos de acceder a sus súplicas.

II

Cuando el sol de Agosto brilla desde lo más alto de los cielos; cuando su lumbre dora la ancha faz de Andalucía, los habitadores de aquellas bellas ciudades no se atreven a dejar sus voluptuosas y fresquísimas moradas; ni aun las aves osan desprenderse de las ramas temiendo que las abrasen los rayos que pasan entre las hojas de los árboles o como si el aire les hubiera de faltar para sostenerlas en el vacío. Un silencio igual al de la media noche reina por todas partes, y parece que la naturaleza, admirada de la brillante y de la sublime hermosura del sol andaluz, se para a contemplarle.

3 *Alcanfor*: Madera del alcanforero, especie de laurel.

La suntuosa alquería de Aben-Abdalla, llena de festines y de zambras[4] todo el día; aquella mansión del lujo y de los placeres, en donde no se da tregua al regocijo ni aun durante las breves horas de la noche, sólo en esos momentos se mostraba muda, desierta, como si no tuviesen dueño sus salones, ni cultivadores sus jardines. Zulema, en tanto, con paso veloz, a par que mal seguro, atraviesa las calles de limoneros y naranjos, y esta vez sólo sus ojos animados, no expresan pensamiento alguno; agítanse a uno y a otro lado maquinalmente, y allá detrás de ellos se descubre una idea fija, invariable, así como las aguas al moverse en los estanques, impelidas por el soplo de la mañana, dejan siempre ver al través de sus movibles olas el pavimento de mármol y el musgo que crece en su fondo. Al extremo de una larga calle de cipreses hay un óvalo plantado de robustos álamos revestidos de yerba, y en medio de él se eleva un pabellón que tiene grabado sobre su entrada en caracteres arábigos, de oro brillante, este lema:

«MORIR GOZANDO»

Era aquél sitio el más elevado de toda la hacienda, y la vista que de allí se disfrutaba lo hiciera delicioso, aunque no fuera él en sí el conjunto de la riqueza y la magnificencia oriental.

Este templete, formado por columnas de pórfido[5], cuyos capiteles y bases de bronce cincelados representaban mil peregrinos juegos de cintas y de flores, estaba cubierto por un techo de concha embutido de nácar; alrededor, y en medio de los arcos, sendas vidrieras de colores dejaban entrar la luz del sol modificada por mil iris, o descubrían su horizonte de dilatados jardines. En torno se extendían almohadones de terciopelo verde con franjas de oro, intermediadas por floreros de porcelana y por perfumadores de plata. Un tapiz de brocado cubría el pavimento, y en el centro un baño de alabastro recibía los caños de agua olorosa, que le tributaban dos ánades de oro.

Todo era placer alrededor de la bella virgen; todo luto y desconsuelo en lo íntimo de su corazón. Como si no estuviera aquél aposento examinado con una sola mirada, Zulema recorre con las suyas las paredes de aquél pabellón. Se revuelve con violencia, su tocado se descompone, el cabello flota en torno al ímpetu de su movimiento, y luego, desesperada y exánime, cae sobre uno de aquellos cojines que la rodean, así como la erguida palma agitada por el huracán en medio del desierto, sacude una y otra vez su ramaje alrededor de sí y al fin, tronchada por el pie, se desploma sobre la arena.

III

Cruzados ambos brazos, la cabeza inclinada. la barba sobre el pecho y la vista fija en un solo objeto, contempla D. Fadrique de Carvajal el descuidado cuerpo de Zulema. que yace sobre aquellos taburetes como

4 *Zambra*: Fiesta que usaban los moriscos, con bulla, regocijo y baile.

5 *Pórfido*: Roca compacta y dura, formada por una sustancia amorfa, ordinariamente de color oscuro y con cristales de feldespato y cuarzo.

un manto arrojado en el lecho en un instante de entusiasmo o de cólera. Lentamente, como si cada una marcase una idea dolorosísima, se deslizaban una tras otra sus lágrimas, y corriendo ardientes por las pálidas mejillas del cristiano iban a rociar los desnudos y delicados pies de la insensible mora.

La voz de su profeta llamando a los creyentes en el último día, no la hubiera quizá conmovido, y un suspiro acongojado que lanzó el cautivo penetró hasta el fondo de su pecho.

—¿Eres tú? –le dijo con voz desmayada y débil–. ¿Eres tú, Fadrique?.

—Os guardaba el sueño. ¡Feliz quien puede dormir, señora, mientras que todos velan! ¡Feliz quien encuentra un lugar de refrigerio cuando la naturaleza abrasa todo lo que vive sobre la tierra!

—¿Dormir? ¡Fadrique, si yo pudiera dormir un sólo momento... Si yo pudiera dormir eternamente! –y luego afirmando más el tono de la voz, y como si ya estuviese del todo reportada a su estado natural añadió– : Más habrá descansado en estos cuatro días mi jardinero, cuando ni un solo ramo me ha ofrecido.

—Señora, yo sé que cualquiera que haya sido mi origen, al presente, por mi desgracia, soy esclavo vuestro... Cautivo de vuestro padre. Nunca comeré en balde su amargo pan ni un solo día.

—Yo no quiero reconvenir al cautivo –dijo corrida Zalema. Y luego añadió tiernamente– : Pero ¿no tengo motivos para quejarme del caballero?.

—El caballero, señora, ha regado con llanto estos días las flores que el cautivo debía cultivar para vuestra boda.

—Y ¿quién te ha dicho que las prepares?.

—Quien pudiera saberlo y no tenia interés en callármelo.

—Fadrique, cuando después de la batalla de los infantes me presentaron tu cuerpo ensangrentado, el médico debía también saber tu suerte; él te preparaba la mortaja, y yo te curaba; y yo te decía que vivirías por mí y yo sola te dije la verdad. Cuando cautivo después en la Alhambra gemías sin esperanza, tu cómitre no te hablaba más que de nuevas cadenas; yo sola te consolaba; yo sola te anunciaba mejor fortuna; te decía que serías para mí, y yo sola te dije la verdad. Y después, Fadrique, y después cuando el cautiverio de amor vino a aprisionarnos a ambos más que el de tus hierros; cuando abrazados ambos en lo íntimo de nuestros corazones, desesperábamos de poder comunicarnos mutuamente nuestros pensamientos, yo sola te lo prometía; yo te enseñaba el lenguaje de las flores; yo te lisonjeaba con la proximidad de mejores días, y yo sola, tú lo sabes, yo sola te dije la verdad. ¡Ingrato! ¿Tantas pruebas no han bastado ni aun a inspirarte confianza? ¿Todas ellas no han podido alcanzar el que siquiera me creyeses?

Arrojóse precipitado a los pies de su amada; D. Fadrique, llevó enajenado su blanca mano a los labios y cuando intentaba despegarlos para justificarse y escuchar una y otra protesta de que era amado el canto de Zaida vino a interrumpirlos.

—Es mi padre, adiós.

—¿Tengo un rival? ¿Me dejarás de amar?

—No. Primero morir, te lo juro. Morir gozando –dijo leyendo el rótulo–. Esta tarde dejaré un ramo en la fuente del dragón, allí vendré con el Hagib.

Estas fueron las últimas palabras que Zulema dijo dirigiéndose ya azorada hacia donde sonaba la voz de su amiga.

IV

Incomprensible fue para Don Fadrique el ramo que Zulema dejó junto a la fuente. Era el caballero tan diestro en descifrar aquella especie de escritos, que ni el árabe más galán pudiera aventajarle. Pero en aquella ocasión se molestaba en vano dando vueltas a aquél conjunto de flores, sin poder entender el arcano que en ellas se encerraba. Unos cuantos botones de siempreviva le indicaban la constancia de Zulema. Y luego una zarza rosa venía a recordarle su mala ventura. El colchico le decía claramente: «pasó el tiempo de la felicidad». Pero puesta a su lado una retama, le infundía alguna esperanza. Quería luego con más ahínco penetrar el sentido, y entre mil insignificantes flores sólo un crisócomo significaba algo, «no hacerse esperar». Conoció, pues, que Zulema, obligada a hacer aquel ramo en presencia del Hagib, habría puesto en él mil cosas insignificantes, sólo por condescender con su molesto acompañante. Pero con todo, un heliotropo, que descollaba en medio, le gritaba con muda voz: «yo te amo», y esto le consolaba.

—Pero ¡ay!, esto no basta. El tiempo urge más que nunca. Quizá al amanecer, Zulema será de otro; las bodas se van a celebrar en la madrugada, ¡y yo no puedo hablarla!. Si a lo menos pudiera darle una cita. Pero ¿y qué medios?...

En aquél momento vio pasar al anciano padre de Zulema por una encrucijada. Una idea se le presentó, y no la había aún de todo punto reflexionado, cuando ya estaba en práctica. Cortó dos tallos de anagalida, y dirigiéndose al viejo musulmán, le dijo:

—Señor, vuestra hija ha estado buscando de estas flores para un medicamento toda la tarde, y no ha podido hallarlas; ofrecédselas, pues, y advertidla en mi nombre, que aun mejor que llevarlas al pecho, es, según la usanza de los míos, beber el agua que deja este vegetal después de puesto al sereno por dos horas en la ventana.

Bien sabía el mahometano que aquella flor significaba cita pero el lenguaje franco del cristiano, le hizo abandonar esa idea. Sin antecedente ninguno de la pasión de su hija, sabiendo además cuán medicinal era aquella planta, e ignorando que el cautivo supiese el significado que pudiera tener, no dudó un punto en dársela a Zulema y referirla exactamente las palabras del jardinero.

V

—No puedo más, Fadrique mío, ya lo ves. Hace cerca de doce horas que caminamos sin descansar, y luego, este sol, este sol....

—Y como traes la cabeza descubierta, como te dejaste el turbante deshecho en la ventana por donde te escapaste... ¿Quieres que te lleve un rato?

—No, mejor será que descansemos un poco aquí a la sombra de este peñasco. Ya les llevamos sin duda mucha ventaja, y si no saben el camino que hemos.tomado...

—Sí, aquí; mira cuán fresco está este sitio. Sentémonos.

—Quítate la armadura, mi buen Fadrique. ¡Ay! cómo abrasa, parece que acaba de salir de la fragua.

—¡Si vieras mi corazón, hermosa mía! ¡Si lo vieras cómo arde!

—Yo no sé cómo estuviste tan cuidadoso de sustraer todo este hierro. ¡Cómo pesa! ¿Lo ves? Te ha sofocado mucho, tu cabello está todo mojado, tus mejillas de color de grana. ¡Qué hermoso eres, cristiano mío! Dime, ¿falta mucho para tu tierra? Allí seré esposa tuya, ¿no es verdad? Y dí: ¿cómo me llamarás? Isabel, ¿no es esto? Y yo seré tu amiga y tu hermana, y viviremos juntos y para siempre; porque ¿no me has dicho que tu Alá lleva al paraíso unidos a los esposos que son virtuosos?.

—Si, querida mía, en la gloria está el colmo de todos los bienes.

—Y ¿qué mayor bien que tenerte así a mi lado?. En este momento no trocaba yo este poco de sombra, y ese peñasco altísimo, inculto por todas los palacios de Granada... ¿Por qué le miras con esa especie de horror?.

—Dos antepasados míos fueron precipitados junto a Martos de una elevación igual.[6]

—¿Y por qué?.

—Por la venganza de un Rey.

—Pues qué, ¿no me has dicho que Jesús prohíbe la venganza?.

—¡Ah! ¡Quién sabe a dónde nos llevan las pasiones! Pero mira, ¿qué polvareda es aquella?.

—Sin duda algún ganado... No, que son caballeros. Si serán... Y moros sin duda..

—¡Ay de mí! ¡Huyamos!. Es tu padre: mira su turbante rojo...

Poniéndose precipitadamente las armas y corriendo ya, decía esto Don Fadrique.

—Somos perdidos, han cercado la montaña. No nos queda más recurso que trepar por ella...

Así comenzaron a hacerlo. Los moros, dejados los caballos al pie, trepaban también tras ellos. En vano Don Fadrique y su bella fugitiva, aglomerando

6 Se refiere a la leyenda de los hermanos Carvajal o Carvajales, ejecutados en 1312 por Fernando IV de Castilla, arrojándolos al vacío desde lo alto de una peña, dentro de una jaula de hierro con pinchos.

cuantas piedras y troncos les suministraba como armas la desesperación, las dejaban caer con gran destrozo de los contrarios. Una nube de dardos los cubría, y el pobre cristiano tuvo que desprenderse del escudo para que su amada se resguardase. Cuando más estrechaba ya el cerco, una piedra disparada por manos de la misma mora, vino a herir y a derribar a su padre. Paróse en un momento la pelea con el sobresalto que esto causó.

—Entrégate la decía después a Zulema–, entrégate a tu padre, hija desnaturalizada, y él te perdonará. La sangre de ese perro, no la tuya, es la que necesita mi venganza.

Negóse la amante granadina, y renovóse con más furia el asalto. Apenas quedaban algunas varas de terreno ya cerca de la cumbre y junto al horrible despeñadero a los desgraciados, cuando Fadrique, herido por mil partes, le dijo:

—Entrégate, amada de mi alma, y sálvate. Yo ya no puedo vivir. ¿Qué me importa morir ahora o dentro de algunas horas, morir de flechazos o de una cuchillada?.

—¡Si tú mueres, muramos juntos, morir gozando! –dijo la mora abrazándose con su amado, y precipitándose con él en el abismo.

Una zarza vino a detenerla por la vestidura y a ofrecer a su desalmado padre el horrible espectáculo de una hija que prefería morir con su amante a vivir con él. Su cuerpo pendía como el nido de un águila, en un lugar enteramente inaccesible a todo socorro. En vano el moro, al borde de aquél abismo, la llamaba y la tendía una y otra banda de las turbantes: ninguno llegaba. Entre tanto, D. Fadrique, más pesado por sus armas, se había desprendido de los brazos de su dama, y terminado su mísera existencia allá en el fondo, en el sitio mismo donde poco ha reposaba en brazos de su amada. El vestido de ésta se desgarra en fin, y viene su cadáver vagando por el aire, como el de una paloma herida de una flecha, a reposar junto al de aquél por quien había tantas veces jurado morir gozando.

VI

Esta montaña que está junto a Antequera, recibió por esta causa el nombre de la Peña de los Enamorados, y nuestro grave historiador Mariana, al indicar ligeramente este suceso, añade: «Constancia que se empleara mejor en otra batalla, y les fuera bien contada la muerte si la padecieran por la virtud y en defensa de la verdadera religión y no por satisfacer a sus apetitos desenfrenados».

Fasque Nefasque

Manuel Milá y Fontanals

Siguiendo la senda de la dramatización del cuento, el erudito catalán publicó este relato en *Biblioteca Romántica Moderna*, un libro en dos volúmenes con una serie de cuentos de diversos autores. Milá acentuó más aún esta dramatización y concibió un relato escrito a la manera teatral: dialogado y con acotaciones.

La dificultad de esta técnica, además de la limitada difusión de la obra en la que apareció el cuento, hizo que no se continuase por este camino. No obstante merece la pena destacar la perfección con la que Milá construye su cuento. Presenta el autor a uno de los más acabados malvados románticos, que culmina el relato en el momento de su muerte con una suprema e irónica irreverencia. Ambiente nocturno, adulterio, asesinato, intervención del destino... Milá saca a relucir buena parte de los elementos más queridos del drama romántico para construir su cuento.

* * *

Biblioteca Romántica Moderna Tomo 2. 1837

Personas.

Huberto – Bernardo – Josefina – Cazadores – Niñas

Campo iluminado por la luna. A la izquierda muchas ruinas, en medio algunos árboles y a la derecha campo casí despejado con alguna ruina.

Sale Huberto en traje de caza por la derecha con una saeta en la mano. Siéntase.

Huberto —Mucho me he fatigado, pero bien caro ha pagado el animal el atrevimiento de encararse con Huberto de S. Huberto. ¡Cómo si Huberto no fuese mi nombre y el santo patrón de mi casa patrón de los cazadores!... Esta mañana, pobre lobo, la sangre se revolvía en tu cuerpo enrojeciéndote los ojos furiosos, y esta noche la que gotea de la punta de mi saeta es la sola sangre tuya que no está tranquila. Pardiez que algunos de mis amigos andan diciendo a todas horas que es placer degollar al ciervo, al conejo y demás animales pacíficos, y yo de este mismo lobo he sentido compasión al ver vacilar su cabeza con tanta boca abierta y con los ojos medio cerrados... Mas ¿qué debía hacer? He salvado la vida de aquel paje de cabellos rubios que después, cosa extraña, me ha mirado tan aturdido como si fuese yo otro lobo; y he puesto en peligro mis días para guarecer los del pastor y los del rebaño ; y no será poca recompensa a mis trabajos la dulce vergüenza que sentiré cuando en la ciudad digan las señoras, señalándome con el dedo, tal vez en presencia del príncipe: aquel galán caballero es el mejor cazador de las llanuras... ¡Cómo que así me presentaron por primera vez ante mi Josefina! *(Pausa.)*

¡Josefina! ¡Josefina!... Y no sé por qué anda tan triste y con los ojos bajos. Yo siempre la digo: ¿Quieres que no vaya a la caza? ¿Despiertas acaso asustada si al extender los brazos no encuentras con los de tu esposo? Pues bien, renunciaré a la gloria, renunciaré al sonido de la corneta tocada a media noche. ¿Quieres dotar seis doncellas de la villa? ¿Quieres que el día de sus bodas se presenten engalanadas como princesas? Pues bien, seré un pobre caballero, pero la fiesta próxima iré a la ciudad a vender uno de mis campos y volveré tan contento con un puñado de monedas de plata... Ella está muy triste, pero mi corazón nunca se abate. Quizá cuando pase la causa de su tristeza se arroje más ardiente a mis brazos... A mí me sucede que cuando voy un rato sobre el caballo, con las riendas flojas y la cabeza inclinada, soy después el que más ruido meto entre mis compañeros... *(Pausa. Levántase dejando sobre una piedra su saeta.)*

¡Ah! Esas son ruinas de mi viejo castillo transportadas al antiguo cementerio de mis antepasados! Bien han hecho en enterrar estos restos de un castillo en estos restos de un sepulcro... Aquí esculpido en una losa un corazón herido por tres flechas, una que figura ser de fuego, otra de oro y otra de acero bruñido. ¡Oh abuelo mío, buen Huberto III de San Huberto! En tu infancia, cuando servías de escolar en la abadía cercana, tu corazón fue herido de amor divino con flecha de fuego; después en tu edad moza, noble caballero, los ojos negros de Brunilda te hirieron de buen amor con flecha de oro; y en tu edad vieja Roger de Francia te hirió de muerte con flecha de acero bruñido. ¡Muy noble corazón fue el tuyo, Huberto III de San Huberto! ¡En aquellos tiempos estos ángeles de piedra que ahora reposan sobre escombros, extendían sus alas sobre las puntas de nuestros torreones y lloraban por cada herida que recibía un servidor de mi casa y también por cada herida que el arma del enemigo imprimía en una piedra de nuestro castillo! Llorad ahora sobre los que duermen en este cementerio, oh ángeles: ningún servidor de armas resta en mi palacio, y las piedras del castillo todas acá y allá están esparcidas. *(Empiézase a oir un coro lejano de caladores.)*

Aquí podré descansar con seguridad. ¡Mala había de ser la fiera, y fiera había de ser el hombre que se atreviese a dañarme sobre estas piedras para mí tan sagradas! Estos cantos lejanos me adormecerán y mis miembros acostumbrados a obedecer sus gritos de caza, espontáneamente se moverán como si fuesen mecidos... Oh ángeles que habitáis en el hueco de estas imágenes como el alma habita el cuerpo, o que os esparcís sobre sus formas bruñidas como una luz vaporosa, no temáis por mí; volad a derramar dulces sueños sobre la frente de mi Josefina. *(Duérmese.)*

Coro de cazadores —La luna ya se acerca a la montaña; cazadores, apresuraos para la última batida.

Suene la corneta, chasquée el látigo. El silbido de las flechas confúndase con el ruido de los matorrales que se rompan.

Desbaraten nuestros corceles la margen de la carretera, desbaraten sin vergüenza los cuadros cultivados de la huerta.

¡Viva! ¡Viva! Que el jornalero trabaje seis horas el día de la fiesta de Mayo y compondrá las huertas y la margen de las carreteras.

Que las mieses paguen su tributo al que las libra del pico de la perdiz y del hocico del conejo. ¡Hua! ¡Hua! Esta es la última batida.

La noche del cazador es muy corta; el cazador sólo duerme desde que la luna se oculta hasta que aparece la aurora.

Corre, corre, mi caballo; mueve los pies como en una danza: la caza es la menos guerrera de tus diversiones.

Corre, corre, que te vestiré de gala antes de entrar en la ciudad para pasear delante de las ventanas de mi señora.

¡Hua! ¡Hua! La luna se oculta, esta es la última batida *(Sale Bernardo.)*

Bernardo —Me dijo que me aguardaría en estas ruinas. ¡Hernán! ¡Hernán!... Habrá huido por miedo de espectros. ¡Hernán! ¡Hola! Se ha dormido. ¿Si habrá cumplido lo que le encargue? *(Da con la saeta de Huberto y tocando su punta ensangrentada, la cree de su paje Hernán.)* ¡Así, para esto sólo te quería, para que me embriagases en pasión, sangre de Huberto! ¡Pronto me embriagará tu adulterio, Josefina de San Huberto! Esto quería, y que después me llamen cobarde porque he confiado a un criado la comisión de asesinar a un pobre caballero. ¿Qué me importa? ¿Había de poner en peligro mi vida cuando estoy cercano a gozar tanto? Si, que por besar a la adúltera con besos de delirio, en medio de unas ruinas, en medio del frío excitante de la noche, mi corazón, para quien son tan escasas las sensaciones, podría dar un pedazo de si mismo.

Duerme, Hernán; duerme, paje de los cabellos rubios, mientras yo gozo. Quizá la inquietud de temer que despiertes acabará de agitar mi alma y darla movimiento y calor para gozar. Quédate con tu saeta, con tu hermosa saeta en la que acaricio dos anchas y finas alas, con tu saeta que habrá volteado alrededor del corazón de Huberto para dar mejor en el centro. *(Entra en las ruinas sentándose hacia la izquierda.)* ¡Cuánto he de disfrutar! Pero después también, ¡cuánto padecer! Cuando se ha separado todo del corazón para dar más lugar al crimen, después cuando este crimen lo abandona, ¡qué soledad! ¡Qué sequedad tan terrible la de un corazón como el mío en su quietud! Y por la mañana, cuando pesan tres veces más sobre el alma aletargada nuestras ideas siniestras, cuando al despertar encontramos en el pecho el gusano que ha despertado más pronto que nosotros...

Pero estas ideas me entristecen cuando debiera ensayarme para los goces que me esperan. ¡Quizás todo el fuego de mi pasión se haya desvanecido en esperanzas y Josefina me encuentre indiferente! Además, Josefina es demasiado bella; sin facciones atormentadas, sin ojos sanguinosos es incapaz de entender mis risas de deleite. ¿Qué me importa el fuego de un corazón tranquilo? Si a lo menos viniese temblando... *(Sale pausadamente Josefina y se sienta sobre las ruinas al lado mas cercano al dormido Huberto)*

¿Tiemblas?

JOSEFINA —*(Reprimiendo asustada su temblor)* No, no.

BERNARDO —Eso sólo faltaba para desencantarme.

JOSEFINA — ¡Ay! ¡Ya tiemblo!

BERNARDO —¿Cómo?

JOSEFINA —¡He oído a mi lado los suspiros de mi esposo!

BERNARDO —Será tal vez la sangre que tiñe mis manos que suspira por sí misma. ¡Ah! ¡Ah! ¡Qué idea tan graciosa!

JOSEFINA —¿Qué has dicho?

BERNARDO —Nada, que me acerques tus labios.

JOSEFINA —No, he oído otra vez suspirar a mi esposo.

BERNARDO —¿Es cierto? *(Limpiase silenciosamente la mano de la sangre que cree de Huberto.)*

CORO LEJANO DE NIÑAS —Niñas, la noche ha huido, viene la mañana; el invierno ha huido, viene la primavera; levantaos al tercer canto del gallo.

Hoy es la fiesta de Mayo. Este día la tela lisa no estremecerá la punta de nuestros dedos; las tijeras penderán del delantal, sólo por adorno.

No desenvolveremos el hilo del cerco movedizo en que cuatro cañas ruedan como cuatro niñas que juegan. Hoy descansarán las cañas y jugarán las niñas.

No acunaremos al hermano pequeñito que irá adornado con franjas de plata en brazos de la madre mientras otro hermanito mayor la seguirá asido de una mano con los ojos bajos y los pies traviesos.

Hoy se cierran las puertas por de fuera. ¿Sabéis quién gobernara las casas esta tarde? El perrito, las gallinas y la cabra que se pasearán solos con la cabeza erguida por nuestros aposentos.

Levantaos, niñas. Que el fresco de la mañana enrojezca vuestras mejillas; batid las manecitas que hoy es la fiesta de Mayo. *(Josefina huye desatentada; Bernardo queda meditando.)*

Bernardo – ¿Si será verdad que exista una vida de inocencia pura como esta mañana? Dios del cielo, si has querido herirme con este canto, te engañaste; cuanto han dicho estas rapazas es demasiado aéreo para penetrar en mi corazón.

Cazadores —La montaña está pronta a repeler de su seno el sol templado de Mayo. Cazadores, apresuraos para la primera batida.

Suene la corneta, chasquee el látigo; el silbido de las flechas confúndase con el ruido de los matorrales que se rompan.

Desbaraten nuestros corceles la margen de la carretera, desbaraten sin vergüenza los cuadros cultivados de la huerta.

Bernardo —Sí, ahora sacudís la vergüenza para cosas tan fútiles, y el mismo amor a sentimientos desconocidos que os impele a lo vedado, os impelerá también cuando habituados a romper márgenes no lo consideréis como cosa vedada. Las que ahora son locuras entonces serán crímenes; que el corazón abandonado a sus extravíos siempre va más allá, y siempre como un océano quiere ir más allá. Vosotros, sin embargo, cuando os separáis fastidiados de vosotros mismos y de vuestras diversiones, no os encontráis solos en la soledad; vuestro corazón se entiende entonces consigo mismo; llora de sus locuras que ya aborrece y de que apenas se acuerda, y llora con una armonía divina. ¡Confieso, poder del cielo, confieso que me has herido!

Cazadores —Corre, corre, mi caballo; mueve los pies como en una danza: la caza es la menos guerrera de tus diversiones.

Unos cazadores —A la derecha de la villa que se alegra de la venida del sol.

Otros —A la derecha de las ruinas de S. Huberto.

Todos — ¡Hua! ¡Hua! esta es la primera batida. *(Huberto despierta y se levanta.)*

Huberto —*(Hablando consigo)* ¡Qué sueño tan pesado, Dios mío! ¿Qué es lo que me ha sucedido? Parece que estas buenas ruinas han murmurado cosas borrascosas... Después un canto dulce como el de un bardo que se ensaya en la cuerda más querida de su cítara, después... Si algún dragón húmedo salido de estos escombros hubiese respirado en mi boca, trocando por el mío su aliento envenenado...

Unos cazadores — A la derecha de la villa que se alegra de la venida del sol.

Otro —A la derecha de las ruinas de San Huberto.

(Bernardo, que había continuado en su meditación, se levanta para salir pausadamente. Mueve con esto algunas ramas, y Huberto despavorido por el ruido que las ramas producen, por el grito de caza último y por sus tristes imaginaciones, cree que anda por allí una fiera. Sube a una cima precipitadamente y dispara su saeta lacia Bernardo del cual le separan las ruinas y los árboles. La saeta pasa los árboles y las pilastras y hiere a Bernardo)

Bernardo — ¡Cielo! Herido estoy.

HUBERTO —¡Dios mío! ¡He herido a un hombre!

BERNARDO —*(Tocando las alas de la saeta)* ¿No es esta la flecha de Hernán? ¿Por qué mi sangre ha tenido que mezclarse con la del odioso Huberto de San Hubeno?

HUBERTO *(Que se habrá acercado)* — Cómo, desdichado cristiano tu sangre se ha mezclado con la de una fiera. ¿Me creías muerto?...

BERNARDO —Sí, a manos de mi paje Hernán.

HUBERTO —Mira, allá se divisan algunos cazadores. ¿Quieres que te transporte con ellos a mi palacio donde quizá cures de tu herida?

BERNARDO —No tengo fuerzas para querer nada... A tu palacio, a tu palacio... No todo lo de tu palacio es tuyo... ¿Creerás lo que voy a decirte?

HUBERTO —Las palabras del que está delante de las puertas de la muerte nunca son mentidas.

BERNARDO —Pues bien, corre a tu palacio y lo encontrarás sin su mejor joya, sin la pálida Josefina que está de vuelta de los brazos del adúltero. Si te engaño, haz de mí lo que quieras.

HUBERTO —*(Marchando)* ¿Y qué podría hacer de tu esqueleto?

BERNARDO —Colgarlo de un asta como el de un bandido. (*Solo*) Otro crimen aun y no estaré aligerado en presencia de Dios por un solo instinto de remordimiento. Bien, llamaré a Huberto y le diré que estoy loco y que no me crea... Si no me oye, mejor; entonces no seré ya responsable de unas desgracias que no habré podido impedir y quedaré con el placer de la venganza... *(Levántase para llamar a Huberto, pero vacila y muere.)*

El lago de Carucedo
(Tradición popular)

Enrique Gil y Carrasco.

Uno de los más importantes relatos de estos años y en el que más se puede percibir la presencia de un héroe romántico marcado por su rebeldía y su satanismo. Salvador, el protagonista de este relato, iguala al *Estudiante de Salamanca* esproncediano en su rebeldía cósmica que alcanza a los mismos designios de Dios, pero a diferencia de éste no se trata de un rebelde *per se*, sino que es una víctima del destino preparado por un dios injusto y cruel. La historia de Salvador y su amada María es una historia trágica. Separados por los poderes del mundo, llevados por el capricho de una providencia injusta a profesar cada uno en una orden religiosa, creyendo cada uno al otro muerto, y reencontrados cuando María ha caído en la locura y no es capaz de reconocer a Salvador, toda su vida es una burla de la divinidad hacia el sombrío protagonista que es llevado cada vez más a una total desesperación.

El destino de Salvador es uno de los destinos más aciagos que se pueden encontrar en la literatura romántica. No hay en esta obra ningún resquicio por el cual se pueda proceder a una interpretación del destino como acorde con la religión católica, Conocido es el intento que durante mucho tiempo se hizo de la *cristianización* de *Don Alvaro*, interpretando el sino del título como producto de las equivocaciones del protagonista. Como sintetiza admirablemente Don Juan Valera en Don Álvaro «la fatalidad no [es] griega sino española, no nacida de la ira de una divinidad caprichosa, ni del destino o el acaso, sino consecuencia providencial y lógica de una primera falta» (Valera; 1909, 139)

Difícil lo hubiera tenido el buen Don Juan para encontrar una primera falta de Salvador que diera origen al drama. Para más ironía dos representantes de la religión, el Abad Osorio y la Abadesa de San Martín del Valle van a ser agentes fundamentales del destino aciago de los protagonistas. El fracaso del Abad en encontrar a María y a su madre, el lenguaje ambiguo con que comunica las noticias a Salvador y la ligereza del emisario de la Abadesa de San Martín del Valle van a hacer posible que ambos jóvenes crean que el otro ha muerto y que se vuelvan a la religión en busca de consuelo, adoptando, los dos, votos solemnes que les apartan para siempre el uno del otro. El reencuentro de los dos amantes es obra de un destino perverso que se complace en hacer ver a Salvador, no a María feliz en su locura, las consecuencias de sus rectos actos y la inutilidad de sus oraciones y sacrificios.

El amor ideal de Salvador, es un amor absolutamente desprovisto de erotismo, que no se disminuye sino se incrementa, cuando vuelve a descubrir a María «flaca, descolorida y macilenta». Como otros enamorados románticos el amor es para él una pasión obsesiva que no deja lugar a nada más.

No es extraño, pues, que este amor, que está presente en su espíritu durante toda su vida aventurera, se convierta en una obsesión para el Abad Salvador. Obsesión que va destrozando el alma del protagonista, que a duras penas consigue superar el golpe de encontrar viva, pero alejada para siempre de él a su amada. Cuando María, enloquecida por la tristeza, se para ante él, Salvador sólo es capaz de murmurar «dolores hay que no caben en el corazón del hombre y que sólo deberían llegar en las alas del ángel de la muerte»

Una vida de sacrificio, una vida de sufrimiento, de aceptación y de oración, se rompe bruscamente cuando se produce el reencuentro y cuando Salvador se da cuenta de que incluso el amargo consuelo de tener cerca de sí a una María enloquecida que no le reconoce, le puede ser arrebatado por una iglesia que no le ha ofrecido nunca el consuelo que buscaba. La desesperación y la soledad de Salvador se rebelan contra la injusticia del destino. «¡Apartarla de mí es imposible! He registrado los lugares más secretos de mi corazón y en ninguno encuentro fuerza para llevar a cabo este propósito» Cuando María recobra la razón y ve, horrorizada como Salvador ha arrojado su hábito, la pasión de éste se desborda.

> Sí, lo he hollado [el hábito] porque me separaba de ti y porque todo lo atropellaría para llegar hasta donde tu estás! ¿Sabes que después que te perdí he sido poderoso y afamado y que la nombradía y riqueza me parecieron sin ti todo despreciables? ¿Sabes que por huir de tu memoria me acogí como tú a un altar y que el altar me rechazó y que el destino con ímpetu irresistible me ha lanzado a tus pies? ¡Pues bien! Cúmplase mi estrella! Ya nunca me separaré de ti y al que quiera dividirnos le arrancaría el corazón con mis manos.

María se separa de él y aterrada le advierte contra el castigo divino. «¿No temes que la tierra se abra debajo de tus pies y que tus palabras te separen de mí para toda la eternidad? Pero Salvador ya ha rebasado todas las fronteras de la religión y esta dispuesto a desafiar al cielo: «Jamás me separaré de ti y venga la muerte a sorprenderme a tu lado con tal que ruede yo en tus brazos por los abismos sin fin de la eternidad.» La rebelión romántica llega aquí a la más alta instancia: es la rebelión contra el mismo Dios, el desafío final, la manifestación de que Salvador prefiere un infierno junto a su amada, al cielo que el Dios implacable le promete si se somete una vez más.

El satanismo de la figura de Salvador se va dibujando desde el principio. Es «adusto y desabrido» y en su espíritu se acumulan «las sombras de la duda» y los recelos están en su pensamiento como «aves agoreras». Pero es en la tercera parte donde la figura del nuevo Abad va adquiriendo caracteres más siniestros. A pesar de su comportamiento «verdaderamente paternal» los monjes le temían. En el coro «oíanle pronunciar en vez de los versículos sagrados, palabras incoherentes y sin sentido, cuya significación no comprendían, pero por el acento con que salían de su boca, sucedía que los dejaban helados de espanto». El portero se asusta al entrar en su cámara, las gentes le ven «adusto y sombrío» y evitan su trato, y cuando encuentra a María en la fuente de Diana, permanece junto a ella «sombrío y amenazador».

Paralelo a ese satanismo es la presentación de la religión, absolutamente negativa, cosa llamativa en un autor al que de siempre se ha considerado tendente al romanticismo histórico y religioso. Con rebuscada ironía se hace a Salvador devoto de la Virgen desde el principio. Se diría el protagonista ideal de una leyenda mariana en la que la protección de la madre de Dios aporta la felicidad a su devoto. Su extremada devoción le vale incluso la burla de sus compañeros de armas. Una vez Abad, su devoción aumenta, sobre todo ante la imagen de la Dolorosa que hay en su cámara. La premonición que tiene Salvador de que otro semblante se transparenta a través de la imagen de la Virgen, la combate con el recuerdo de la fresca belleza de su perdido amor. La cruel ironía del destino hace que María vuelva a él, como una personificación de la Virgen a quien reza.

> De tanta lozanía y beldad sólo quedaba el óvalo purísimo de su cara y sus rasgados ojos: y la Dolorosa del monasterio pudiera pasar por traslado de aquella marchita hermosura. Salvador estaba allí a un lado, sombrío y amenazador.
>
> —¡Según eso, –dijo con amargura– mis meditaciones, vigilias y plegarias han sido incienso quemado en los altares de la tierra! ¡Según eso mis armas se han vuelto contra mí, y las piedras del santuario se han alzado para herir mi prosternada cabeza!

El sarcasmo de su destino se aparece ya totalmente a Salvador: la devoción a la Virgen, que debía servir para sanar su corazón herido, no ha sido sino una burla cruel. Intentando tapar la imagen de su amada con la de la Virgen Dolorosa, su amada vuelve a él hecha esa virgen. Que María, enloquecida, recite versículos del *Libro de Job*, no es sino una vuelta de tuerca más del sarcasmo del destino. Aunque la rebelión definitiva aún no ha llegado, ya ha muerto en el alma de Salvador el respeto a la ley divina. Sus *armas*, la oración y el sacrificio, han sido armas en su contra, todo el edificio de la iglesia, las *piedras del santuario*, se vuelven contra él y le hieren, a pesar de su posición *prosternada*, de su servicios a Dios y de sus intentos de resignación. Y, no obstante, Salvador aún aguanta. Se contenta con el magro consuelo, de ver algunas horas al día a la enferma y enloquecida María que no le reconoce ni puede corresponderle. Pero, cuando el implacable destino le quiere quitar también ese triste resto de su amor, estalla. Se rebela contra su hábito, contra los mandatos de la iglesia y contra el mismo Dios. Prefiere estar para siempre junto a María, aún en el infierno, en los *abismos de la eternidad.*

Pero el destino implacable le persigue: María le rechaza espantada de su sacrilegio. Y Dios, haciendo uso de esa «ira de una divinidad caprichosa» que Valera juzgaba como inexistente en la Literatura española, le castiga sin la menor piedad. Castigo cruel: no la muerte, que Salvador ha despreciado, sino la separación definitiva, irrevocable, por toda la eternidad. El cisne blanco que se eleva volando del lago y se aleja después de cantar «con una dulzura y tristeza infinitas» es el alma de María que se aleja para siempre de Salvador, que, ¡suprema ironía!, aparece personificado en el hábito que despreció y del cual quiso desprenderse. El hábito permanece por siempre junto al lago, mientras el cisne se alza a los cielos.

El Lago de Carucedo, es, como hemos visto, un desarrollo del tema central del drama romántico subversivo: el amor destruido por un destino injusto. Amor puro, ideal y obsesivo, cuya falta provoca la locura y la rebelión. Rebelión total y absoluta contra la religión y contra Dios, en la que la imagen de la Virgen se transforma en una burla más de una divinidad inmisericorde. Sea éste el auténtico sentimiento de su autor, sea la manifestación de un estado de angustia momentáneo, no cabe duda de que pocos autores románticos estaban mas predispuestos por su vida a sentir el peso de un destino caprichoso y cruel. Gil y Carrasco, herido por la muerte de sus más íntimos, llevando siempre para sí el recuerdo de su amada muerta, a quien tantas veces quiso resucitar en su obra, solitario, enfermo, decepcionado, tal vez, de la literatura, abandonando la poesía casi cinco años antes de su muerte, muerto en soledad y olvidado su cadáver en tierra extraña, es testimonio vivo y real, de la desgracia de un destino aciago y no es de extrañar que esas vivencias afloren, con desesperación y amargura en su obra.

* * *

Semanario Pintoresco Español. 1840. 228-229/235-339/242-247/250-255

El lago de Carucedo
(Tradición popular)

Enrique Gil y Carrasco.

Introducción

Hacia los confines del fértil y frondoso Bierzo, en el antiguo reino de León, siguiendo el curso del limpio y dorado Sil, y detrás de la cordillera de montañas que su izquierda margen guarnecen, dilátase un valle espacioso y risueño, enriquecido con los dones de una naturaleza pródiga y abundante, abrigado de los vientos y acariciado del sol. Tendido y derramado por su centro, alcánzase a ver desde la ceja de loa vecinos montes un lago sereno y cristalino, unido y terso a manera de bruñido espejo, en cuyo fondo se retratan los lugares edificados en las laderas del contorno, esmaltados y lucidos con sus tierras de labor rojizas y listadas de colores, los navales en flor que parecen menear en el espacio sus flotantes y amarillas cabelleras, como otras tantas nubes de gualda, y los blancos campanarios de las iglesias, que la ilusión óptica producida por la blanda oscilación de las aguas convierte a veces en delgadas, altísimas y frágiles agujas.

Tan agradable perspectiva sube de punto y embellécese más y más según se va acercando el observador, porque los cortes y senos de las colinas que rodean el lago forman bahías y ensenadas ocultas, donde las aguas parecen aun más adormidas y quietas, y donde se perciben inmóviles y como encallados barquichuelos del país, que no este nombre sino el de canoas merecían, pues que se reducen a dos troncos desbastados y huecos, groseramente labrados, unidos y sujetos por dos travesaños, sin proa, sin vela, sin quilla y hasta sin remos la mayor parte. Entre norte y ocaso levántase la pequeña aldea de Lago sobre un altozano de suavísima inclinación que parece bajarse a beber las ondas, y sus casas pequeñas y revocadas por de fuera se miran como otros tantos cisnes en la rada que por allí entra en tierra un buen espacio. Crecen en sus huertos y en los del vecino pueblo de Villarrando, situado un poco más arriba, frescos y hojosos árboles que dibujándose en la líquida llanura a raíz de las cuestas y cimas áridas ynegruzcas del Monte de los Caballos, que toda aquella ladera domina, le dan toda la apariencia de un bello y deleitoso cuadro encerrado en un marco oscuro.

Por el lado del Oriente está asentado el pueblo de Carucedo en una fértil cuando angosta llanura, y en la misma dirección y sobre las crestas de los montes más lejanos se distinguen las almenas y murallas del Castillo de Cornatel, casi colgado sobre precipicios que hielan de espanto, verdadero nido de aves de rapiña, que no mansión de barones y caballeros antiguos.

Los viñedos, sotos y sembrados del pueblo llegan hasta las Médulas, famosas en tiempo de los romanos por las minas abundantísimas de oro que abrieron y explotaron en su término, y de las cuales se conservan maravillosos restos; y cerca de sus últimas casas y siguiendo la orilla meridional del lago campean grupos de venerables, seculares y bellísimas encinas, cuyas ramas, cual si estuvieran abrumadas de recuerdos, bajan en festones y colgantes por demás vistosos, a modo de árboles de desmayo o de guirnaldas verdes y lustrosas; las montañas que caen hacia aquella mano están algo más desviadas, y a diferencia de las que enfrente se encumbran, por donde quiera y hasta en la punta más enriscada de los peñascos hacen alarde de gruesos alcornoques, robles corpulentos y menguados madroños. Por la parte occidental sujetan las aguas unos áridos y descarnados peñascales, y un poco más allá extiéndanse largas filas de castaños y nogales que rematan la orla del lago y hacen en el estío perpetua y deleitable sombra.

Si a esto se añade que multitud de lavancos[1] azulados, de descoloridas gallinetas y otras mil aves acuáticas nadan en ordenados escuadrones por la sosegada y reluciente llanura; si se juntan y agrupan en la imaginación el humo de las caleras[2] que de ordinario arden alrededor, el trinar y el revolar de los pájaros, los rumores de los ganados, los cantares vagos y casi perdidos de los barqueros y pastores, y toda la quietud de aquella vida pacífica, concertada, altiva y dichosa, fácil será de adivinar que pocos paisajes alcanzan a grabar en el alma imágenes tan apacibles y halagüeñas como el lago de Carucedo.

Era una tarde serena de las últimas de marzo, en que el sol se acercaba a más andar al término de su carrera, cuando un viajero joven, que largo tiempo había estado contemplando con embebecimiento tan rico panorama, entró en una barca donde armado de su largo palo le aguardaba un aldeano de las cercanías, mozo y robusto. Difícil cosa sería deslindar ahora y señalar camino al confuso tropel de imaginaciones que se disputaban la atención de nuestro viajero; y en verdad que nada tenía de extraño el ademán de distracción apasionada y melancólica con que iba sentado a la punta de aquella primitiva embarcación. Estaba el cielo cargado de nubes de nácar que los encendidos postreros rayos del sol orlaban de doradas bandas con vivos remates de fuego; las cumbres peladas y sombrías del Monte de los Caballos enlutaban el cristal del lago por el lado del Norte, y en su extremidad occidental pasaban con fantasmagórico efecto los últimos fuegos de la tarde por entre los desnudos ramos de los castaños y nogales, reverberando allá en el fondo un pórtico aéreo y milagroso de espléndidas e imaginarias tintas, matizado y de prolija y maravillosa cresteria enriquecido.

1 *Lavanco*: Pato salvaje.
2 *Caleras*: Hornos de cal.

Las manadas de aves acuáticas retirábanse en buen concierto, y calladas como el sepulcro: el ángel de los ensueños dulces y virtuosos había enfrenado las armas más sutiles, y apagado todos los rumores del día, cual si brindase al mundo un sueño de paz en su lecho de sombras y perfumes; y una estrella pálida y sola que por cima del casi borrado castillo de Cornatel había comenzado a despuntar en el confín más remoto del Oriente, cárdeno y confuso a la sazón, venía a embellecer aquel indefinible cuadro con la esperanza de una noche pura y estrellada.

El lago iluminado por aquella luz tibia, tornasolada y fugaz, y enclavado en medio de aquel paisaje tan vago, tan agraciado y tan triste, más que otra cosa parecía un camino anchuroso, encantado, solitario, místico y resplandeciente, que en derechura guiaba a aquel cielo que tan claro se vela allá en su término, y que cruzaba la imaginación en su desasosegado vuelo, complaciéndose en adornarlo con sus galas más escogidas, y en colorarlo con sus más hermosos matices.

Delante de tantas maravillas y a solas con una naturaleza tan tierna, tan virginal y misteriosa, ¡qué mucho que los pensamientos de nuestro viajero flotasen indecisos y sin contorno, a manera de espumas, por aquellas aguas sosegadas! ¡Qué mucho que su corazón latiese con ignorado compás, si por dicha se acordaba (y así era) de haber visto el mismo país en su niñez, cuando su corazón se abría a las impresiones de la vida, como una flor al rocío de la mañana, cuando era su alma entera campo de luz y de alegría, vergel oloroso en que el rosal de la esperanza daba al viento todos sus capullos, sin que la tempestad de las pasiones le hubiese llevado la más liviana hoja, sin que la lava del dolor hubiese secado el más tierno de sus tallos! Hay ocasiones en que siente el hombre desprenderse de este suelo y elevarse por los aires la parte más noble de su ser, y en que arrebatado a vista de un crepúsculo dudoso, de un cielo claro y de un lago adormecido, con los ojos húmedos y levantados al cielo y con el pecho lastimado, prorrumpe y dice con el tiernisimo y divino Fr. Luis de León:

«¡Morada de grandeza!
¡Templo de claridad y hermosura!
El alma que a tu alteza
Nació, ¿que desventura
La tiene en esta cárcel baja, oscura?»

Al tercer verso de tan sentida endecha llegaría nuestro buen viajero, cuando la voz desapacible del barquero le atajó en su vuelo celestial, diciéndole:

—¡Ah, señor! mire; allí por bajo de Lago húbole en otro tiempo un convento...

Aunque no muy satisfecho el joven de ver así cortado el hilo de sus pensamientos, miró fijamente al barquero, y como viese pintado en su rostro un vivo deseo de contarle algo más acerca del convento inundado y sorbido por las aguas, le contestó:

—Vamos, tú sabes algo de ese cuento y te lo he de agradecer si me lo refieres.

—Yo, la verdad que le diga –repuso el barquero–, no le sé toda la historia; pero si quiere deprenderla, mi tío don Atanasio, el cura, dejónos un proceso muy grande, de su letra todo, que trae cuanto pasó bien por menudo.

—Pero, vamos –le replicó su compañero– ; tú algo has de haber oído por fuerza, y eso es lo que te pido que me digas.

Encaróse con él entonces el barquero y estuvo examinándole un buen rato, cual si a sí propio se preguntase si detrás de aquella levita abotonada, de aquel corbatín y aquella gorra, no habría escondida tal cual punta de ironía y de burla. Por desgracia, el viajero que encontraba no poco de cómico en semejante examen, hubo de dejar asomar a sus labios una ligera sonrisa, con que, desconcertado y mohíno el barquero, le dijo con aire de enojo:

—Yo no le puedo decir más, si no que por un pecado muy grande se anegó todo esto.

—Pues vaya –repuso el otro–, endereza hacia la orilla, que los papeles de tu tío me lo declararán sin duda mejor.

Bogaron, con efecto, hacia allá; amarró su piragua el aldeano, y tomando la vuelta de Carucedo, volvió a poco rato con los papeles de su tío el cura, diciendo al viajero:

—Si los quiere, ahí los tiene, porque en casa sólo sé leer yo, y escribir también –añadió con énfasis–, que aún voy poniendo mi nombre; pero como mi tío tenía cuasi revesada la letra, cánsanseme mucho los ojos. Además, que el diablo cargue conmigo si algunas veces le entiendo una jota de cuanto dice.

Agradecióle el viajero el presente con corteses razones, y, sobre todo, con un cortés peso duro que hizo reír el alma del paisano; el cual, dando un millón de vueltas en la mano a su sombrero de paja, y deseando a su compañero mil años de vida con un cumplimiento muy prolijo y enroscado, sin duda para probar que sabía algo de letras, se fue más contento que el día que estrenó sus primeros zapatos.

Parecióle a nuestro viajero por extremo curioso el manuscrito, y acortando ciertas sutilezas escolásticas que el buen don Atanasio no había economizado a fuer de teólogo, lo adobó y compuso a su manera. Como es muy amigo nuestro y sabemos que no lo ha de tomar a mal nos atrevemos a publicarle.

I. La primer flor de la vida.

Fuéme la suerte en lo mejor avara.
Sombras fueron de bien las que yo tuve,
Escuras sombras en la luz más clara..
Herrera.

A últimos del siglo XV alzábanse todavía las torres del monasterio de monjes bernardos, llamado San Mauro de Villarrando, en el recodo que forma en el día el lago de Carucedo por entre norte y ocaso, y a la jurisdicción y señorío de su abad estaban sujetos los pueblos de aquel contorno. Sin embargo, tenían a buena dicha vivir bajo tan blando yugo, porque era su señor un santo hombre lleno de caridad y evangélicas virtudes, hasta tal punto que en toda aquella turbulenta época las demasías del poder no habían costado una lágrima a ninguno de aquellos vasallos.

Contábanse dos entre ellos afortunados sobre todos y felices, porque se amaban con el primer amor, y no parecía sino que para eso sólo los había juntado allí la suerte, pues que ninguno había nacido en aquellos fértiles valles, y además un misterio impenetrable envolvía en densas sombras el origen de entrambos. Del joven, que tenía por nombre Salvador, sólo se sabía que siendo aún rapazuelo y con no poco recato, había llegado a la portería de San Mauro en compañía de un viejo, al parecer escudero, y desde entonces, y sin otra recomendación que una carta sigilosa para el abad, habíase criado a la sombra de aquellos claustros, siendo por sus buenas partes y generosa índole el amor de los religiosos, y en especial del venerable fray Veremundo Osorio, su santo prelado. Había cobrado éste un cariño verdaderamente paternal al joven Salvador, y ora dimanase de esta sola causa, ora ajustase su conducta a las reglas de la ya mencionada epístola, lo cierto es que no contento con emplear la aplicación de su discípulo en diversos estudios, amaestrábale además en toda clase de ejercicios guerreros, y echaba en su alma los cimientos de un cumplido caballero y buen soldado. Y era así, porque en verdad que nunca alma más noble animó tan varonil y hermosa figura; nunca corazón más valeroso latió en el pecho de un hombre. Tachábanle, sin embargo, los que le trataban, de adusto y desabrido en ocasiones: pero nadie se lo llevaba a mal, porque los más discretos achacábanlo al misterio de su vida, y los demás disculpaban estas mudanzas de genio con los vaivenes propios de todo carácter apasionado y ardiente.

El origen y calidad de María, que así se llamaba la doncella que amaba nuestro Salvador, no era menos oscuro ni dudoso. Allí había llegado con una anciana, de nombre Úrsula, que se decía su madre, y estas dos mujeres, como si se creyesen seguras en aquel apartado rincón de la tierra, habíanse establecido en el pueblo de Carucedo, comprando en su término algunos bienes, y además un escaso rebaño que la joven María apacentaba en aquellos recuestos. Salvador, que sin tregua perseguía los animales montaraces, la vió y amó en la soledad; y esta pasión, que como una flor crecía al manso ruido de las cascadas, y entre el murmullo de las arboledas, tornóse con el tiempo árbol poderoso que echó en el corazón de entrambos profundísimas raíces.

Sin embargo, estos amores que en boca de todos andaban, no llegaron a oídos del anciano Osorio tan pronto como era de esperar, merced al recogimiento de su vida; pero la habitual y melancólica distracción en que vino a caer su discípulo, su hijo querido, no tardó en revelarle que alguna profunda espina estaba clavada en su corazón. Porque es de notar que el alma de nuestro Salvador, sedienta de cariño y de ternura, no se entregaba con todo a las bellas y alegres esperanzas de que sembraba el porvenir la inocente y crédula María; antes bien, acostumbrado a la soledad y silencio del claustro, imaginativo y grave de condición, y abrumado además con el secreto de su nacimiento, secreto fatal que hasta cumplir los veinticinco años no era lícito arrancar a cierto misterioso papel que el abad guardaba. En su corazón alternaba el resplandor de la dicha con las sombras de la duda y de la incertidumbre, y un millón de recelos, a modo de aves agoreras, poblaban siempre el camino de sus pensamientos. Combatido de tantos y tan dolorosos vaivenes, amaba, no obstante, cada día más, porque si es dulce cosa el amor a los veinte años, para un corazón llagado de amargura se convierte en un consuelo inefable y celestial.

Como quiera, el buen Osorio, que sólo había llegado al puerto de quietud al través de los escollos y tormentas de las pasiones, leía harto claro en la frente de aquel joven el origen de su tristeza y la lucha de encontrados afectos que se disputaban su espíritu. Las semillas de virtud y de honor que en él había derramado con mano pródiga, y que ya comenzaban a dar tan abundantes como sazonados frutos, ponían su alma al abrigo de toda inquietud en punto a los intentos de Salvador; porque bien sabía que sus sentimientos podrían acarrearle en buen hora la desdicha, nunca, empero, la deshonra. No obstante, deseoso de sondear su llaga, y aun de remediarla, si ya no es que llegaba tarde, en un largo paseo que dieron un día al caer el sol, por la huerta del monasterio, tendida a la sazón por el espacio que ocupan hoy las aguas del lago, sin duda hubo de sacar a plaza tan delicado asunto, porque la conversación fue larga, agitada y misteriosa. Volvían ya lentamente a la abadía, cuando antes de entrar se oyó que Salvador decía con respeto al abad:

—Sí padre mío; cuanto me habéis dicho, antes me lo he dicho yo. El sacrificio que de mi entereza reclamáis, ya hace tiempo que lo tengo yo resuelto, porque bien sé que el honor es de más subido precio que la felicidad y que la vida, y ese mísero honor y la veneración filial que os debo, me mandan aguardar el fallo del terrible papel. Pero dejar de amarla es imposible –añadió con violencia–, y más imposible aún que vos me lo ordenéis. Su amor es para mí como la luz, como el aire, como la libertad, y no tengo más corazones que a mí se inclinen, que el de un viejo cercano ya del sepulcro, y el de un ángel que me abre las puertas de la vida. Mirad, el otro día soñé que un guerrero me la robaba, y cuando desperté, me ví en pie en mitad de mi aposento, con los cabellos erizados y en la mano mi cuchillo de monte, con el cual buscaba el corazón de mi enemigo.

El buen abad meneó entonces la cabeza suspirando y apoyándose en el brazo de Salvador, entraron los dos muy despacio por un embovedado y estrecho pasadizo que guiaba a la escalera principal, donde se separaron.

Larga y desvelada fue aquella noche para el enamorado mancebo, que apenas vió los primeros destellos de la aurora blanquear en el Oriente, con el arco a la espalda y su fiel cuchillo al lado, tomó la vuelta de las Médulas en busca de una deliciosa hondonada donde solía ir María a apacentar su hato. Formaban los peñascos de alrededor una especie de media luna vestida de encinas enanas, de desnudos alcornoques, y de urces[1] en flor, y en una fresca gruta que en el costado derecho se descubría, entapizada de musgo y de olorosas violetas, estaba sentada la bella pastora, fresca y galana sobre todo encarecimiento. Las líneas purísimas de su ovalado rostro, sus rasgados ojos negros llenos de honestidad y de dulzura, su frente, blanca y apacible como la de un ángel, la nevada toca que recogía sus cabellos de ébano, el airoso dengue encarnado que ligeramente sonroseaba su cuello de cisne, y su plegada y elegante saya, le daban una apariencia celestial.

En aquel momento debía pensar sin duda en sus amores, pues acariciaba con distraída mano a su leal perro, y estaba casi melancólica de puro feliz. Desarrugóse al verla la frente del gallardo cazador, y apresuradamente se acercaba a su encuentro, cuando por cima de las rocas que enfrente de la gruta se extendían, acertó a mecer el viento una pluma de águila. Paróse entonces y mirando con cuidado, sintió que le daba un vuelco el corazón al ver debajo de la pluma un gorro de ricas pieles, y debajo del gorro un semblante adusto y desabrido que con ojos codiciosos devoraba desde allí las gracias de la descuidada niña. Conocióle al punto Salvador, que harto conocido habían hecho a aquel hombre sus desafueros por todas las cercanías; pensó en su sueño, requirió su puñal, y de sus labios se escaparon confusamente no sé que palabras, que así parecían arrancadas por una momentánea cólera, como hijas de una resolución firme, inexorable y duradera. Entonces fue cuando los ojos del desconocido se encontraron con los suyos, y viendo aquel varonil y denodado semblante que con tanto ahínco le encaraba, bajó lentamente de su risco, lanzándole antes una mirada de despecho. Internóse después en la espesura, y a poco rato se oyó el son lejano y confuso de un cuerno de caza que tocaba a recoger los dispersos cazadores.

Púsose a pensar entonces en su situación nuestro valiente mozo, y como

3 *Brezos*: Arbusto muy ramoso de madera dura y raíces gruesas, que sirven para hacer carbón de fragua y pipas de fumador.

por una inspiración súbita se le viniesen de tropel a la memoria ciertas palabras sueltas y terribles de la anciana Úrsula, que revelaban no sé qué misterios de persecución y amargura, resolvióse a dar parte de este suceso al venerable Osorio antes que a nadie. Pero como su corazón, acostumbrado a mostrarse todo entero a los ojos de María, difícilmente podría recatarle el nuevo secreto que le abrumaba, resolvióse a no hablarla en aquel día. Por otra parte, ocupaban su imaginación negros recelos e inquietudes: así fué que se quedó rondando a manera de vigilante sabueso hasta la caída de la tarde, en que su amada, recogiendo sus ovejas, se encaminó al pueblo, no sin mirar muchas veces con desasosiego y tristeza alrededor, cual si se viese burlada en alguna dulce esperanza. Siguióla a lo lejos su apesarado amante, hasta que la vió desaparecer bajo las encinas que adornan la entrada de Carucedo, y en seguida aceleró el paso hasta llegar a la abadía.

Era la hora del crepúsculo vespertino, y aunque había aún bastante claridad en el aire, ya los objetos lejanos iban perdiendo sus contornos, envueltos en los primeros vapores de la noche. Sólo el castillo de Cornatel, gracias a las líneas rigurosas de sus muros, y a su situación que le hacía descollar sobre el fondo oscuro de los montes lejanos, aparecía aún claro y distinto.

Todo este paisaje miraba el piadoso abad desde la larga azotea de su cámara, cuando entró Salvador descolorido, sombrío y desgreñado.

—¿Cómo así, Salvador? –le preguntó Osorio sobresaltado–, no parece sino que has recibido alguna herida mortal, según lo pálido y turbado que llegas.

—Mortal, en verdad, padre mío –respondió éste–. Mi sueño no era una mentira, sino un presentimiento de mi leal corazón. Su fantasma ha tomado cuerpo a mis ojos, y me la quiere robar.

—¡Cómo! –interrumpió el abad asombrado–. ¿Hay por aquí quien se atreva a semejante desmán? ¿No saben que a mi báculo de paz acompaña la espada de la justicia? ¿Quién es el temerario?

Extendió Salvador el brazo hacia el oriente, y le mostró la masa del castillo de Cornatel, que todavía se alcanzaba a ver en la cresta de la montaña.

—¡Don Álvaro Rebolledo, el castellano de aquella fortaleza! –exclamó el religioso con espanto.

—El mismo –replicó Salvador con una frialdad que daba demasiado a entender la firme resolución que alimentaba su alma. Hubo entonces una breve pausa, y era de ver al hombre de la edad y de la prudencia, dolorosamente trabajado por amor de sus hijos; y al hombre de las pasiones y de la juventud sereno y tranquilo, como quien ha llegado a una de aquellas situaciones extremas y solemnes, en que es imposible volver atrás la planta. El abad fue el primero a romper el silencio.

—¿Y qué has pensado, Salvador? –le dijo ya con calma.

—He pensado –respondió éste mirándole con sus ojos garzos y rasgados fijamente–, que soy hombre, amante y caballero, si no por mi alcurnia, a lo menos por mi corazón.

—Y por tu alcurnia también –repuso gravemente Osorio–, que puesto que tu nacimiento sea también un misterio para mí, todavía la carta del santo abad de Cardeña me declara que Dios te hizo noble como la primera luz que viste.

Salvador alzó los ojos al cielo, donde ya brillaba una estrella rutilante, y enjugó una lágrima de gratitud al verse igualado con su rival. Osorio lo vio y le dijo:

—Escucha, hijo mío; estamos a la boca de la caverna del tigre, y si comparamos nuestras fuerzas con las suyas, más desvalidos y flacos nos hallaremos que el cervatillo de los montes. Ese hombre, caudillo de la devoción y bando del poderoso conde de Lemus, señor de Ponferrada, puede llamar en su ayuda multitud de hombres de armas de su guarnición, y aunque yo armase todos mis vasallos, no alcanzaríamos a parar su ímpetu y soberbia. Ya ves que todo propósito de venganza nos perdería sin remedio.

—Pero, señor –replicó el mancebo– ¿ni aun rescoldo y cenizas quedan en el pecho de ese hombre de la santa hoguera del honor?

—Ni aun eso queda –contestó el santo abad–. Los vicios han empedernido su corazón y secado en su alma la fuente del bien. Sus vasallos lloran hilo a hilo en la noche su humillación y desventura, como el antiguo profeta; y a modo de los cautivos israelitas, por su dinero beben su agua y con su dinero compran su pan. Sin embargo, si es cierto que aun el impío se pone en pie delante de la cabeza calva, yo iré al encuentro de ese hombre y le hablaré en nombre de su Dios, que también es mi Dios.

—¿Y María? –repuso con angustia Salvador.

—Fíate de mi prudencia –contestó el religioso–, porque si algo llegase a entender la pobre Úrsula, tengo por cierto que ni tú mismo sabrías el paradero de las dos y las perderías para siempre.

Al otro día muy de mañana el santo abad con su báculo y su diurno emprendió el largo camino que mediaba entre el castillo y la abadía. Llamó de paso a la puerta de Úrsula, y entrando por ella con no poca extrañeza de las dos mujeres, como viese a la doncella a punto de salir con su hato, apartó un poco a la anciana y le dijo con sosiego:

—No dejéis salir a María hasta que esté yo de vuelta, porque se ha levantado pleito entre el señor de Cornatel y mi abadía sobre el señorío de ciertos terrenos, y hasta dejar orillado este asunto me pesaría de ver que ninguno de mis súbditos quebrantase la tregua que tengo determinada. Allá voy, y por la tarde os diré lo que resuelto dejemos.

Aunque el acento del piadoso varón rebosaba tranquilidad y calma, no por esa dejó de mirarle con ansiedad, mientras hablaba, aquella mujer.

—Padre mío –le preguntó con zozobra–, ¿nos amenaza algún nuevo riesgo? ¿Todavía no está llena la medida de nuestras persecuciones? ¿Sería cierto que nos vemos asomadas a un abismo?

—Con que, según eso –repuso el prelado sonriendo con cierto aire jovial–, ¿en abismo nos convertís a mí y a mis santos religiosos? Pues en verdad que no deberemos quedaros muy obligados por la transformación.

Y viendo que ni aun así quedaba tranquila, añadió con gravedad:

—Por ahora no hay que temer, porque estáis bajo mi guarda y amparo.

Y en seguida enderezó sus pasos hacia el castillo de Cornatel. Hacía poco que había salido el sol cuando se puso a trepar el agrio repecho a cuyo término se levanta, aun en el día, esta fortaleza, y cuando llegó a la barbacana ya cataba bien alto. Los ballesteros que allí estaban de guardia, cuando vieron llegar a un religioso sólo con su bastón de peregrino, apresuráronse a franquear la puerta, y su comandante cruzando con él el puente levadizo, y guiándole por una estrecha y oscura escalera de caracol, le acompañó hasta una especie de antesala, donde unos hombres de desalmada presencia se entretenían en jugar a las tres en raya con un copioso jarro de vino y unos vasos de estaño sobre la mesa. Respondieron con algo de desabrimiento al saludo del abad, y pidiéndole después uno de ellos permiso con tono irónico para continuar en su pasatiempo, mientras otro daba parte al amo de la visita, sin curarse más de su huésped que si se tratara de un tonel vacío, tornaron a su tarea. A poco rato volvió el mensajero e introdujo al abad en el aposento de don Alvaro.

—¿Qué diablos trae por aquí semejante abejaruco?[4] –preguntó uno de aquellos perdonavidas–. ¿Será que nuestro amo piensa convertirse? Tú, Tormenta, que has hecho de introductor, di, hombre, ¿qué gesto puso don Alvaro cuando le anunciaste la llegada del padre?

—El mismo que pones tú, Boca Negra, cuando por tu acostumbrada torpeza ves que te van llevando el dinero bonitamente, sin acertar a poner tres en raya una sola vez.

—Con que, ¿es decir que Dios no le ha tocado todavía el corazón? –replicó con alegría Boca Negra–. ¡Sea su nombre bendito y alabado! Porque en verdad os digo, mis ovejas, que si al capitán se le antojase de repente tornarse hombre de bien, no sé lo que había de ser de nosotros.

—Sin embargo, ¿quién sabe –repuso otro–, si este buen fraile hará con él lo que el Salvador hizo con el buen ladrón? Que aunque en verdad no sea él como Cristo, tampoco nuestro amo llega ¡mal pecado! ni a la suela del zapato del buen ladrón.

Riéronse los valentones de la ocurrencia, y para remover estorbos y quitar amargores de boca, determinaron de tirar al fraile, si otra vez volvía, por una ventana que daba a un precipicio de más de cien varas[5], y volvieron a su juego.

Abrióse, por fin, después de largo rato, la puerta del aposento de don Álvaro, y aparecieron en su dintel el castellano y el abad. Acalorada debería de haber sido la plática, pues que los semblantes de ambos venían alterados,

---

4 *Abejaruco*: Persona noticiera o chismosa.

5 *Vara*: Medida de longitud que se usaba en distintas regiones de España con valores diferentes, que oscilaban entre 768 y 912 mm.

si bien el de don Álvaro no respiraba sino avilantez[6] y orgullo, mientras el de Osorio revelaba toda la dignidad de un alma elevada y de una conciencia pura. Acompañóle el caballero con altiva cortesía hasta la escalera de caracol, y saludándose allí fríamente volvióse el uno a su recámara y el otro salió paso a paso del castillo, turbado el ánimo y lleno de mil negros pensamientos. Sin embargo, cuando llegó a casa de Úrsula, compuso y serenó su venerable rostro para decirle que todavía no quedaban aclaradas las dudas, y que de consiguiente cuando María sacase a pacer su rebaño, lo llevase a las lomas y valles vecinos al monasterio, hasta que por vías amistosas aquel litigio se arreglase. Tenían ambas mujeres ciega confianza en las virtudes del abad, y así se pusieron en sus manos, como pudieran entregarse en las de Dios. Aceleró en seguida el religioso sus tardos pasos, y ya el sol se ponía entre nubes de oro, de púrpura y morado, cuando llegó al atrio de San Mauro, donde ardiendo en inquietud y vivas ansias le aguardaba Salvador.

—¿Qué nuevas traéis, padre y señor mío? –le preguntó con acento turbado, saliéndole precipitadamente al encuentro y agorando desdichas a vista de su apesadumbrado continente.

—He soltado mi voz en el desierto –contestó el anciano–, y ni aun en aquellas bóvedas he encontrado un eco que repitiera mis palabras de paz y de amor. El malvado libra su esperanza en sus caballos y sus armas; y harto claro me ha dejado ver sus inicuos planes. Salvador –dijo después resueltamente–, el honor de María corre peligro aquí, y es preciso que se marche.

El joven se retorció las manos de desesperación.

—Ya yo mismo la hubiera acompañado hasta ponerla en salvo – continuó el santo abad–, pero el impío ha tendido sus redes y no levantará mano hasta consumar su perdición. Así que mañana al romper el alba, mandaré un correo a mi hermano el abad de Carracedo, que tiene aprestado cierto número de lanzas y peones para ayudar a los reyes en la guerra de Granada, y pediréle que me acorra en este trance con una fuerza poderosa para defender a María y a su madre en su viaje, y sacarla de las garras del león. En tanto, aunque no es de sospechar que a nuestros mismos ojos suceda ningún desmán, tu deber es guardar a la huérfana desvalida y mirar por ella; que Dios y tu derecho sean contigo.

Dicho esto partió aquel santo varón a encerrarse en su celda.

—Que Dios y mi derecho sean conmigo –repitió Salvador–, y que la mengua y el oprobio caigan sobre el que sólo se atreve a desamparadas mujeres.

Rayó la luz del siguiente día y ya el mensajero de Osorio caminaba la vuelta de Carracedo, cuando salía la joven zagala con sus ovejas en busca de las laderas del norte, no poco sentida y aun enojada de la indiferencia de su amante, mientras éste por su parte, juguete de la esperanza y de la inquietud, temblando por María y ardiendo en deseo de venganza, se encaminaba a un

6 *Avilantez*: Audacia. insolencia.

encumbrado pico que llamaban los naturales la Espera del Corro, y que señoreaba todo el país. No muy lejos y en la cumbre de una baja colina había un delicioso prado natural, de umbríos castaños y espesos matorrales guarnecido, en mitad del cual brotaba una copiosa fuente que con sus aguas reverdecía aquella alfombra de esmeralda y flores, llamada el Campo de la Legión, recuerdo sin duda del antiguo dominio de los romanos en aquella tierra. No bien acababa de apostarte nuestro cazador en su atalaya, cuando por entre los castaños del Campo de la Legión apareció un rebaño y detrás de él una mujer de aéreo talle y peregrinas formas. Conocióla al punto y murmuró en voz baja:

—¡Es ella!

Sentóse la niña a la margen de la fuente, y con pensativo y triste ademán púsose a mirar las frescas olas que entre la yerba se perdían: clara señal de que alguna nube empañaba el cielo azul de sus ilusiones. Mirábala Salvador embebecido, y sin embargo, atento a su seguridad antes que a los impulsos de su propio corazón, escudriñaba con sus ojos de águila todas las honduras y collados: pero sólo vio aldeanos desparramados por los montes que sin duda iban a hacer leña. No dejó de llamarle la atención su número, pero el arreo le quitó todo recelo. Así se pasó la mañana, y ya estaba bien entrada la tarde, cuando Salvador, viendo que por el camino del castillo no asomaba el menor bulto, y que todo estaba tranquilo y en reposo, bajó de su risco para ir a consolar la pena de María, y torciendo a la izquierda presto llegó al pie de la colina por cuya mesa se extendía el *Campo de la Legión*. Comenzaba a trepar su blanda cuesta, cuando llegaron a sus oídos agudos y lastimeros ayes, y como conociese de cuyo pecho salían, voló en busca de la doncella como ciervo herido en busca de los arroyos del valle. Llegó desalado a los matorrales que guarecían la pradera, y se quedó confuso al ver a don Alvaro. ¿Por dónde había venido?... Pero, qué le importaba saberlo? ¿No lo tenía allí a solas? Así es que en aquel punto le pareció más hermosa su venganza que la misma María. Estaba la cuitada a los pies del feroz guerrero, y en vano se esforzaba éste en levantarla, mostrándose hasta cortés y rendido; porque la triste, deshecha en llanto, con los cabellos en desorden y la toca caída, desolada y arrastrándose de rodillas, sólo pensaba en desasirse de las nervudas manos de aquel hombre, y para ello le conjuraba por lo más sagrado.

—¡Oh! por Dios, por Dios santo, noble caballero –le decía con angustia–, soltadme. ¿Qué honra sacaréis de atropellar así a una pobre muchacha, vos que debíais protegerla, porque sois fuerte, porque sois noble? ¡Soltadme por amor de vuestra madre, por amor de la mía que se moriría de verse sola! ¡Soltadme y toda mi vida rogaré por vos de rodillas, y no me acordaré sino de que fuisteis generoso y de que os dolisteis del desvalido!

—María –respondió el caballero alzándola del suelo con violencia–, te amo tanto, que antes que sin ti volvería sin vida a mi castillo.

—¡Mentís, cobarde, mentís! –repuso la doncella encendida en cólera–. ¡Villano! ¡Mal caballero! ¡Salvador, Salvador mío! –gritó con desesperación–. ¿Cómo no vienes en mi ayuda?

—¡Aquí estoy! –respondió a su espalda una voz bien conocida. Soltó don Alvaro a la niña que casi exánime fue a caer a los pies de Salvador, abrazando sus rodillas y exclamando:

—¡El corazón me lo daba! ¡El corazón me lo daba que no me faltarían Dios y tu brazo, vida mía!

—Ahora piensa en ti –contestó Salvador–. Por la encañada de los ruiseñores vas segura y desembocarás en el convento; ampárate de sus muros que yo al punto te sigo.

—No iré tal sin ti –replicó ella–. Aquí moriremos juntos.

—No es tu vida lo que buscan, sino tu honra –dijo Salvador–. Huye –añadió con angustia–, porque los bandidos de este hombre andan cerca, y si viese que caías en sus manos, yo mismo te daría de puñaladas.

La doncella huyó.

Quedáronse frente a frente los dos rivales, mirándose con ojos encendidos. A los pies de don Álvaro habla un capote de aldeano que explicó a nuestro joven el misterio de esta aventura. Por altivez callaba el caballero, y Salvador callaba también, porque apenas era dueño de los extraños ímpetus que arrebataban su alma. Reportóse, sin embargo, como pudo, y dijo a su rival:

—En verdad, señor caballero, que no hay plazo que no se cumpla, ni deuda que no se pague. Sólos estamos y Dios es nuestro juez.

—¿Sois noble? –le preguntó Rebolledo con ironía.

—Sí a fe –contestó sin descomponerse Salvador–. Y prueba de ello es que pude, y aun quizá debí, pasaros en claro y a mansalva con una flecha, y no lo hice por buscaros cara a cara.

—Voy a llamar a mis arqueros para que os prendan, y os hagan volar desde el más alto torreón de mi castillo al riachuelo que pasa por debajo, y que tiene, según dicen, un agua tan fresca, que allí podréis templar vuestra cólera.

Aunque Salvador tenía el arco armado, dejóle hacer: y aplicando el caballero su cuerno de caza a los labios, sacó de él un punzante y prolongado gemido. Al punto, aunque lejano, respondió otro de igual especie.

—Bien está –dijo entonces.

—¿Con que tenéis miedo? –repuso Salvador, prorrumpiendo en sardónica y destemplada carcajada–. ¡Vive Dios que me maravilla!, porque en este mismo sitio acabáis de dar tales muestras de vuestra persona y con tan formidable enemigo, que el mismo Lanzarote os hubiera envidiado por ellas. Sin embargo, la precaución es cuerda, porque nunca me propuse que los cuervos se comiesen vuestro noble corazón, antes pensaba hacer que os enterrasen con la debida honra; pero una vez que vuestros arqueros van a tomarse ese trabajo, sacad vuestro puñal como yo el mío, y armas iguales, y a prisa, porque ya veis que tengo poco espacio. No os acobardéis, vive Dios, porque, como decimos por aquí los villanos, de hombre a hombre no va nada.

—¡Perro! –dijo el caballero desenvainando su puñal, y casi ahogado de cólera–. Tengo de arrancarte la lengua y azotarte con ella el rostro.

Y diciendo y haciendo se fue para Salvador. Comenzó entonces una porfiada lucha, en que por una parte la destreza y la cólera, y por otra la bravura y agilidad peleaban con igual esfuerzo. Ya hacía un rato que batallaban sin ventaja, cuando a raíz de la colina oyóse ruido de armas y de gente.

—Tu fin se acerca –dijo don Álvaro.

—¡Y el tuyo llegó ya!–, respondió Salvador. Y dando un prodigioso y no pensado salto, derribó por tierra a su contrario y le hundió el cuchillo en el pecho hasta la cruz.

—¡Socorro! ¡socorro! –gritó don Álvaro revolcándose en su sangre, en tanto que sus atónitos arqueros acudían a dárselo, y Salvador huía por el opuesto lado.

—¡Socorro! ¡Confesión! –repetía con ansia. Y en esto se le cortó el habla y expiró apretando el puñal con fuerza convulsiva.

—Por allí se escapó el asesino –dijo uno de los arqueros.

—Es Salvador, el de la abadía – repitieron dos a un mismo tiempo; y asomándose todos allí, ya no vieron a nadie.

A los pocos minutos entraba Salvador en el aposento de Osorio palpitante y sin aliento.

—¿Y María? –le preguntó– ¿Donde está María?

—¿Qué es esto, Salvador? –exclamó el abad espantado.

En breves y desordenadas razones le contó Salvador lo ocurrido.

—Huye –dijo entonces el abad–, y escóndete en la cueva de las Médulas que llaman la Palomera, que esta mismo noche iré a buscarte y a llevarte noticias de María.

Sin aguardar a más salió el mancebo, cruzó rápidamente la huerta del monasterio, saltó la cerca, y por un valle que llaman en el día Foy de Barreira, tomó el camino de las Médulas.

A poco rato se dirigían pausadamente a Cornatel los arqueros del castillo, conduciendo el cuerpo de su sector en una camilla hecha de ramas.

Las once de la noche serían cuando una especie de sombra se deslizó por la boca de la Palomera.

—¡Salvador! –dijo.

—¿Quién me llama? –respondió este.

—Yo –respondió el afligido abad–. Hijo mío –añadió–, cumpliéronse mis desdichados pronósticos: Úrsula y María han huido sin llevarse más que sus alhajas, y aunque gentes de mi confianza las han seguido hasta la barca en que cruzaron el Sil, allí se han perdido del todo sus huellas. Por otra parte tú no puedes permanecer en el país, porque los arqueros de don Álvaro te han visto y te amaga la venganza de un poderoso.

—¿Con que es decir que en un mismo día pierdo todo cuanto amaba en la tierra? –contestó Salvador.

—Todo –respondió aquel varón piadoso–, menos la honra y el amor de nuestro padre común que está en el cielo.

Salvador sollozaba en la sombra, y el viejo sentía partírsele el alma.

—¿Han llegado ya los hombres de armas de Carracedo? preguntó por fin el joven.

—Esta noche han llegado.

—¿Y cuando parten para Andalucía?

—Mañana volverán a su monasterio y pasado saldrán de allí la vuelta de Córdoba.

—Con ellos me voy, padre mío. Quiero morir bajo los estandartes de la cruz.

Con esto salieron de la cueva silenciosos y tristes, y por trochas y veredas desusadas llegaron a la abadía. A la mañana siguiente antes de rayar el día salió Salvador con sus nuevos compañeros, no sin recibir antes las lágrimas y bendiciones del buen abad, amén de un bolsillo bien provisto que según dijo le habían entregado al confiarle su educación. Cuando llegaron a la cima del Monte de los Caballos volvió el suyo Salvador para mirar por última vez aquellos sitios.

Derramaba el alba sus pálidas claridades por detrás del castillo de Cornatel, esmaltaba los rojos y agudos picos de las Médulas, y apenas blanqueaban a su escasa luz las torres de San Mauro: todo lo demás aparecía borrado y confuso. Pensó entonces en aquel santo hombre, guarda y amparo de su niñez, en aquel amor perdido, en aquellas esperanzas convenidas en humo, y con los ojos anublados exclamó:

—¡Oh! ¿Cuándo volverán a mi corazón la frescura y verdor que se han caído de él?

Enjugóse en seguida las lágrimas, serenó el semblante y apretando los ijares de su palafrén, fue a reunirse con los soldados.

II. La flor sin hojas.

Vanitas vanitatum, et omnia vanitas

Si el corazón de Salvador no hubiese salido tan roto y ensangrentado de su primera prueba, sin duda se estremeciera de entusiasmo y de alegría al verse llamado al sublime juicio de Dios, de que iba a ser teatro la Vega de Granada, y en que la cruz y la media luna se aprestaban a pelear por el imperio del mundo y de los siglos; pero si, como dice un famoso poeta, la flor y verdor de la vida mortal pasa con el día, y por más que torne abril, no torna a verdear ni a florecer, no extrañaremos que el cazador de San Mauro caminase la vuelta de Andalucía pensativo y triste en medio de sus regocijados compañeros. Llamábase Juan Ortega de Prado el que aquel tercio acaudillaba, y era natural del Bierzo: soldado de gran corazón y altos pensamientos, endurecido en las fatigas de la milicia, codicioso de honra antes que de botín. Aficionóse por extremo de la gentileza y brío de nuestro Salvador, y cautivado de su trato apacible y cortés, de su hidalguía, y hasta de su misma tristeza, estrechó con él amistad y buena correspondencia, en términos, que no poco suavizó sus pesares y dolorosos recuerdos, ensanchando a sus ojos el camino de las armas y de la militar nombradía. Como quiera, la saeta estaba fija y enarbolada en su pecho, y a todas partes llevaba su dolor consigo; pero una esperanza lejana que a manera de crepúsculo dudoso alumbraba su alma por ventura, y además su natural denuedo y noble sangre, le encendían en ansia de pelear.

Aguijado de tan generosos ímpetus, llegó con sus compañeros a Córdoba a principios de febrero de 1482. Estaba la tierra toda alborotada y embravecida con la pérdida y desastre de Zahara, acaecida en los últimos días del año anterior, y a fuer de capitanes experimentados, aprovechábanse Diego de Merlo, asistente de Sevilla a la sazón, y don Rodrigo Ponce, marqués de Cádiz, del general encendimiento, juntando a orillas del Guadalquivir buen golpe de gente con que tomar justa satisfacción del daño y agravio recibidos. No desperdició Juan Ortega la ocasión que se le venía a las manos, antes con gran diligencia encaminóse con su tercio a Sevilla, donde se presentó al marqués de Cádiz, que no poco se holgó de llevar en su compañía tan buena lanza, y le despidió con suma cortesía. Habían venido nuevas de que la villa de Alhama tenía flaca guarnición, y esa desapercibida, y determinados de entrarla de rebato, con gran precaución y cautela salieron ambos jefes de Sevilla, llevando consigo dos mil y quinientos de a caballo y cuatro mil peones.

Palpitábale el pecho de extraña manera a Salvador al ver cumplido uno de sus más ardientes deseos. Caminaban con gran priesa y recato por sendas excusadas y tan ásperas, que la fatiga casi llevaba apagada la sed del botín y el odio a aquella gente descreída, cuando llegaron al fin del tercero día a un valle por todas partes cercado de recuentos y altos collados, donde los soldados supieron que estaban a media legua de Alhama, con lo cual les volvieron las esperanzas y el brío. Concertáronse el de Cádiz y el asistente sobre la manera de dar el ataque, y acordaron que Juan de Ortega y Martín Galindo (soldados también de gran fama), se adelantaran con trescientos soldados prácticos y escogidos, y vieran de apoderarse del castillo. Excusado nos parece decir que Salvador caminaba de los primeros al lado de su capitán, y que llevaba uno de los cargos más atrevidos de tan ardua empresa. Era una de aquellas noches templadas y serenas que extienden sus estrellados pabellones sobre la dichosa Andalucía, cuando nuestros aventureros se acercaban recogidos y silenciosos al castillo de Alhama. Hicieron alto guarecidos de unas matas de árboles que allí cerca crecían, y en tanto Martín Galindo, Ortega y Salvador, llegáronse por diversos lados a raíz de la misma muralla, para ver si algún rumor por dentro se escuchaba; pero el fuerte castillo asemejábase a un vasto sepulcro, y ni los pasos del centinela, ni el relincho del caballo, daban a conocer la estancia de los guerreros. Estuvo nuestro joven largo rato con el oído atento y cuidadoso, sin escuchar sino los latidos de su corazón: nada turbaba el silencio del interior ni de las afueras. Arrodillóse entonces é hizo una fervorosa plegaria a la madre de Dios, de quien siempre había sido muy devoto, pidiéndole denuedo contra los enemigos de su nombre. Este nombre santo trájole a los labios otro de dulce y doloroso recuerdo, y pensando que tal vez iba a morir sin que bañase su huesa ni una sola lágrima, sintió apretársele el corazón.

Volvían en esto de su ronda Ortega y Martín Galindo, y como le hallara de hinojos todavía, dijóle el primero en tono bajo y un tanto irónico:

—¿Os ofrecéis por caballero de la Virgen, Salvador, que así os ponéis a orar antes de la batalla? Pues por la de la Encina, que creí que habíais tenido lugar para eso en San Mauro.

Pesóle de la burla a Salvador, pero nada dijo, sino que llegando con gran priesa a donde el grueso de la gente estaba, y arrebatando una escala, arrimóla en seguida a la muralla, y subió con valerosa determinación, mientras Ortega y Galindo hacían lo propio por su lado. Esparciéronse los tres por los adarves, matando tal cual centinela dormido que encontraban; pero Salvador, ganoso de aventajarse a todos en aquella memorable acción, echó por una escalera que guiaba al patio, con intención de abrir la puerta a los de afuera y allanar la rendición del castillo. Hizolo así bajando brioso por medio de aquella oscuridad y temeroso silencio, y ya casi alcanzaba el logro de su intento, cuando al pasar junto al cuerpo de guardia que estaba cerca del rastrillo, acertó a salir un moro descuidado y medio desnudo. Sintió rumor de pisadas, y preguntó con voz entera:

—¿Quién va?

Respondiole Salvador hiriéndole de una punta, que le hizo dar en tierra, gritando con las ansias de la muerte:

—¡Al arma, al arma! ¡Los enemigos tenemos dentro!

Despertóse a las voces la guardia, y saliendo de tropel, cerraron con Salvador, que por su parte sólo sentía el malogro de su empresa. Procuraba ganar terreno hacia la puerta, pero cercábanle por todas partes sus enemigos, y aunque sus golpes caían tan recios que no había adarga que los parase, era poco lo que adelantaba. Conoció sus deseos el moro que allí mandaba, y gritó entonces con todas sus fuerzas:

—¡El rastrillo! ¡Bajad el rastrillo!

Pero no fiándose de nadie, abalanzóse a la escalera con intento de hacerlo por sí propio, mientras los demás, viendo los desmedidos esfuerzos que hacía Salvador para ganar la puerta, redoblaron asimismo los suyos. Apurada era su situación, porque el estruendo que sonaba en los pasadizos del castillo, harto claro le daba a entender los peligros que sin duda corrían sus compañeros, y una vez echado el rastrillo, podían los de adentro acudir a la muralla, volcar las escalas, y entonces sólo les quedaba una muerte gloriosa y la pesadumbre de ver desbaratada una hazaña de tan venturoso principio. Acorralábanle en tanto más y más sus enemigos, y aunque había ya tres tendidos delante de él, ciegos de ira y de vergüenza los demás, atropellaban por todo temor con menosprecio de sus vidas. En este tiempo el jefe de la guardia, puesto ya sobre un terraplén superior, les gritaba:

—¡Apretadle, que va a caer el rastrillo y es nuestro! –cuando, dando una gran voz y diciendo «¡Mahoma, valme!» cayó con la cabeza hendida por el medio del terraplén abajo.

En seguida, y a modo de torbellino, salían por la puerta de la escalera dos guerreros que traían mal parados delante de sí unos cuantos moros, y que sin reparar en el número arremetieron con los contrarios de Salvador. Eran los tales Martín Galindo y Juan de Ortega, y aprovechándose nuestro mancebo de tan útil diversión, corrió a la puerta del castillo, abrióla de par en par y dio larga entrada a los de afuera, que de rondón se precipitaron. rompiendo y destruyendo cuanto se les ponía por delante. Reuniéronse entonces los tres amigos, y puestos a la cabeza de los suyos, poco tardaron en matar o prender el resto de la guarnición, quedando dueños y señores del castillo. Al día siguiente, después de una porfiada y recia batalla, entraron asimismo en el pueblo los cristianos, acaudillados por los mismos capitanes de la noche anterior, que se aventajaron maravillosamente a todos los demás.

Puso esta pérdida en gran consternación a la morisma, como que veían a los enemigos en el corazón de sus tierras: y sobre ellas se compusieron endechas y romances de tristísima tonada. El viejo rey Albohacén juntó aceleradamente su ejército de tres mil de a caballo a cincuenta mil peones, y con ellos caminó la vuelta de Alhama. Combatióla encarnizadamente durante muchos días, y aun llegó a sacar de madre el río de que se provee aquella villa, pero nada pudo contra el esfuerzo de los cristianos. Distinguióse Salvador en todos los lances y escaramuzas, poco contento de la alta prez que ganara de antemano, de modo que el marqués de Cádiz cobróle gran estimación y le hizo muchas honras.

Como quiera, el aprieto de nuestra gente era tal, que toda la Andalucía se alborotó y conmovió. Contábase por el más poderoso entre los señores de esta tierra a don Enrique de Guzmán, duque de Medina-Sidonia, y en él tenían puesta todos la esperanza, si bien flaca por andar revuelto y enemistado con el de Cádiz, pero era harto hidalgo para anteponer particulares enojos al procomunal y a la ley de la caballería: así fué que sacando el estandarte de Sevilla, y juntándose con don Rodrigo Téllez Girón, maestre de Calatrava; don Diego Pacheco, marqués de Villena y otros señores, acudió al socorro de sus hermanos. Alzaron el cerco los moros y se retiraron sin pelear, mientras los cercados salían al encuentro de sus libertadores con lágrimas de alegría en los ojos. El de Cádiz fuése con los brazos abiertos para don Enrique, y con palabras en sumo grado comedidas y corteses, pusieron término a las desavenencias que traían divididas las dos casas, sellando el pacto con el general alborozo. Pasaron alarde al otro día del ejército cristiano, y a su vista fueron armados caballeros por el de Cádiz, Juan Ortega y Salvador, calzándoles las espuelas el de Medina Sidonia.

Por lo que toca a Martín Galindo, que ya lo era de Santiago, hiciéronle presente de una banda de honor y de un riquísimo alfanje cogido en el saco de Albania. Todos aquellos señores les honraron a porfía, saludándolos como a hombres los más arriscados y valientes que en aquella facción se hubiesen mostrado. El de Cádiz, sin embargo, no fue dueño de sí propio, y harto mostró la predilección que le merecía Salvador, en los encarecimientos con que lo presentó a los demás caballeros, maravillados de ver tan relevantes prendas en tan cortos años. Sacó entonces nuestro joven dos cartas del seno y entregó una al maestre de Calatrava y otra al marqués, aguardando en silencio el resultado. A los pocos renglones que hubieron leído, vinieron entrambos a abrazarle, diciendo el maestre:

—¡Cómo así! ¿Por qué el deudo cercano del valeroso Veremundo Osorio, del mejor amigo de mi padre, no viene a manifestarse a quien tanto le desea?

No menos cortés se mostró el de Cádiz que amaba también y respetaba al santo abad, a quien alcanzara en el mundo durante su juventud. Salvador adivinó al punto todo, puesto que nada supiese de antemano. El amor del piadoso cenobita acompañábale aun allí, y si le había adornado con un apellido ilustre que en él se extinguía, habíalo hecho para que el mundo le acogiese con más honra. Sintió el nuevo caballero una emoción profunda, y, sin embargo, respondió al maestre y al marqués que había querido aguardará que su brazo y su prosapia le abonasen al mismo tiempo; pero que sus favores de tal modo excedían el valor de entrambos, que no sabía cómo mostrarles su agradecimiento.

—Escuchad, Salvador –le dijo el maestre después de mirarle con atención largo rato–. Aunque ni vuestra cuna ni vuestros hechos os subiesen ten alto, todavía hay en vuestra persona un no sé qué, que habla en favor vuestro. Mucho me habíais de honrar si me recibieseis por vuestro amigo y compañero de armas, y no tengo reparo en pedíroslo, porque supongo –añadió con donaire–, que no sois enemigo de mi noble orden, ni que os desdeñaréis de vestir un día su santo hábito.

El de Cádiz, que lo oyó, dijo a Salvador:

—El maestre me ha ganado por la mano, y harto más ganaréis en los escuadrones de Calatrava que no en mis banderas; pero, sin embargo, debéis saber –añadió apretándole la mano–, que don Rodrigo Ponce de León os estima y honra de tal manera, que le encontraréis con sus haciendas y su brazo siempre que le hubiéreis menester.

Los demás caballeros hiciéronle también por su parte grandes ofrecimientos, y despidiéndose del bizarro Juan de Ortega, salió de Alhama con don Rodrigo Téllez Girón, del cual no se volvió a separar.

Resplandeciente era la aurora de la carrera militar de Salvador, y ni él mismo pudiera esperar galardón tan alto. Tratábale el maestre con una amistad llena de miramiento y aun de ternura, que más que otra cosa parecía fraternal cariño; los caballeros de Calatrava teníanle asimismo en mucho, y la gloria le entreabría las puertas de oro de su encantado alcázar. Sin embargo, no era feliz: de continuo se le venían a la memoria las rientes praderas de San Mauro, las soledades llenas de los acentos de su amor, y aquel vergel de recuerdos dulces y marchitos que animaba la imagen de María a modo de mariposa bellísima y errante. Tan cierto es, que el amor en una alma nueva se convierte en una pasión imperiosa y exclusiva que todo lo sujeta y subordina a su influjo.

Habían despachado un correo el de Cádiz y el maestre al venerable Osorio, dándole cuenta de las hazañas de Salvador y de la acogida que le habían hecho; y el mensajero que volvió al poco tiempo trajo cartas de gracias para los dos, y una más larga para nuestro mancebo. Decía en ella que a pesar de sus vivas diligencias no había podido dar con el paradero de Úrsula y María, pero que no por eso pensaba aflojar en sus pesquisas. Hablábale además con efusión y orgullo de la alegría que recibiera con las nuevas de su primera campaña, y concluía con saludables consejos y paternal ternura. Esta carta que Salvador abrió y leyó con indecible ansiedad, amortiguó aquella esperanza pálida y débil ya de suyo que relucía en su alma, y abrió de nuevo las llagas de su corazón. Afortunadamente volvió a resonar en Andalucía el estrépito de las armas, y a traer oportuna diversión a sus pesares. Sucedió por entonces el cerco de Loja, y sabido es que habiendo entrado los moros de rebato en los reales cristianos, cayó herido mortalmente de dos flechas el maestre de Calatrava. Con el espanto dieron los nuestros las espaldas, y cobrando ánimo los moros arremetieron con no vista furia contra el escuadrón de la orden que al punto se agrupó en torno del caído maestre, y mantuvo sólo la pelea hasta sacarle del campo; empresa con que salió al cabo Salvador, no sin recibir antes dos heridas. Aquella misma noche expiró don Rodrigo Téllez Girón. Lástima grande para todo el ejército por ser personaje de altas prendas, y en la flor de su edad, que no pasaba de los veinticuatro años. Ni aun en la muerte desmintió la particular amistad que había mostrado a Salvador, y expiró teniéndole asido de la mano y encomendándoselo muy encarecidamente a don Gutierre de Padilla, clavero[7] mayor de la orden.

---

7 *Clavero*: caballero cuyo cargo estaba la custodia y defensa del principal castillo o convento.

Cuánto sintiese Salvador esta muerte, y cuán hondo le pareciera el vado que en su corazón dejaba, no hay por qué ponderarlo. Baste decir que había mirado al maestre con un afecto extraño y misterioso, que venía a ocupar en su pecho el lugar de los dulces cariños de familia, y que su falta ensanchaba sin medida aquel horizonte de soledad que por todas partes descubría. Al día siguiente alzó el rey sus reales y se retiraron en buena ordenanza de sobre Loja. Acudió el marqués de Cádiz a consolar a Salvador en cuanto se lo permitían los riesgos del camino, y tornó a hacerle los más cordiales ofrecimientos; pero don Gutierre de Padilla le dio a entender que los adelantos y cuidado de aquel mozo eran ya deuda de la orden, promesa de que no se apartó jamás.

No le seguiremos por nuestra parte en todos los azares y peligros de esta porfiada guerra, durante la cual ninguna luz le trajeron sobre la suerte de María las diversas cartas que desde San Mauro le enviaba el santo abad. Recibió una cuando pusieron los reyes el cerco a la ciudad de Granada, edificando a su frente la villa de Santa Fe, y en ella le decía que había vuelto atrás de los linderos mismos del sepulcro hasta donde le llevara una dolorosa enfermedad, pero que recobrado algún tanto había tornado a sus pesquisas sin alcanzar por eso más que antes; y por último, que iba perdiendo la esperanza de lograr ningún indicio, y aun de volver a ver a su hijo querido, según la postración en que había quedado. De esta suerte los años empujaban hacia la huesa al hombre que le había servido de padre; el maestre, que como hermano le había mirado, descansaba ya en su fondo, y aquel amor que un día le sirviera de norte y de fanal, desaparecía en las sombras del misterio o de la muerte quizá. Miró detrás de sí; allí la soledad y el vacío: volvió los ojos hacia adelante; allí los combates y su estruendo. Alegróse de verlos tan cercanos, y precipitóse en ellos con delirio.

Habíase escaramuzado reciamente una tarde, y Salvador se empeñó tanto en aquella ocasión, que vino a dar en una especie de emboscada donde más de veinte moros le embistieron a la vez. Matáronle el caballo, y aunque, haciendo espaldas de una pared, se defendía valerosamente, era ya su muerte segura, cuando saliendo a galope de un bosquecillo de naranjos un caballero cristiano, cerró de tal suerte con los moros, que dando con dos en tierra y atropellando a los demás, los puso en despavorida fuga. Cogió entonces de la brida el caballo de uno de los muertos, y entregándoselo a Salvador, ambos salieron de aquel lugar la vuelta de Santa Fe. Caminaban en silencio, y nuestro joven maravillado examinaba con suma atención y curiosidad el arreo y apostura de su misterioso compañero. Era éste alto de cuerpo, llevaba baja la celada de su casco, una banda morada cubriale parte del peto y espaldar, y traía en el escudo por divisa un navío con las velas tendidas y en alta mar. Llegaban ya muy cerca de los reales, cuando Salvador rompió el silencio diciendo:

—En verdad, señor caballero, que merecíais no ya un hábito el más calificado de España, sino un reino por vuestra bizarra conducta. Alzad, os ruego, la visera, si queréis honrarme mostrándome el rostro de mi libertador, y aun su nombre para grabarlos en mi memoria eternamente.

—Mi reino no es de este mundo –repuso el desconocido con voz grave y sonora–, y aunque he catado cerca de esta generación muchos años, ellos no han conocido mis caminos...

Sorprendido se quedó Salvador al oir estas palabras bíblicas y solemnes, pronunciadas con un acento indecible de fuerza y de verdad. El guerrero prosiguió con tono lleno de afabilidad y de dulzura.

—Pero vuestra cortesía me obliga tanto, que, puesto que en acorreros más haya sido mi ganancia que la vuestra para hacer alarde de semejante acción, no sólo os descubriré mi rostro, sino que también os diré mi nombre: Llámanme Cristóbal Colón.

Esto diciendo alzó la celada y mostró a Salvador un semblante reposado y lleno de autoridad. Eran sus ojos garzos, rubio su cabello, y su mirada de águila candal y poderosa. Había en aquella cabeza un no se qué de inspiración, de fortaleza y de genio tan robusto y pronunciado, que Salvador se sintió penetrado de admiración y respeto, y como flaco rapaz delante de un coloso. Entraron en esto en Santa Fe, y se separaron cortésmente llevando nuestro mozo el ánimo preocupado y lleno de la idea de aquel hombre misterioso. Preguntó a un caballero de Calatrava quién era Cristóbal Colón, y contóle al mismo tiempo la aventura. Dióse a reír el caballero, y le dijo:

—Es el loco más hidalgo y más valiente que he visto; pero son tan sandios los proyectos que revuelve en su imaginación, que le han mermado el seso. Habéis de saber que pretende descubrir nada menos que un nuevo mundo, y ha presentado los proyectos a la corte: pero aunque ha fascinado a algunos, los más le han lástima por su desatino.

Poco se contentó Salvador de oir hablar con tan escaso comedimiento de un hombre a quien sin saber por qué tenía en mucho: amén de que se le hacía duro de creer que la locura ejerciese tamaña superioridad. Era su carácter naturalmente entusiasta, y so color de dar las gracias a Colón por su ayuda, pero en realidad para descorrer algo del velo que le encubría, encamínose a su posada. Hay lazos secretos y simpatías que ligan a las almas elevadas, y las reunen en un punto, bien así como una mísera luz atrae a dos mariposas que vuelan en distintas direcciones. Por otra parte Salvador había cultivado las ciencias entre los monjes de San Mauro, y por una intención pronta y feliz comprendió los planes gigantescos del gran Cristóbal; de modo que el predominio del genio y el ascendiente de la razón le cautivaron al mismo tiempo con su seducción irresistible. Desde entonces prohijó con ardor aquella idea milagrosa, y fue para el gran Colón como un hermano o como un hijo.

Entre tanto amaneció el día venturoso de la rendición de Granada. Era cosa de ver la pompa y majestad de los reyes y sus hijas, las armas y el arreo de los grandes, la tristeza de los moros, y el júbilo colmado de los cristianos. Entró el rey en el castillo de la Alhambra, seguido de la flor de la caballería española, y después de hecha oración en acción de gracias, Fray Hernando de Talavera, Arzobispo electo de aquella ciudad, puso la cruz arzobispal, que delante de él llevaba el de Toledo, en lo más alto de la torre principal y del homenaje con el estandarte real y el de Santiago a los lados. Siguióse un alarido inmenso de alegría, que llegaba a los cielos: todos los ojos estaban arrasados en lágrimas, y los corazones parecía querérseles salir del pecho a aquellos soldados valerosos. Volvieron los reyes a sus reales después de recibir el parabién y homenaje del nuevo reino, y aquella misma tarde, entre los diversos premios que se repartieron, puso don Fernando de su propia mano el hábito de Calatrava a Salvador, y doña Isabel le regaló una cadena de oro, lisonjero galardón de su valentía y denuedo.

No era cumplido, sin embargo, su gozo, porque los recuerdos que entenebrecían su corazón, casi cerraban el paso a la luz de esperanza y de gloria que destellaban aquel día las cumbres de la Sierra Nevada; pero aun de este leve resplandor que le llegaba, parecía ofenderse la suerte. Departiendo estaba con Colón sobre el intentado viaje, cuando un correo que llegó al rey de Galicia le trajo la última carta de Fray Veremundo Osorio. Lleno de tribulación noticiábale el anciano cómo había descubierto el paradero de María, pero que más se holgara de no haberlo logrado jamás, pues que su triste amante la había perdido para siempre, y debía rogar a Dios por ella. Desde muy atrás se había arraigado semejante idea en el ánimo de Salvador, pero la realidad desnuda y yerma acabó de romper en su pecho un resorte que imaginaba ya quebrado, y cortó el último hilo que podía guiarle en el laberinto de la vida. Vio seca de repente la fuente del consuelo; miró en torno de sí y hallóse solo; buscó el estruendo de las batallas, y por donde quiera palpó el silencio de la paz; nada encontraba, finalmente, donde saciar el ansia de su alma calenturienta y desquiciada. Colón, que comprendía su amargura, le habló entonces de un viaje portentoso, de peligros y de hazañas allá en el confín de la tierra, de una gloria duradera más que el mundo y que las edades y la mente exaltada de Salvador guió sus alas hacia estos campos de luz que aquel grande hombre le mostraba.

Después de mil trabajos y penas salió por fin Cristóbal Colón del puerto de Palos de Moguer el día 3 de Agosto de 1492, enderezando su rumbo hacia Canarias, y aunque hasta allí pudo llevar sosegados los ánimos de su gente, su viaje en adelante fue un tejido de sublevaciones y de peligros, en que a no haber contado con el corazón de Salvador, se hubiese hallado de todo punto solo. La inmensidad de aquellos mares solitarios donde el ojo y cl brazo del mismo Dios eran los únicos que pudiesen verlos y ampararlos, y la amistad de aquel hombre extraordinario, que caminaba al través de los abismos en busca de una tierra desconocida, derramaron en el alma vacía y desconsolada de nuestro mozo un consuelo inefable y grande como su dolor. Caminaban entretanto, y su camino parecía sin fin. Los ánimos mezquinos de aquella gente sin fe, encendiéronse, por último, en tales términos, que ya ni la elocuencia y serenidad del almirante, ni el denuedo de Salvador, podían impedirles que volviesen las proas hacia España. Colón, en semejante extremidad, les prometió y juró de hacerlo así, con tal que a los tres días no encontrasen tierra; pero apenas los conjurados le dejaron solo con su único amigo, cuando desatinado y alzando los ojos y las manos al cielo, exclamó con el acento de la desesperación:

—¡Oh Dios mío, Dios mío! ¿Me vedaréis como a Moisés la entrada en la tierra prometida, a mí que nunca he dudado de vuestra grandeza, a mí que no he tenido más consuelo en mis tribulaciones que una idea de gloria para vos y para mis hermanos? ¡Oh Dios mío, Dios mío.

Salvador fuera de sí se volvía y revolvía a todas partes, como si pidiese auxilio al espacio y al silencio, cuando de repente y con el rostro inflamado asió del brazo al almirante, y le mostró una bandada de pájaros que batían sus alas hacia ellos.

—Vedlas –le dijo con entusiasmo– : ved las palomas del arca santa, Dios os las envía sin número, cuando a Noé vino una sola.

Eran, en efecto, todas avecillas de poco vuelo, claro indicio de tierra cercana. Pero aquel plazo fatal de los tres días era como la espada de Damocles para el desolado Colón.

Aquella misma noche a cosa de las diez, velaban los amigos en el castillo de popa, cuando llamó el almirante la atención de Salvador señalándole una luz como de antorcha, que a lo lejos relumbraba. Subía el resplandor, bajaba y escondíase como si lo llevase una persona en la mano, y los dos lo observaban palpitando, hasta que Colón exclamó con voz de trueno:

—¡El Nuevo Mundo! ¡El Nuevo Mundo! He aquí que las tinieblas cubrían su faz, y yo lo he sacado de las tinieblas. Yo soy el espíritu de Dios que era llevado sobre las aguas.

Al decir esto centelleaban sus ojos de tal modo, y estaba tan sublime, que Salvador cayó involuntariamente de rodillas delante de aquel hombre, exclamando también:

—Sí, capitán, sois grande como el espíritu del Señor, que cabalgaba en el torbellino.

Avergonzóse Colón entonces de aquel movimiento de orgullo, y dijo alzando a Salvador:

—Nunca el vaso de barro se levantará contra el alfarero que lo formó: del Señor es la redondez del orbe y la plenitud del mar, y nosotros no somos sino gusanos delante de él.

Abrazáronse en aquel punto los dos amigos, y largo rato estuvieron así sin hablar palabra. Dos horas después ya las tripulaciones cantaban el *Te Deum* en acción de gracias.

La tierra que vieron al amanecer era la isla de Guanahaní a quien Colón puso por nombre San Salvador, tanto en memoria del Dios que le había salvado, como de su generoso compañero. Tomaron tierra en seguida, en medio de los isleños asombrados, y Colón plantó el estandarte real y la cruz entre las aclamaciones de los suyos, que entonces le adoraban como a un Dios. Aquellos salvajes parecían de condición blanda y pacífica, y Salvador se internó en la isla, porque su corazón necesitaba latir a solas. Ostentaba aquella tierra todas las galas de la virginidad y de la juventud, sus pájaros, sus árboles, sus flores, todo era nuevo y milagroso, sus arroyos corrían más dulcemente que los pensamientos de una niña de quince años; era aquello la primer sonrisa de la naturaleza, un sueño de esperanza, de amor y de ventura. Todos los pensamientos de su vida pasada agolpáronse entonces de tropel a la memoria de Salvador, corrió de sus ojos larga vena de llanto, y con el pecho hinchado de sollozos, exclamó:

—¡María! ¡María mía! ¿Por qué no nacimos los dos en este paraíso, lejos de los poderosos de la tierra? Nuestras horas se deslizarían como estos cristalinos arroyos e iríamos a dar en el océano del sepulcro con toda nuestra felicidad e inocencia. ¡Ángel de luz que estás junto al trono de Dios! Héme aquí solo y errante en estas playas apartadas, el corazón sin amor y el alma sin esperanza! ¡Oh María, María!

Murmuró en voz más baja y se sentó llorando en la soledad con indecible amargura. Recobróse, por fin, al cabo de una buena pieza, y enjugándose las lágrimas fue a reunirse con sus compañeros y con Cristóbal Colón, de quien no se separó basta su catástrofe, bien conocida de todos. Sabido es que los grillos[8] y una sentencia de muerte fueron el galardón de sus servicios, y aunque el rey le recibió con distinción después, y se enojó por demás de la barbarie del juez Bobadilla, ni castigó a éste ni devolvió a Colón sus honores y prerrogativas.

Salvador pensó entonces en la justicia de los hombres y en las mentirosas glorias del mundo. La hiel que por tanto tiempo habla ido filtrando en su corazón se derramó de él y emponzoñó su alma. Vio agostada aquella riquísima cosecha de fama y de honor que habla soñado; se sonrió amargamente y exclamó meneando la cabeza:

—¡Vanidad de vanidades, y todo es vanidad!

Volvió entonces su corazón al Padre de las misericordias, y diciendo un adiós eterno al desgraciado Colón tomó el camino de San Mauro de Villarrando resuelto a aguardar la muerte bajo sus bóvedas silenciosas.

8 *Grillo*: Aro de hierro que rodeaba el tobillo de los condenados, y por el que eran encadenados.

III. YERRO Y CASTIGO.

¡Sólo a una mujer amaba!..
Que fue verdad creo yo,
Porque todo se acabó.
Y esto sólo no se acaba.
CALDERÓN. – *La vida es sueño.*

En una hermosa mañana de primavera del año 1493, un caballero de Calatrava armado de todas armas se apeó en la portería de San Mauro de Villarrando, y ya pisaba el umbral, cuando acertó a ver delante de a la pasmada figura del padre Acebedo, portero de la abadía, que con atónitos ojos le miraba.

—¿Tan mudado vuelve un antiguo amigo que no le conoce el padre Acebedo? –le dijo el recién llegado.

—¿Quién os había de conocer, Salvador –respondió el buen religioso abrazándole–, tan galán y gentil como venís con esa cruz de caballero al lado?

—Harta prisa me di para ganarla con aquellos perros –repuso Salvador con aparente jovialidad–. Pero decidme ¿y el santo Osorio? –añadió, procurando encubrir su zozobra.

—¿Pero sabéis que venís flaco y malparado en tales términos que nadie diría que erais vos? ¿Estáis enfermo?.... ¡Jesús! ¿Y es este aquel mozo tan gallardo? ¡Vaya! ¡Si parece que la vejez le ha cogido de improviso en lo mejor de su camino!

—¿Pero el venerable abad? –replicó Salvador con impaciencia.

—¡Ay, hijo! –contestó el buen portero–. Está tan postrado con la carga de los años, que apenas se puede decir que vive. Ha mandado levantar una especie de ermita con su vivienda en la Hondonada del Naranco, y allí pasa las horas en la soledad sin venir nunca al monasterio. Estos días pasados hablaba mucho de vos y de la pesadumbre que le causaría morir sin que le cerráseis los ojos. Pero os ponéis tan pálido. ¿Queréis tomar alguna cosa?

—No, nada –replicó Salvador, procurando ocultar su turbación–. Sólo os pido que le prevengáis acerca de mi llegada, porque podría hacerle mucho daño mi repentina vista.

—Sí por cierto –dijo el padre Acebedo–. Voy allá volando, pero venid vos también a aguardar la ocasión de abrazarle en la huerta.

Encamináronse en efecto los dos hacia allá, y el honrado portero con su prisa y alegría urdió con tanta sencillez como torpeza una fábula, por entre cuyos hilos el buen abad vio harto claro lo que aquello quería decir; y levantándose con no vista y maravillosa presteza, se encaminó a la puerta gritando:

—¡Salvador! ¡Hijo mío! ¿Por qué no vienes?

Corrió éste desalado al encuentro exclamando:

—¡Oh, padre mío, padre mío!

Y en el mismo dintel se abrazaron ambos sin ser poderosos a decir una palabra. Repuestos por fin y sosegados al cabo de una buena pieza, habló de esta suerte aquel varón piadoso.

—El cielo ha oído mis oraciones, y ahora después de haberte abrazado ya puede venir la muerte. Como los días del hombre pasan semejante a la flor del heno, y los míos están contados, anhelaba verte para descubrirte el secreto de tu familia y nacimiento. Largos años te aguardé, pero como no volvías y el plazo iba ya vencido, y a mi diligencia estaba encomendado el abrir el pliego, rompí el sello y lo vi todo. Si en tu corazón se anida la vanidad mundana, regocíjate y alza la cabeza, porque eres hijo de los poderosos de la tierra. Doña Beatriz de Sandoval fue tu madre, y el que te engendró mi compañero de juventud y dulce amigo don Pedro Girón, maestre de Calatrava.

—¿Con que según eso – preguntó Salvador con ansiedad–, el maestre don Rodrigo Téllez Girón, que murió en el cerco de Loja, era mi hermano?

—Sí, por cierto: la misma sangre corría por vuestras venas.

—¡Conque era mi hermano! –respondió Salvador con una voz interrumpida de sollozos–. ¡Conque era mi hermano y murió en mis brazos, y no pude estrecharle en ellos y decirle «¡Hermano mío!» ¿Cómo fui tan sordo, que no escuché la voz de la naturaleza que tan alto hablaba en mi corazón?

Salvador no había llorado ni aun al despedirse de Cristóbal Colón. Sus últimas lágrimas habían corrido en las soledades del Nuevo Mundo, como testimonio de los dolores de un mundo antiguo. Desde entonces la esperanza voló de su corazón: de su misma tristeza solo quedaron heces amargas y desabridas, y al tocar con sus dedos el bello cadáver de su amor y de sus ilusiones, sólo encontró un esqueleto descarnado y frío. Como quiera, la revelación de aquel secreto había pulsado en su alma una cuerda que imaginaba rota, y que respondió en son doliente a las palabras del abad. Tan cierto es que allá en el fondo del corazón humano siempre hay un eco que responde a los dolores. Salvador había nacido de un amor que no recibió la bendición de la Iglesia, en la época revuelta y desdichada del reinado de Enrique IV; sus padres murieron cuando niño, y los celos de la madre de don Rodrigo Girón, que temblaba que el maestrazgo de Calatrava, concedido a su hijo, no pasase a su hermano, le acompañaron desde la cuna con tal constancia, que de seguro hubiese caido bajo sus golpes, si el buen abad de Cardeña, pariente de su madre, no le hubiese puesto al abrigo de los ignorados valles de Carucedo. Era su suerte la de conocer la vida por sus amarguras, y los amores de la tierra por los vacíos que su pérdida deja en el alma.

Pasado un buen espacio, y como el abad le viese ya más sosegado, le habló del porvenir que le aguardaba, de los deberes de su nacimiento y de la fortaleza y magnanimidad propia de los hombres, y en especial de los caballeros.

Salvador le respondió:

—Escuchadme, padre mío, porque mi resolución es seria y profunda, y quiero que la conozcáis. Ya sabéis que en mis dulces años amé con la pureza de los ángeles a un ángel que vino a consolar y embellecer estos valles, y que aquel amor se disipó como el rocío de las praderas. Entonces me lancé por el camino de la gloria, y delante de la vencida Granada el rey me vistió el hábito que véis; pero mi alma estaba enferma de soledad y de ansia de mayor nombradía. Busqué con un hombre enviado de Dios un nuevo mundo al través de la inmensidad y de los abismos del océano, y la tierra prometida desplegó a nuestros ojos todas sus galas y riqueza. La vista de aquellas playas sólo trajo lágrimas a mis párpados, vacíos a mi corazón y desengaños a mi entendimiento. Por premio de nuestras trabajos el gran Colón y yo hemos tenido grillos a los pies y la cuchilla del verdugo sobre nuestra cabeza. Ya lo véis, padre mío; el amor es una flor del cielo que se agosta en esta tierra empapada en lágrimas, y la gloria no pasa de una dorada mentira. ¿Creéis por ventura que un corazón tan llagado como el mío se curará con el humo de las vanidades mundanas? ¿No era más bello el nombre que labré con mi espada, que el que la suerte tardía me ofrece ahora como por una burla cruel? Yo he venido a buscar el consuelo al pie de los altares y en el seno de la oración. Mi resolución es invariable, y si mañana mismo me abrieseis las puertas del santuario y recibieseis mis votos, tened por cierto que la bendición de mi padre bajaría sobre mi cabeza cubierta con la cogulla[9] de San Bernardo.

Siguióse una larga pausa a esta declaración, sin que ni el religioso, ni el caballero se diesen prisa a romper el silencio.

—Salvador –le dijo por fin el anciano–, maravillado me dejas con tu resolución, y aunque no seré yo quien te la reprenda, menos te encubriré las dudas que me asaltan. Dudas tremendas por cierto; porque si el despecho y no la resignación te traen al silencio del claustro; si en vez de un corazón humilde llevas a las aras de Dios uno lastimado de orgullo y de desesperación, por ventura encontrarás la pelea donde pensaste hallar el descanso. Créeme, hijo mío, Dios no envía sus ángeles de consuelo sino a las almas que se desprenden y desatan de las aficiones de la tierra. Díme, ¿si llegases a encontrar un día a la mujer que amaste, no maldecirías de la hora en que naciste?

Brilló entonces en los ojos de Salvador uno de aquellos relámpagos que dan muestras de las tempestades interiores, y dijo con suma zozobra:

—¿Pero no me dijisteis que murió?

—Sí. Murió para ti y para todos, aunque su alma vivirá eternamente para Dios –replicó el anciano prontamente.

—Pues entonces –añadió Salvador con sordo acento–, tanto mejor, y por caridad dadme vuestro santo hábito, que si no me juzgáis digno de él lo iré a pedir a la puerta de otro cualquier monasterio.

El prelado vacilaba todavía, hasta que el mancebo le dijo con entereza:

9 *Cogulla*: Hábito de monje.

—¿Qué teméis? ¿No véis que mi frente ha comenzado ya a encalvecer, y que no hay ilusiones, ni engaños por dulces que sean, que resistan a treinta y tres años de pesares?

El religioso entonces como vencido, alzó los ojos al cielo y exclamó:

—¡Hágase la voluntad de Dios!

A los pocos días tomó Salvador el hábito de San Bernardo en la iglesia de la abadía, y asimismo profesó; cosa en que vino el santo Osorio vencido de sus ruegos, y usando de las facultades que tenía para dispensar el noviciado. Fácil es de conocer la admiración que causaría a todos los monjes semejante suceso; tanto más, cuanto que el nacimiento del nuevo hermano ya no era un misterio, y que además todos le habían visto llegar adornado con la cruz de una de las órdenes militares más gloriosas de España. Miraron como un predestinado al hombre que en la flor de su edad de aquel modo tenía en menos la halagüeña fortuna con que el mundo le brindaba, y desde entonces le mostraron una especie de respeto que su austeridad y devoción aumentaban y engrandecían sobre manera. De allí a pocos días acaeció la muerte del venerable Fray Veremundo Osorio, que pasó a mejor vida consumido de caridad y con toda la paz y el sosiego del justo, y en su lugar y como testimonio de veneración a su memoria, eligieron por sucesor suyo a Fray Salvador Téllez Girón.

El nuevo abad trataba con dulzura verdaderamente paternal a todo el mundo. El rigor y la penitencia sólo consigo propio los usaba, y su mano no contenta con enjugar las lágrimas que la muerte de su predecesor había hecho correr en el país, derramaba sin cesar beneficios y consuelos. A pesar de tanta caridad, los monjes antes esquivaban su compañía que la solicitaban. A veces encontrábanle paseando en un claustro solitario, y aunque pasasen junto a él, ni los sentía ni los saludaba, tan embebecido andaba en sus meditaciones. Otras veces los que más cerca de él estaban en el coro oíanle pronunciar, en vez de los versículos sagrados, palabras incoherentes y sin sentido, cuya significación no comprendían, pero por el acento con que salían de su boca, sucedía que les dejaban helados de espanto. Habitualmente permanecía encerrado en el oratorio de la cámara abacial, donde se guardaba la imagen de una Dolorosa de que años antes había hecho merced al monasterio y arrodillado delante de ella pasaba las horas. Parecía salida aquella virgen del pincel afectuoso y puro de Alberto Durero, así por la casta suavidad de la expresión, como por la corrección suma del dibujo y la delicada belleza de las líneas. Había desaparecido de su rostro toda la flor de lozanía y de juventud con que los pintores han solido adornar a María; no quedaban más que los misterios del dolor en aquella frente pálida y marchita, y la gracia y la magia primitiva, propia de la madre de Dios, oscurecidas por las nubes del pesar. Salvador, que según pudimos ver en el asalto del castillo de Alhama, era muy devoto suyo, acudió a demandarle su amparo y a mostrarle las heridas de su pecho. Y en verdad que durante algunos días creyó que la reina de los ángeles le miraba con amor, porque encontraba un inexplicable consuelo en contemplar su dulcísimo semblante, manantial para su alma de suaves y desconocidas imaginaciones, que tanto se asemejaban al recuerdo de las dichas pasadas, como a la esperanza de las venideras. Y, sin embargo, absorto en la contemplación de aquella imagen soberana, poniéndola a manera de talismán sobre sus más enconadas llagas, y amándola con toda la efusión de su alma, sentía su corazón apartado de la paz del justo, y como codicioso y celoso del amparo de aquella purísima virgen. Más de una vez se preguntó con la sangre helada de terror si las memorias de su vida pasada no venían a mezclarse, disimuladas e invisibles en sus religiosas meditaciones; y si en aquel semblante angélico no le representaba la fantasía otro semblante que por largo tiempo se había aposentado en su alma.

—Pero, ¿dónde –se replicaba sosegándose–, dónde aquella belleza infantil y florida? ¿Dónde aquella frente en que la alegría pusiera su asiento? Combates son estos del enemigo común –añadía ya con calma–. Velemos y estemos en pie porque anda alrededor de nosotros como león rugiente buscando víctimas que devorar. Resistámosle con pecho fuerte, y andemos con valor nuestra jornada, pues que peregrinos somos en la tierra.

Así lo ponía en verdad por obra; pero sus combates interiores hacían su semblante cada día más adusto y sombrío, y daban a su voz cierto eco duro y destemplado que alejaba las gentes.

Un año se había pasado desde que le nombraron abad, y las cosas estaban en el estado que dejamos dicho, cuando una tarde que oraba delante de la Dolorosa de su oratorio, aconteció que nuestro conocido el padre Acebedo asomó presuroso por el cancel de la cámara, y se dirigió allá. Abrió la puerta con mucho tiento, y vio al prelado de hinojos en la tarima del altar, tan embebecido, que no le sintió

—Sí. Razón tenía aquel santo varón –decía en voz baja y desconsolada–. Los espíritus de la calma no han venido a mí, y donde me fingí el descanso he palpado la incertidumbre y la pelea. ¡Oh virgen pura! ¿No está limpio todavía mi corazón de las aficiones terrenas, y moriré sin que cierre mis ojos un sueño de paz

La soledad del lugar, la luz oscura y apagada que entraba por una estrecha y aguda ventana de vidrios de colores, y que apenas dejaba ver el bulto confuso del abad delante de la borrada imagen, de la Virgen y el acento desolado de aquellas breves palabras, amedrentaron al buen portero; así es que volvió atrás, hizo ruido y llamó al prelado, temeroso de enojarle si le sorprendía. Salió éste con aquel aspecto grave y recogido que tanto imponía a sus monjes, y le preguntó:

—¿Qué traéis, padre portero?

—Padre nuestro –respondió éste inclinándose–, de dos días a esta parte cunde en los alrededores una superstición extraña. Dícese que una maga, o bruja, o no sé qué visión, viene por las noches a la fuente de Diana, y tan amedrentados tiene a los paisanos, que hasta los mismos criados del monasterio se excusan de llevar allí sus bueyes.

—¿Y no habéis vos procurado desvanecer semejantes mentiras? –preguntó el abad con tono severo.

—Sí, padre nuestro –replicó el portero–. Pero, ¿de qué puede servir mi humilde opinión delante de supersticiones tan añejas?

—Bien está –contestó el prelado–. Id con Dios, que yo atajaré semejantes desvaríos.

Por el camino que antiguamente guiaba a las Médulas, y que, según dijimos en la primera parte, es un valle que en el día llaman Foy de Barreira, se encontraba a la mano derecha la linda y graciosa fuente de Diana, en una especie de retiro delicioso, que brindaba al pasajero con la sombra de sus árboles y la frescura de sus aguas. Los años y los hombres la habían, empero, destrozado, y sólo se conservaba el pedestal de la estatua derecho en medio del pilón aportillado, y el torso mutilado de la Diosa misma caído por tierra a pocos pasos de distancia, y vestido de musgo y de yerbas silvestres. En aquel lugar habían pasado las primeras pláticas de amor entre Salvador y María, y, sin embargo, acercábase aquél sereno y repuesto a semejantes sitios, porque allí mismo había ido a desafiar importunos recuerdos, y allí mismo entendió dejarlos vencidos.

Alumbraba la luna desde la mitad de los cielos espléndidos y azules, cuando Salvador llegó a la fuente. Sus argentados rayos pasaban trémulos por entre los sauces que amparaban el manantial sagrado en otro tiempo, y con el leve movimiento de sus hojas fingían un encaje aéreo de reluciente plata que, al dibujarse en la rizada superficie del pequeño estanque, formaba un extraño mosaico, lleno de formas caprichosas y vagas. Reinaba alrededor silencio profundo, y sólo el monótono murmullo del agua y el canto lejano y riquísimo del ruiseñor turbaban la calma de las soledades. Como nada se divisaba por allí, el monje se sentó sobre la estatua de la Diosa, cuando un rumor semejante al del aura de la noche, sonó a su lado, y vio pasar a la maga que, sin reparar en él, se sentó a la orilla de la fuente y se puso a mover las limpias ondas con su mano. Maga debía de ser en verdad, porque ni su blanco y tendido velo, ni su estatura aventajada, ni su esbelto y delicado talle, ni su ropaje extraño eran de humana criatura. Levantase Salvador como sobresaltado, y comenzó a observar los movimientos de aquella fantástica criatura, que vuelta de espaldas hacia él, pronunciaba al parecer misteriosas palabras, que se perdían entre el ruido de la fuente. Levantase a poco rato, y encaminándose hacia donde estaba el abad, quedó éste helado de un religioso terror, viendo delante de sí la virgen misma de su oratorio. Venía andando lentamente, y, cuando ya llegaba cerca, pronunció, con triste y apagada voz, estas palabras del Cantar de los Cantares:

—Sostenedme con flores, cercadme de manzanas, porque desfallezco de amor.

¡No era la virgen! Salvador dio un grito de aquellos que hielan la sangre, y cayó sin sentido sobre la estatua de Diana.

Cuando volvió en sí, halló la maga de rodillas junto a él, rociándole la cara con agua de la fuente. Levantase entonces acelerado, quiso huir, y como si la mano del destino le sujetara, permaneció inmóvil mirando con ojos desencajados aquella blanca y melancólica visión, hasta que al fin exclamó con una voz que partía las entrañas.

—¡María! ¡María! ¿Por qué tu sombra en estas soledades? ¿Qué has venido a pedir a los hijos de los hombres?

—¿Quién eres tú? –respondió ella con una particular sonrisa. ¿Tú, cuya voz me trae a la memoria la imagen de mis pasadas alegrías? Aquí mismo –continuó, yendo y viniendo con desatentados pasos– ¡aquí mismo fui tan alegre y tan dichosa! Pero todo pasó y hoy ando sola por medio de los bosques y en el silencio de la noche, como la sombra de los muertos, y la corona se ha caído de mi cabeza.

Salvador entonces fuera de sí, se acercó a ella y le asió una mano, sin que hiciese el menor ademán, antes le miraba con una infantil y prolija curiosidad.

—¡Esto es verdad! –dijo Salvador–. ¡Mis manos estrechan esta mano! Esto no es un antojo de mi loca fantasía. ¿Conque eres tú, María, la misma María?

—No soy la misma –replicó ella con gravedad–, porque antes era María la dichosa, la bien querida, y hoy soy María la desdichada y la llorosa. Y sin embargo –añadió con una loca alegría–, harto más dichosa soy que antes, porque aquellas redes de hierro me ahogaban, y ahora respiro el aire de la mañana en las alturas, y veo ponerse el sol, y salir las estrellas, y me siento en la orilla de las fuentes a platicar con los ángeles que bajan entre los rayos de la luna para consolarme. ¿Pero quién eres tú, que me has hablado con palabras tan dulces como las del hombre que amé en mis primeros años?

—Es que soy yo, yo, Salvador, mírame bien, ¿no me conoces?

—¿Quién? ¡Tú Salvador! –repuso ella palpando su cabeza–. ¿Dónde están, pues, tus hermosos cabellos castaños? ¿Dónde tu arco y tus flechas? ¿Dónde tu arreo de cazador y la gentileza de tu persona?

Y luego añadió como reflexionando:

—Tú no puedes ser, porque Salvador baja también algunas veces en los rayos de la luna y trae una ropa resplandeciente, y no ese triste hábito que tú vistes.

—Está loca, ¡loca, Dios mío! –exclamó Salvador retorciéndose los brazos.

—¡Loca, loca! –repuso ella repitiendo maquinalmente sus palabras–. Bien pudiera ser que lo estuviese, porque he llorado y sufrido tanto, que las lágrimas han consumido mi juventud y mi alma.

Dicho esto púsose a caminar alrededor de la fuente, cantando en voz baja versículos de Job y de Jeremías. Traía vestido el hábito de las novicias de San

Bernardo, y una corona de flores marchitas en la cabeza. Estaba flaca, descolorida y macilenta; de tanta lozanía y beldad solo quedaba el óvalo purísimo de su cara y sus rasgados ojos y la Dolorosa del monasterio pudiera pasar por traslado de aquella marchita hermosura. Salvador estaba allí, a un lado, sombrío y amenazador.

—Según eso –dijo con amargura–, mis meditaciones, vigilias y plegarias, han sido incienso quemado en los altares de la tierra. Según eso, mis armas se han vuelto contra mi, y las piedras del santuario se han alzado para herir mi prosternada cabeza

María pasaba entonces por delante de él cantando el versículo de Job: «Hablaré con amargura de mi alma. Diré a Dios: no quieras condenarme. Manifiéstame por qué me juzgas así».

—Tenia razón el santo Osorio –dijo el monje después de una breve pausa–. Muerta estaba para mí, pero no para los pesares. Y yo la lloraba perdida en las soledades del Nuevo Mundo cuando ella me llamaba quizá desde el silencio del claustro. Es verdad –añadió mirándola– las penas han secado el tallo de la flor, y el soplo de la muerte se llevará sus hojas amarillentas, como el viento de la noche sus palabras desordenadas y dulcísimas.

La monja pasó de nuevo entonando el verso de Job: «¿Por qué me sacaste de la matriz? Ojalá hubiese perecido para que yo no me viera. Hubiera sido como si no fuera, desde el vientre trasladado al sepulcro». Y en seguida se paró delante del abad, y dijo con voz apagada: «¡Oh, vosotros todos los que pasáis por los caminos, atended y ved si hay dolor semejante a mi dolor». Siguióse a estas palabras un profundo silencio, en que el eco lejano y distinto de las rocas repitió: «¡Semejante a mi dolor!.

—¡Oh sí! –murmuró Salvador con voz sorda–. Dolores hay que no caben en el corazón del hombre, y que solo deberían llegar en las alas del ángel de la muerte.

María se había vuelto a sentar en el borde de la fuente, y miraba a la luna con distracción profunda. Recio combate pasaba en tanto en el alma del monje, y clara muestra daban de él su agitación incesante y viva, y las sombrías ojeadas que lanzaba alrededor.

—¿Qué he de hacer? –dijo por último en voz alta–. ¿La he de abandonar cuando Dios la ha privado de su razón y el mundo de su amparo? María –añadió acercándose a ella–, es preciso que dejes este sitio y vengas conmigo.

Miróle ella fijamente y le contestó:

—Si iré tal, porque me hablas como quien se apiada de los infelices, y no me encerrarás entre las redes de hierro: ¿no es verdad? Mira, yo necesito ver los campos, las aguas y la luna, porque en su luz bajan los espíritus blancos que me hablan de mis pasadas alegrías.

Echaron a andar en silencio y dado que la loca lo interrumpía alguna vez volviendo al cántico de las sagradas poesías y se paraba a sacudir las gotas de rocío que a manera de líquidos diamantes colgaban de las ramas de los abetos, todavía llegaron a la puerta del monasterio, cuando no bien el alba comenzaba a reír. Paróse, sin embargo, la infeliz asustada, y dijo con desconsuelo:

—¿Sabes que me moriré si me vuelves a las rejas de hierro?

—Sí –respondió el abad con cariño–. Y por eso te llevo a unos campos llenos de flores y alumbrados por una luna resplandeciente.

Llamó enseguida al portero, y abrió éste la puerta de par en par: ¿pero cuál fue su asombro al ver aquel fantasma de mujer que cruzaba el ámbito de la portería con paso lento y triste ademán? Dio un grito de horror y se arrimó a la pared para no caer.

—¿Estáis en vos, Padre Acebedo? –le dijo el abad agarrándole.

—¡Ah! ¿sois vos, padre nuestro? –respondió el asustado portero con indecible alegría–. ¿Con que parece que vuestra paternidad la ha convertido al gremio de nuestra santa Iglesia?

—¿Qué estáis ahí hablando de conversión ni de Iglesia? –eplicó el abad no poco enojado.

—Sí, padre nuestro, a la maga o bruja, o lo que es, que ha pasado por delante de mí

—Necio sois en verdad: ¿no reparáis que es hermana nuestra, y que viste nuestro santo hábito? Está loca la infeliz, y sin duda se habrá escapado de algún convento.

—Tal vez estará endemoniada, y entonces entre los dos con sendos estolazos[10] y conjuros la podremos librar del enemigo malo y...

Adelante pasara en sus remedios, si una colérica mirada de su prelado no le atajase a lo mejor.

—Id –le dijo éste friamente–, y preparad el *Retiro del Abad*, porque allí quiero que descanse esta desdichada, que tal vez la soledad y el sitio la curarán harto mejor que vuestros consejos.

El pobre portero caminó a prisa para cumplir lo que se le mandaba, no sin murmurar de la sabiduría de los prelados que siempre han de tener razón, por más que a los súbditos les sobre.

El *Retiro del Abad* era la morada solitaria que había mandado construir el santo Osorio para pasar en ella los últimos días de su vida, y consistía en una reducida vivienda y una capilla en que se habían prodigado los primores del arte gótico. Dominaba esta graciosa fábrica la *Hondonada del Naranco*, y a su vez, aunque más allá de la cerca de clausura, la enseñoreaban los negruzcos y descarnados peñascos que en el día sirven de limite occidental al Lago de Carucedo. Llegábase al pequeño edificio por un largo y frondoso emparrado, y desde sus miradores se divisaban los frescos y floridos vergeles de la abadía, las verdes colinas de los alrededores, y la masa grave y severa del monasterio: mientras a los pies, y en una deliciosa hondura, se distinguían grupos de granados y cerezos, cuyos troncos desaparecían entre romeros y re-

10 *Estolazo*: Azote propinado con estolas.

tamas, que por su parte hacían sombra a un reducido número de colmenas, cuyas abejas sin cesar susurraban entre las flores. El único árbol corpulento que allí crecía era un robusto castaño, en cuyo ramaje anidaban las tórtolas y palomas torcaces. En suma, era un sitio aquel que así se prestaba a los misterios de la meditación y del recogimiento, como a la contemplación de las escenas grandes y elocuentes de la naturaleza.

A este lugar condujo Salvador a María, y se separó de ella, diciéndole.

—Todo lo que ves puedes disfrutar y correr cuando quisieres. También la luna platea estas soledades, y aquí tienes un altar para pedir a Dios que vengan a ti esos ángeles que te consuelan.

Dicho esto, se alejó en compañia del padre Acebedo, que por su parte había cumplido con los deberes de la caridad trayendo del monasterio leche y frutas para alimento de la loca. Ésta se había quedado contemplando la salida del sol por entre los montes del Oriente, sin echar de ver la falta de sus compañeros que por su parte llegaron a la abadía sin hablar palabra; el abad, a causa de la tormenta que trabajaba su alma, y el portero amedrentado de su ceño y ademán sombrío.

Nuestros lectores se servirán volver atrás con nosotros, y recordar el día en que María y su desdichada madre salieron aceleradamente de Carucedo, sin que supiésemos quiénes eran, a dónde iban, ni qué propósitos eran los suyos. Hoy, que de todo estamos enterados, gracias al buen genio que acompaña la curiosidad de los historiadores, podemos anunciar que María era hija de un poderoso señor de Asturias, que don Alonso de Quirós se llamaba, y que de secreto se casó con nuestra Úrsula, doncella de buen linaje, pero tan inferior a su esposo en bienes de fortuna y en calidad, que toda su parentela se desabrió con él por demás, y comenzaron a denostarle sin recato ni miramiento. Tan adelante llevó las injurias un su deudo lejano, que don Alonso le provocó a singular combate: pero la fortuna, que tan ceñuda se le mostraba, tampoco de esta vez le favoreció, y quedó muerto en el campo, dejando a su mujer y a su hija de pocos meses, cercadas de viudez y orfandad espantosas. Temiendo que Úrsula reclamase algún día la herencia de su hija, aquel linaje orgulloso la persiguió y vejó en tales términos, que la infeliz, abandonada de todos y por donde quiera rodeada de lazos y de asechanzas, se vino a refugiar al valle de Carucedo, atraída de la fama de las virtudes del difunto abad. Ya sabemos el triste fin de aquel descanso que imaginaba sólido y seguro, y que la pobre mujer, viendo a su hija expuesta a las persecuciones de un hombre desalmado y poderoso, huyó sin esperar consejo de nadie y en alas de su terror, a buscarla protección de un caballero digno de este nombre, y que la amparase de sus perseguidores. Pero las tribulaciones habían minado su vida, y la muerte la sorprendió en un pueblo de las montañas de León, llamado San Martín del Valle. Con cuánta amargura cerrase los ojos esta desdichada, no hay por qué encarecerlo; baste decir que dejaba a su hija desamparada y sola en el mundo, y juguete de los malvados. Sin embargo, como a veces la fuente del consuelo brota en el arenal mismo del dolor, aconteció que la abadesa de un convento de religiosas Bernardas, que había en aquel pueblo, la asistió con todo el esmero de la caridad cristiana, y la prometió de mirar por su hija, con lo cual murió más resignada, encargando a ésta que buscase en el claustro un puerto contra las tempestades mundanas.

María por su parte, vuelta en sí de tan acerbo golpe, declaró el estado de su corazón a la piadosa abadesa, su nueva madre, y esta mujer, compadecida de la pobre huérfana, envió un mensajero al venerable Osorio, pidiéndole noticias de Salvador en una carta recatada. Duraba todavía la guerra de Granada, y el buen religioso, postrado por una larga enfermedad, estaba ya abandonado por muerto cuando llegó el mensajero de la abadesa de San Martín. Viendo frustrado el objeto de su viaje, procura éste al menos, como discreto, indagar el paradero de Salvador, que para todos era un misterio. Sin embargo, como donde quiera hay gente que todo lo sabe, no faltó quien le dijo que los arqueros de don Álvaro Rebolledo le habían preso y asesinado en su fuga, en venganza de la muerte de su señor. Como quiera que sólo siniestros indicios recogiese en sus pesquisas, dio la vuelta a San Martín, y a los pocos días tomó María el velo, y profesó, cumplido su noviciado. Este velo santo, empero, no calmó la fiebre de sus dolores; y aquel corazón que no concebía más que el amor, que sólo para amar había nacido, se secó cuando la esperanza se derramó de él como de vasija quebrada. Era, por cierto, sobrado recio el combate que sin cesar trabajaba a aquella tierna y delicada criatura; así es que su razón se resintió al cabo de poco tiempo, y vino por fin a perderla del todo. Sin embargo, su locura era dulce y apacible, y de continuo hablaba de las alegrías perdidas, de las aguas y de la luna. Veíasela pasear a veces repitiendo versículos de los libros sagrados, que aplicaba casi siempre a su situación, y sólo se mostraba placentera mirando al astro de la noche y comunicando, según decía, con los ángeles blancos que venían a hablarle de las esperanzas del ciclo. Así se pasó mucho tiempo, hasta que un día su demencia pareció tomar otro carácter más sombrío, y comenzó a llorar amargamente, quejándose de que aquellos montes la ahogaban, y diciendo que iba a morir. Estaba el monasterio de San Martín asentado en un valle angosto, cercado de peñascos y de silvestre aspecto, y como su situación encrudeciese la manía de la loca, la abadesa determinó trasladarla al de San Miguel de las Dueñas en el Bierzo, que todavía se levanta orillas del río Boeza en la feraz ribera de Bembibre, y en situación deliciosa. Aquel país ameno y pintoresco aquietó por algún tiempo su ansiedad, pero poco tardó en decir que aquellas rejas la sofocaban, hasta que una noche escaló el muro de la huerta, y vagando por los montes, llegó al término de San Mauro, sin otro alimento que raíces y frutas silvestres.

Volvamos ahora a Salvador, que ceñudo, callado y a paso lento entró en la camara abacial. Encerróse en su aposento, y paseándose desatentado y como loco, y poniéndose la mano sobre el corazón:

—¿Con que es verdad –exclamó–, que siempre la he traído fija y clavada aquí como un dardo del infierno? ¿Con que a ella me encomendaba de hinojos ante los muros de Alhama, por ella lloraba en los bosques de Guanahani, y delante de ella he venido a postrarme en el retiro del claustro? La piedra busca su centro, sin poderlo evitar; los ríos se arrastran al Océano, y el hombre cumple su destino. En vano vela y despedaza su cuerpo, porque la hora llega, y todo se acaba.

En realidad era su suerte en demasía miserable, y no es de extrañar que dudase y se desesperase.

De esta suerte se pasaron algunos días, y los monjes de San Mauro se preguntaban unos a otros:

—¿Qué tendrá nuestro buen prelado, que los ojos se le hunden, el rostro se le seca y de día en día se consume? ¿Para qué asistirá siempre al coro si acaso está enfermo, ni para qué caminará de esa suerte el primero por la senda de la penitencia?

Enfermo estaba en verdad, y no poco, porque su espíritu era un verdadero campo de batalla, y sus fuerzas desfallecían de tanto pelear. Al contrario la monja se mejoraba y sosegaba de día en día, y muchas veces se le oía cantar con tono menos triste. Visitábala siempre Salvador en compañía de algún religioso, y sus palabras si bien llenas de dulzura, eran graves y comedidas. Verdad es que más tarde, y en la soledad de su celda, se revolcaba por el suelo como San Jerónimo en el desierto, pero sus monjes nada adivinaban: tal era su circunspección y reserva.

La fuga de María alarmó, como era natural, a las religiosas de San Miguel, y por todas partes despacharon avisos y mensajeros en busca suya. Uno de ellos, después de haber corrido todas las montañas de la Guiana, llegó por fin a San Mauro y entregó al abad una carta, dándole además cuenta de su mensaje. Púsose aquel pálido como la muerte; pero reponiéndose al punto, respondió al mensajero que la religiosa extraviada estaba allí, pero que de tal modo adelantaba en el recobro de su razón, que había resuelto guardarla por unos días más, después de lo cual él mismo la acompañaría con dos monjes y la dejaría en su casa. Otro tanto dijo por escrito a la abadesa, y con esto despachó al mensajero que sin perder tiempo dió la vuelta a San Miguel. Largo tiempo permaneció el abad sentado en su taburete, revolviendo en su encendida imaginación mil encontrados y locos proyectos, como quien está en vísperas de una de aquellas crisis tremendas que deciden de la vida entera.

—¡Eso no! –dijo por fin levantándose como un león herido–. Apartarla de mi es imposible. He registrado los lugares más secretos de mi corazón, y en ninguno encuentro fuerza para llevar a cabo tan horrible propósito.

Salió en seguida de la celda, y solo y con acelerados pasos se encaminó al

Retiro del Abad. No estaba en él María, pero al punto la divisó sentada al pie de un romero y cerca de una colmena, mirando con atención la actividad de las solícitas abejas. Llegóse a ella y le dijo:

—¡Maria, mírame bien! ¿No te trae mi voz a la memoria el recuerdo de tus días alegres?

—Sí –respondió ella con ingenuidad–. Ya te lo he dicho otra vez.

—Pero, ¡no me conoces! –añadió él con ansia–. ¿No conoces a tu Salvador?

Midióle la doncella de alto a bajo con sus lánguidos y hermosos ojos, y le replicó:

—No. Tú no eres Salvador; porque mi amante había nacido para llevar el arco de los cazadores, o el casco de los guerreros y no el hábito de los monjes.

Salvador se quedó por un rato suspenso, y en seguida con la velocidad del rayo, tomó el camino de la abadía. En verdad que si hubiera reparado en la escena que a su alrededor se ofrecía, tal vez hubiera reflexionado más la extraña resolución que acababa de tomar, porque el cielo estaba cubierto de pardas y pesadas nubes, el aire caliente y espeso; los ciervos corrían bramando por las montañas, volaban los pájaros como atontados, y en las entrañas de la tierra oíanse una especie de rugidos sordos y amenazadores. Otra no menor tempestad, empero, rugía en el alma del desdichado, y así sin hacer caso del transtorno que parecía amagar a la naturaleza, llegó a su celda, vistióse por debajo de sus hábitos el traje de cazador que usó en sus primeros años, ocultó asimismo entre sus ropas el arco y flechas y su gorra con plumas, y tomando en las manos su antiguo rabel, enderezó de nuevo sus pasos hacia la Hondonada del Naranco. Poco tardó en oirse entre las retamas el son del instrumento que acompañaba una canción de caza; y María, como si despertase del letargo de su locura, se levantó trémula, palpitante y escuchando con ansiedad, hasta que por fin exclamó:

—¡Salvador, Salvador!

Salió este entonces con el gentil arreo de cazador, y la doncella delirante y fuera de sí vino a caer desmayada entre sus brazos. Mucho tardó en volver en sí, hasta que por último repuesta ya, tornó a abrazar a Salvador diciéndole con inefable ternura:

—¡Salvador! ¡Alma mía!

—¡María! ¡Amada de mi corazón! –respondía éste, cuando la gorra de cazador se le desprendió de la frente y descubrió la cabeza rasurada y el cerquillo de un monje. La doncella al verlo desatóse de sus brazos como pudiera de los lazos de una serpiente; miró con zozobra en torno suyo y vió el habito de Salvador caído entre los brezos: reparó en seguida en su propio ropaje; lanzó una mirada errante y desencajada al convento, y como con aquel sacudimiento repentino recobrase su razón, mil ideas tan claras como espantosas se agolparon en su mente, y exclamó cubriéndose la cara con ambas manos:

—¡Oh desgraciado, desgraciado! ¿Cómo has podido abusar así del infortunio de una loca ofrecida a Dios, tú que también has hecho tus votos delante de los altares? ¿Cómo has podido arrojar a tus pies ese hábito que para santificarte tomaste? ¡Vuélveme a mi claustro solitario, y déjame morir con mi inocencia!

Salvador se quedó confuso y como anonadado por un rato, mordiéndose los labios y con los ojos clavados en tierra, hasta que con resolución desesperada le dijo, señalándole su hábito caído:

—¡Sí; lo he hollado porque me separaba de ti, y porque todo lo atropellaría para llegar donde tú estás! ¿Sabes que después que te perdí he sido poderoso y afamado, y que la nombradía y la riqueza me parecieron sin ti todo despreciable? ¿Sabes que por huir de tu memoria me acogí como tú a un altar, y que el altar me rechazó, y que el destino, con ímpetu irresistible, me ha lanzado a tus pies? Pues bien; ¡cúmplase mi estrella! ¡ya nunca me separaré de ti, y al que quisiera dividirnos, le arrancaría el corazón con mis manos!

En esto un bramido sordo se oyó allá en el seno de los montes, y la doncella dijo acongojada:

—¿No temes que la tierra se abra debajo de tus pies, y que tus palabras te separen de mí por toda la eternidad?

Aumentóse entonces el ruido subterráneo, y el suelo comenzó a temblar bajo sus pies:

—¡Oh! –añadió la virgen con las manos juntas–. ¡Vuélveme al santo asilo de donde me arrancó mi locura, que tenemos al cielo irritado y la muerte nos cerca por todas partes!

—¡No! –respondió Salvador, ciego de amargura y de despecho–. ¡Jamás me separaré de ti, y venga la muerte a sorprenderme a tu lado con tal que ruede yo en tus brazos por los abismos sin fin de la eternidad!

No bien acababa de pronunciar estas palabras, cuando estalló el terremoto con la mayor violencia: vinose a tierra estrepitosamente el Retiro del Abad; cayóse igualmente la cerca de la clausura, y de los peñascos que enseñoreaban la hondonada brotó con fragor horrible una catarata semejante a las del diluvio, que se despeñó inundando y arrastrándolo todo.

—¡Oh, Dios mío, Dios mío! –exclamó María cayendo de rodillas–. ¡Perdón para nosotros!

Tomóla Salvador en sus brazos y abalanzóse a subir el repecho; pero un trozo del edificio, que rodando venía, arrastró consigo a los dos desdichados, que desaparecieron bajo el remolino de aquella súbita inundación. Los monjes, asustados del terremoto y del estrépito de la catarata que ya invadía los sotos y la huerta del monasterio, salieron de tropel y subieron al Campo de la Legión, donde de rodillas y con las manos juntas rogaban a Dios. Aquel diluvio subterráneo continuaba en tanto vomitando su enorme columna de agua, y en menos de una hora ya toda la abadía presentaba la superficie turbia y alborotada de un lago tormentoso, por donde de trecho en trecho asomaban las cimas de los árboles más altos y las torres de la iglesia, como los mástiles de un navío colosal sorbido por las olas.

Entonces fue cuando un extraño espectáculo atrajo las miradas de todos los monjes, y era que un ropaje blanco y negro, como sus hábitos, flotaba sobre las aguas, como el manto del Señor cuando caminaba con pie enjuto sobre la mar irritada, mientras un cisne de blancura resplandeciente, alzándose del agua y posándose en la cima de las rocas de donde brotaba la inundación, cantó con una dulzura y tristeza infinitas como si a morir fuese; después de lo cual levantó el vuelo y se perdió en las nubes. Acordáronse al ver esto del prelado, a quien algunos habían visto encaminarse al Retiro del Abad, y de la pobre loca; y sobre ellos y sobre la aparición del hábito y del cisne se formaron extrañas conjeturas que cada uno glosaba y coloreaba a gusto de su imaginación, si bien todos estaban acordes en que un gran pecado debió producir tamaño trastorno. De todas maneras, los monjes consternados y privados de su asilo, se retiraron a Carracedo, rico monasterio, situado en la ribera del Cua; y en el país quedó la tradición que acabamos de contar.

Conclusión.

Y es lástima en verdad que todo ello no pase de una de aquellas maravillosas consejas, que donde quiera sirven de recreo y de alimento a la imaginación del vulgo, ansioso siempre de cosas milagrosas y extraordinarios sucesos; porque el asunto despojado de la hojarasca teológica de «mi tío don Atanasio el cura» que decía el barquero; y salva la flojedad y desaliño del curioso viajero, no deja de ofrecer interés. Por lo demás, el Lago de Carucedo tiene el mismo origen que la mayor parte de los otros, y lo único que le ha producido son las vertientes de las aguas encerradas en un valle sin salida. Por otra parte es más que probable que ya en tiempos de los romanos existiese, por que las cercanías están llenas de vestigios de estos valerosos conquistadores, y suyo, y no de otra mano, parece el conducto subterráneo por donde esta hermosa balsa de agua descarga en el Sil parte de sus caudales, y que desemboca por debajo del pueblo que llaman Peña Rubia. Tal es la verdad de las cosas desnuda y fría como casi siempre se muestra.

Agonía segunda

Miguel de los Santos Álvarez

Salvador García Castañeda (1979) es el único crítico que se ha detenido a estudiar con detenimiento la obra de Álvarez. El retrato que hace del personaje es el de un individuo simpático, extravagante, inofensivo, agradable y amigable. La colección de anécdotas que de él se incluyen en este estudio confirman esa impresión. También Zorrilla, en sus *Recuerdos del Tiempo Viejo* le recuerda con cariño. García Castañeda recoge unas páginas de Rubén Darío, que de joven llegó a conocer a Álvarez, a quien por entonces ya se llamaba *La Reliquia*. Darío nos habla de un buen vejete, simpático y original, entregado a la charla, a la lectura de los periódicos y a los recuerdos de sus amigos y particularmente de Espronceda.

No hay ninguna razón para dudar de este retrato de Álvarez, confirmado por múltiples fuentes. Pero si no existiera, si no tuviéramos del autor de *María* ninguna información, nunca lo hubiéramos imaginado así. Los cuentos de Álvarez nos hablan de un ser absolutamente pesimista, que contempla al mundo y a los hombres con la mirada implacable de un investigador que observa la conducta de los escarabajos, que considera que el egoísmo, la brutalidad y el dolor son los compañeros naturales de la existencia, que sólo ve crueldad a su alrededor y que posee un especialísimo humor que se goza en el padecimiento de sus personajes. Álvarez es, sin duda, uno de los escritores de la literatura española más crueles con sus personajes.

> Mi objeto no es otro sino el de sacar partido del modo particular de morirse que se puede emplear en la corte, que como la vida que en ella se hace, es algo más variado que el que suele emplearse en ciudades menos populosas donde la vida es más clara y la muerte menos oscura. Lo que pienso publicar con este título no es pues otra cosa sino algunos modos de morir; entre los cuales los habrá más o menos graciosos y hasta puede haber alguno que haga reír a carcajadas, y que si no produce este efecto más será por falta de estilo mía que porque en el fondo no tenga él tanta sal y donaire como la cosa más alegre. Como hasta ahora no se ha observado que nadie haya muerto sin vivir de una manera o de otra, puede que algunas de estas agonías

> toque de refilón alguna parte de la vida del moribundo y pique por consiguiente en historia. Filosofía y talento es lo que le pido a Dios, que buena falta me hace, y como él me lo conceda, de mi cuenta corra hacer de las agonías una lectura sabrosísima y entretenida.

He aquí un fragmento de la introducción de Álvarez a la primera de sus dos «Agonías de la Corte». Con su curioso proceder de zaherirse constantemente a sí mismo, el autor nos habla de unas agonías «sabrosísimas y entretenidas», incluso de alguna haga «reír a carcajadas».

Para Álvarez la vida humana es irracional y absurda, y elige el humorismo para expresar esta visión. Pero la diversión de Álvarez ante sus criaturas recuerda en ocasiones a la de quien cierra la entrada de un hormiguero para contemplar las enloquecidas idas y venidas y las agonías de las hormigas. Álvarez concibe el sufrimiento humano como una faceta más del espectáculo del mundo. La inocencia y la bondad son sistemáticamente destruidas en sus relatos y el sufrimiento y el dolor son aditamentos del espectáculo de la vida

Este gusto por la observación de la conducta humana, por sus facetas más grotescas y ridículas, han dado fruto en una serie de cuentos en los que se atisba un escritor que apenas llegó a serlo por abandonar, antes de tiempo, la literatura. Los relatos de Álvarez son causa suficiente para proclamar que había un él un escritor original, una visión distinta de la literatura, un humorista en la más clásica tradición negra y fúnebre, presente siempre en la literatura española. El mundo que ve en torno a él y que retrata es muy diferente del de sus contemporáneos

Si tuviéramos que escoger el principal defecto de Álvarez como narrador aludiríamos a su propia personalidad. García Castañeda le atribuye «falta de confianza, timidez y quizá un sentimiento de inferioridad ante los méritos de Espronceda» (120-121). Sea o no cierta la presencia del complejo de inferioridad, lo cierto es que en todos los cuentos de Álvarez interviene el autor para decirle al lector que lo que está leyendo no tiene interés, o no tiene calidad, o no tiene importancia, o no tienen ninguna de las tres cosas. Además de esto informa al lector de que es un mal escritor, de que ignora la mayor parte de las cosas de las que habla, de que si el relato no está mejor es porque ha sido demasiado vago para terminarlo, etc.

Si por el contrario, escogemos y destacamos la mayor virtud de Álvarez tendríamos que hablar de su visión realista de la sociedad en que le toco vivir. Álvarez ve la gente vulgar, sus actividades, sus vestidos y sus comidas, sus problemas, sus angustias, sus mezquindades y vilezas. La falta de confianza en sí mismo, como decía García Castañeda, la «desidia, abandono y precoz desengaño de lograr como escritor fama y provecho» que en él encontraba Juan Valera, o quizás un puro y simple aburrimiento de la creación literaria, impidieron a Álvarez avanzar por un camino que, en 1840, era el único en seguir.

La «Agonía segunda» es, sin duda, el mejor y el más completo de sus relatos. Álvarez acomete una empresa que no coincide con su pretensión inicial de contar unas muertes. Aquí el tema es la ciudad: una ciudad insensible y una sociedad insensible y los efectos que ambas producen en unos personajes que no están preparados para la crueldad de la vida urbana. Esto mismo ocurría en la «Primera Agonía», pero aquí el caso se despachaba más rápido con la muerte del inocente cura, protagonista del relato. Aquí asistimos a la degeneración y destrucción de una familia de un pobre violinista que marcha a Madrid en busca de éxito. Su padre se entrega a la bebida y al juego y muere y su mujer le abandona ante la total incomprensión del protagonista que cuenta en primera persona.

Las minuciosas descripciones, combinadas con el peculiar estilo de Álvarez, lleno de digresiones e interpelaciones al lector, con largos períodos, a veces innecesariamente complicados, son una constante del cuento.

A lo largo de todo el relato se mantiene una contradicción: los hechos, personajes, ambientes y situaciones que se presentan al lector, nos cuentan una clara historia que el narrador nunca alcanza a comprender. La necedad del violinista es el toque humorístico que da Álvarez a una historia oscura y triste, en la que un ser inocente es destruido por un mundo que se burla de esa inocencia. La historia termina con el pobre e ingenuo violinista solo y destrozado, herido el cuerpo porque su padre le ha arañado en su agonía y el alma por la traición de su esposa, enloquecido y corriendo sin rumbo por las calles de Madrid.

Todo el humorismo, si tal puede considerarse del relato, estriba en la lamentable situación de un personaje que es totalmente ignorante del mal que hay a su alrededor. Una víctima ridícula, porque en el mundo de los relatos de Miguel de los Santos Álvarez sólo hay víctimas y verdugos. Víctimas necias, absurdas, ridículas y verdugos sin corazón. Víctimas como los protagonistas de las dos «Agonías» que son ingenuos, bienintencionados, débiles e ignorantes de la verdadera naturaleza del mundo en el que viven. Víctimas que por ello mueren, enloquecen, son abandonadas y utilizadas. Verdugos, como la casera del cura de pueblo, como la mujer del violinista, que se aprovechan de las indefensas víctimas en su propio beneficio, sin remordimientos y sin dudas.

Conforme a su costumbre, la «Segunda Agonía» termina con unas palabras del autor en las que se pone de manifiesto de nuevo la extravagante y curiosa concepción de la relación entre escritor y lector que tantas veces se puede ver en este autor.

> Yo ya sé que esta historia no tiene interés ninguno, ni cosa de particular que llame la atención, pero la he copiado, creyendo que todos los lectores serán como yo, que me entretengo con cualquier cosa, con tal que el me quiera entretener cuente con mi indulgencia, que a no contar yo con la de los que me leyeren, a buen seguro que no iría a dar un mal rato a nadie, sólo por dársele y por amor simple a las letras humanas.

* * *

El Pensamiento. 1841. 126-133 / 158-16

AGONÍA SEGUNDA

MIGUEL DE LOS SANTOS ÁLVAREZ

La fiel copia de unos papeles que llegaron a mis manos, sin saber cómo ni cuando, y que como el lector verá, se reducen a una especie de historia, o por mejor decir, a un trozo de historia, de un *quidam*[1], que en ellos quiso escribir algo de su vida, me va a servir de argumento y de agonía para este opúsculo histórico-mortuorio, que copiando al pie de la letra los papeles que arriba llevo dichos, empezará así:

Si Dios quisiera que la poca educación que me dieron mis padres, que Dios tenga en su santa gloria, me pudiera servir de algo, bien sabe el cielo que con este recurso haría yo llorar, con esto que de mi vida voy a escribir.

Perdóneme el lector si meto la hoz en mies ajena para decir que así en este extravagante comienzo de historia como en su continuación, no he podido menos de advertir muchas veces cierta confusión y falta de lógica, que forman un contraste muy singular con la sensatez y formalidad que, según el sosiego de su estilo, deben ser las principales prendas del que escribió lo que vamos a leer. Puede nacer esta confusión, como él parece quererlo indicar en el principio tan oscuramente, acaso de que Dios no querría que la poca educación que recibió de sus padres, le aprovechara para escribir fácilmente, trasladando sus ideas al papel, con la suficiente claridad. Sea de esto lo que quiere, lo cierto es que la historia no está bien contada ni bien escrita, si hemos de atenernos a lo que según parece deben ser las buenas historias.

Yo, sigue diciendo el que bien o mal, al final la cuenta, he sido siempre muy desgraciado y nunca he merecido mi desgracia, pero el mal de los otros me ha consolado, aunque siempre los he querido, como está puesto en la razón que nos queramos los semejantes. Nunca me ha sucedido mayor desgracia que la última. El amor es, en la buena filosofía, fuente de grandes bienes y de grandes males. Aunque se le llamara río, tan bien dicho estaría como fuente, y porque para mí lo ha sido, y muy caudaloso, y muy corriente y moliente, corriente de males y moliente de bienes, que todos me los ha reducido a polvo vano, por eso estoy yo así, y por eso tengo mal humor desde esta última desgracia y esto basta. Grande es la voluntad de Dios, pero no se la ve, y esto, si se reflexiona, es natural, porque todos las buenas prendas de Dios son invisibles, como su providencia paternal, que es espíritu puro. Necesito muchos consuelos, y por eso los busco más en la religión, que es donde deben estar, que no en el mundo, porque ya se murió mi padre y por eso quiero entrete-

1 *Quidam*: Sujeto despreciable y de poco valer, cuyo nombre se ignora o se quiere omitir.

nerme escribiendo su muerte, que ha pasado sin ser sentida, y por eso la he sentido yo mejor que nadie, porque estaba muy cerca y nadie me ayudaba, ni hacia ruido. Vinimos aquí, porque aquí, como hay mucha gente, como que es la corte. Todos viven mejor que en otras partes, porque están a la sombra del rey. Algunos reyes dan poca sombra, porque son chicos y otros la dan mala, como la de la higuera, y otros no dan sombra ninguna, sino que arrojando rayos de viva luz, hacen desaparecer toda sombra de sus reinos, pero al fin y al cabo más calienta el sol que ellos. Es mucha confusión la de una corte, y no sabe uno lo que pensar a punto fijo.

Mi padre era muy conocido en el pueblo en que antes habíamos vivido, pero aquí en Madrid nadie le llegó a conocer, ni tampoco los vecinos que vivían en la misma casa, y esto es muy raro, porque eran lo menos trece familias. Es verdad que estaban todas tan enredados, que yo tampoco llegué a conocer a nadie: puede que todos se quejaran de lo mismo.

Yo me había enamorado allá en mi pueblo antes de esto que voy contando. Lucía era hija de una pobre viuda, que había sido mujer de un compañero de mi padre. Mi padre la aborrecía de todo corazón, cosa extraña, porque era mi padre el hombre más dulce y más cristiano que Dios ha echado al mundo. Lucía y yo no nos conocimos por amistad de nuestros padres. Nos conocimos, por mejor decir la conocí yo a ella, guiado por el amor. Había yo salido una noche de diciembre, el día 7, llevado por mi melancolía, a dar cuatro vueltas por un paseo muy solitario que había y debe haber aún en mi pueblo. La noche no estaba oscura, y sólo una neblina cenicienta era la que hacía que no fuera una noche clara y hermosa. En otras muchas cosas tenía yo que pensar aquella noche; pero apenas me vi solo y lejos de lo que todo el día me había estado atormentando, cuando todas las partículas abstractas de mis innumerables pensamientos se reunieron en cuerpo, y de lo que no era otra cosa que desperdicios de pensamientos útiles, formados por deseos vagos, que a cada pensamiento le sobraban, vinieron a hacer el pensamiento mas inútil, que hoy día, porque entonces no pensé así, creo que puede apoderarse de un muchacho todo entero; porque no se apodera este pensamiento sólo de su cabeza y de su corazón, sino de todo él, desde los pies hasta la cabeza. El pensamiento del amor se apoderó de mí de tal manera, que no me acuerdo ya de lo que entones me divertí. A la verdad que me hacía mucha falta una mujer. ¡Cosa más rara! Al través de la neblina, alcancé a distinguir enfrente de mí y a alguna distancia, cerca de la fila de casas contiguas al paseo, una figura blanca, seguida de una cosa negra, que saliendo de ella misma, no parecía sino que a cada paso perdía de su blancura la ligera aquella y convirtiéndose en negra, dejaba un rastro de este color, que es lo que les sucede en el camino de la vida a los figuras más blancas a cada paso que dan. Me acerqué corriendo, llevado más que nunca por mis ideas de amor. Como en el espacio que tenía que atravesar di tres o cuatro tropezones, cuando llegué cerca de la figura, ya ésta iba a entrar en una de aquellas casas, pero no antes do que yo tuviera el gran placer de distinguir que era una mujer, esbelta, de deliciosas formas, con el cabello suelto, que era la cosa negra que la seguía, y vestida de blanco, lo que me dio tanto frío, en el tiempo que hacía, que me rebujé con fuerza en mi capa.

Luego discurrí, que mejor hecho hubiera estado no abrigarme yo tanto y ofrecerla mi capa.

Entró aquella mujer en la casa, y yo me quedé solo y con mis ideas de amor a la puerta. El frío me hizo mudar de posición y comenzar a pasear. Hasta entonces mis pensamientos no se habían fijado en ningún objeto y habían vagado de una parte a otra sin hallar sosiego en ninguna. Pero como aquella mujer vino tan a propósito, a presentar a mis ojos la imagen, sobre poco más o menos, de lo que mi imaginación andaba buscando. Desde aquel momento, todas mis ideas formaron en torno de ella un círculo, y cada una la pedía lo que la hacía falta. Pedido de mil distintas maneras, lo que todas ellas pedían era amor.

Otras ideas tenía yo que hubieran seguramente pedido otra cosa, pero éstas no entraron en corro, como era muy natural que sucediera, por ser yo entonces más joven, y no poder pensar más que en una cosa, con un olvido completo de todo lo que no tuviera relación con ella. Para eso ahora no puedo pensar en una sola cosa, ni de una sola manera, sino que cada idea se enreda en otras, y me las saca enredadas, como dicen que sucede con las cerezas, aunque a decir verdad, un día que de una cesta quise robarla algunas a mi madre, fiado en esto que se dice de las cerezas, y por hacer el hurto con más delicadeza, tiré sólo del palito de una, y una me salió lisa y coloradita como unos cielos. En las cositas más pequeñitas, va acostumbrándose poco a poco la suerte a ser juguetona y maleante, cosa muy natural, en razón de que en eso se diferencia la suerte perra de otra porción de suertes sin nombre de animal de que se compone la fortuna.

Sin pensar en otra cosa que en aquella mujer me quedé tan frío, que, según creo, estuve allí paseándome casi toda la noche.

Dormí bien y por la mañana amanecí con una idea nueva que me convertía en todo un hombre.

Era cosa de casarse, porque yo necesitaba amor, y mi corazón no podía ya vivir sino unido a otro, y además para eso ha nacido el hombre, cosa muy natural, en razón de que ha nacido para todo lo que hace, y eso lo hace casi siempre el hombre, por más que nadie sabe cómo diablos se las compone para hacerlo. Se lo dije a mi padre, que me preguntó con quién, y como yo no lo sabía, no me dijo ni sí, ni no, ni me habló una palabra de nuestra pobreza. Salí al momento y me fui a la casa donde había entrado la noche antes aquella mujer. Llamé, me abrieron, y subí. El cuarto era tan bajo de techo, que el tiempo de estirarme un poco para decir con dignidad lo que yo llevaba pensado en vez de saludo, que era esta frase:

—Mis intenciones son buenas; quiero casarme –pegué con la cabeza en una viga, y me hice bastante mal.

—Mayor fortuna no podía entrar por las puertas de mi casa –dijo la madre de Lucia–. Tu padre, hijo mío, era compañero del de mi hija. Y por cierto que no se ha portado bien con la pobre viuda de su amigo íntimo. Pero, hijo mío, ¿dónde has conocido tú a Lucía? Yo te he visto muchas veces por ahí, y te he mirado mucho, pero nunca he observado que nos mirases tú. Vamos, está visto, los jóvenes nos la pegáis como queréis a los pobres viejos.

Yo creo que no es más encendido el color de la grana, que el que entonces salió a las mejillas de Lucía, que vestida con el mismo vestido de la noche anterior, que no era enteramente blanco, y cosiendo enfrente de su madre, labor que sólo había interrumpido para tirar del cordel de la puerta, estaba tan hermosa, que no necesité yo más que verla, para enamorarme verdaderamente, y darme a mí mismo la enhorabuena del tino con que mi instinto me había llevado a ciegas a encontrar mi felicidad. Saqué a la madre de Lucía de su equivocación, y pinté como mejor pude el amor que había concebido tan repentinamente por tu hija. Ésta ni me miraba, ni se daba por entendida de ninguna de las satisfactorias expresiones que su madre me dirigía.

Parece imposible que los matrimonios se hagan con tanta facilidad. A los quince días de esto ya había yo vencido, luchando casi a brazo partido con mi padre, y había adquirido la pacífica y santa posesión de una mujer, cosa muy natural en razón de que había yo hecho más que nadie en este negocio. Me separé llorando de mi padre, que no quiso vivir con nosotros. Esta separación me causó más dolor, que placer me había causado la unión con la nueva familia. Pero no me duró mucho la suegra, que a los ocho días de enfermedad, había ya concluído con todos nuestros recursos, sin que por eso la faltara nada en los veinte que estuvo en la cama. Todo el barrio sabía el apuro en que nos encontrábamos, y a todos los vecinos les hacíamos tanta gracia los dos recién casados, que no hacían conversación de otra cosa, que del trance en que nos encontrábamos, que era indudablemente una de la cosas mas notables que sucedían en la ciudad. Cada conversación de estas tenía por resultado algún socorro, cosa muy natural, en razón de que no hay como hablar de las desgracias para socorrerlas. Aquí donde yo estoy ahora, no se habla nada de nada. Entre las mujeres que en aquella desgracia nos ayudaron, lo menos encontré cuatro, tan buenas como mi madre.

Hay mucha gente buena en el mundo, en los sitios en que hay poca. Nada le faltó a mi suegra, a no ser la vida. Murió, sin que nosotros nos separásemos de su cabecera, rodeada de tres o cuatro antiguas amigas suyas, y espiritualmente consolada, por su confesor, que lo había sido muchos años, y la quería íntimamente, como a su hija de penitencia. Murió mi suegra felizmente, y tanto, que hasta el obispo se interesó en su muerte, y gracias a los pasos que dio el confesor con un cura amigo suyo, gran familiar de su ilustrísima, de su mismo bolsillo hizo el obispo una limosna, para hacer a mi suegra un entierro bastante decente, que no hubiera la pobre disfrutado sino hubiera sido por tantas relaciones como en medio de nuestro aislamiento y pobreza teníamos en la ciudad. Lucía lloró mucho, y estuvo tan hermosa en su dolor, que me hizo llorar a mí, y todavía me acuerdo de los buenos ratos que pasé llorando. Entonces volví a reunirme con mi padre.

¡Ay de mí! Todas estas cosas que por ser de mi amor he recordado, están muy lejos de ser lo que yo quiero escribir, pero es cosa muy natural que me haya distraído algo de mis penas, en razón de que todos son sentimientos, Lucía y mi padre. Era bueno, muy bueno y mejor para mí. Un poco viejo, algo alto era, pero yo bien alcanzaba a abrazarle, y en uno de estos abrazos, le hice consentir en venirse conmigo a Madrid. Lucía se alegró infinito de esta determinación, y aunque a nadie le importe que nosotros viniéramos contentos, a mí me hubiera importado que mi padre hubiera venido con más alegría, como es muy natural, en razón de que yo era quien le traía.

¿Con qué esperanzas venía yo a la corte? Con ningunas. ¿Con qué recursos contaba para vivir en ella mejor que en otra parte? Con muchos; con todos los recursos de la paciencia y con todos los tesoros del sufrimiento con que cuenta el que ha vivido, vive, y sabe que vivirá, mal en todas partes, y en todas partes entregado a lo que buenamente pueda sucederle.

Lucía vino muy alegre, cosa muy natural en razón de que cuanta más gente la viera, mejor para ella, porque era muy hermosa. El placer de enseñarse es sentido y apetecido por todas las cosas bellas de este mundo, y el pavo que es un animal bastante estúpido y que allí a su modo debe ser muy bello, y estar muy en ello, no bien se ve delante de gente, cuando se hincha de placer, y goza él solo, mucho más que todos los que le miran, en hacer la rueda. Yo también vine alegre porque Lucía lo estaba, y no me metía yo en más averiguaciones. Para ponernos alegres con alegrías ajenas, no hay como no buscarlas el origen, que puede ser tristeza pura, para quien le busca, y más pura, cuanto más le interese la persona que se ríe. Mi padre no venía muy alegre porque era un hombre muy metido en sí, y luego había vendido una casaca de uniforme y siete cruces, cuando procuramos hacer todo el dinero posible para salir de nuestra ciudad.

El hombre más limpio que yo he conocido era mi padre. Tenía su capricho en unas cuantas prendas que conservaba casi nuevas en su baúl. Toda la ropa de su uso era más vieja que él, y en toda ella no había mas que una mancha debajo de un botón de una levita de uniforme. No se veía la tal mancha, cosa muy natural, en razón de que estaba cubierta con el botón. Pero más espíritu de vino le tiene costado a mi pobre padre que el que me sería necesario para limpiar toda la porquería de todos los hombres que se han ensuciado en esta época, con los cuales no gastaría yo ninguno, porque valen menos que la levita de mi padre.

Así que yo corrija un folleto de política, que me ha salido muy mal escrito, veremos quien yo soy. Pero esto no viene bien aquí, y al folleto me remito.

Yo toco un poco de violín, y mi padre conocía a algunos generales. Como para el cultivo de las bellas artes no hay como una corte, y lo mismo para el cultivo de buenas relaciones, yo con las ilusiones de artista, y mi padre con las suyas de alcanzar algo; yo mediante una justa y esperada retribución de mi trabajo sobre las cuerdas, y él mediante una justa y esperada memoria de los que le habían visto en otro estado, uno y otro, si bien se mira, teníamos al venir a Madrid algún objeto que podía hacer las veces de esperanza, cosa muy natural, en razón de que cualquiera cosa sirve para servir de esperanza. A los cuatro días de nuestra llegada, ya vivíamos en nuestra casa. Yo no sé a punto fijo, sino quo estaba tan alta y tenia tan pocos cuartos que habitar, que debía ser bastante mala, pero era mejor que ésta en que ahora vivo, porque como ahora estoy yo solo y no compongo familia, no necesito tantas comodidades. Yo arreglé mi violín, Lucía se hizo un vestido nuevo de un color tal, que hubiera escandalizado en una provincia, pero que en la corte no pasaba de ser un medio color. A mi me gustó mucho, y al pagar los reales de vellón de su importe, dije lleno de alegría:

—¡Anda con Dios! ¡Y que bien los vale!

Mi padre por su parte empezó a dejarse el bigote, que entrecano y caído, después que le creció, daba a su cara el último chafarrinazo que podía pedir una fisonomía militar. Por una casualidad tuve yo la fortuna de ver a todos los generales que mi padre vio, y en todos ellos hallé simples particulares, que ni aún con su grado y todo, podían ser graduados de otra cosa. Cuando yo iba a comunicarle esta idea a mi padre, me expresó él el mismo pensamiento con otras palabras, y los dos nos hallamos de acuerdo en este punto, y él renunció a todas sus esperanzas, visto lo poco que valían sus conocidos y trató de olvidar su antigua vida y poco a poco la olvidó tan bien y se entregó a una nueva que nunca lo hubiera yo creído. No lejos de nuestra casa había un café, cuya poco numerosa parroquia, apenas le abandonaba todo el día. Dos militares viejos, y más que viejos aventajados por la mala vida, cada uno con su correspondiente bastón de espino pintado de amarillo, el uno con levita y tricornio, malas prendas las dos y con más lustre de grasa que de cepillo, y el otro con casaca y morrión, estrecha y lamida de faldas la casaca y ancha y campanuda la imperial[2] del morrión[3], el uno con botines de paño y el otro sin ellos y los dos con los pies metidos en unos zapatos, fuertes como de tablas por las palas y gordos como un tocino por las suelas, bien cosidos y sin puntas porque encerraban la del pie en redondo, amigos íntimos los dos, los dos militares, eran los que a las doce de la mañana en todos tiempos se sentaban los primeros, cada uno a un lado de una de las cinco mesas que había en el café, que era más chico que la tabla de muestra que tenía encima de la puerta. Esto de estos dos militares no lo he escrito yo, que lo he copiado de la sátira de un den-

2 *Imperial*: Visera.
3 *Morrión*: Sombrero militar, de copa, sin alas y con visera.

tista, que era también parroquiano del café y se divertía algunas veces en hacer burla de todos los que se reunían en aquella mesa, cerca del mostrador, debajo de un reló de música muy viejo, al lado de la trampa de la cueva. Este dentista que tendría unos sesenta años, y muy poco que hacer en su oficio, era también del corro, que además de él y los dos militares, se componía de un relojero, cuya tienda estaba al lado, dirigido por un hijo suyo y de un copiante de música que había sido corista hasta los cincuenta años en muchos teatros extranjeros, sin encontrar en ninguna parte, como le decía al dentista, la honradez de canto que en España.

Toda esta gente estaba en aquel café hasta las dos o las tres de la tarde y volvían, unos antes y otros después, hasta muy tarde por la noche. Mi padre se acostumbró a ir allí, y bien pronto lo olvidó todo en aquel círculo de amigos, que pasaban el tiempo olvidando sus penas y soltando una cana cada día, a favor de una mixtura que bebían, que les hacía hablar con gusto y con calor de cualquier cosa, aunque siempre con decoro, porque hacia allí su oficio la educación de los militares de graduación, que eran tres con mi padre. Se cubría seis o siete veces todos los días la mesa de vasos, llenos por mitades de agua caliente y de vino del más barato; sacaba el dentista un pomito del bolsillo del reloj, que le servía para esto, y echaba en cada vaso unas gotitas de un líquido de color de naranja, muy encendido. Y con esto, aquel vino malo, mezclado con agua, cogía tanta fuerza, y un sabor, aunque no bueno, tan picante, que se convertía en una excelente bebida espirituosa. El dentista ejercía gran influencia en el corro, y esto era el premio del gran servicio que hacía, proporcionando a sus amigos el placer de rejuvenecerse con un licor eficaz que no les costaba más que tres a cuatro reales diarios, a escote entre todos los compañeros. De cada pieza de dos cuartos, se le rebajaba además al dentista un ochavo, y con esto, decía que aún le sobraba dinero para la confección de su portentoso elixir. Estaban tan bien avenidos entre si estos buenos amigos, que quitadas algunas libertades que se tomaba el dentista, a quien todo se lo permitían con gusto, porque era muy oportuno por lo demás, que en las pocas veces que yo acompañé a mi padre entre aquellos señores, nunca observé que se faltaran al respeto debido, y aún en los momentos de más efervescencia en la conversación, y de más alegría ocasionada por el abundante licor, nunca se oponían uno a otro, sin que precedieran algunas palabras de buena educación, como éstas, por ejemplo: «Lo que es en eso, perdone usted, caballero Don Antonio, pero no puedo menos de no creer del todo lo que usted dice», etc.

Como todos ellos eran viejos, y como yo andaba procurándome por todos los medios posibles, algún empleo de mi conocimiento del violín, ya fuera ajustándome como músico en alguna parte, ya adquiriendo relaciones para que me llamasen a tocar donde pudiera ser necesario, dejaba que mi padre pasase sus horas con sus nuevos amigos, con los que cada vez iba ligándose más, perdiendo poco a poco sus antiguas costumbres, y adquiriendo otras nuevas y hasta otra manera de pensar, y yo entretanto pasaba las mías en mi casa, ejercitándome en tocar el violín con dos objetos: el principal para adquirir soltura y fuerza en el brazo derecho para el penoso manejo del arco, y luego para alegrar algo a Lucía, a quien yo quería más que a todo el mundo. Yo estaba alegre sólo con tenerla a ella, y eso que ella estaba siempre de mal humor. Más que mis caricias la alegraba mi música, y mientras yo tocaba, ella no se reía, ni nada, pero perdía el ceño, y su frente, tersa y blanca estaba tan hermosa que así la hubiera yo querido ver siempre. Con esto apreciaba yo cada día en más mi arte, y admiraba la gran influencia de la música en el mundo, cosa muy natural en razón de que mientras yo tocaba, no veía mala cara en mi mujer que llenaba todo mi corazón. No había yo podido todavía ni tan siquiera concebir esperanzas fundadas de ganar algo en mi arte, porque no sabía cómo, y ya habían pasado en esto algunos días, y pronto íbamos a tener muchísima necesidad de algún dinero.

Mi padre estaba siempre muy contento. En su café pasaba su día, y me aconsejaba que hiciera lo que él, porque la vida debía pasar así, y me decía que a él le habían abierto los ojos desde que estaba en la corte, y había tenido la fortuna de caer entre amigos de experiencia, y no como nosotros, que no habíamos visto el mundo más que por un agujero.

A mí me daba pesadumbre el cambio de mi padre que siempre olía a la bebida del café, había dejado ya de cepillar su ropa con tanto cuidado como antes, limpiando muy raras veces la mancha de la levita que era ya mas grande que el botón. Pero todo lo daba por bien empleado, porque le veía pasarlo bien, cosa muy natural en razón de ser yo su hijo. Una noche que me dijo Lucía que saliera un rato y la dejara en paz con su mal humor, me afligí yo tanto, porque ésta era la primera vez que advertí que era algo áspera de carácter, que me fui al café a buscar a mi padre y a tener allí un rato de sociedad. Había muy buena conversación, y todos tenían muy buen color, y a mí me dio mucha tristeza el ver tan colorada la cara de mi padre. Estaban hablando de una boda de un pariente del relojero, que se iba a celebrar el día siguiente.

—Aquí esta mi hijo –dijo mi padre al verme entrar–, que se ha casado contra mi voluntad y lo que es ahora me alegro y lo mismo me da de una cosa que de otra. ¿No es verdad? –preguntó, sin dirigirse a nadie, y haciendo dar a los ojos una vuelta muy particular, y poniéndolos casi en blanco, escupió y lamiéndose los bigotes, se quedó riendo con mucha sorna, con la cabeza ladeada, y con una mano levantada y vacilante en medio de la mesa.

—¿Y quien se opone al amor como se prueba con las obras de los buenos maestros? –dijo de seguida y sin punto ni coma el copiante de musica, con una voz algo bronca.

—Se opone la misma naturaleza, si lo consideramos detenidamente y con aquel, con aquel – no pasó de aquí uno de los dos militares que cogió el vaso, en tanto que el dentista, riéndose y mirándole le contestaba.

—Usted no tiene naturaleza, pero por eso no podemos negar que existe... Y si usted la conociera como yo que tengo motivos...

—Caballero Don Francisco –le interrumpió el otro militar, perdóneme usted, pero, ¿no ha de tener naturaleza el señor Don Antonio?

—Si, natura –respondió el dentista–, Don Antonio es natura, pero el amor... ¡Quiá!... Yo no sé.. Déjelos usted que se casen, señor Don José, que eso es todo y eso es bueno.

—Yo –dijo el relojero–, lo que quiero es que se casen, y tanto lo quiero que yo mismo he de pagar la música de la boda.

—Caballero – le dije yo entonces–, aquí hay un violín, y aunque yo no tenga más gusto que el de conocerle a usted por amigo de mi padre, si a usted le parece, yo iré a tocar a esa boda, porque el violín...

—El violín lo llena todo – interrumpió el copiante de música–, quien dijo instrumentos, dijo violín, y en eso puedo hablar.

Todos hicieron mil elogios de las bodas, de los violines y de mí y de mi padre, y yo me puse muy contento porque vi en todo esto, el principio de mi carrera y la esperanza de algún provecho.

Este primer gozo que había tenido desde mi llegada a Madrid, me le aguó un accidente que le dio a mi padre, que le hizo caer en aquel mismo momento de la silla al suelo. Turbóseme la vista, creyéndole muerto, y apenas oía las diversas opiniones que manifestaban todos acerca de lo que aquello podía ser.

—Mi elixir no produce jamás esos efectos, y perdónenme ustedes señores, pero esto es un accidente apopléjico. Hijo mío, no hay que quedarse tonto, sino espabilarse y a casa con papá. Yo le ayudaré a usted a llevarle. Vamos andando.

Y el dentista y los demás amigos de mi padre, le cogieron y yo los guié hasta nuestra casa que estaba muy cerca. Así que llegamos, le pusimos en la cama. El dentista, después de haberle examinado, se decidió con valor, porque dijo que sino iba malo, a hacerle una sangría, y con un cortaplumas que le prestó el copiante de música, le abrió una larga incisión en una vena, que gracias a lo bárbaramente herida que había sido, de salir alguna sangre, que dio sin duda alivio a mi pobre padre y a nosotros esperanzas de que acaso viviría.

Alabada sea la voluntad de Dios, sigue diciendo el que escribe lo que copio, pero no he pasado en mi vida una noche más alegre que esta en que mi padre estuvo a dos dedos de la muerte. A la alegría que sentí así que mi padre. aliviado por la sangría, empezó a respirar tranquilamente, se unió el contento que me daba el hallarme entre sus amigos que pasaron la noche en casa, porque sentados una vez a la mesa donde cenaron algunas frioleras que yo mismo salí a comprar, se enredaron en conversación, y con ello y con su habitual bebida, que sin costarme mucho, duró toda la noche, gracias al elixir del dentista, a unos dormidos, y a otros despiertos y con la risa en los labios, a todos nos cogió la mañana, después de una velada que se pasó con cuentos graciosísimos que contó el dentista, y que celebramos todos. Yo soy tan amante de la sociedad, que al ver reunida en mi casa esta tertulia, se me ensanchó el corazón, viendo además que mi padre de un momento a otro se ponía mejor hasta llegar a reírse a carcajadas a lo último de la noche, de las gracias que se le ocurrieron al dentista, sobre lo milagroso del cortaplumas del copiante, que según él decía, por broma, había sacado sangre, de donde la mejor lanceta del mundo no hubiera podido sacar mas que agua caliente y vino con algunas gotitas de su espíritu, llamado por él en aquel momento, con unos gestos que nos hicieron reír a todos, el verdadero néctar ambrosíaco, o ambrosía nectarizada, sublunar, racional y económica del doctor Embriagabeodolopon el Persa.

Tanto gusto le dio a mi padre la alegría del dentista que, incorporándose en la cama, y con los brazos abiertos le llamó con la voz cortada por la risa y después que le tuvo estrechado el pecho, en donde había venido el dentista a caer con paso trabado y poco firme, estuvieron los dos así apretados, riéndose y revolcándose por la cama, hasta que los dos, cansados, se quedaron dormidos, mientras nosotros en la mesa nos entreteníamos en poner al copiante de música el botín de uno de los dos militares por alzacuello[4], por que iba a hacer alguna escena, de muchas que sabía de abate músico gracioso, bufo cantante con voz de pecho simple y con voz de pecho doble, para todo lo que pudiera ocurrir en los trece primeros sostenidos, guturalmente considerados con relación a la armonía instrumental de las notas nones, cualidades señores, –nos decía– sin los cuales no hay posibilidad de verdadero bufo, sobre todo en la época semiseria. En lugar de hacer la escena, siguió hablando y disputando con los dos militares y el relojero, hasta que alzando a éste la visera de una gorra de nutria, que no se había quitado en toda la noche, vio que estaba dormido, con la boca entreabierta, dejando ver sus únicos tres diente largos y negros que siempre le salían fuera de la boca, apoyándose sobre el labio inferior, pero que ahora se le veían todos, porque tenía recogido el labio superior como que el sueño le cogió riéndose.

Y poniendo aquí punto final a este capítulo, dejo con dolor a mis lectores en la penosa incertidumbre en que yo estaba de esta historia, cuando como a ellos les sucede ahora, iba yo leyéndola renglón tras de renglón, sin que ninguno de ellos, ni muchos reunidos, me contentasen gran cosa.[5]

Por si el lector se ha olvidado, que bien puede suceder, del punto por donde corté está historia, que en el original no está dividida en capítulos, me tomaré el trabajo de recordarle que en el número anterior de este periódico, dejamos al autor contando cómo el copiante de música, después de haber dicho mil desatinados disparates, descubriendo la cara del relojero, halló que estaba durmiendo, con la risa en los labios y lleno de un gozo que daba gusto.

4 *Alzacuello*: Tira de tela endurecida que, ceñida al cuello, obligaba a llevarlo erguido.

5 En este punto terminó la publicación en el ejemplar de *El Pensamiento* de la primera parte del relato.

Y sigue así la historia, sin quitar punto ni coma.

De mucho le valió en aquella ocasión al pobre Don José la esperanza que yo tenia fundada en la música de la boda de su sobrino, porque se trataba de avisar al dentista, nada menos que para que aprovechándose del sueño de aquel bendito, le arrancase en un periquete y con inteligencia, los tres únicos dientes que le quedaban. Yo anduve bastante listo en servir al pobre relojero, y como quien no hace nada, y sin ser notado, le hice salir de su sueño con una jarra de agua que le eché por los cabezones. ¡Pobre D. José! Se puso a llorar como un niño y se marchó a su casa diciendo que desengaño más grande, no le había recibido en su vida. Todos los demás amigos salieron lo mismo de mi casa, uno a uno, y quejándose de sus compañeros. A mí se me bajó el corazón a los talones y me dormí en la misma cama de mi padre. Uno y otro estuvimos durmiendo todo aquel día sin despertar hasta el siguiente, según a mi me parece, porque no lo sé a punto fijo, tanto me atolondraron el sueño y Lucía. ¡Lucía! ¡Lucía! Como las mujeres son tan ingeniosas, y tan graciosas, y tan divertidas, y tan amigas de pegar chascarrillos, yo no sé, pero cuando yo desperté, sentí ruido en el cuarto, que estaba a oscuras, fui a la ventana y la abrí y estaba amaneciendo, y a la poca luz que entró, vi que como si entonces viniera de otra parte a la cama, se echaba en ella con cierta precipitación mi querida Lucía. ¡Pobrecilla! Me dijo que toda la noche nos había estado velando el sueño como a unos niños. ¿Qué noche? la pregunté yo. ¿Qué noche ha de ser? me contestó ella, esta noche. Al fin, me confundió, haciéndome una sola noche, de la que yo pasé tan jovial con los amigos de mi padre, que a mí me parece que se marcharon todos después de salido el sol, y de la que acababa de pasar, que para mí era otra, aunque con lo que ella me dijo, perdí mi cuenta, y no fue ya para mí aquella noche, ni una, ni otra, ni otra, ni una, ni ninguna, porque todos los sesos se me devanaron, con lo que mi mujer me decía, porque eso sí, más amor que yo no la tendrá nadie por su modo de expresarse.

Mi padre, que estaba también despierto, se echó fuera de la cama, y en un momento se vistió con tanta ligereza como si nada hubiese tenido, quejándose solo de la herida de la sangría, de la que renegaba, diciendo que más vale una gota de sangre de un hombre honrado, que diez años de vida, y que el dentista era un bárbaro, y lo que él más sentía, un mal amigo. Aquel día no salimos de casa a hacer la compra, porque aún nos quedaban algunos restos de la cena aquella tan alegre. De ellos comió mi padre con excelente apetito una buena parte para desayunarse, y luego se marchó mas alegre que unas pascuas, dejándome a mí también muy alegre y convenciendo a Lucía de que Dios se había interesado por nosotros para atar a nuestro padre de tan grave enfermedad, tan bien y tan pronto como podíamos desear. Lucía, que al fin era mujer, y por lo mismo maliciosa, daba la enfermedad de mi pobre padre un nombre que yo no repetiré, porque siempre ha sido mi máxima: «Cuanto más honres a tu pobre padre, más pecados la limpias a tu madre». Y aunque mi padre era ya viudo, y con él no venia bien este refrán, yo quería, he querido y quiero siempre honrarle, lo mismo cuando podía esto traerla cuenta a mi madre, que cuando ya no, porque tanto uno como otro, los he querido lo que nadie tiene necesidad de saber.

¡Vaya un rato malo que pasé así que mi padre se marchó! Estos son secretos de mi corazón y no quiero decirlos. Cuando uno ama, cualquier cosa le da un mal rato, y cuantos más malos ratos, mejor, señal de más amor. Muchísimo amor pasó por mí aquella mañana. Lucía adoraba en mí, y ella misma me lo dijo; pero una cosa muy rara, que debía ser exceso de amor de parte de ella, que no hay cosa peor que los excesos en todo, una cosa muy rara me quitó a mí el buen humor para todo el día. ¡Lucía! ¡Lucía! Bien decías tú, que yo era un hombre muy apasionado, y que necesitaba para quitarme este defecto de una mujer como tú, amante, tiernísima, eso sí, mucho, mucho, pero muy prudente, muy encogida, muy serena, la misma serenidad, enamorada locamente de mí, sin perder el juicio y sin dejar de ser una serenidad como una gloria. ¡Lucía! ¡Lucía! ¡Cuánto te he querido! ¡Y sin caer nunca en que la mía era una pasión que me cegaba!

No, pues no he de ser yo el que vaya ahora a ponerse acaso malo escribiendo de esto, que en cambio bien me divertí la noche de aquel día. A cosa de cuatro o seis horas de haber salido mi padre de casa, volvió con el relojero, que entró pidiéndome perdón de no haber podido conocer, a causa de su mucha edad que le había disminuido algo el talento, que a no ser yo, ninguno podría haberle hecho el beneficio de echarle una jarra de agua por los cabezones. Yo lo respondí:

—Señor Don José, no hay de qué, yo hice lo que debía y nada más.

Don José me aseguró que me estaba agradecidísimo, porque ya le habían dicho sus amigos la graciosa diablura, cosa muy natural en medio de una broma, que querían hacer con él. Mas guapo que nunca venía mi padre, que me traía unas cuerdas de violín y un poco de pez griega para el arco. A ninguno se le había olvidado la boda del sobrino del relojero, y así es que se celebraba precisamente aquella noche. Lo que yo me alegré cuando me lo dijeron, nadie lo sabe, porque yo no tenia mas que cinco reales y dos cuartos segovianos. Mucho me entristeció lo que mi padre me dijo, llamándome aparte.

—¿Ves estas cuerdas? ¿Ves esta pez? Pues todo es prestado. A pagar, hijo mío, a pagar.

Le di todo mi dinero, y él me dijo que le guardaba para él.

—Las cuerdas y la pez, hijo mio –me decia lleno de amor–, se pagarán con lo que tú toques, de lo que toques. ¡Artista! ¡Pícaro artista! –añadía–, vas a sacar dinero de un palo viejo a fuerza de *tirirrin, tirirran, tirirrin, tirirran*.

Y hacia unos ademanes muy propios de quien toca el violín, que los tengo yo en la uña, porque es mi gloria. Vamos, toda la gracia de su juventud le había vuelto a mi padre al ver que iban a dar fruto los conocimientos de su hijo. ¡Loco de contento estaba! Me dirigí al relojero, y le pedí licencia para componer en su misma presencia el instrumento que había de tener el honor de anunciar a su sobrino su gloria amorosa, con sus sonidos fuertes, y darle una idea de la dulzura conyugal, con otros más dulces que el canto de las aves, propios de mi violín. Dióme por supuesto esta licencia, que yo le había pedido con tan fina educación, y entonces descolgué mi violín, le puse cuerdas nuevas, y le dejé corriente para la noche. Rogóme Don José que tocara alguna cosa, y yo en un momento despabilé un par de contradanzas. Nos despedimos hasta la noche, y yo rendido de fatiga, con tantas brillantes esperanzas como me abrumaban, me tumbé en la cama dando suspiros de gozo. ¡Qué día aquel tan feliz para mí! Todo me le pasé dejando que me rodaran por la cabeza todas las cosas alegres que yo sabía ejecutar con mi violín, que eran muchas, y para una boda, más. ¿Qué tenía yo ya que temer? La suerte mía se había cambiado completamente, y empezaba a darme a ganar alguna cosa por medio de las bellas artes. Ya empezaba yo a ser algo en el mundo, y no en el mundo así como se quiera, sino que iba a darme a conocer en una corte, donde con sólo un violín y mi buen gusto, podía ganar dinero hasta cansarme, porque lo que es de tocar no me cansaba yo ya, que para eso había trabajado tanto en robustecerme el brazo derecho. Todo esto me salió verdad, todo esto estaba bien pensado, porque yo nunca he sido ligero de carácter, pero yo en todo lo que pensaba de felicidad, unía siempre conmigo a Lucía y mi padre, y esto es lo que ahora me atormenta mas. ¡Qué corazón tan bueno el mío, sino fuera por la fatalidad de que nunca me ha dado cosa alguna de esas de que se dice: «Eso lo da el corazón», «Me lo dio el corazon» A mí entonces no me daba nada el corazón, ni luego he observado que me dé nada tampoco.

Por supuesto que yendo yo a tocar a una boda, había de llevar a Lucía para que bailase, cosa muy natural, en razón de que marido y mujer para eso han nacido. Se puso Lucía encima todo lo que pudo. ¡Cuidado si todo la venía bien! Qué lástima que la pobre no hubiera sido mujer de un príncipe, y con eso se hubiera puesto más, y mejor. Al fin hizo lo que pudo. ¡Pobre de mí que me alegro de sus alegrías, y sea lo que sea!

Muchísimo me gustó cuando la vi vestida con todo lo mejor que tenía. ¡Válgame Dios, qué mujer tan hermosa! Cuando uno tiene una mujer así, es cosa de ir a ponerse muy pronto loco, y cuanto más hermosa, mejor para eso, porque tienen todas un corazón que si se pudiera ver, daría gusto de puro liso. La hermosura se ha hecho para todos, cosa muy natural, en razón de que para eso sirve. Yo también me vestí, y la pregunté a Lucía que si estaba bien, y me dijo que a ella siempre le parecía lo mismo. Se lo agradecí mucho, porque llevaba yo un traje muy agradecido que había sido de mi padre, menos una corbata de seda azul celeste, con una hebilla muy hermosa de grande, y muy reluciente, y un chaleco de flores que parecía un jardín, de naturales que estaban. ¡Qué bonito era aquel chaleco! ¡Cuántas cosas buenas llevo perdidas en este mundo! ¡Maldito sea!... No quiero decir un disparate; Dios me lo perdone.

Vino mi padre que había comido por allá, y me dijo, que ya era hora de ir a la boda, y que mi mujer estaba convidada. Todo se la iba a Lucía en mirarse un cachillo de espejo que teníamos. Cosa muy natural, en razón de que nunca acababa de verse. Cuando yo cogí mi violín, no pude contenerme, y en un abrir y cerrar de ojos toqué una porción de cosas, porque ligereza como la mía yo no se, pero creo que pocos la tendrán. Cuando íbamos salir, vino un caballero; todavía mejor puesto que yo, que nos dijo:

—Ea, señores, vamos –y echó a andar con mi mujer de bracete, y mi padre y yo detrás con mi violín en una funda de damasco muy fino, que era una lástima que no estuviera limpio, y sin tantos corcosidos. Lo menos llevaba yo treinta violines en el corazón que me le iban alegrando y rascando. Lucía y aquel caballero, que yo no sé si era de la familia del relojero, iban que Lucía parecía una mariposa inocente de puro alegre. Llegamos a buena hora, porque no he probado nunca licores más exquisitos que los que allí se bebían. Por fin se empezó el baile y la jarana, y entro todos eramos tres músicos, uno con una flauta, poca cosa, otro con un clarinete, peor todavía, y yo que llenaba solo toda la sala de sonidos. Había muchísima gente, pero por lo que observé en aquel baile no sucedía lo que en los de mi ciudad en que todos los danzantes se conocían. Allí no, pero como me dijo el relojero, ésa es la gracia que tiene la corte, además de que él era un hombre de mucho mundo. A pesar de mi buena constitución, y eso que yo he tenido siempre una encarnadura que nada se me ha enconado, Lucía no se cansaba de bailar, con el mismo caballero que la había acompañado, y ya se me caía a mí el brazo de tanto darle al arco, hacia arriba y hacia abajo sobre las cuerdas. Mi padre estaba jugando, y llevaba ganados una porción de cuartos que tenia en un montón delante de sí. En un descanso que nos dejaron los músicos, me fui yo donde jugaban, le cogí a mi padre un puño de cuartos, y gané lo menos treinta y seis reales en un cuarto de hora, que si me dejan yo no sé lo que yo hubiera hecho Cuando volví a tocar, ni el inventor del violín hubiera tocado mejor que yo. Además estaba yo muy contento porque no veía bailar a Lucía, que debía estar por allí descansando. Poco me duró el gusto, porque a poco rato la vi entrar por la puerta como si viniera muy cansada. Al momento pensé si habría otro cuarto de baile por allí. Como las mujeres son el mismísimo enemigo en ligereza de carácter, y de pies, y de todo, dije para mí:

—Vamos, la infeliz ha estado sin duda cansándose más, mientras yo creía que estaba descansando.

¡Malditos sean los bailes! Lo que yo temía era que se me pusiese mala, que no hubiera sido mal apuro para curarla. Pero nada, por fortuna bailara lo que bailara, cuando nos fuimos del baile a nuestra casa, durmió perfectamente, con aquel sueño tan sosegado y tan angelical que siempre la daba..., y luego se levantó como si tal cosa. Yo no se si Lucía habrá pasado luego mejores noches que aquella, cosa muy natural, en razón de que la pasó en mi presencia, y luego, hace ya una porción de tiempo que no sé cómo lo pasa, pero yo, y especialmente mi padre, no hemos vuelto a pasar ninguna más divertida, entre una reunión tan escogida. Yo seguí desde entonces mi carrera de músico, pero en unos bailes se armaban riñas de puñetazos, en otros de cuchilladas, y esto me quitaba siempre el gozo que yo siento cuando me entrego a las delicias del violín. ¡Ay! Si yo hubiera pensado siempre con la malicia que pienso ahora, puede que no sintiera ahora lo que siento, cosa muy natural, en razón de que no me hubieran enseñado a ser malicioso las cosas que Dios me ha enviado para abrirme los ojos. Loco de contento me tenia Lucía, que como yo ya ganaba algunos cuartos, porque, como yo había pensado, lo mismo fue darme a conocer en una boda, que principiar a coger fama en la corte, estaba cada vez más hermosa, y ni yo mismo sé cómo se compraba tantas cosas bonitas, pero luce mucho el dinero de las artes liberales en mujer de artista.

Lo que sentía yo mucho era que por más que de día en día conocia yo que tocaba mejor, me pasaba el tiempo sin poder poner arreglo en la casa, ni hacer un circulo de relaciones de familia de las que había tenido en mi ciudad, cosa muy natural en razón de que todo se me volvía hablar cada día con dos o tres personas desconocidas en la corte. Eso sí, lo que es esto es más variado que no siempre lo mismo, y por eso gusta tanto.

Mi padre no se acordaba de nada. Seguía yendo el café y además por pasar mejor el tiempo, se había aficionado un poco a ser jugador, que ¡cómo era posible que si hubiera seguido viviendo en nuestra ciudad y entre sus amigos que todos eran tan pobres hombres como él, hubiera hallado este recurso tan descansado para ganar algunos cuartos! Vamos, lo que es si hubiéramos podido echar raíces en medio de tanta confusión, bien se podía decir que nos había venido Dios a ver con soplarnos en la corte. Así seguimos una porción de tiempo y, ya me iban a mí pareciendo cada vez más naturales los mil apuros que cada día pasábamos, sin que nadie los supiese más que nosotros tres, y no porque nosotros no tuviéramos ganas de contarlos, sino porque habíamos aprendido el trato del gran mundo, y ya rabiamos que no había mas «Tío páseme usted el río», digámoslo así, que no pedir nada a nadie, ni dar tampoco cuando a uno le pedían, y aprender a juzgar de los otros por uno mismo, que al fin y al cabo con ninguno de los que veíamos, teníamos nada que ver, ni ellos con nosotros, como que eran relaciones de corte, donde cada uno a su negocio y Dios en el de todos, y no tiene poco que hacer.

El talento y la hermosura de Lucía cada día eran mayores y yo estaba lleno de gozo sólo con esto, a pesar de que la reconocía muy superior a mí, y tenía que obedecerla casi en todo, porque despejo como aquel yo no le he visto. ¡Con qué gracia hacía burla de todo nuestro modo de vivir, y con que dignidad se enfurecía de verse precisada a vivir en un piso tan alto, que no tenía más que tres cuartos y que no estaba adornado, entre todos, más que con treinta muebles, contando con un calentador de cama que habíamos traído de nuestra casa, y que era de la familia desde el tiempo de nuestros abuelos! Esto me daba a mí muy malos ratos, pero el amor me los quitaba, y todo lo daba por bien empleado, porque Lucía esperaba salir muy pronto de aquel estado, y cada día que pasaba se la llevaban los demonios, como si su esperanza se hiciera cada vez mas vehemente con la proximidad de cumplirse. Se había cambiado enteramente el carácter de Lucía, y no parecía sino que mientras yo no había adelantado un paso, y sentía y pensaba lo mismo ahora que antes, ella se me había adelantado muchas leguas, lo mismo con el alma que con el corazón. Por otro estilo y allá a su manera, lo mismo le había sucedido a mi padre y yo estaba aturdido de ver el efecto que en ellos habla hecho el trato de gentes, mientras yo siempre en mis trece. Lo único que había ganado con la confusión de los bailes en que había tocado, eran unos cuantos reales sacados de la fuerza de mi brazo derecho que era un águila con el arco sobre el violín, y de la agilidad de los dedos de la mano izquierda que andaban y se reproducían como si fueran las patas de un ciempiés sobre las cuerdas. En lo que Lucía había adelantado yo no sé como se llama porque todas eran cosas del alma, que acaso pasarían al cuerpo sin advertirlo yo. En lo que mi padre había adelantado, también, era en cosas de discurrir que tampoco sé como se llaman. Lo único que tiene una expresión material y que se entiende, porque es cosa de tripas, cerdas, madera y manos, es lo que yo puedo decir de mí, que había adelantado prodigiosamente en tocar el violín, hasta poder estar días enteros, dale que le darás, sin cansarme, y tocando todo lo fuerte que se quisiera. ¡Cómo había yo de haber podido entonces escribir todas estas cosas! Los adelantos de mi padre, y sobre todo, los de Lucía, son los que por los resultados que produjeron, me han aguijado a mí el talento en disposición de hacérmele brincar, como lo voy notando con la idea que me ha dado de escribir todo esto, que lo que más siento es no poder explicarme mejor.

Mientras yo me descuidaba de todo lo que no fuera Lucía, mi padre y mi violín, el que de nada se descuida, que por lo visto es el tiempo, me estaba preparando unos cuantos sucesos, pocos, nada mas que dos, para quitarme el cuidado de dos de las tres cosas que me gustaba a mí cuidar.

Para empezar bastó un día, y bien sabe Dios que se concluyeron todos mis asuntos.

Aquí sí que no sé como escribir todo lo que pasó por mí, pero si yo mismo no procuro decirlo, de cualquier modo que sea, no hay medio humano de que se llegue a saber, porque todo me lo pasé solo como en un desierto. No es nada, no, no es nada, no es más sino que, por decirlo de una vez, yo soy el hombre de mejor corazón del mundo, y me le han machacado de dos porrazos, que todavía no se puede mover. Yo he nacido para el amor, y ya he dicho que le he encontrado en Lucía, y que lo que yo la quería nadie es capaz de figurárselo, ni yo soy capaz de decirlo. Y después de lo que me ha sucedido, por mucho que a mí me guste el amor; ¿a dónde voy yo parar con mis buenos sentimientos? ¡Lucía! ¡Lucía! ¡Lucía! Me estaría una semana entera llamándola, si supiera que había de venir. ¡Ay! Sin llamarla tanto tiempo me uní con ella para siempre, y la iglesia pareció entrar en el trato. ¡Lucía! ¡Lucía! ¡Con que no ha de valer nada todo aquello que se hizo, para que no se pudieran romper nunca aquellos lazos! El amor me hace perder la razón, y no quiero echar la toga tras el caldero, como suele decirse.

Yo no sé, Lucía, por que te he de adorar así, después de que mi amor, que me hacía vivir casi más para tí que para mí, no me ha servido de nada. Dí, Lucía, dí, ¿no lo sabías tú, no lo sabías, y todo consiste en eso? ¡Ay! ¡Eso no me quita a mí mi dolor, ni le alivia, ni nada! ¡Nada!

Un día vino mi padre todo amoratado y con la lengua trabada, echando más maldiciones que las que yo le había oído en toda su vida, porque él era un hombre muy bueno que no juraba. Se tumbó en la cama, y sin preguntarle nada conocí lo que tenía.

Siempre que mi padre se ponía así, no tenía yo más consuelo en el mundo que Lucía, que aunque no me decía nada consolador, ni nada absolutamente, como era tan hermosa, daba alegría por lo menos a un lado de mi corazón, ya que el otro estuviera llorando por mi padre.

Aquel día, Lucía, andaba de un lado para otro, muy inquieta, sin que yo supiera por qué. Cuando estábamos creyendo que mi padre dormía sentimos que el pobre se quejaba y lloraba. Corrí al momento, y me acuerdo como si fuera ahora mismo, tenía mi padre toda la cara trastornada y mas fría que un hielo. Me asusté mucho, porque el corazón me estaba diciendo que aquello no era lo que yo pensaba. Era, y no era. Era, porque yo no he oído nunca cosas más raras que las que decía mi padre, y no era, porque cuando pasó aquello, fue otra cosa muy diferente, y más para mí todavía, que para él.

Mientras duró el día, dándole agua caliente, porque otra cosa no había en casa, ni dinero, que estábamos esperando que mi padre trajese alguno; dándole agua caliente, me aseguré bien de que no le quedaba ni una gota de otro licor en el cuerpo.

Por la noche, que yo esperaba que ya estaría bueno, se puso tan malo que yo me fuí corriendo buscar a sus amigos, para que vinieran a socorrernos en aquel apuro. Los encontré en el café, pero hacía ya mucho tiempo, según me dijeron, que mi padre no era amigo suyo. A mi me cogió de susto la noticia; porque se me figuraba que además de todo, no hay porque no ser amigo de un hombre enfermo. Todos los antiguos amigos de mi padre estaban tan macilentos y tan derrotados, que no me importó mucho que no vinieran a casa, que yo creo que no vinieron, porque yo, entre lo que les dije, les dije también que no tenia ni un maravedí. ¡Cuidado si se habían ido hundiendo todos aquellos amigos tan alegres! Bien es verdad que a nosotros nos había sucedido lo mismo, cosa muy natural, en razón de que el hundirse se cae de su propio peso, cuando no hay sobre qué sostenerse.

Grande apuro era el mío, porque después de todo, me afligía mucho no tener un solo maravedí para socorrer a mi padre, y esto me tenía vuelto el juicio, y nunca me pareció tan grande como entonces la corte, que no me parecía otra cosa que un arenal de muchas leguas. Al fin, yo no sé explicarme, ni sé como estaba cuando volví a casa. Me encontré solo, un momento, con mi padre en medio del cuarto, porque sin duda se había caído de la cama. Estaba frío, enteramente como muerto. A fuerza de darle friegas con las manos y de echarle mi aliento, volvió un poco en sí, y después le arropé bien. Entonces me acordé del otro pedazo de mi corazón, y no le encontré por ninguna parte, porque Lucía no estaba allí. La bendije mil veces y lloré por ella, la pobrecilla, que sin duda había ido a buscar auxilio, sola y de noche, sabe Dios adonde. Toda la noche estuvo mi padre en una continua agonía, y yo sin atreverme a dejarle un momento y dándole besos, la mitad para él y la otra mitad para Lucía, a quien yo estaba aguardando como un ángel, como que eso era entonces para mi. No vino en toda la noche, y yo desfallecí y estuve desmayado. Mi padre me dio un abrazo tan apretado que me hizo volver en mí, y me dijo:

—¡Hijo mío, adiós, adios! ¡Yo me muero! Sigue, sigue tu carrera, tu violinito y nada más, que no hay más en el mundo, para los que como nosotros han venido...¡Ay!...

Yo que vi a mi padre que se moría por momentos, eché a correr por la escalera, y empecé a decir a todos los vecinos que se moría mi padre. Unos me decían que dichoso él que acababa de una vez, y una mujer me dijo que así se la habían muerto a ella dos criaturas, en aquella misma casa, sin saberlo nadie. Aquella casa toda ella era un hospital de pobres. ¡Quién había de ayudarme! Solo, me volví al lado de mi padre, y me abracé con él y me volví a desmayar de hambre. ¡Cómo he de escribir yo esto! Ni sé lo que me sucedió. Vuelta otra vez la noche, y entraba la luna por una ventanilla. Yo apenas sentía nada más que el frío del cuerpo de mi padre. ¿A dónde estaba Lucia!? ¡Yo solo! ¡Solo! ¡Tanto tiempo solo, y mi padre muriéndose tanto tiempo, y nada, sin consuelo! ¡Bien! ¡Bien! ¡Lucía! ¿No te amaba yo?... ¡Más que a mi vida!... ¡Y a mi padre también, mucho, mucho! Yo no puedo escribir esto ! ¡Quién sabe el daño que me hizo mi padre cuando se murió! Con la agonía me clavó las unas en la espalda y me mordió con un beso mas frío que la nieve. Me asusté mucho, y con un esfuerzo que hice me salí de entre sus brazos, y se cayó rodando al suelo. ¡Entonces amanecía y ya estaba muerto, y todo esto me había sucedido a mí solo, y eso que había tanta gente! Como un alimento me sirvió el dolor del cadáver de mi padre. ¡A quién quería yo entonces ya! ¡Lucía! ¡Lucía! Yo no sé decir esto. No puedo escribir, porque el corazón se me muere. Anduve por el cuarto como un loco, y encontré un papel que decía:

Querido Francisco: Me parece que porque tú seas un buen hombre, y porque tu padre con este trato de aquí, se haya olvidado de toda su honradez y se haya hecho un borracho, no he de ser yo víctima, como si fuera una infeliz, que no hubiera salido nunca de casa de mi madre o de la tuya. Quédate con Dios y gobiérnate con tu padre, que ahí le dejo bien compuesto. Ya ves la confusión de la corte. No me busques porque no me encontrarás, y aunque me encontraras, has de saber que he aprendido yo mucho de otra gente, que vive aquí, hace ya muchos años, para vivir bien contigo, que no sirves para esto, y debes marcharte a tu pueblo y vivir allí con otros como tú. Cada uno debe buscar lo que le conviene, Si me persigues, que no lo creo, porque creo que me quieres, te expones a lo que te haga el que me defiende y me ha prometido defenderme de ti y de todos. Adiós y sigue mis consejos, Francisco. Tu

Lucía

P. D. Créeme, que no puedo menos de hacer esto.

¡No escribo más, no puedo escribir más! ¡Qué carta, Dios mio! Ya me quedé más solo todavía que aquella noche. ¡Y de un golpe! ¡Así tan bárbaramente! Eché a correr por la escalera y seguí corriendo corriendo por ahí. ¡Así ando ahora todavía, y las dos partes de mi corazón!... ¡Esto hace mucho tiempo!... ¡No volví a ver a mi padre!... ¡Qué bulla! ¡Qué bulla! Yo no sé lo que harían de él. No he vuelto... ¡Dios mío! ¡Ay! ¡Ay ! No sé más.

....

Y éstas, ni más ni menos, son las últimas palabras del que tan confusamente escribió este pedazo de historia. Como desde luego puede cualquiera conocerlo, el infeliz que escribe, de resultas sin duda, como él dice, de los dos porrazos que le habían machacado el corazón, no estaba muy allá de juicio, que es de lo que más se necesita para escribir correctamente y con propiedad. Está por consiguiente esta historia envuelta en una neblina de extravagancias, que la embrollan, ni más ni menos que el bullicio de la corte debía embrollar el entendimiento de este hijo y esposo desgraciado, antes de que acabasen con él para siempre, las miserables consecuencias de su venida a Madrid, donde desenvuelto el talento natural de su mujer y clarificada la filosofía de su padre; la primera le abandonó, por razones superiores a todo y sobre todo a su marido, y el segundo, después de haberse entregado con alegría al desorden y a la pobreza, se le murió en los brazos, en medio de una agonía desesperada. Yo ya sé que esta historia no tiene interés ninguno, ni cosa de particular que llame la atención, pero la he copiado, creyendo de buena fe que todos los lectores serán como yo que me entretengo con cualquier cosa, con tal que el que me quiera entretener cuente con mi indulgencia, que a no contar yo con la de los que me leyeren, a buen seguro que no iría a dar un mal rato a nadie, sólo por dársele, y por amor simple a las letras humanas.

La Noche de máscaras
(Cuento fantástico)

Antonio Ros de Olano

Es un cuento fantástico pero nada tiene que ver con las fantasías románticas de castillos germánicos, noches misteriosas y vaporosas doncellas vestidas de blanco. El narrador ve como un gesto suyo ante el espejo se convierte en una máscara que le servirá para acudir al baile de máscaras. Allí va, pero al llegar se da cuenta de que ha viajado en un confesionario. Entre múltiples personajes encuentra a un conocido, el coronel Pozuencos y a María su antiguo amor, y a quien hace años que no ve. Persigue a María por entre una multitud de máscaras que le importunan y hacen que pierda su rastro, y al final desconsolado pide consuelo al coronel, que le lleva ante su mujer para que le consuele ésta. Se trata de María, pero dividida en dos mitades: una casta y otra lasciva y que tiene unos pendientes uno de los cuales es un ángel y otro un demonio. El adulterio se insinúa, pero no se consuma, porque el narrador queda horrorizado al ver como María escupe sapos y enciende los ponches con la cera de su oreja.

La fantasía en Ros de Olano nunca va separada de una clara tendencia hacia lo grotesco y lo absurdo. En Ros no hay relatos de aventuras fantásticas, en los que héroes se enfrenten a peligros, ni episodios milagrosos, ni temática maravilloso-cristiana, ni horror sobrenatural. La fantasía de Ros de Olano es una irrupción en la vida del absurdo desatado, desenfrenado, libre que abarca a toda la existencia del ser humano. Y ese absurdo es un elemento más de la realidad y en sus cuentos no es tratada la fantasía de otra manera que como un elemento más que rodea a los personajes. Por lo tanto, lo fantástico en Ros es, a la vez, cotidiano y es presentado como un elemento más de la vida, que es aceptado como una convención, como una costumbre, sin que los personajes se asombren de ello, ni reaccionen, ante los hechos fantásticos, de forma diferente de cómo reaccionan ante los hechos más usuales. La imaginación en Ros de Olano, nos indica Vallejo[1], es negación de la racionalidad, y al mismo tiempo, como vemos en este fragmento de «La Noche de Máscaras» un elemento siempre presente en la caracterización de los personajes.

> Cualquiera otro menos avezado que yo a las maravillas, hubiera echado a correr a lavarse en agua bendita, o cosa semejante, pero de

1 Vallejo, 1995, 201

> mí, tu sabes, que ya cuando niño las brujas me arrullaban en la cuna y me dormía, me pellizcaban y no lloraba; entereza pueril la mía de que gustaban tanto aquellas alegres viejas que formaban corro por verme y se afilaban las uñas para herirme; reíame yo, bailaban ellas a mi alrededor y cantábanme el *Trailo, Marica*, y las unas a las otras se arrojaban mi cuerpecillo, que no había más que pedirles, como no fuera aquello de la hiel de gato pardo, con que durante las noches de sus *sábados* en enero, solíanme untar los labios para leer las maldecidas de Dios, sus horóscopos en mis gestos, chillidos y contorsiones.

Pero incluso más allá de la imaginación la vida, en sí misma, es absurda y sin sentido. De esta manera lo grotesco de la existencia está presente en muchos cuentos de Ros de Olano, aún los más realistas, como las «Escenas de la Guerra de Navarra». En este sentido es impagable la escena de «¡Oh, Hi-jo mí-o!» en la que un cura carlista, el Padre Lárraga, a quien los carlistas tienen por modelo de elocuencia se adelanta a primera línea del frente para convertir a los soldados gubernamentales con su inspirada oratoria. El sermón que pronuncia no tiene desperdicio.

> Amados oyentes míos, fieles e infieles. Cuando Jesús a Juan y los otros apóstoles perdón de los pecados envió predicar, penitencia mandó hacer Juan a pecadores y en el cielo pecadores y pecadores están y eso que eran judíos. *Ego sum Pater Lárraga secundo apostolorum* y vosotros judíos cristinos ser a quien yo predico; *omnia moriuntur*, hermanos en el Señor, que como es decir que Cristina tiene que morirse ¿y quien entonces vosotros defender los que en Zubiri sólo la cabeza sacar por la rendija?... ¿defender la rapaza que viruelas y sarampión hacen muerto?... *Omnia moriuntur*, pues y defender entonces a Satanás y todos entonces por carlistas morir y condenada el ánima iréis sin tropezón a *porta inferi* de la que con razón santísima dice letanías *libera nos Domine!*... Sí pues, convertirse pues y penitencia largas hacer y letanías y Carlos V libraros han y yo bendición envío cristinos que se conviertan a Jesucristo, Juan y al rey Carlos y fusiles traigan, tiren morriones y tomen boynas y para que ayuda présteme el ángel diciendo, Ave María.

La presentación del absurdo vital y de la realidad grotesca y disparatada que ve el autor a su alrededor es, como en el caso de Miguel de los Santos Álvarez, la fuente del humor, del especial humor del Marqués de Guad-el-Jelú. Un humor que se origina en la presentación de lo absurdo de la vida. Tanto da que el absurdo se origine en la fantasía o en la realidad, pues en la literatura de Ros no hay diferencia entre ambos estados. No se dedica Ros, como hacía su amigo Álvarez a presentar lo ridículo de unos personajes débiles, víctimas de los verdugos de los que está lleno nuestro mundo, sino que presenta todo un mundo sin estructura y sin racionalidad. Es un abigarrado baile de máscaras en el que no se encuentra belleza, estilo ni elegancia, sino violentos contrastes, vulgaridad, sonidos discordantes, voces chillonas: un espectáculo incómodo e hiriente es el mundo que aparece en los cuentos del General Ros de Olano.

***

El Pensamiento. 1841. 145-155

La Noche de máscaras
(Cuento fantástico)

Antonio Ros de Olano

I

¡Oh, qué hermosa es!... Nunca la he deseado tanto como hoy!... ¿Y qué? Inútil todo, porque no quiere estar conmigo. Si la encontrara, me reclinaría en su regazo, y por lo menos me quedaría dormido como un mamoncillo en la cuna...

Muchos no saben por qué, ni de qué ríen los recién nacidos durante el sueño y es que *la paz* les unge todo el cuerpo con un bálsamo impalpable que los deleita, y por eso se ríen de placer los inocentes. ¡Bendita sea *la paz*! Los niños la besan dormiditos, y ella se les acuesta al lado para poner sus labios con los del mamoncillo pequeñuelo en el pezón de la madre.

Está visto, no hay más mujer que la madre; su mano puesta ahora sobre mi frente me calmaría la fiebre... Pero mi madre se cayó ¡infeliz! desde el suriquete de una fragata, al agua yendo a doblar el cabo de Hornos. No sé si se ahogó, porque, a pesar de la altura en que estaba, no la vi bajar por el aire más que una vara y dos tres pulgadas, pero desde entonces que no la he vuelto a ver... Y por allí andaban muchas gaviotas.

¡Ay! La cabeza me duele... ¡Maldita sea la cabeza! Descartes opinaba ser su cabeza un cómodo palacio de su alma y la glándula pineal decía ser el trono de esta reina. Yo lo que es respecto al alma, no negaré que la tenga o no en la cabeza, pero dado este primer supuesto, creo que mi cabeza no es el palacio, sino el purgatorio de mi alma.

¡Cosa más rara! Sin querer he hecho un horroroso gesto, que ahí lo tenéis grabado en la pared de enfrente como una reflexión del daguerrotipo![2]... Vaya; no hay más que reírse, me parece sino que me he quitado la máscara y la he colgado de un clavo... Pues señor, esto quiere decir algo. Ya no es un mero reflejo, sino que poco a poco ha tomado cuerpo, y bulle y se agita como quien baila... Ea, démosla gusto, la cojo y me voy al salón de Oriente. A bien, a bien, que puede que la música me distraiga. El cristianismo tiene sus bacanales. ¡Y qué! ¿No soy yo cristiano? Viva el carnaval, vámonos a las máscaras, vámonos a Oriente.

Este maldecido gato de mi vecino el alabardero, siempre que salgo de noche me enreda las piernas con el rabo.

La careta me viene pintiparada, encaja, como en su molde, pero en las sienes ¡ah! En las sienes, pica como un sinapismo.[3]

II

¡Al fin llegué! ¡Equivocacion más torpe! Creí entrar en un landó[4], y cátate que he venido en un confesionario donde apenas cabíamos el fraile y yo. El buen confesor se reía de mi careta. Mi contrición ha sido infinita. Me quitó el padre la máscara del rostro, se la puso, y no he visto cosa más parecida a mi cara... Temo que me descubra... Pero, no puede ser; uno y uno son dos, mi nariz sobre mi nariz, forman un superlativo de esta facción muda, la más ridícula y trastornadora del rostro humano. ¡Adelante, adelante! El caso es distraerse y sacudir la fiebre como se sacude el agua después del baño. Ni más ni menos, el caso es ver si aquí la encuentro. El folletín de mañana está ya en la imprenta y sólo me falta corregir las pruebas.

—Caballero –me dijo ahí al entrar el cobrador, hace un momento–, ¿trae usted billete?

Volví el rostro a mirarle y fue tanta la risa que le di, que ahora mismo le están asistiendo en sus últimos instantes. Juro que he quedado con esto muy satisfecho, porque de fijo no me conoce nadie.

Las máscaras encierran algo diabólico. He aquí este salón lleno de luces que a pesar de estar encendidas, no alumbran, parecen las llamecitas, lancetas recortadas de oropel rojo y los espejos ofenden la vista con tan vivísimos rellejos, y desvanece mirar en ellos la multitud de grupos animados que pasan, corren, vuelven, andan, se paran, bailan, ríen, lloran, se amedrentan, se abrazan, se persiguen, se alcanzan, se barajan y confunden. ¡Oh! gran cosa son los espejos porque revelan el fondo de las casas, enseñan sus muebles, el movimiento interior, descubren las acciones, todo cuanto pasa dentro, en fin, secretos de tocador, de alcoba, de despacho, de antesala y de estrado, secretos que son el alma del hogar doméstico y la clave ignorada del mundo, con la

---

2 *Daguerrotipo*: fotografía primitiva, impresa en planchas metálicas.
3 *Sinapismo*: Cataplasma hecha con mostaza.
4 *Landó*: Coche de caballos de cuatro ruedas.

cual se gobiernan las familias sin escándalo. Los hombres debiéramos tener un espejo no sé en que parte, para ayudar a los médicos en sus diagnósticos, y para que los unos a los otros no nos condenásemos al infierno de la duda.

Allá viene derecho a buscarme el coronel que hace unos días estuvo a felicitarme las pascuas sin conocerme. Veo que la careta no me sirve de nada y estoy tentado de plantármela en el cogote como hace cierto hombrecillo a quien equivocan con el dios Jano... Cuando me mira tanto, prueba que no me conoce del todo. Fingiré la voz si me habla, y acabará por creer que no soy el mismo.

—¡Ah buen amigo! Si no tiene usted el corazón más hermoso que ese espantable rostro, verdadero o supuesto (que no lo distingo) será usted dichoso y si entiende usted alguna cosa de milicia, como parece, le suplico enmiende el reglamento de retiros. A usted solo le digo que yo soy el coronel Pozuencos, y en prueba de esta verdad mire usted bien...

Esto dicho por el coronel, dio un bostezo y me persigné asombrado al ver que tenía un espejo en el cielo de la boca, donde se le proyectaban el estómago enteramente vacío y el corazón (que era muy grande) todo escrito y salpicado en confuso, con renglones de la ordenanza militar y de la doctrina cristiana.

—¿Sabe usted –le dije–, que estoy pasmado?

Y el hombre con su natural sangre fría me respondió.

—Pues no sé de que cosa sea. ¿Usted fuma?

—Hombre, no –le contesté excusándoame. A lo que su señoría hizo una muestra de conformidad y púsose luego a sacar con los dedos, de dentro del bolsillo de su levita, unas migajillas de pan mezcladas con granos de pólvora, que luego de bien colocadas en el hueco de la mano izquierda, las vació con gran pulso en una hoja de maíz; y mientras retorcía tan extraña mezcla en forma de cigarrillo, me dijo.

—Uso de la hoja, porque en vez de ser dañina como el papel, es por lo contrario pectoral en alto grado, a más de que no empuerca la dentadura. Y ahora, noble caballero, me marcharé al último de los pasadizos, por evitar solamente la autoridad irritante de los bastoneros[5]. La música, amigo mío, reviste a estos pelagatos de una fuerza moral que avasalla la alteza del fuero militar... ¡Ah! Bien haya la armonía de los combates, donde se baila al son de los cañonazos y al compás del honor, sin la presencia de estos farsantes.

Y se marcho con efecto el coronel Pozuencos, y ojalá que no me hubiese nunca abandonado; apenas ido, entre la claridad que abrió de súbito a mis ojos y la destemplada gritería que me hería en los oírlos, me encontraba aturdido, cuando me vino un golpecito sobre el hombro derecho que hizo en mi un efecto galvánico, al que todos mis nervios se crisparon.

Con menos curiosidad que miedo, volví la vista y encontré que quien así me llamaba era la realidad de un ensueño que tuve a los veinte años de la vida.

—¡María! –le dije con lamentable acento–, ¡¡has guardado, María, esta insinuante ternura para cuando ya visten mis cabellos la blancura de esa túnica!!

---

5 *Bastonero*: Hombre que, en ciertos bailes, designa el lugar que deben ocupar las parejas y el orden en que han de bailar.

—No, tú eres joven aún, y tus canas no son nieve.

—¿Pues qué son, pobre de mí?

—Son ceniza, ceniza.

—Tal vez, María, tal vez esta melena sea lava del corazón, que asoma sobre la frente; severas y áridas cenizas que alejan de junto a mí los risueños placeres de mi edad. ¡Nadie me compadece, María, todos dicen que soy un hombre, nadie me acata como un anciano, y de dos años a esta parte, tus labios son los primeros labios de mujer que me han llamado joven! ¡¡¡Si vieras que desgraciado soy!!!

La cogí una mano, vi que tenía nublados los ojos por el llanto, y entonces unas culebrillas de placer, que casi duelen, me corrieron, entre cuero y carne, por todo el cuerpo.

María, de lástima o de pudor, había inclinado el rostro, y me dijo con pena:

—¡No! ¡No eres tú tan infeliz como yo!

Luego sentí una lágrima suya que había caído sobre mi zapato. Íbale a dar un abrazo febril, delirante, sublime, todo espiritualidad y encanto, un abrazo sin profanación alguna, de contacto puramente divino, todo santo; de aquellos, en fin, que se dan en los primeros amores, cuando la materia cede impasible, para que los almas se confundan... Pero de pronto, María levantó la cabeza, como si la hubiesen dado un capirotazo en la barbilla, y hallé que tenía los ojos muy vivarachos, y cierta sonrisa de sarcasmo en los labios. Di un salto atrás, como quien tropieza con un lobo en el camino y aquella mujer, antes tan ideal y llena de sentimentalismo, tomó a continuación el falsete de máscara, y viniéndose a mí, me chilló estas palabras a la oreja:

—Si no traes dinero, bien puedes empapelar los suspiros, lloronzuelo.

—¡María! ¡Mi bien, mi única ilusión!. ¿Te desvaneces? ¡En todo cuanto toco, siempre lo mismo! ¡Solo! ¡A los bordes de la felicidad! ¡Y luego nada! ¡Y el recuerdo de lo que fué fijo en la mente siempre!

—¡Siempre! –exclamó también María replegando sus facciones de nuevo a la modestia. Y elevados los ojos al cielo y el espíritu a Dios, gimió diciendo– ¡Siempre equivale a la eternidad, y allí está mi alma! ¡Siempre significa el matrimonio, y en él está mi cuerpo encarcelado!

—¡Qué! ¡Será posible! ¡Te has casado! No, tú vistes la blanca vesta de las doncellas de Diana! ¡Ah, no! Tu cuerpo ciñe la cándida túnica de las vírgenes del señor. Cuanto idealismo se encierra en los pliegues de tu ropaje...

—Veo que eres un zote.

—¡María!

—Sí. No distingues que lo que traía son las sábanas de mi cama... Esta mancha es de papilla de los niños. Esta mancha me da ira y acabará por desesperarme. La he lavado, sí, la he lavado con mis manos, con mis pies, la he puesto en prensa entre mis dientes. Todo, todo cuanto hay que hacer, y la mancha siempre sobre mí, como una llaga, esta mancha, esta mancha, esta man... cham... param... tan... tarán... tan... tan... tan...

Y echó a andar tiesa coma un granadero con el peso de veintiocho pulgadas de talón a talón.

¡Quién no se precipita allí por donde columbró la dicha! Más, cuando una terrible duda le hiende en los senos del corazón. Seguíla yo, luchando con los codos contra las ondas de la gente.

Un estudiante con hopalanda[6], que maldito si me ha visto en su vida, me detuvo del brazo y con cierto misterio descorriéndose la careta me dijo:

—Compañero, chitón y alerta porque la policía secreta vigila sobre usted. La nueva tesis gubernamental tiene por coeficiente al sacerdocio que interviene ya en la reaccion internacional.

—¡Vaya usted muy noramala!

Esto y algo más le dije por completo y a medias entre empujones y palabras. Creiame libre, y boga que boga con los codos en pos de aquel esquife a toda vela.

Había por cierto una ilusión completa. La atmósfera estaba cargada, los grupos impelían a los grupos como las olas bravías a las olas. Allí los gritos, los lamentos, las carcajadas, súplicas y aullidos, soltados todos a la vez por mil y mil gargantas, ya roncas o agudas. Voces que en revuelto desentonadas todas y sin freno, formaban un eco monstruo de lobo y hombre, de mujer y gato, el cual volvía a los oídos rechazado de su centro de vibración, como las ráfagas que rugen del huracán que azota. Allí, sobre aquella nube amenazante, ponderosa, eléctrica, la orquesta dominando estremecía, no de otra suerte que como cuando el Hacedor abre la diestra al rayo. Y María, la barquilla de mi esperanza, empavesada sin plegar sus velas, hendía aquel oceano tan rápida que volaba... Sí, volaba; era la paloma del arca, blanca, versátil, fugaz y sin hallar donde pararse. Veinte remos por banda me hacían falta, mas que tuviera entonces que cargar en hombros con cuarenta galeotes.

El sudor cubría mi rostro, el mareo me turbaba la vista. Sin embargo, tanto bogaba yo, como ella, deslizándose, me hería. Diez años enteros la había perseguido el pensamiento sin cansarse jamás, y el perezoso cuerpo que a la sazón comenzaba, pedía reposo al alma que anhelante lo mandaba volar. Y volaba, y las yemas de mis dedos tocaron sus cendales un instante, a costa de desnarigar a un moro, que muy bilioso se arrancó la careta y me detuvo del brazo diciéndome:

—Esas son malas chanzas

Respondile:

—Usted perdone.

Y volvióme a decir:

—Salgamos fuera, que por la fe de cristiano que profeso sabrá usted cómo se las ha de haber con Don Amadeo Ramirez, estanquero nacional.

—Muy señor mío, crea usted que yo creí que era usted otro muy amigo mío –le contesté sumiso, tirando suavecito de mi manga y volviendo los ojos a mi rumbo.

6 *Hopalanda*: Vestidura amplia, típica de los estudiantes.

—Y ¿cómo se llama ese caballero? Porque yo conozco a todo Madrid –dijo el bárbaro sarraceno, queriendo entrar en explicaciones y con cierto aire de superioridad.

—Se llama –respondí en mi aturdimiento–, el coronel Pozuencos.

—Pues eso le salva a usted. Tiente usted mejor en adelante al prójimo y mire usted al coronel, ese que por allí viene.

Y me dio un pechugón, que no me vino mal, porque lo menos adelanté dos varas, y torcí mi derrotero para evitar al coronel, que ya me había echado el ojo y dio tras mí, y yo tras ella, dando caza. Pero sin guía cierta, todo confusión, todo vértigo, y con una fuerza motriz irresistible.

Recuerdo que dí tres botes sobre los talones, como galgo que pierde liebre; y en uno de estos me pareció traslucirla a lo lejos. Iba a partir de derecho, contra viento y marea, pero prendada sin duda de la fuerza que mostré tener en las piernas, me detuvo una monja y me habló muy dulce, diciendo:

—Me gustas mucho. Dame el brazo y te enseñaré la cara.

—Quítese usted señora, con mil diablos, que tengo prisa –le contesté.

A lo que repulgándose la celibata me dio un pellizco propio del *tribunal de los diez* y quedó vengada de mi grosería. Naturalmente di un quejido y me rodearon gentes que me cortaban el paso. Y un arlequín me zamarreó bailando; y un galán de ferreruelo[7] poniéndose meloso, me dijo:

—Te conozco, mascarita.

Y yo conocí en él que era tonto, pero nada le dije y si a todos les grité:

—¡Dejadme! ¡Dejadme que me ahogo!

A estas voces corro por no verme envuelto en una causa criminal, y a favor del espacio tendí los remos, sobrenadando tan liviano y ágil que me creí trasformado en ballenato.

¡Oh! ¡Qué nadar! ¡Qué nadar el mío, en mitad de la más desatada borrasca!
¡Qué dulce sensacion de vanidad!
¡Qué voluptuosa intrópida carrera
Al son del trueno, al rebramar del viento
Y al rugido y vaivenes de la mar!
¡Oh qué nadar!
Olas que vienen,
Olas que van;
Dejarme yo,
Y ellas... pasar!...
Pasar y más pasar!...

No sé cuantas millas por hora hubiese corrido de aquella suerte. Muchas más, a no dudarlo, que un vapor. Pero, inofensivo cetáceo de aquel oceáno, me sentí de pronto herido por el terrible pez espada. Era este el coronel Pozuencos que envainó su brazo en el mío formando gancho; pero de una manera, que me hizo cobrar tierra con rudo sacudimiento físico y moral.

7 *Ferreruelo*: Capa corta.

Por lo pronto me persuadía de que me iba a fondo. Pero recobrada la razón, la ira que me asaltó contra el tal coronel, estuvo a punto de hacérmela perder de nuevo. Y así hubiera en efecto sucedido a ser menos ingenioso, y no tan bondadoso el rostro del veterano, que advertí me contemplaba con aquella intensidad de mirada y ternura de sentimiento, con que contempla a su hijo un padre avezado al infortunio y exento ya de las pasiones locas... ¡Ah, sí! El coronel Pozuencos, sin hablar ni moverse, me despertó la idea de la paternidad entera. Y aunque no sepa ni explicarme a mi propio, por qué trámites lógicos vine a parar en esta preocupación fantástica, lo cierto es que yo me creí llevado ante el autor de mi vida.

Entonces formulé este juicio con una rapidez. admirable.

El hijo es a su padre, lo que el universo entero al Supremo Hacedor. Sacó Dios la creación del caos, como se engendra el infante y desde la mujer sale a la vida. El Omnipotente lanzó derramados los orbes al espacio, y aunque todos hermanos, allá en el termino dee sus distintas trayectorias. A todos y a cada uno trazó las órbitas por separado en que encerraran la vida y la carrera. No de otra suerte, un padre arroja su prole sobre la faz del mundo, y a cada edad, a cada sexo, a cada capacidad le prescribe derechos y deberes, y a todas traza un curso, y a todos los provee del sustento.

El Omnipotente resbala una ojeada sobre sus mundos y lee en el espíritu del universo.

¡Mi padre lee en mi alma! ¡Mi padre penetra mi dolor! Y nadie más... ¡Porque tampoco hay más que un padre, como no hay más que un Dios!....

Cayó mi frente, y en el escenario del rostro se representaba un drama sublime.

El coronel sintió mi mano que convulsiva le apretaba, y no comprendió acaso, que el alma henchida de una tempestad entera, buscaba un conductor eléctrico donde descargar, como suele la nube que reventando sus rayos relámpagos, truenos y granizo, se desgaja en torrentes bramadores hasta que al fin menguando en el turbión de su fiereza, cobra diafanidad, y se presenta un iris.

El coronel no penetraba mi acceso, supuesto que tan solo me respondió con la flaca materia, y un tanto cuanto de bilis flemática, que es la impotente rabia de los viejos.

¿Ya comprenderás lo que diría el veterano al sentirse estrujar un brazo? Pues ni más ni menos. Dijo:

—¡Cáspita! Caballerito, ¡cáspita! Que por Cristo vivo si esa pesadilla que aún veo le dura, no es para mí harto más que pesada. ¡Cuerno! Que si no afloja usted el torniquete de sus dedos me desespero, buen hombre.

—¡Ah, mi amado padre! Sufro lo que no es ponderable! –exclamé, abrazándolo con arrebato.

Y el buen viejo se enterneció hasta el punto que me besó la frente llamándome hijo suyo.

—¡Qué fiebre tienes, hijo mío! ¡Qué fiebre tienes! –añadió–. Ven, quiero presentarte a mi esposa para que la armoniosa voz de la mujer endulce tu alma. La mujer, hijo mío, es el arpa del sentimiento melancólico y apacible, a cuyos ecos se aduermen las fieras pasiones nuestras. Estoy por decirte, hijo mío, que el hombre a no vivir asociado a la mujer, se comería a sus semejantes, y mascaría, en sus dolores, de sus propias entrañas. O si no, míralos, hijo mío, en las batallas, donde ni la presencia divina de la mujer se les ofrece, ni la voz argentina de estos ángeles de la tierra se oye. Sígueme, desafortunado mancebo, y experimentarás una sensación nueva si no tienes madre.

—En efecto, señor, en el aire la perdí de vista para siempre, allí confundida entre unos pájaros marinos, siendo yo aun muy niño.

—¿Y tienes por ventura hermanas?

—Una que Dios me había dado, me la robó el diablo en persona en la mitad de una noche de truenos, cuando la pobre doncella se disponía a abrir el baile coronada con la corona de sus nupcias.

—Acción es esa muy propia de Satanás que anda siempre a caza de gangas, hijo mío. Pero si después de ese rapto diabólico contrajiste matrimonio, el mismo Padre de la Providencia dispuso en sus altos juicios darte por medio de ese sacramento otra hermana en reemplazo de la primera, la que habrás hallado en tu consorte, por más que fueras en busca de otra cosa quimérica que comparan los sacrílegos con el amor al Dios de las bondades, de la caridad, de la luz y de la misericordia, con el amor al Dios de los ejércitos y de la bienaventuranza, que así corona la frente de los guerreros, como ciñe las sienes de los mártires... ¡Hijo mío! ¡Hijo mío! No ha existido más hombre idolátra de su mujer que nuestro padre Adán, el cual tan sólo adoró a Eva por algunos minutos. Y esto es tan cierto, como sabido es que, después del pecado, quedáronse el uno para el otro tan amigos como antes. Amigos, eso sí, porque el único amigo posible es la mujer propia tomada a nuestra elección. Bien que dirás tú: Adán no tenía donde escoger. Pero el Hacedor le ahorró ese trabajo, formando la primera mujer a pedir de boca, cosa que no nos sucede a nosotros, porque de mí sé decir que he rodado cincuenta años hasta dar con la mujer. Y tú, si la tienes, cuenta desde el día de tu nacimiento hasta el de tus bodas, y hallarás en esos años, que, por no convenir a tu baza en el juego de la vida, te has descartado de más mujeres que de sotas jugando a los naipes.

—No, padre; tan miserable es mi estrella que la esposa que había nacido para mí lo es ya de otro. Bien es verdad que hay ciertos períodos en que tengo la desdicha de quedarme tan desaliñado, feo, chiquito, deslavazado, y tan desposeído, en fin, de todo valor así físico como moral, que no parezco ni hombre siquiera, y por eso, si bien me lamento de mi existencia, no asevero el proceder, ni culpo la accion de la que me abandonó por ampararse de otro que sin duda valía tanto como usted y más que yo, de fijo... Más que yo, sí, pobre ratón racional, que me doy asco a mí mismo.

—Mal hizo, voto a bríos, quien tal obró, robándote la consorte, que no era sino tu única y justa mitad, creada para llenar el vacío de tu lecho. Apuesto ahora mismo una columnaria a que ni el marido le vino a ella ajustado a su condición y placer, ni ella a él tampoco, sino por lo contrario, el uno para el otro muy holgachones o prietos en demasía, de donde naturalmente se deduce la torpe infidelidad conyugal, y cata tú ahí como esa hija bastarda del séptimo de los sacramentos asoma coetánea de los párvulos nacidos en consorcio. Y de aquí esos mancebos de apellidos ilustres que desmienten los hechos de sus progenitores. De aquí la grave pérdida de los rasgos característicos de familia; de aquí la frialdad, la duda, la certeza asesina; y de aquí, en fin, ese infierno del hogar doméstico; infierno sin horizonte donde dilatar el ánimo, sin superficie por donde huir; infierno estrecho como el toro de Falaris, y que a no ser en tiempo infinito, fuérase por su mezquino tamaño y la condición de sus diablos, peor cien veces peor, que la gran mansión de Luzbel, donde caben las generaciones que poblaron la haz de la tierra desde Caín acá, y desde acá hasta la resurrección de la carne, que preveo se acerca, porque el mundo se ha alejado mucho del fin para que fue creado. Sí, señor, y entre otras cosas que han corrompido la especie humana, sábete que Dios hizo al hombre, para que le sirviese y le amara, y, el hombre, en contra de esta condición expresa, no sólo trata de servirse de Dios, sino que atenta a enmendarle la plana. De modo y de manera, hijo mío, que aquí se trama una segunda rebelión contra el Señor, de la cual quisiera huir y no puedo, porque en el mundo estamos y el culpado es cl mundo, el cual, por su conspiración contra el saber supremo, es ya un gran reo de muerte, que lleno de escepticismo y de hastío, se sienta, sin ver ni conocer a su terrible juez. Se sienta, repito, a recibir la muerte en el banquillo de cien bases, denominado siglo, desde donde cabalmente, insensata la humanidad, presume *desvelar la ciencia*... Pero volvamos la hoja, que aquí se acerca en mi busca mi esposa, y ella te consolará como llevo dicho. Y puedes bailar si gustas un rigodón con ella, que lo hace con la insinuante expresión y la delicada donosura de Belucci.

Volví el rostro y vi a María. ¡Juzga tu mi impresión! Ella era la mujer del coronel. Tenía una mejilla pálida y otra sonrosada, un ojo melancólico, pudibundo, humildoso, y el otro vivaracho, insolente y provocador. ¡Extraña cosa por cierto!, pero sobre la cual no hay duda. Porque los míos vieron como su ojo derecho estaba muy avergonzado del izquierdo, y así en ademanes contrarías se me acercaron los dos, y me fijaron, y quedé irresoluto como nunca, sin saber a qué atenerme de aquella anfibología, que el alma articulaba por el órgano de la vista.

—Esposa –dijo el anciano–, te presento y encomiendo con eficacia a este mancebo mi amigo, para que con femenina terneza lo trates, porque el cuitado adolece de la enfermedad de suicidio, que es la *ideosincrasia* de los nacidos dentro el siglo. Mujer, ahí lo tienes, cumple tu ahora con la caridad de cristiana y el precepto de tu varón.

María inclino la cabeza en señal respetuosa de obediencia, y me tendió al punto su graciosísima mano, diciendo:

—Rigodón, ¡rigodón!

—Muy bien, señora, bailaremos, puesto que a los dos nos cumple.

—¡Rigodón! ¡Rigodon! Yo me pirro por el rigodón

Y me apretó la mano, me guiñó el ojo izquierdo picarescamente, y el derecho se elevó al cielo como implorando la misericordia de Dios para su pecador hermano.

El coronel era de estuco, insensible y frío a una escena que me erizó los cabellos. La mitad de María había desertado de su esposo para ser mía, y la otra mitad (contando de arriba abajo) le permanecía fiel.

María había agarrado mi brazo derecho con su brazo izquierdo, y me comunicaba con el roce un calor sabrosísimo. El ojo izquierdo de aquella hermosura, me miraba con delectación morosa y como su pupila era luz en cielo apenas azulado, como era luz, mi cuerpo parecía desnudo a la intensidad de sus miradas. Sentime cierto rubor de que tal me vieran en carnes vivas, pero a la vergüenza iba unido un placer cosquilloso, o no sé como lo diga, un placer tal como si nos acariciaran todo el cutis suavemente con el mas suave y regalado plumón del cisne.

A todo esto, el ojo derecho de María fijo de hito en hito en el inerte coronel, parecía decirle en grande ahogo.

—¡Acude, corre, ampáranos, que mi hermano se halla poseído de la carne, y quiere arrastrarme! ¡Ayúdate a ti propio! ¡Socorre, socorre a la flaca mujer en su caída, y afirmarás su juramento!

Así en efecto hablaba el ojo llevado a remolque y de por fuerza tras los sentidos corporales, que habían sin duda hecho liga común con el ojo izquierdo.

¡Oh! ¡El ojo izquierdo era todo mío, todo luz, todo lenguas y besos, ojo fulgente como una plancha de bruñido acero, donde esculpido se leía un «*sí*», ¡¡¡que era la puerta al bien supremo!!!

Mi orgullo había crecido hasta tal punto, que al mirar al coronel me dio risa, y si entonces se roza conmigo por casualidad siquiera el estanquero nacional, del bofetón que le pego, no se le despega la careta a tres tirones.

—Rigodón, rigodón, y después nos perderemos.

—Sí, sí, nos perderemos en el bullicio y luego lo dejaremos para encontrarnos solos.

—¡Ah! ¡Qué gusto! Sí, solitos y sin gente.

—¡Oh qué ventura la mía!

Tin, tarará, tan, tan,
Rigodón, rigodón, rigodón,
Rigodón y después confusión,

Y después que nos vengan a hallar.

—Violón, violón, violón.

—¿Por qué vienes con ese marido?

—Porque el pobre infeliz lo ha querido. Por traerme y llevarme en simón.

—Violón.

—Rigodón.

—Violón, violón.

—Rigodón.... ¡¡Hermoso mío, que te quiero más que a mi alma!! Anda, corre, corre, corre, tomaremos lugar de cabecera.

Y la mujer hecha una ardilla y encogiendo las piernas se me colgaba del brazo con tal placer mío, que en mi vida he tenido otro mayor. A todo esto, el coronel Pozuencos nos miraba y se sonreía, hasta que por último viendo que me llevaba a su mujer colgada y vistosa como una cestita de flores, llegóseme al oído y me previno con estas palabras:

—Por Santa Rita, cuide uested de que si mi consorte salta, no se le desprendan y pierdan las arracadas[8], que son las mas ricas alhajas que entraron nunca en mi casa.

La curiosidad natural encamino mi vista, y vi cosa poca, pero desde que el mundo es mundo que no se ha visto otra tal. Los tales pendientes no eran de oro ni de piedras, ni de metal ninguno, ni de nada que perteneciese a los reinos mineral, vegetal ni animal, sino que uno pertenecía, sí, al reino de los cielos, y el otro al de los profundísimos infiernos. Los pendientes, no eran de nada, eran dos espíritus, uno era un ángel y otro un diablo.

Lo que es el angelito lloraba el pobrecillo, cuando lo diré; pero el perillán del diablo que era muy mono y bullidor, quedóseme encarado, me hizo dos o tres muecas de chiquillo, y luego volvió a su tarea, la cual era mamar la extremidad inferior de la oreja izquierda de María.

Cualquiera otro menos avezado que yo a las maravillas, hubiera echado a correr a lavarse en agua bendita, o cosa semejante, pero de mí, tu sabes, que ya cuando niño las brujas me arrullaban en la cuna y me dormía, me pellizcaban y no lloraba; entereza pueril la mía de que gustaban tanto aquellas alegres viejas que formaban corro por verme y se afilaban las uñas para herirme; reíame yo, bailaban ellas a mi alrededor y cantábanme el *Trailo, Marica*, y las unas a las otras se arrojaban mi cuerpecillo, que no había más que pedirles, como no fuera aquello de la hiel de gato pardo, con que durante las noches de sus *sábados* en enero, solíanme untar los labios para leer las maldecidas de Dios, sus horóscopos en mis gestos, chillidos y contorsiones.

Respecto al ángel añadiré ahora que me pareció un recuerdo de lo que yo había sido y visto años ha, pero en cuanto al diablo, sea dicho en verdad, que hasta aquel momento no le había visto nunca, pero lo hallé inofensivo, vistoso, incapaz de formalidad, todo acción, todo vida.... En fin el diablo es una alhaja a no ser que en esta noche de máscaras se hubiese ido al salón dis-

8 *Arracadas*: Pendientes de aro con adornos.

frazado de lo que no es, cosa que aun así, en manera alguna le quita la gran propiedad que tiene de ser portátil a lo sumo. Cualidad exquisita y digna de todo encomio en esta época de locomoción en que vivimos.

María y yo habíamos dejado al coronel para asistir a la danza que la orquesta nos anunciaba ya con un tema del *Barbero*[9] encerrado en el compás de tres por ocho.

Bailaba yo mi rigodón con las cortesías delicadas y la refinada pulcritud de la gavota[10]. Pero María, que había tomado no sé por que el aire del bolero, era mi contraste; y en una de aquellas vueltas y revueltas rápidas que daba sobre la punta de un solo pie, con la otra pierna en tanto, horizontalmente alzada, y dando campanelos, acertóme a dar de revés, a tiempo que mi cuerpo venciendo la gravedad por la ley del equilibrio, se elevaba sobre la base aérea de un difícil *pistolet*, y zas, de golpe y porrazo, vine al suelo entre la risa general, que fue placer para muchos.

María, ayudándome a alzar con amorosa ternura, me colocó en baile a su lado nuevamente.

La música de esta segunda figura pertenecía a la sublime partitura de Bellini conocida por *Norma*. Y en un adelante dos que hizo María, tan vaporosa y mágica se alzara, que creí se me huia hacia los cielos. No he visto nada tan aéreo, nada más modesto, nada más elegante, ni divina. Era la transfiguración de Rafael o era una aparición de Murillo. Velada en luz que la iluminaba circundándola con una aureola de pudor, creí que se me iba hacia los cielos. Y mis brazos se tendieron, no para asirme a ella, sino de admiración ascética movidos. Y el desolado corazón, al verse en la viudez y adorador ardiente como era, sentía con el sentimiento de las palabras aquellas del poeta creyente, que trémulos pronunciaban mis labios exclamando...

¡Y tu rompiendo el puro
aire, te vas al inmortal seguro!
Los antes bienhadados
y los agora tristes y afligidos,
a tus pechos criados
de ti desposeídos,
¿a do convertirán ya sus sentidos?

En esto se fundieron todos los ecos para formar una sola voz, que con el tono imperioso del profeta parecióme oír que decía: «Laudate Deum, cordis et organis». A cuya voz, obedeciendo juntos los escogidos del concertado coro, respiraban a la vez en los sonoros tubos, o herían en las vibrantes cuerdas que gimieron. Y un tono lleno, melancólico, solemne, ondulaba entonces por la atmósfera y henchía el pecho de temor religioso.

La divinidad vagaba en torno a mí, ¡créeme! El alma la sentía y pugnaba por huir la cárcel de la materia torpe. ¡Aquella armonía eléctrica y latente como

9 *El Barbero de Sevilla* de Gioachino Rossini.
10 *Gavota*: baile de dos, antiguo y solemne.

el primer soplo de vida derramado en el primer hombre, era movida por las alas invisibles de la divinidad que hendía les aires! ¡La divinidad! ¡La divinidad! ¡Ante la cual el cuerpo se prosterna, si bien se eleva el espíritu en su busca!

Y mis brazos con mi cerviz cayeron, y adoré mas que nunca a la mujer porque ella era un ángel del Señor, que sin mezcla ni mudanza huía hacia los cielos, era la mujer como la concibe el amor y como al alma le es dado idolatrarla.

Mi boca balbuciente como cuando en el principio de la juventud se habla a la doncella, le pronunció estas palabras:

—¡Oh! ¡Qué hermosa eres tú, amada mía! ¡Oh, que hermosa eres tú!.

Y ella con los labios mas dulces que la miel iblea, y mística como la esposa del *Cantar de los Cantares* me respondió:

—Hija del hombre, me ceñiré de cilicio. Polvorearé mi frente de ceniza. Me haré de luto unigénito. Daré amargo plañido. Porque súbitamente vendrá el destruidor sobre nosotros, y entonces me hallará como la vírgen no conocida del varón. A la manera que se desprende una nubecilla y pasa, cruzará mi espíritu los bajíos de la luz, hasta que, donde el sol se humilla, el Señor sea en mí como el rocío en la azucena de los valles...

En esto daba fin a la segunda figura del rigodón, y quedóse María en cierto éxtasis contemplativo. Pero en sus labios pequeñuelos y de color de fuego, brillaba una sonrisa parecida a los tembladores relámpagos del crepúsculo en un día sereno del verano

Miré sus orejas y... ¡Oh Dios! Allí estaban los pendientes fascinadores; el diablo atarazaba su parte con dientes y uñas, y el ángel se parecía mucho a María; tanto que eran lo mismo y tanto, que eran uno mismo.

Iba a empezar el tercer acto de la danza, y al romper el compás, tendí la mano para enlazarla a la de mi pareja. Mas luego, sintiendo mayor rudeza en el tacto, ví que el coronel Pozuencos se había interpuesto entre nosotros dos y que me daba su derecha.

Bostezó el pobre coronel y volví a verle el estómago del todo vacío retratado en el espejo. Luego me dijo:

—El hambre me aflige más que en un día de sitio. Pero sea todo por el Dios de Abraham y de los retirados. En vista de lo cual nos encaminamos a la sala del *ambigú*[11], ella colgada de mi brazo, y el coromel apoyando su debilidad en mis hombros.

Entramos en la primera estancia. No había una mesa desocupada. Pasamos a la segunda y fue lo mismo. Luego a la tercera y tampoco. De manera, que por entretener el tiempo quedamos en acecho y paseando de alto a bajo por aquellos comedores.

Allí las mujeres se reposaban con molicie, desvelados sus rostros y gargantas, comían con un desembarazo insultante a la pulcra redondez de sus facciones pequeñuelas o reían a carcajadas o bebían vinos ardientes, bullidores y diáfanos. El cabello sometido a la acción del sudor o quebrantado al sacu-

11 *Ambigü*: Comedor o restaurante en el interior de un teatro, baile o espectáculo.

dimiento de las rápidas vueltas de cabeza, les colgaba desde la frente al pecho y las espaldas, en lánguido y pesados giros sin gracia ni vigor, tanto que parecía, los que fueron rizos voladores, víboras moribundas, entumecidas por el rocío. Y la luz artificial con sus rojizas tintas reflejadas, bañaban los semblantes de esta porción del bello sexo, completando el cuadro y dando a cada mujer un aire satánico de maravilloso hermosura.

Los hombres eran todos soldados, amadores por rutina, bebedores por afición, y por gala, altivos en la palabra, prontos en la amenaza, ejecutivos en el desagravio. Los rostros altaneros y joviales, atrevidos los ojos, las manos parleras y el corazón un tanto apesarado... No eran sino soldados que habían dejado las armas en pabellón y los placeres serenos bajo el techo en que nacieron.

El abandono con que estas partes de ambos sexos dejaba solazar sus cuerpos, el desorden de las viandas y manteles, los trajes abigarrados y exóticos, la intemperancia, el ruido, la apicarada franqueza y el desprendimiento con que se gastaba allí el dinero, confundía la razón. Y así el coronel como yo mismo, nos creímos transportados a un campamento militar, donde cada guerrero conquistador se regalaba con la prisionera de sus amores.

A cada instante se oían estas palabras: «¡Mozo, Burdeos!» «¡Mozo, champagne, champagne! ¡O si no, vive Dios, rompo el alma...!» Y los tales criados daban vueltas, revueltas, llegaban manchando trajes, y se volvían más rápidos que el pensamiento.

«¡Champagne! ¡champagne! ¡champagne!» Estos eran los gritos mas frecuentes con que clamoreaban en al concurso, al galán mozalbete de los vinos, que le toca ser rey de nuestros banquetes, no de otra suerte que como a su turno lo fue el Chipre en los festines de los *Caballeros Cruzados*, allá cuando brindaban por la libertad del santo sepulcro, y por el amor de sus hermosas damas.

Y en verdad, en verdad, que yo me adhiero al Champagne.

Comprendo que hay para ello una razón física y otra moral. La razón física es porque no tengo la robustez de un templario, y la razón moral está en que el Chipre aparenta ser manso en la copa y se desenvuelve traicionero, feroz en el estómago; a la par que el vino Champagne se anuncia con salvas al entrar en el vaso, ni más ni menos que un monarca en su palacio; y luego con magnífica pompa se derrama sobrado de mismo y sigue murmurando sonoros plácemes al festejo, hasta que se desliza por nuestros labios con picante dulzura.... y más allá se evapora como un beso de amor que arroba el alma y provoca a otro beso y a otros besos.

A todo esto el coronel Pozuencos sentía que el hambre le llegaba a la nuez, tocando calacuerda[12], y estaba un si es no es amostazado de que hallándose entre tanto camarada, ni uno de entre ellos siquiera le brindase con su ración de etapa. Los taponazos que despedían los vinos al fermentar eran para los avezados oídos del veterano, uno de esos frecuentes tiros de guerrilla de poca monta, que ni perturban el sueño comenzado, ni hacen contramarchar a las

12 *Calacuerda*: Toque militar antiguo para acometer resueltamente al enemigo mandando que se aplicase la mecha a los mosquetes y arcabuces.

alforjas la fiambrera empezada.

Ofendíale aún casi más que el hambre la falta de religiosidad y de compostura que resaltaba en todas las rancherías, y frunciendo el ceño en muestra de desagrado, me dirigió estas palabras:

—Los capellanes de regimiento son por lo común los peores párrocos de la cristiandad, porque al Señor, que les entrega ovejuelas de lana burda, ellos le devuelven lobos que no se hartan de la carne.

Así habló el coronel, y rezó en seguida un padre nuestro, parte de él por todos los pecadores, y el resto por el «pan de cada día», apoyando mucho en lo de «dánosle hoy» En resumen tiraba el coronel Pozuencos en su oración a matar dos pájaros de un tiro.

¡María! Mi hermosa María se había borrado por algunos minutos de mi memoria. Volví los ojos a mirarla, y note, sin haberme hasta entonces advertido de ello, que llevaba al lado otra mujer con la que sostenía este diálogo:

—Ahora vamos a cenar, a cenar.

—Y díme, ¿quien es ése que os acompaña?

—Es el pobre Leoncio.

—¡Cómo! ¿No le abandonaste?

—Mucho que sí. Pero ahora vamos a cenar, a cenar.

—¿Sabes que me gusta más que tu marido?

—A mí también.

—Lástima que las partidas no se jueguen más que una vez en la vida.

—Eso le sucederá a las tontas. Vete de aquí, que quiero cenar sola con Leoncio.

La amiga de María fue tan dócil que girando en el acto como una clavija, se desapareció. Repulgó mi adorada su boquita de perlas con cierto desenfado hacia la impertinente; me miró después y me hizo una muequecilla muy donosa y de lo más incisivo (para mí, a lo menos).

La sed que me abrasaba las entrañas y la gravedad específica del coronel que gravitaba sobre mis hombros, me tenían a punto de desfallecer, cuando felizmente se desocupó una mesa acorralada en un oscuro rinconcillo, y tomamos asiento.

A mi primer grito acudió un mozo corriendo sobre las puntas de los pies con pasitos muy menudos, y al llegar a nosotros nos hizo una cortesía femenil de esas que nuestras mujeres han aprendido de las damas francesas. Tendría este criado como veintiséis años de edad, su cutis era blanco y sonrosado, sus facciones más varoniles, llevaba sendas patillas negras y ensortijadas y atada al cuello, le colgaba hasta más abajo de la cintura una servilleta blanquísima con bolsillos, de los que le salían mangos de cuchillos, tenedores y otros cachivaches raros. Estimulé a mis convidados a que pidieran lo que mejor apeteciesen, y adelantándose el coronel Pozuencos, mandó traer tres perdices por lo pronto.

El criado repitió su cortesía, y sin chistar palabra se marchó, con los mismos pasos y repulgos en busca del manjar que se le pedía. El coronel bostezaba a toda prisa, y María que hasta entonces por su fisonomía se había destacado del cuadro general, íbase gradualmente confundiendo con las demás mujeres que allí estaban, y sus voluptuosos bucles desgajados parecían pesar en su cabeza, así como antes le prestaban aquella ligereza veleidosa que tanto reclama el busto de la mujer. Volvió el criado con un aire muy sentado. Pero contoneando la cintura, y al desocupar sus manos dejando la fuente encima de la mesa, dijo en un tono semiagudo y muy amanerado:

—Aquí traigo, señores, unas perdicitas, rellenas, enlardadas[13], frititas, frescas y buenas con patitas coloradas. Mirenlas cómo miran a la mesa con sus ojitos de fresa.

Y aquel botarate del género común de dos, repitió su saludo, y se fue luego haciendo pinitos, hasta donde le diera la gana, porque yo desdeñé seguirlo con la vista.

—¡Ea! Mi coronel, destroce usted, y que no sea con la cuchara, porque las aves de pastelería suelen resistirse al más apuesto trinchador.

Así hablé yo, y el coronel ensartó y sacó del plato una perdiz en el tenedor.

Naturalmente la suspendió para trinchar al aire y el animalejo ensanchó los alones, alargó el cuello, abrió su pico y enseñó la lengua.

—¡Vea usted! –dijo el coronel sin participar de mi asombro–. Vea usted. La infeliz tiene «pepita». ¡Avecitas de Dios que no tienen quien las cuide! Sácasela mujer, que nunca la caridad está de sobra.

—Ponla, pónmela aquí –saltó diciendo María, con la boca ya hecha una agua, resuelta, por lo que después se vio, a comerse la perdiz enferma, con la pepita por añadidura.

El veterano la depositó en el plato de María y tomó otra, que como yo la rehusase, se la sirvió a sí propio y empezó a partirla muy despacio sin curarse de que el pájaro, pelado y frito, a cada trinchazo que con el tenedor recibía, se rascaba la patita de aquel costado.

Comía el coronel a dos carrillos, cuando María se preparaba a imitarlo y escupió. Yo, que seguía con los ojos todos y cada uno de los movimientos de aquel *Ángel de Estradella*, de aquel ángel caído que me traía vertiginoso enamorado y loco, miré también la curva que describía la gota de rocío vertido de sus labios y vi que caía en los ladrillos. Pero en aquel mismo instante y de la misma saliva se cuajó un sapo que dio tres brincos hasta llegar al rincón y se quedó agazapado.

¡Oh!, los cabellos se me erizaron, crispáronse mis nervios, grité:

—¡Coronel! ¡Coronel! ¡¡Su esposa de V. estaba poseída del demonio y acaba de arrojarlo por la boca!! Yo, yo lo he visto salir...

—¿Y qué ha visto usted, buen hombre? –respondió el coronel con flema.

—Nada menos he visto que a Satanás en la inmunda forma de un sapo.

María soltó una carcajada y escupió otro sapo que también se fue al rincón,

13 *Enlardadas*: Untadas de grasa antes de cocinarlas.

y el Coronel Pozuencos me explicó como aquello de escupir sapirujos era de familia en las hembras de la ilustre prosapia de su esposa y cuando hubo acabado, María tomo la voz y dijo:

—Mi niña, que no la hay más hermosa en todo Madrid, tiene treinta y dos meses y ya escupe ranas.

—¡Jesús, señora!

—Ni más, ni menos.

La sed me devoraba. Mi felicidad consistía en perder el juicio para olvidar lo que por mí pasaba y pedí un ponche. Trajerónmelo muy cargado pero no ardía. Y quejándome estaba de este olvido cuando cátate que María me oye y dijo:

—No te sofoques, Leoncio, que si por mí no fuera, los fósforos de Bardenet serían de pega.

Y diciendo y haciendo se metió el dedo índice de la mano izquierda en el oído, frotó un poco, lo aplicó a los bordes de mi copa y se comunicó la llama.

Por cobarde me hubiera tenido yo en rehusar el ponche por más que en su superficie retozaran las llamas del infierno. Lo bebí y desde aquel punto perdí la cabeza en términos que mi María se me ostentaba como el ángel de los amores castos. Flor delicada que despedía místicos aromas, recogidos tal vez entre las nubes olorosas que bordeando en torno a los altares remontan hasta Dios... ¡Ah! ¡María! Eres una divinidad.... Y caí de rodillas a sus plantas.

El coronel me sostuvo. Ella inclinó el rostro lleno de una bondad inefable hacia mí. ¡No! La belleza con que seduce la mujer honesta no tiene formas demostrables.

En la contemplación de María estaba mi corazón, mis ojos, mi alma toda y me precipité hacia ella, creyendo que se desvanecía entre las primera tintas del alba que penetraba por los cristales.

—El *rom* –dijo el coronel al ver mi acción–, lo tiene embriagado y se nos hace preciso darle escolta hasta sacarlo al aire libre.

Luego se apoderaron de mis brazos y rompiendo por medio de la gente pusiéronme en la calle.

Eche a andar desvencijado el cuerpo y sin sombrero hasta que al fin, dando regates y pegando tumbos, topé de bruces contra la puerta de mi casa. Entré a tientas, subí la escalera a gatas y los criados me trasladaron en hombros a la cama.

La piedra disparada por la honda de David cuando rompió de Goliat la frente y cayó al suelo, el rudo tronco del gigante derribado, no quedaron más inertes que mi cuerpo arrojado en los colchones.

Siete días me los pasé difunto por mi cuenta y al cabo de ellos se me abrieron los oídos para escuchar a tres austeros medicinantes que, repantigados alrededor de mi lecho, hablaban estas palabras a un mi amigo, doctor en Salamanca.

Decía un médico:

—A este hombre le faltan cuatro síntomas graves para tener una enfermedad conocida, en cuyo caso nos atrevíamos a responder a usted de su vida... Ahora marchamos en la clínica sin diagnóstico y es lo probable que se muera.

Los dos restantes médicos daban al orador pausadas muestras de aprobación con la cabeza.

El collar de perlas

Serafín Estébanez Calderón

Mohamad II, Sultán de Granada, se casa con la bella Híala. La boda es suntuosa y en el desfile luce la hermosa Sultana un fabuloso collar de perlas de diferentes colores, regalo del Sultán. Se describe el origen de las perlas; una de ellas, las mas bella y grande de todas multicolor y resplandeciente, pues es de origen mágico. La Sultana y Ercinún, su esclava preferida, se adentran en los jardines de la Alhambra, persiguiendo una mariposa. Después se oye un grito y encuentran a la Sultana sumida en un sopor mágico, sin collar y sin esclava. El sultán buscando quien pueda despertarla asiste a una inútil asamblea de sabios. Estos, tras prolijas discusiones no le dan ninguna solución y el Sultán no sabe qué hacer. En ese momento le informan de que un loco está cantando que a la Emperatriz sólo la puede salvar el rey de los locos. Recurre al loco más loco del reino, Ben-Farding, que exige que le lleven a presencia del Sultán a lomos de los más sabios y eminentes científicos, historiadores, teólogos, jueces y poetas del reino. Cuando Ben-Farding llega le cuenta al Sultán que Híala ha sido encantada por el genio Alafrit, cuidador de los tesoros que hay en los subterráneos mágicos de la Alhambra, para recuperar el collar de perlas que la sultana llevaba, que había formado parte de ese tesoro fabuloso. También Alafrit, seducido por la belleza de Ercinún, se había llevado a la hermosa esclava. Cuando el celoso Sultán se niega a que Ben-Farding se lleve por tres días y tres noches a Híala para curarla, el loco afirma que la Sultana está consciente, pero imposibilitada de hablar y moverse y sólo recobrará la libertad de sus sentidos si está oyendo constantemente cuentos que la emocionen y diviertan.

En realidad se trata de un relato inacabado como ocurre en «Novela Árabe». La cautividad de Ercinún, las disputas del genio Alafrit con otro genio que custodia el tesoro junto a él, Najum-Hassan, la curación o no de la Sultana, el destino del collar de perlas, son aspectos que quedan sin desarrollar y que el autor no continuará en otros relatos. «El Collar de Perlas» es un cuento que sigue el molde del inicial de *Las Mil y Una Noches*. Puede servir de pórtico o entrada a una colección de cuentos. Las historias que han de contarse a la dormida Híala formarían esta colección.

En este cuento se despliega el gusto de Estébanez por la pintura de ambientes exóticos, su placer en amontonar adjetivos coloridos, objetos llamativos, elementos excepcionales y distintos en una acumulación barroca que está en consonancia con su estilo. Hay en *El Solitario*, en muchas ocasiones, un placer de la palabra por sí misma y en pocas páginas suyas es tan perceptible como en este relato. Pero además hay una clara intención humorística, pues Estébanez no se toma en serio su fantasía y constantemente la interrumpe con comentarios jocosos. La asamblea de sabios, la búsqueda del capitán de la guardia «el agradable Abu-el-Casin» de poetas y sabios para llevar a hombros al loco Ben-Farding, la descripción de la amada del genio Alafrit, son momentos en que Estébanez se entrega a su humorismo libremente, sin preocuparse en absoluto de la coherencia interna de su relato. Como cuento humorístico y como ejercicio de estilo hay que juzgar pues esta obra de Estébanez, sin exigirle demasiada coherencia interna ni acciones cerradas, ni una resolución a las aventuras de los protagonistas, que, como ocurre en otra relatos del autor, quedan abiertas y sin terminar.

* * *

Revista de Teatros. 1841. 67-69/76-77/83-85/96 – 99/105-108/122-124

EL COLLAR DE PERLAS

SERAFÍN ESTÉBANEZ CALDERÓN

I

Mohamad II, de la familia de los Naceritas, reinaba en Granada lleno de poder, gloria y juventud; pues por la muerte de su padre se miraba a los veinticinco años sentado ya en el trono de la Alhambra.

Cuentan las historias que este príncipe, antes de heredar el título de Sultán, andaba perdidamente enamorado de la hermosísima Híala, hija del primero de los Wazires de su padre, hombre principal y poderoso, pero que aunque deudo de la familia real, no entraba en los cálculos del Sultán viejo el permitir tal enlace. Ello es que el sultán Alamar quería casar al príncipe, su hijo, con una infanta de Fez para afirmar con tal alianza el imperio muslímico en España, y poder, con la ayuda de las kábilas[1] africanas, rechazar a los cristianos, que a más andar le venían invadiendo y ocupando su territorio, como las olas incesantes de un mar ambicioso e insaciable.

1 *Kábila*: Tribu de beduinos o de bereberes.

La muerte de Alamar cortó en flor proyectos tan prudentes y dejó en libertad al nuevo Sultán para seguir las dulces inclinaciones de su corazón, contando éste que, con un brazo fuerte y una voluntad firme, podría hacer frente al de Aragón por la parte oriental, y al de Castilla por la parte del Algarbe de su reino.

Así, pues, al mismo tiempo que hizo llamamiento de sus alcaides y capitanes, y que sus escuadrones y jinetes, así africanos como andaluces, se juntaban, apresuraba el Sultán mancebo sus bodas, que habían de ser con todo el boato, gala y riquezas que los monarcas granadinos acostumbraban ostentar y derramar en las ocasiones solemnes, y por cierto que para un corazón enamorado nada de más solemnidad y grandeza que el día en que iba a poseer el objeto por quien tanto se ha anhelado.

Los Masamudes, los Aliatares, los Benegas y otros muchos caballeros de las familias nobles, disponían cuadrillas, cañas y torneos; las damas, parientas de la futura Sultana, trazaban en sus cármenes[2] y jardines los festejos y zambras[3] con que habían de celebrar tan venturoso enlace, y los mercaderes de joyas, telas, esencias y otros objetos preciosos se encontraban en todas partes, y en todas partes eran echados de menos, pues tanta era la viva curiosidad por ver, y ansia por comprobar y apoderarse a todo precio de tanta preciosidad, propias del lujo oriental y del fausto que en aquella época ostentaba la árabe corte de Granada. El enamorado Sultán, por su parte, realizaba en los alcázares de la Alhambra y en los vergeles del Generalife todas las ficciones y sueños de las mil y una noches, derramando riquezas y tesoros, para que aquellas encantadas estancias fuesen aún más dignas de recibir y hospedar a la sin par Híala.

Todo estaba a punto ya para la última ceremonia, y el Sultán dispuso que su hermosa novia subiese desde su morada, en los palacios de Granada, a los alcázares de la Alhambra, tres días antes de las bodas, que se fijaron para el hálid o plenilunio del mes de las flores.

La madre de Mohamad recibió a la futura Sultana como a hija la más querida; la carrera de ésta desde su palacio a un extremo de la ciudad, hasta el regio albergue, fue un verdadero triunfo. Además de toda la nobleza de su casa y parentela, y de los príncipes de la sangre que cabalgaban en soberbios caballos, apelados por cuadrillas y ostentando las galas y preseas más ricas, iban los ulemas, los imanes, los wazires y cadíes, cada cual en el lugar que le correspondía. Después se dejaba ver la guardia del Jacinto, compuesta de mil esclavos negros, y así llamada por la piedra que relucía en los turbantes; y luego seguía la invencible, compuesta de tres mil africanos con escudos de plata y blandiendo azagayas de reluciente acero con astiles colorados. A cierta distancia se miraban venir veinte cebras y veinte jirafas, que conducían en cofres de sándalo y maderas preciosas, los vestidos, regalos, el alizaque o dote de la novia, y luego, entre una comitiva numerosa de jeques y ancianos, jefes

2 *Cármenes*: En Granada, casas con huerto o jardín.
3 *Zambras*: Fiesta que usaban los moriscos, con bulla, regocijo y baile.

de las kábilas y linajes, se dejaba ver un riquísimo palanquín colgado, de brocados y radas, y con varales de coral y madreperla.

Se nos olvidaba que precedían también a la Sultana numerosas bandas de músicos, vestidos a la índica usanza, y haciendo sonar sus instrumentos por la manera más blanda y voluptuosa, y que delante iban doce pavones tendiendo sus vistosísimas alas, con otras aves de peregrina naturaleza, y traídas desde la Arabia, del Irak y del Hindí.

Lo que más llamaba la curiosidad del público era ver los saltos y gestos de gran número de monos y jimios[4], que de todos tamaños y cataduras, y formando uno como extravagante escuadrón, iba remedando el talante y gravedad de aquella solemne y dilatada procesión. Algunos, que eran de crecida estatura y traídos del interior de Africa, y que iban ataviados de sus capellares[5], marlotas[6] y turbantes, podrían equivocarse por sus carillas revejidas[7], sus ojuelos hundidos y otros accidentes, con algunos de los viejos dignatarios de la corte.

—Aquél –decía uno–, es el cadí Anakin

—Éste es el katib Abdual–, gritaba otro

—Pues estotro –gritaba aquél–, sin pizca más ni pizca menos, es el intendente de los tesoros Albut Seid. Mirad qué ojos abre en cuanto ve relumbrar algo que le parece oro o plata.

El menudo pueblo halla siempre cierto sabroso placer en encontrar alguna semejanza entre los que lo mandan y los animales nocivos, y por cierto que las más veces no se engaña.

Entretanto, las cuadrillas, las guardias y el inmenso acompañamiento iban marchando, acercándose al propio tiempo las ricas andas que encerraban tanto tesoro.

En este como portátil camarín, que cargaba sobre los hombros de doce eunucos de Senaar, aparecía la afortunada novia envuelta en los velos que aun en la poco ortodoxa Granada, para ceremonias de tal monta y con personas de tal clase, reclamaba la rigidez muslímica. Hemos de presuponer que los velos eran tan sutiles, que no parecía sino que, por desusada manera y con arte sobrehumana, habían obligado al delgado aire a trocarse en diáfana y ligerísima tela, y aun sin embargo, Híala, para procurarse el inocente placer de contemplar a su sabor aquel nunca visto espectáculo, y también acaso para dejar ver que el delirio del Sultán tenía sobrado fundamento y razonable disculpa, con su mano de miniatura recogía contra su faz el velo, dejando así libre paso a los rayos de uno de sus ojos, argumento irresistible para quien lo alcanzara a distinguir, en favor de la apasionada resolución del Sultán.

Este iba al siniestro lado de las andas, montando un caballo casi fabuloso por su hermosura, rareza y por las circunstancias de su ser. No era de casta conocida, sino que en una montería habida años antes por el mismo Mohamad, fue encontrado vagando por los montes de Sohail, siendo necesarios tres días y tres noches y los esfuerzos de doscientos monteros para rendirlo y

4 *Jimios*: (ant.) simios.

5 *Capellares*: Mantos.

6 *Marlotas*: Vestiduras moriscas con las que se ciñe y ajusta el cuerpo.

7 *Revejidas*: Envejecidas antes de tiempo.

cautivarlo. No se dejaba cabalgar de otro jinete que el príncipe, a la sazón Sultán; pero en trueque era la más dócil hacanea[8] si alguna dama hermosa intentaba montarlo. Andaba tres parasangas[9] de sol a sol; corría el doble que el corcel más corredor; en la arena dejaba atrás al camello más fuerte, y pasaba a nado el Guadalquivir en los días más iracundos de su tempestuosa soberbia. Su destreza era tan extremada, que el Príncipe, montándolo, corría seguro sobre los adarves[10] de los altos muros de Granada: jamás su dueño había dejado de salir vencedor en las justas y torneos, triunfante en las lides y batallas e ileso en los juegos de cañas y alcancías.

Tal era su agilidad en los movimientos, su rapidez y violencia en las acometidas y su instinto maravilloso para secundar y ayudar los intentos, trazas y ardides de su real jinete.

Su color era tal, que en cuanto se agitaba se convertía en una montaña de púrpura esplendente, tan bermejo se paraba, resaltando así más y más su crin y cola de azabache, que era necesario recortar muy a menudo, pues, de otra manera, llegaran a rodar por el suelo.

Este caballo, superior a los fabulosos de la mitología griega y oriental, se llamaba Ebn-Nur, o hijo de la luz o del fuego, ya por las nobles condiciones que ostentaba, o ya por una estrella que tenía en la frente, tan blanca, que de noche creían supersticiosamente que rutilaba y resplandecía como lucero del cielo.

El joven Sultán iba, como se ha dicho, al siniestro lado del riquísimo palanquín, haciendo gala y muestra de su gentil presencia, y escarceando gallardamente con aquella peregrina alfana[11], si llena de fiereza para combatir, no menos primorosa y atildada para los alardes de gentilezas y bizarrías.

Mientras esto pasaba por el un lado de las andas, era por el otro por donde se deslizaban los furtivos ojos de la lindísima novia. Achaques de muchachas: descuidaba el recrear la vista por lo que había de ser pasto común cotidiano de sus ojos, y éstos los fijaba a preferencia en objetos que habían de ser de más difícil alcance después para una Sultana de la Alhambra.

De esta manera dejaba ver Híala el collar de las nueve perlas que el Sultán le había ofrecido como uno de los primeros regalos de la boda; collar que, según antigua y verdadera tradición, perteneció al primero de los Omniadas que imperó en Córdoba, Abderramen el-Dajel, que adornó un tiempo el cuello de la reina Sabah, y que fue el más precioso de los presentes que esta mujer célebre regaló al rey Soleimán cuando fue a visitarlo, llevada de la fama de su grandeza y sabiduría.

De las nueve perlas, todas del grandor del fruto del nogal, dos de ellas, una blanca con el oriente más rico, y otra negra con el brillo del ébano, se habían cogido en el mar de Persia; otras dos, una roja como el carmín, y otra verde como la esmeralda, fueron cogidas en el mar tempestuoso de la India; otras dos, una azul como el jacinto, y otra pálida como el ámbar, se pescaron en el mar grande o de Atlante; dos, entrambas celestes como el cielo, se en-

8 *Hacanea*: Jaca mayor de lo habitual, pero menor que el caballo y más apreciada que la normal.

9 *Parasanga*: Medida persa de longitud equivalente a 5250 m.

10 *Adarves*: Camino situado en lo alto de una muralla, detrás de las almenas.

11 *Alfana*: Caballo corpulento, fuerte y brioso.

contraron en los mares tenebrosos o del Septentrión, y la última, de los colores variados del iris, se ignoraba de dónde fue cogida, aunque los aficionados a lo maravilloso y sobrenatural aseguraban que aquella piedra, única en el mundo, fue encontrada en la fuente Tasnin, que corre en el algerna o paraíso, y traída a la tierra por uno de los genios obedientes a Soleimán, quien añadió así la novena perla al collar de la reina del Yemen. Esta misteriosa piedra que se engarzaba como por privilegio en medio de las otras perlas, tenía una oculta y maravillosa propiedad, y era que los matices de sus colores cambiaban incesantemente cuando la persona que se adornaba con el collar se acercaba en bien o en mal a alguna súbita mudanza o peripecia en su condición y fortuna.

II

Nada más natural que explicar en aquel trance el giro continuo de los matices de la novena perla.

Híala, por lo mismo, se entregaba dulcemente a sus ensueños de felicidad, y al través de su velo sutil, o por sus miradas de reojo, veía llover flores y rosas por donde pasaba; miraba las calles alfombradas de ricas alcatifas, cubiertas las azoteas de elegantes doseles y sobrecielos para templar la viveza de la luz; muchos esclavillos agitando enormes ventalles y abanicos de pluma y papiro para mover y refrescar el aire, y gran número de pebeteros en los ajimeces[12] y ventanas que poblaban el ambiente de los olores más exquisitos.

Detrás, cerraban la marcha tres mil cenetes[13] montados en caballos negros, y tres mil bereberes cabalgando en caballos blancos.

Cuando llegaron los primeros del acompañamiento a la puerta de la justicia, que era la principal entrada de la Alhambra, se fueron derramando, aunque en orden, por aquellas inmensas alamedas de álamos y almeces, hasta que los doce eunucos del Senaar entraron por las puertas del Alcázar el tesoro, o más bien dicho, la divinidad que conducían.

En aquel recinto regio fueron muy pocos los que alcanzaron a entrar, bajando todas las esclavas a recibir a su nueva señora con las demostraciones más ardientes de regocijo; unas danzaban al son de los albogues[14] y adufes[15], y otras le cantaban al antiguo uso de Córdoba y del Cairo, estas lisonjeras casidas[16] de versos:

Entra aquí,
entra aquí en estos jardines
de arrayán, rosa y jazmines,

---

12 *Ajimeces*: Ventanas arqueadas, divididas en el centro por una columna.

13 *Cenetes*: De la tribu berberisca de Zeneta, una de las más antiguas y principales del África septentrional.

14 *Albogues*: Cada uno de los dos platillos pequeños de latón que se usan para indicar el ritmo en las canciones y bailes populares.

15 *Adufes*: Panderos.

16 *Casidas*: Composición poética arábiga y también persa, monorrima, de asuntos variados, y con un número indeterminado de versos.

entra, sí,
cual reina por sus confines.
El poder,
el poder te da su imperio,
que el rendir feudo al misterio
del placer
no es mengua ni vituperio.

Por tu amor,
por tu amor ya arde la Alhambra,
rejas, torres, Vivarrambra,
el fulgor
de cañas, juegos y zambra.

La Sultana madre, al ver desde sus miradores acercarse la comitiva regia, se apresuró a venir al recibimiento de su nueva hija, encontrándola en el patio de los Laureles, en medio de las esclavas, ya con el velo alzado y enseñoreándose todavía en el palanquín de los eunucos negros. La bajó entre sus brazos, ayudada en tan cariñoso obsequio por el Sultán, su hijo, que para ello se derribó gallardamente del caballo Ebn-Nur, quien dobló al efecto tan gentil como humildemente sus rodillas.

La madre instaló a la bellísima nuera en su propia cámara, formada de cristales y espejos, hasta que llegase el instante de las bodas; y en tanto que el Sultán recibía los homenajes y plácemes de sus alcaides, wazires y walíes, las Sultanas salieron a solazarse con las esclavas por los espaciosos y mágicos jardines, trasunto del imperio de Flora y compendio aventajado del Paraíso, por quien tanto suspiran los creyentes en el Islam.

Híala, que por su condición viva y regocijada, había tomado en fastidio tanta circunspección y compostura, quiso aprovechar ocasión tan feliz de solazarse a todo su albedrío; y mientras la Sultana madre se entretenía en reñir en un estanque a varias esclavas que se bañaban con mucho de algazara y escarceo y algún poco de desenvoltura, se perdió por entre un laberinto de mosquetas, rosas y celindas, acompañada sólo de Encirnún, una esclava, persiana de nacimiento y de singular belleza y discreción.

Cuenta la historia que así como Híala y Encirnún salieron de aquellas intrincadas calles de rosales y verduras, encontraron en un prado sobre una flor, la mariposa más extremada en hermosura, así por sus colores, como por la brillantez de sus penachos.

—Princesa –dijo Encirnún–, esta mariposa sólo se encuentra entre los tulipanes y anémonas de mi hermoso país; capricho raro ha tenido este insecto en llegar hasta aquí, ¿queréis que tratemos de hacerla nuestra cautiva?

Con el asenso de Híala comenzaron entrambas a procurar dar caza a la mariposa; pero el insecto, burlando las trazas de sus lindas perseguidoras, las fue llevando hacia los bosques inmediatos, ya parándose en un pimpollo o en una rama, ya alzando el vuelo con presteza y maravilloso instinto.

La Sultana vieja seguía de lejos, y presidiendo la banda de sus lindas esclavas, la afanosa tarea de Híala y de Encirnún, y las vio, riéndose de su loca empresa, trasponer por entre las calles de negros árboles que daban entrada al bosque.

Al poco tiempo de haber desaparecido las dos lindas cazadoras, se oyó un grito agudo dentro del bosque, en el que, así la Sultana vieja como todas las esclavas, conocieron la voz de Híala.

Cuál fuera la admiración y el espanto que tal grito infundiera en la Sultana y en las esclavas, es fácil concebirlo.

Al punto se dejó escuchar un coro de gritos y voces en todos los tonos y con toda la discordancia que para tales y semejantes casos tiene reservados el diapasón femenil.

Acudieron por de pronto los esclavos y eunucos negros del harén y principiaron a moverse en todas direcciones con aquel acuerdo que se acostumbra en los trances apurados.

A los de más edad, y casi ciegos por los años, se les mandaba que entrasen en el bosque a inquirir y ver las circunstancias de aquella presunta catástrofe; a los cojos se les daba prisa para que fuesen a llamar los guardias, y a los mudos se les conminaba para que fuesen a relatar al Sultán los pormenores de tamaña desventura. Todo era desorden, todo confusión.

En esto se presentó el Sultán a la cabeza de sus continuos y más allegados, y sin detenerse a oír los pormenores del caso, ni las sospechas que sobre él podrían concebirse, ni los diversos planes que debieran formarse para averiguar el origen de tal atentado, y poniendo al lado los consejos, las reflexiones, los dictámenes y las sabias medidas que sus entendidos consejeros le proponían, y dejándolos a éstos en sus entretenidas disensiones y reyertas, se precipitó por las calles del bosque, frenético de rabia y lleno de zozobras.

El Sultán corrió todos aquellos laberintos de verduras y malezas sin hallar más que algún pájaro que revolaba entre las ramas o alguna tímida liebre que se deslizaba entre la hierba.

En tanto volvió en sí y se miró solo, pues sus cortesanos en vano le habían querido seguir en su rápida y pesquisidora excursión.

En fin, el Sultán llegó a cierto lugar del bosque en donde los árboles clareaban, alzándose en lo más desembarazado un hermoso peral cargado de fruta. Una fuente pintoresca, que se despeñaba por el fauce de una retorcida cueva, completaba aquel delicioso paisaje.

Al llegar aquí, el Sultán se encontró a todos sus wazires y cortesanos que formaban un ancho corro, con un pie levantado, el otro adelante y la cabeza todavía más avanzada, como si mirasen algún hondísimo algibe que se les hubiere abierto delante de sus ojos. Tanto era el saludable temor que los detenía.

Ello era que allí habían encontrado a la hermosa Híala debajo de aquel poderoso árbol, sumergida en un profundo parasismo[17].

Nadie se atrevía a adelantarse, y aunque en el desorden de las vestiduras se dejaba ver la punta de una leve chinela de tafilete y oro, como no se hallaba a mano ningún tenacero[18] de plata de longuísimos mangos para remediar aquel preciosísimo desgaire, necesario fue dejar las cosas en su primitivo estado por no probar, el que indiscreto anduviera tocando lo que no debía, la agradable aventura de verse dividido en dos partes, como algunos capítulos del Alcorán.

A la aparición del Sultán se desvaneció como si fuese de fugaces ondas aquel círculo de curiosos y cortesanos. Y el Sultán, sin reparar siquiera en ellos, se acercó a la desmayada esposa.

Los suspiros del coronado amante lograron volver en sí a la Princesa, pero para causar más lástima y desesperación. Sus ojos se abrieron y su voz articuló algunos sonidos, pero éstos no fueron más que suspiros y sollozos, y aquellos giraban desordenadamente, o se fijaban ni más ni menos que como pudieran estar los ojos de una estatua.

El Sultán, traspasado de dolor, condujo al palacio a su desventurada esposa, llevando detrás de sí y a respetuosa distancia a toda la comitiva.

La Princesa fue colocada en un mullido cuanto ostentoso rimero de almohadones y cojines, y dejándola bajo la custodia de la Sultana madre, y de gran número de esclavas, el Sultán salió del que hubo de ser nupcial aposento, y era ahora teatro de escenas lastimosas, para conferenciar con los sabios y médicos de la corte sobre lo peregrino de la aventura.

Al Sultán sólo se le escuchaba de vez en cuando estas palabras:

—Falta el collar de perlas.

Y los cortesanos, en voz baja, se hacían el eco diciendo:

—Entre otras cosas que pueden faltarle a la Princesa se echa de menos el collar de perlas.

III

Cuenta la historia que el Sultán quiso presidir por sí mismo el cónclave aquel de sabiduría, y aquel diván[19] de inteligencia médica, y que sufrió los ratos de más bostezante fastidio que imaginarse pueden.

Un wazir, profundo estadista, aseguraba que aquella catástrofe estaba preparada por los enemigos, y que así era preciso desterrar a todos los desafectos de la dinastía Nacerita; otro wazir, todavía más sagaz, añadía que suponiendo este horrendo plan, el cual era patente como la luz del día, debiera deducirse que los cristianos eran los autores de la trama, como enemigos jurados de la

17 *Parasismo*: Accidente peligroso o casi mortal, en que el paciente pierde el sentido y la acción por largo tiempo.

18 *Tenacero*: Tenaza

19 *Diván*: Entre los turcos, supremo consejo que determinaba los negocios de Estado y de justicia.

gloria de la casa reinante, y que debieran ponerse todos en tormento para que declarasen la verdad.

Otro, menos profundo y amigo de explicar las cosas por lo natural y fácil, contradijo a sus compañeros, y probó lindamente, en un discurso de dos horas y media, que la tragedia la había motivado sin duda alguna la presencia de algún tremendo salteador que, burlando la vigilancia de los guardias y venciendo los obstáculos que cercaban la real estancia y sus jardines, había venido a despojar a la Sultana del inestimable collar que llevaba en la garganta.

—¿Cómo explicar de otro modo –decía ufano el parlante–, el robo de esta joya? Unos conjurados no piensan en robar; ¿qué tienen que ver –aquí alzaba la voz, vanaglorioso con la distinción–, los delitos comunes con los políticos?

—Patarata[20] –replicó un entendido naturalista desde los escaños de los taalebs[21] o núdicos, en donde estaba sentado hechas sus piernas tres dobleces–. Tal caso debe explicarse por causas naturales enteramente. ¿A qué acudir a móviles ridículos por lejanos, si el misterio por sí mismo se revela? El magnífico cuanto peregrino espectáculo que ha herido la imaginación aún infantil de nuestra linda y tierna Sultana, sálvela Alah, ¿no será explicación bastante para este desmayo o parasismo? ¿Pues estos sentimientos llevados al último punto por el placer de verse la noble esposa del más guerrero, generoso y amable de los sultanes –y aquí añadía el orador una cáfila[22] de alabanzas y epítetos, por supuesto sin mezcla de lisonja médica–, no es suficiente motivo para tal arrobamiento? Roguemos al cielo, por el contrario, que tanta gloria no anonade y absorba la luz de vida de ese frágil corazón.

Otros veinte picos de oro dijeron cosas muy buenas, diversas todas las unas de las otras, sin haber disparate que no tuviese defensor, ni extravagancia que no se encomiase llevándola a los cuernos de la luna.

Ya el Sultán, desesperado a fuerza de hastío, revolvía en su mente el saludable proyecto de degollar con su propio alfanje tres o cuatro de aquellos ruiseñores sapientes, eligiéndolos de entre los más floridos y locuaces en su parla, cuando el famoso Aben-Jomiz, que había sido diez años alfajeme[23], otros tantos boticario, siempre viajando y herbolizando[24], algunas veces matando y jamás curando, y que había concluido por ser tan entendido médico como consejero profundo, dio señales de hablar.

Todos callaron, y el Sultán, dejando para mejor lugar y ocasión su resolución piadosa, se volvió hacia el meflez o asiento del sapientísimo médico, y oyó que éste, con voz chirriadora y cascada, dijo:

—No hay Dios sino Dios, y Mahoma es su profeta. La sultana Híala está afectada de una catalexis[25].

---

20 *Patarata*: Cosa ridícula y despreciable.

21 *Taaleb*: Tribu originaria del Líbano.

22 *Cáfila*: Conjunto o multitud de gentes, animales o cosas, especialmente las que están en movimiento y van unas tras otras.

23 *Alfajeme*: Barbero.

24 *Herbolizar*: (Herborizar) Recoger o buscar hierbas y plantas para estudiarlas.

25 *Catalexis*:

—Al menos –dijo el Sultán–, este necio no nos ha quebrado la cabeza ¡Catalexis!...

Los cortesanos se enamoraron del nombre de la enfermedad, y todos se decían:

—La Sultana tiene una catalexis.

Todo el mundo se llenó de gozo al ver descifrado el enigma, y de los cortesanos a los esclavos, y de éstos a los guardias, y del Sultán a la madre, y de ésta a las esclavas, y de las mujeres del harén, a otras mujeres, bajó rodando de boca en boca desde la Alhambra de Granada el mismo nombre de la enfermedad: ¡Catalexis!

El júbilo por tan dichoso hallazgo infundió el deseo de celebrarlo con todas veras y estrépito, y así a los pocos instantes se escuchaban doquier en la algazara más bulliciosa del mundo los gritos regocijados, los acentos de los vivas y los ecos de los instrumentos. La palabra catalexis se oía de cuando en cuando como tema de aquella alborotada sinfonía y servía de incentivo para avivar el estruendo y la algazara.

—¿Y qué es la catalexis? –dijo con voz de trueno el Sultán al ver pavonearse de vanagloria al inventor de la palabra y que con ella quedaban las cosas como antes y la Sultana tan enajenada y en peligrosa situación.

A esta pregunta, y sobre todo al tono con que fue pronunciada, todos cayeron en la cuenta que una palabra no es más que una palabra, y se volvieron irritados y con vista airada al mismo Aben-Jomiz, que del cénit de su vanidad vino de cabeza al valle de lágrimas de la humildad.

—¿Qué es la catalexis?, pregunta el Sultán – le dijeron.

Las cosas en tal punto, veo que aparece en la estancia Abu el-Casin, capitán de la guardia africana, y prosternándose diez veces ante el Sultán, y tocando otras tantas la tierra con su frente dijo:

—Príncipe de los creyentes, un loco que días ha vaga cantando y danzando por la ciudad, habrá una hora que en medio del estupor que ha causado la nueva de la catástrofe de la Sultana y del alboroto que ha movido el descubrimiento de su enfermedad, púsose de nuevo a bailar en el Zuc de los benimerines y en voz clara cantaba:

A la sultana
nadie la cura,
si no es el rey
de la locura.

Y tu siervo, al oír esto, por si es blasfemia o delito que merezca la muerte o falta que se purgue con la lengua cortada u otra semejante leve concesión, lo he preso...

—¿Y quién es ese loco? –dijo el Sultán.

—Es –respondió el capitán – Afined-Alí-Ocnar-ben-abasben-oli-ben-Iahicben-Ztrin-el-Cubdi-el-Emercandi...

—Por el Profeta –dijo el Sultán empuñando su alfanje–, que al primero que me asorde los oídos con esas taifas[26] de nombres que atañen y tocan sólo a uno de mis esclavos, que le envíe la cabeza de un tajo a la punta nevada del Belet.

El capitán, cesando cuerdamente en su amplificación y exactitud genealógicas, y besando otra vez la tierra, dijo:

—Príncipe de los creyentes, el loco es Afmed-el-Bayer.

—Ya lo conozco –replicó el Sultán –traédmele al punto.

—Oyendo y obedeciendo –contestó Abu-el-Casin.

Y salió de la estancia, abriendo y cruzando los brazos y bajando la cabeza.

De allí a un instante cayó en medio del concurso un morillo mal andante en sus vestidos, aunque no de traza desagradable, y que llevándose con ahínco una su mano a cierta su oreja, daba a entender claramente ser aquella el asa por donde lo había empuñado, para transportarlo, la suavidad jurídico-militar del capitán Abu-el-Casin.

—¿Qué era lo que cantabas en el Zuc[27] de los benimerines? –le dijo el Sultán.

Y el loco, siempre con su oreja entre sus manos, y comenzando a bailar con el mayor desenfado, cantó:

A la sultana
nadie la cura,
si no es el rey
de la locura.

—Pues tú debes de ser –dijo Mamad–, el médico infalible de mi esposa; nadie puede haber más loco que tú; en tres días has roto cinco mil platos y escudillas; has hecho rodar por el suelo seis mil jarras y otros cachivaches de la Rambla, y has llevado todos los chicos del Albaicín[28] a machacar esparto sobre las cargas de porcelana y cristal de los mercaderes genoveses de la Albayciría. Se necesita todo el respeto que profesamos a los llenos del espíritu de Dios para que no te hayamos empalado.

Afmed, sin dejar su baile, ni soltar su oreja, prosiguió cantando así:

Grados diversos
ha la locura,
ser rey en ella
fortuna es mucha,
aprendiz sólo
soy...

—Déjate de esa versa y canturia fastidiosa –prorrumpió encolerizado el Sultán,–, y responde por lo natural y llano a mis preguntas, porque si no ¡vive

26 *Taifa*: Bando, facción.
27 *Zuc*: Zoco, mercado.
28 *Albaicín*: Barrio de Granada.

el cielo! que te saque enredada en la punta de mi espada gran parte de tus dislates y locuras.

El-Bayer, al halago de tal insinuación, dio una cabriola en el aire, y sacando los pies hacia adelante, se dejó caer verticalmente sobre sus nalgas, bajando y doblando al propio tiempo su cabeza hasta injertarla entre sus muslos; pero con tal arte, que ponía duda si en su reverencia y salutación había más burla que respeto al Príncipe de los creyentes. Dijo el demente:

—Yo soy loco principiante, y como aprendiz no puedo dar en el hito del arcano de la Sultana; pero con un guijarro en la mano y poniéndome a ochenta pasos la frente de uno de esos sabios, te la abriré perfectamente, si es que allí presumes hallar y leer...

—Canalla –replicó el Sultán–, no has entendido que por encontrar vacías esas frentes acudo en apelación a tu locura. ¿Hay otro más loco que tú?

—Poderoso Mamad –dijo el-Bayer–, lo hay en Granada, y ése podrá acaso satisfacer tu curiosidad.

—¿Dónde se halla esa perla peregrina? –dijo el Sultán.

—En los subterráneos de la Alcazaba –replicó el aprendiz de la locura.

Y al decir esto, levantándose como una pulga del pavimento de la estancia, dando otra cabriola, haciendo una higa[29] al Sultán, y dando cuatro papirotes[30] a los más graves del cónclave o diván, se deslizó por entre los guardias, repitiendo siempre:

A la sultana
nadie la cura,
si no es el rey
de la locura.

—Dejadlo ir –dijo el Sultán–, y tú, agradable Abu-el-Casín, vuela a la Alcazaba y registra el último agujero de sus murallas y subterráneos, hasta dar con ese loco recomendado por el otro loco.

—Oyendo y obedeciendo –respondió el capitán de la guardia, y desapareció abriendo y cerrando los brazos y bajando la cabeza.

Entretanto los sabios, consejeros, wazires y taalíes, reunidos en el diván, se decían, en voz baja, unos a otros: ¡Qué diablos quiere el Sultán! Más loco debe él estar ya, que no el oráculo que busca; si se muere la Sultana, la juventud y belleza de cien ciudades de aquende y allende el mar le brindarán con otras mil beldades, y si la Sultana vive, tanto mejor si la posee muda y convertida en estatua. Esto será poseer una mariposa en estado de crisálida..., tanto mejor poseer la belleza sin alas.

Al propio tiempo venían nuncios y embajadores de los aposentos de las sultanas, siempre con las tristes nuevas de que Híala permanecía en su misma enajenada situación.

El Sultán, en profunda meditación, se hallaba fantaseando sobre lo ex-

29 *Higa*: Higa: Gesto que se ejecuta con la mano, cerrado el puño, mostrando el dedo pulgar por entre el dedo índice y el cordial, con el que se señalaba a las personas infames o se hacía desprecio de ellas.

30 *Papirote*: Golpe en la cabeza.

31 *Solio*: (Alfarir): Trono.

traño de aquellas aventuras, reclinado en su alfarir o solio[31] de púrpura, cuando apareció ante sus ojos el amable Abu-el-Casin, capitán de la guardia africana.

—¡Amir-el-Mumenin – le dijo éste–, maravilla y más maravillas! He encontrado al loco a quien el otro loco recomendó, y el loco recomendado es el loco más inconmensurable que hallarse puede. Es el inmenso pájaro Roc de la locura; es el mar más insondable de los disparates; éste o ninguno debe ser el Rey de la locura.

—¡Que me place! –dijo el Sultán–. ¿Y dónde está ese Rey tan deseado? ¿Por qué no entra? Que venga, traédmelo aquí, luego, al punto...

—Pues, ved ahí el caso –dijo Abu-el-Casin.

—Habla –replicó el Sultán.

Y el capitán comenzó su relato de esta manera.

IV

—Con las señas que dio el loco El-Bayer, y ayudado de la amabilidad de carácter que me distingue –dijo el agradable Abu-el-Casin–, logré tomar en los barrios inmediatos a la Alcazaba noticias ciertas del loco recomendado. Supe que se llamaba Ben-Farding, y que habitaba en lo más hondo de esos palacios subterráneos que se encuentran en la Alcazaba, y que en otro tiempo fueron templos en donde se adoraban los ídolos de los reyes Rumies.

Ben-Farding está poseído de la locura más extraña que se puede imaginar. Piensa que su gravedad específica es tal, que poco a poco y a fuerza de años va horadando la tierra, tendido como se encuentra, y que así llegará un día en que atravesará todo el globo, hallando su salida por los opuestos antípodas. En los largos episodios que tendrá tan dilatado viaje, irá aprendiendo todos los arcanos de la naturaleza, o, por mejor decir, los irá sorprendiendo o conquistando, pues o ella habrá de suspender su acción, o en los ocultos laboratorios de sus entrañas ha de tener sucesivamente en perdurable y estudiosa visita a tan curioso como perseverante observador. Al salir por el opuesto agujero, Ben-Farding, saldrá tan sabio como Soleimán, y tan poderoso como Nemrod. Será obedecido de los genios buenos y malos; mandará en los animales y aves; el Simorgue[32] vendrá a tomar sus órdenes e imperará sobre toda la tierra.

Ben-Farding cree hallarse en lo hondo del subterráneo, en donde hoy está, no por haber descendido allí en propios o ajenos pies, sino porque la gravedad de su cuerpo ha taladrado ya la tierra hasta el lugar en que se encuentra.

A este loco respetable bajé a ver para hacerle entender las órdenes de mi señor; y para atravesar prontamente tan obscuras mansiones hice encender

---

32 *Simorgue*: *Smorgh, Ave Roc*. Pájaro gigantesco y fabuloso propio del folclore árabe

trescientas hachas, y por no encontrar éstas tan a punto, mandé prender fuego a las tocas y vestidos de cincuenta cautivos, y echarlos por delante de mí para alumbrarme el camino.

Ben-Farding no se admiró de mi intempestiva visita, y antes por el contrario, me manifestó punto por punto el objeto de ella: debe ser también zahorí[33] según mi cuenta.

Mas el transportarlo aquí ha sido imposible. A mis amigables insinuaciones se mostraba tan impasible, que llegué a convencerme de que entra en su locura el no temer la muerte, o que se cree intangible como el viento, o invulnerable como si fuese de hierro. Yo me hubiera valido de mi conocida destreza, y hubiera aplicado mis medicamentos infalibles para que desistiese de su extraña terquedad, a no sospecharme que nuestro Ben-Farding no pudiera resistir mi método curativo, o por mejor decir, mis medios de transporte...

—¿Con que no quiere venir? –gritó como un león el Sultán.

—Ahí está justamente el caso –respondió el amable capitán de la guardia africana–. Él no se opone a aparecer ante la noble presencia del Príncipe de los creyentes; pero dice que él no puede separar a su voluntad ni por un instante de la lentísima tarea en que se encuentra afanado en dulce calma ya hace siete siglos. Un milésimo átomo del punto más imperceptible que dejara por taladrar, apartándose voluntariamente del sitio que ocupa, le fuera una falta imperdonable.

El labrar su escotillón es su primer deber, pero consiente en ser transportado aquí en gracia del generoso, del nunca vencido, del sabio, potente, querido de Alahí, vencedor, príncipe de los creyentes, mi señor, si en el propio lecho en que espera su futura grandeza es transportado en los hombros de ciento veinticinco...

—Será algún gigante –exclamó el Sultán–, pesado como una montaña. Ya comprendo el fundamento que tiene en su fantasía para presumir que puede ir hundiendo la tierra poco a poco...

—Pues ahí está el caso –respondió el amable capitán de la guardia africana–. Es un gorgojo el tal Ben-Farding que no llega a tres palmos, y salvo su cabeza, que es gorda como la Al-cuba de la mezquita, y sus pies, que son como dos luengas y anchas hojas de plátano, por los demás, se creería que su gravedad no llegase a veinte adarmes.[34]

—Pues bien –replicó el Sultán–, sábete, amable Abu-el-Casin, que me voy enamorando de ese precioso Ben-Farding, y me desvivo por tenerle ya ante mis ojos. Toma una manga de cincuenta y cinco ganapanes y otra de sesenta aljameles[35], de los que portean cal y canto a las murallas que ahora edifico en Fajalans, y que me lo traigan aquí, al punto, en el instante, dirigiendo tú mismo la maniobra.

—Pues ahí está el caso –volvió a replicar Abu-el-Casin– ; y es que Ben-Farding exige que esos aljameles y ganapanes hayan de ser precisamente, ex-

33 *Zahorí*: Adivino.
34 *Adarme*: Medida de peso equivalente a 1,8 gramos.
35 *Aljamel*: Alhamel, bestia de carga.

clusivamente de los ilustres dignatarios, magnates, altos personajes, profundos estadistas, divinos oradores y sabios consejeros de este diván.

—Dígote, amable Abu-el-Casin –exclamó alborozado el Sultán–, que ese loco es lo más deliciosamente caprichoso que pueda idear la imaginación más chistosa; me declaro por su favorecedor y de él espero el feliz desenlace de esta aventura. Pero ¿qué hacen esas feas alimañas de mi consejo y diván que no se han apresurado ya, que no han corrido para portear sobre sus lomos a mi buen Ben-Farding, al libertador de mi esposa, al que ha de ser mi primer amigo, si sus obras corresponden a la graciosa extrañeza de sus fantasías?

—Pues ahí está el caso –dijo Abu-el-Casin–, es que estas respetables gentes no caen en la cuenta de que el encargado en la ejecución de los mandatos del Príncipe de los creyentes, y de las indicaciones sapientísimas del gracioso habitador de la ratonera de la Alcazaba, es vuestro siervo el agradable Abu-el-Casin, capitán de la guardia africana.

—¡Hola, tropa! –dijo éste volviéndose a aquellos venerables varones; y ellos, que hasta allí habíanse fingido los distraídos, cual si no oyesen tan interesante diálogo, se encontraron sin saber cómo en pie, cual si los hubiese movido un único y poderoso resorte. ¡Qué amabilidad!

Sólo quedó rellenando su cojín de terciopelo aquel wazir de labios muy expeditos que explicó en su elocuente peroración con noble independencia la diferencia extremada que hay de un robo a una conjuración. Al notar el amable Abu-el-Casin la no perpendicularidad de las piernas del wazir, se iba a llegar a él diciéndole con una voz reprimida que semejaba el silbido de una sierpe:

—Ha criado raíces el sabio y ennoblecido Mulesaif...

Cuando este discreto personaje, entendiendo la granizada que se le acercaba, le respondió con acento muy meloso:

—Sí, yo estoy pronto, amable Abu-el-Casin; pero me he mantenido en mi rellanada postura, por estar más pronto a dar a mi persona más súbitamente, es decir, más presto, una configuración más adecuada para traer sobre los lomos a ese discreto Ben-Farding, que va a ser el mejor amigo de nuestro Sultán.

—¡Sálvelos Alah a entrambos! Por ahora –le respondió gravemente el agradable capitán de la guardia africana–, incorporáos e id, que si es preciso, ya se os avisará del cómo y cuándo habéis de tomar posición a cuatro patas con vuestros dignos cofrades.

Entretanto, el mismo Abu-el-Casin, hizo alarde y reseña de todos aquellos respetables wazires, ministros, cadíes, oradores, literatos y poetas que componían el sapientísimo diván, y encontró que sumados cuidadosamente uno por uno, y tomando sus nombres para evitar toda confusión, no se hallaban más que ciento y doce sabios entre todos.

El Sultán, alarmado con tal contrariedad, que dejaba manco el número de ganapanes y aljameles fijado por el caprichoso Ben-Farding para que lo porteasen, se dirigió a Abu-el-Casin, y le dijo:

—He aquí, amable capitán de la guardia africana, cómo llegan trances y casos en que se echa de menos la sabiduría. ¿De qué traza nos valdremos para llevar a debido cumplimiento las discretas exigencias de mi buen amigo Ben-Farding?

El agradable Abu-el-Casin inclinó su frente y le respondió sonriéndose:

—Descuidad en cuanto a este punto, Príncipe de los creyentes, pues en tanto que a estos buenos amigos los dirijo hacia la Alcazaba, empinados por ahora en sus dos patas posteriores, pasaré yo personalmente por el colegio y la academia, daré una vuelta por las bibliotecas de Bek-Faral y de Aben-Melij, y recogeré los trece varones que nos faltan para completar el estupendo tiro que nos exige Ben-Farding, de entre los venerables literatos que más allí trabajan y se fatigan por la felicidad del mundo, fastidiando a la ciencia. Me lisonjeo de que esta inevitable sustitución nos la ha de agradecer el sapientísimo Ben-Farding.

—Ve y obra –dijo el Sultán.

—Oir y obedecer –respondió Abu-el-Casin.

En efecto, el amable capitán de la guardia africana entró primeramente en el colegio que con grande apariencia y anchas escuelas y jardines de apartada soledad y propios para el estudio, se miraba edificado a las orillas del fertilísimo Darro. Allí encontró gran número de doctores y alfaquíes[36] que estudiaban noche y día en el libro bajado del cielo, en la manifestación de los decretos de Aláh, en una palabra, en las curas y aleyas del divino Alcorán.

—¿Qué hacéis? –preguntó Abu-el-Casin a unos viejos venerables de blanca y crecida barba, ancha y espaciosa frente, que se encontraban sentados sobre el césped de la verde pradera y bajo una bóveda de laureles.

—Aquí –respondieron– estamos componiendo las oraciones que se han de recitar mañana por las calles y campos para que Aláh, el Altísimo, nos envíe su lluvia, la fértil y placentera, y nos retire su langosta, la voraz y devorante. Recitamos también sus alabanzas y altacabiras[37] con voz apacible y corazón limpio y conmovido.

—Y vosotros, ¿en qué os ocupáis? –preguntó también Abu-el-Casin a otros vejetes de ojillos hundidos, frente estrecha, nariz roma y de gesto en que aun tiempo se retrataba la envidia y la vanidad.

—Nosotros –contestaron– nos afanamos por descubrir en nuestro estudio y fijar la noche en que Aláh envió el libro santo y divino a su profeta y favorecido Mohamad. Cuando hayamos determinado este punto tan esencial, y sepamos en qué mes cae esta noche de misericordia, si es en el Ramadán o en el mes de Safer, habremos vencido a todos los doctores antiguos y a cuantos en nuestra edad siguen ciegamente sus sentencias y decretos. Entonces nos pondremos a la cabeza de todos ellos, nos obedecerán y nos respetarán; empalaremos a algunos, los perseguiremos a todos y ganaremos mucha honra y, sobre todo, gran provecho.

---

36 *Alfaquí*: Sabio, experto en la ley musulmana.
37 *Altacabiras*: Elogios.

El amable Abu-el-Casin empuñó a cuatro de estos buenos amigos y los puso en camino de la Alcazaba, y él se fue a la Academia en donde disputaban muchos sabios sobre gramática, filosofía, dialéctica y otras ciencias.

—¿Quién es aquel buen amigo? –dijo el agradable Abu-el-Casin, viendo a uno que en un ancho cerco de oyentes hablaba y gesticulaba con tanta fe como placer propio.

—Aquél –le dijeron– es el famoso Frangis-el-Wadar, oráculo de nuestro siglo, depósito de elocuencia, tesoro de frases lindas, urna de tropos y figuras retóricas, y además –le añadieron en voz baja– amplio cofre y razonable tinajón de vanidad y presuntuosa candidez.

—El cree –añadió un estudiante de burlona catadura, allí estante y presente al caso– que aprendiendo las irregularidades y variaciones de los verbos cóncavos y enfermos, se aprende a conocer a los hombres, y porfía y jura y perjura que el gobernar el Estado guarda necesaria hilación con la métrica y el arte de los consonantes.

El agradable Abu-el-Casin, al escuchar tal reseña, dijo para sí: «ya tengo el centésimo vigésimo quinto aljamel que me faltaba para el completo de mi cuenta»; y cogiendo al elocuente El-Wadar por la manga de su aljuba[38], le interrumpió en su agradable ejercicio, sintiendo tal contratiempo aquel orador, no tanto por el puesto que iba a ocupar entre los aljameles de Ben-Farding, cuanto por el negro disgustillo y rabieta de no oirse a sí propio en el vigésimo discurso que había ya principiado a pronunciar a su auditorio, y que hubiera sido más torneado y salido con más arrebol y afeites de palabrillas y colorines que las diez y nueve pláticas restantes trompeteadas por sus labios aquel día.

Después, el amable capitán de la guardia africana entró en la biblioteca de Abu-Melik y de Ben-Farax, y en ésta encabestró a buen ojo cuatro poetas que escribían sendas casidas de versos, presumiendo con ello dirigir al género humano, y en la otra atrailló a cuatro escritores graves, que refutando hechos, desmintiendo las crónicas viejas, criticando los escritos antiguos, derramando la desconfianza y quitando la fe en todo lo tradicional, hacían de la historia una miserable controversia. Estas gentes daban en sus escritos, no el retrato fiel de los pasados siglos, sino su peculiar y mezquino modo de ver y apreciar las grandes acciones de los califas, sultanes y héroes, gloria y prez del Islam. ¡Aláh les sea agradable a todos!

Abu-el-Casin, entretanto, al encaminar tantos magnates hacia la Alcazaba, decía regocijado:

—¡Qué taifa, qué tiro tan estupendo de sabiduría y de inteligencia! Sólo un Ben-Farding, rey de la locura, puede tener tal idea; pero sólo yo, agradable Abu-el-Casin, capitán de la guardia africana, puedo dar vida a tal pensamiento, puedo llevarlo a cabo, puedo realizarlo con todas sus consecuencias...

Y el redomado se reía como una canasta; en fin, llegó a la Alcazaba.

---

38 *Aljuba*: Vestidura morisca , consistente en un cuerpo ceñido en la cintura, abotonado, con mangas y falda que solía llegar hasta las rodillas.

V

Cuenta la historia que a pocos momentos de ésta, un inmenso gentío llenaba cuantas calles y plazas dividían de la Alhambra el antiguo y romano Alcazaba.

Los habitantes de las aldeas y alquerías inmediatas a Granada, rústicas y pintorescas, pero cuyo número fuera imposible pasar en reseña, se dejaron venir a esta ciudad de rosas, frescuras y perfumes, alborotados con la relación de las aventuras que se contaban, y que por las puntas y ribetes que dejaban traslucir de encantos y maravillas, provocaban más vivamente la curiosidad pública.

Los matices y variados del Jaragüí[39] y las flores vivísimas de sus huertos y vergeles, eran más desmayados y menos ricos que los colores de las marlotas y capellares de los mancebos, y que las sedas, velos y tocas de las zagalas que acudían en tropel a entrar por la puerta de Elvira para encontrarse en el espectáculo.

Acaso para dar más contento y cierto realce de abundancia y galanía al regocijo, todos traían de sus cármenes y alquerías, para cambio o para regalo, algo que ofrecer de agradable al gusto, al olfato o a la vista.

Aquí, las muchachas de velo blanco y de picante sesgo y talla, brindaban con ramilletes de celindas, de mosquetas de olor y de diamelas rojas; otras, allí, casando el blanco azahar con los capullos de los rosales de Alejandría y los chiringos de cándidos racimos con las azucenas y bermejos lirios, ofrecían símbolos y emblemas elocuentes de amor para las hermosas y enamorados.

Por acá, los chicos presentaban ramos de árboles cargados de frutos; aquí la toronja y la dorada cidra, allá la amascena y la alloza; otros, tejiendo en verdes mazas por cuadrillas, según los barrios de la ciudad o de las rivales aldeas, se acometían y lidiaban en escaramuzas de nueva especie; otros hacían revolar multitud de jilgueros y verderoles sin hilo que los sujetase, y siguiéndoles entre aquel inmenso concurso los pajarillos, y posándose en los hombros del dueño infantil cuando se cansaban, jamás se equivocaban en tanta confusión y bullicio.

Por aquella parte las aldeanas ostentaban en canastillos de cañizo y juncos, bajo mil figuras caprichosas, la miel y la harina, la alcorza[40] y el alfajó.[41]

Las esclavas africanas vendían las confituras y bollos, hechos con el caniamum y el ajonjo, que alegraban el espíritu, sin embriagarlo como el vino.

Los esclavillos negros, en tallas de búcaro[42] o en blanco y fino barro de la Rambla, brindaban con el agua cristalina y fresquísima de las fuentes más puras y nombradas.

Los mercaderes de poca monta desplegaban en sus azafates[43] de paja de la India las cintas y listones que, halagando el gusto y afición de las mu-

39 *Jaragüí*: Huerto que había en la vega de Granada durante el gobierno de los árabes.

40 *Alcorza*: Dulce cubierto con pasta de azúcar y almidón.

41 *Alfajó*: Alfajor, dulce de almendra, nueces y miel.

42 *Talla de búcaro*: Cántaro hecho de barro rojizo originario de Portugal.

43 *Azafate*: Canastillo, bandeja o fuente con borde de poca altura, tejidos de mimbres o hechos de paja, oro, plata, latón, loza u otras materias.

chachas, hacían caer en la tentación de comprarlas a los galanes y mancebos.

Viejas de mala catadura cruzaban de aquí para allá, llevando en la mano alguna sortija o joyel, se acercaban a este o al otro corro de beldades enveladas, o entraban en una o en otra casa, dando una cita, entregando un billete, recibiendo una flor de amoroso significado, sin que el Argos más celoso pudiera advertir ni sorprender su misión misteriosa.

Los caballeros mozos de la ciudad, llevando en sus manos pomos de aguas odoríferas y de esencias, los derramaban allí en donde hallaban a sus amadas y queridas, sacándolas y reconociéndolas en tanta confusión por los colores que vestían.

Los juglares y saltimbanquis aquí y allá entretenían la curiosidad del bajo pueblo con mil suertes maravillosas y estupendas: aquí mandaban y se hacían obedecer de las alimañas y fieras traídas del interior del Africa; allí, a una voz, hacían salir de la tierra árboles que crecían, se cubrían de hojas y flores, madurando sus frutos, que los incrédulos cogían y gustaban. Allá improvisaban entre las piedras, y con una palabra sola, alguna cascada y juegos pintorescos de agua, y por doquier multiplicaban los prodigios y los encantos.

Acaso algún cristiano hecho cautivo en la frontera, de condición noble, o algún caballero de los mal contentos y fugitivos de la corte de Castilla, se paseaban también entre aquella turba, recordando en su corazón las veladas de Sevilla y de Córdoba, y los vergeles y festejos del Guadalquivir.

Los moedines gritaban en las torres de las mezquitas en son grave y acompasado, y los devotos y faquires repetían cantando las aleyas[44] y las altacabiras, en tanto que el bullicio de la alborotada y curiosa gente se dirigía hacia la Alcazaba, en donde tenía su madriguera el misterioso Ben-Farding.

Todos ansiaban por pasar y repasar sus ojos por la figura y talle de tan maravilloso cuanto extraño personaje.

Los curiosos en las calles se empinaban, y las mujeres y muchachos desde las ventanas y azoteas hilaban de pescuezo y sacaban la cabeza a más poder, para divisar lo más pronto posible el autorizado acompañamiento que debería preceder al habitador de los subterráneos de la Alcazaba.

En fin, se dejaron ver veinticuatro disformes sayones[45], que eran como la vistosa comparsa del agradable capitán de la guardia africana, Abu-el-Casin, que venían con sendos látigos en las manos, sacudiendo a derecha e izquierda para despejar el terreno y mantener en razonable distancia a los curiosos e impertinentes.

Incontinenti se miraba a los ciento y doce prohombres del Estado e individuos sapientísimos del Diván, que con el apéndice y añadidura de sus trece compañeros, elegidos a pierna entre los más distinguidos poetas, oradores, alcatibes[46] y oradores de los colegios, bibliotecas y academias, tiraban de una enorme máquina, en la que habíase instalado el loco Ben-Farding en su lecho de ponderoso hierro, ni más ni menos que un galápago en una abrumadora concha.

---

44 *Aleya*: Versículo del Corán.

45 *Sayón*: Hombre de aspecto feroz.

46 *Alcatibes*: Hombres de letras.

Como toda curiosidad pública vivamente excitada, no se satisfizo aquélla completamente, pues para que Ben-Farding no sufriese con la luz del día la impresión dolorosa de que estaban amenazados unos ojos como los suyos, que tantos años habían estado sepultados en las oscuridades de aquellos subterráneos, habían enratonado o empapelado su persona en un alcartaz o cucurucho de papel de figura piramidal, bordadas en él algunas flores con puntas de alfileres, para que por tan leves hendiduras pudiese respirar aquel loco empapelado.

—Dígote, amigo Jargul –exclamó por lo bajo uno de los curiosos que estaban viendo el extraño espectáculo en la calle de Elvira, volviéndose a otro moro que al lado tenía–, que en menos de veinticuatro horas hemos visto dos procesiones caprichosas, sin alcanzar a ver las dos misteriosas personas conducidas en ellas. La primera era, según dicen, una linda rapaza; éste aseguran que es un loco; de aquélla no vimos más que las andas, y de éste el papelón en que viene embutido: ¡jamás nosotros, los del menudo pueblo, vemos más que la corteza de las cosas!

—Calla y mira, Albolalit –le replicó el otro–. ¿Qué sacarás tú con ver lo que no te importa o lo que no pudieras conocer? En tanto, solázate conmigo en ver a esos wazires y cadíes, que nos mandan y nos fustigan, y a esos vocingleros oradores, escritorzuelos y poetas que nos engañan y entontecen, cómo van en recua porteando sobre sus lomos la locura, y lo que es peor, bajo la agradable dirección del amable Abu-el-Casin, capitán de la guardia africana. El menudo pueblo no tiene más placer saludable que cuando alcanza a ver humillados a los que lo humillan a él cotidianamente. Cuando tal manjar se nos presenta, todos debemos dar en él con cucharones de azumbre[47] y media hasta hartarnos y tomar nuestro desquite. Mira entretanto qué punta les ha arrimado con el látigo a los venerables Abu-el-Seid y Abentomiz, para que ahilen con los demás de la recua, el agradable Abu-el-Casin, capitán de la guardia africana. Ahora recuerdo hasta con gusto las bastonadas que estos señores me mandaron arrimar por no sé qué medida de cercenada economía que yo solía aplicar en el pan que vendo en el mercado todas las mañanas.

Era ya anochecido cuando aquella segunda procesión entraba en la Alhambra, sirviéndole de bastonero el agradable Abu-el-Casin, capitán de la guardia africana, quien pasando a la estancia en que sobre su solio aguardaba el Sultán, le dijo a éste, tocando antes diez veces la tierra con su frente:

—Príncipe de los creyentes, ya llega el loco sobre los lomos de la sabiduría.

El Sultán se deshacía en muestras de regocijo y de la más íntima alegría.

La anchísima estancia, iluminada con mil lámparas arabescas, se llenó primero con todos los miembros del diván; segundo, con el apéndice de los trece coadjutores elegidos y cazados por Abu-el-Casin, y además con el catafalco aquel donde, como en empanada, se albergaba el caprichoso Ben-Farding.

---

47 *Azumbre*: Medida de capacidad, equivalente a unos dos litros.

—Quitad –dijo el Sultán – ese capirote de papelón, y venga a mis brazos mi mejor amigo, el príncipe de los disparates, el rey de la locura.

Cuarenta oficiosos wazires con sus ochenta manos y ochocientos dedos se precipitaban en tropel a poner en ejecución la voluntad del Sultán, cuando una vocecilla gangozuela, pero no del todo desapacible, que se dejaba escuchar dentro de aquel cascarón, como algunas veces el piar del polluelo en su huevo, dijo ahincadamente:

—No hagas tal, hermano mío, poderoso Mohamad. Antes que me descubran y descapiroten, fuerza es que se apaguen todas esas luces. Abu-el-Casin así me ha hablado: cuando llegó a mí, hubo de echar al agua para apagarlos a los esclavos que él sabiamente convirtió en hachones encendidos. La oscuridad es lo que me conviene por ahora.

—Lo entiendo –respondió el Sultán. Hágase como tú lo dices.

Y en un instante quedó la estancia en la oscuridad más completa: cada consejero o wazir dio un soplo tan fuerte a la antorcha más inmediata, que la mató en un punto, y tanto viento agitado hizo vibrar las puertas como si hubiese un terremoto.

—Entonces –dijo Ben-Farding– hermano Mohamad, ya pueden destocarme de esta caperuza que me cobija, que por cierto ya me incomoda.

—Serás obedecido, rey de la locura –replicó el Sultán.

Y él mismo, levantándose de su solio como a tientas, quitó la corbetera[48] de papelón, añadiendo:

—Respira y solázate, rey de la locura.

—No soy por cierto el rey de la locura –respondió Ben-Farding.

—¿Cómo no? –articuló turbado el Sultán; y a encontrarse con alguna claridad el regio aposento, se le hubiera visto de color del panal y con baño de amarillo azufre.

Sin duda, el príncipe de los creyentes debió decir para sus adentros: «Si este avechucho no es el rey de la locura, y después de tantos afanes y extravagancias no hemos encontrado más que un loco de los adocenados, un loco de insulsa mediocridad, será preciso entregarse al despecho y la desesperación».

No se sabe a dónde hubieran ido a dar las imaginaciones del desconcertado Sultán, cuando, en medio de aquella oscuridad se dejó escuchar la voz del caprichosos Ben-Farding, diciendo:

—Querido Mohamad, ¿por qué te he de engañar revistiéndome con titulillos que no he ganado todavía? ¡Pues qué!, ¿no hay más que ser el rey de la locura? Pero no por eso te inquietes, ni desconfíes de encontrar remedio a tanto daño, alivio a los males y buen desenlace a tanta contrariedad.

El Sultán se consoló algo con palabras tan explícitas, y dijo para sí: «Pues está visto; el rey de la locura es algún ser fabuloso a fuerza de ser disparatado; contentémonos con éste, que será un loco de los graves y encumbrados, y uno como capitán de una numerosa y escogida taifa de los más rematados. En-

48 *Corbetera*: Caperuza, capucha.

tretanto, la condición del tal Ben-Farding es llana y fácil por todo extremo; me trata como a su igual y camarada...»

—¿Y la muchacha? –prorrumpió el loco.

—La Sultana –replicó algo amostazado el Sultán– prosigue en su paroxismo, y yo aguardo tus infalibles recetas para verla en la completa posesión de su hechicero espíritu, de sus facultades casi sobrehumanas y de su celeste hermosura.

—Pues que me la traigan, hermano Mohamad –respondió el loco Ben-Farding.

—¡Que se la traigan! –exclamó el Sultán.

Y cien postillones, avivados por las insinuaciones del agradable Abu-el-Casin, capitán de la guardia africana, salieron disparados con tal orden a la apartada recámara en donde se encontraban las dos sultanas.

A poco entraban en la estancia del oscuro diván las doce tinieblas personificadas del Sennaar, que conducían en un rico palanquín y entre almohadones de ormesí[49] y sedas a la desmayada cuanto hermosísima Híala.

En cuanto los esclavos pusieron en tierra el precioso depósito, y que sólo se oía en el silencioso aposento el murmurador bisbisar de los wazires y consejeros y algún que otro suspiro del inquieto Sultán, se incorporó el loco Ben-Farding, acercándose al lecho en que descansaba, como en un encanto, la linda Sultana, y exclamó en alta voz y fuera de sí:

—¡Perfección divina! ¡Portento sin igual! ¡Asombro de la Naturaleza!...

El Sultán, que en aquella tenebrosa oscuridad que envolvía la estancia estaba en ayunas de lo que pasaba en derredor de sí, exclamó impaciente:

—Querido Ben-Farding, ¿has dado ya en el encanto, conoces el sortilegio que embarga los sentidos de mi esposa? ¡Habla, habla!...

El loco proseguía en sus encarecimientos, diciendo:

—¡La boca es un anillo! ¡La garganta es de un cisne! Pues, ¡y estos ojos y estas mejillas! Sus cabellos son una madeja de azabache; sus pies son dos nonadas, dos mentirillas; ¡qué madeja! Su nariz es un perfil de realce y el más perfecto de nieve...

—¡Vive Alah! –exclamó rugiendo el Sultán–, que si no temiera tropezar con alguno de estos marmolillos de mis consejeros, me levantara y dividiera en dos partes iguales tu desigual locura; ¿te he traído yo de siete estados debajo de tierra para que pregones y me hagas almoneda[50] de las perfecciones de mi esposa?...

—Hermano Mohamad –respondió sosegadamente Ben-Farding–, no te ahumes ni montes tan pronto en cólera; éste es el poder de la hermosura que arrebata hasta a los mismos seres subterráneos como yo, y enloquece a la misma locura; vista perspicaz de neblí[51] has tenido para divisar y coger tan presto presa tan deliciosa, hermano Mohamad. ¡Es tan tierna! Por otra parte, me era preciso acercarme a esa beldad para conocer la fuerza del poder que

49 *Ormesí*: Tela fuerte de seda, muy tupida y prensada, que hace visos y aguas.
50 *Almoneda*: Subasta, venta pública.
51 *Neblí*: Halcón.

la tiene enajenada. En fin, todo está conocido; todo se remediará.

Estas palabras apagaron la hirviente cólera del Sultán; y ya, más sereno, y tomando un tono blando y de indulgencia, le rogó a Ben-Farding que hablase, y éste, en tono regocijado, le dijo:

—Voy al punto, Príncipe de los creyentes; pero antes déjame que vuelva a contemplar la muchacha, y que me goce en este privilegio que tienen mis ojos de poder admirar la belleza entre las tinieblas. ¡Oh, qué boca de rubíes! –volvió a repetir–. ¡Qué frente! ¡Qué pies y qué madeja!...

Después el loco, reclinándose en su portátil huronera, principió así su extraordinario relato.

VI

—Has de saber, hermano Mohamad –dijo Ben-Farding–, que debajo de estos palacios de la Alhambra se encuentran ocultos los tesoros mayores de la tierra, así en adirames[52] y monedas de los reyes más antiguos rumíes, como en zequíes[53], doblas zahenes[54] y dineros de oro bermejo de todos los sultanes del Oriente y del Occidente. Además de esta inmensa cantidad de moneda, que con la menor parte de ella se pudiera comprar veinte veces toda la tierra si un honrado cadí la pusiese en almoneda, hay en esos tesoros tanta suma de perlas, de aljófar[55], de diamantes, jacintos[56] y toda clase de pedrería, que sólo Dios, alto y poderoso, pudiera enumerarla. En cuanto a joyeles[57], anillos, ajorcas[58], cadenas, brinquiños[59], sortijas y estotras baratijas y juguetes mujeriles, basta decirte que si todos los hombres del mundo tuvieran veinticinco hijas tontas y feas, y quisieran casarlas con altos personajes por el aliciente de sus joyas, alhajas y preseas[60] llevadas en dote, no lograran todavía desocupar ni una sola de las cuarenta mil estancias que se ven llenas de tales bagatelas y fruslerías.

En la cámara más apartada de esas regiones, y que forma como una alcuba o media naranja de mil codos de travesía y cien mil de altura, se guardan las tiaras y cetros de los reyes antecesores de David, los solios de los antiguos reyes del Yemen, el arco y la maza de Nemrud, que eran de oro y carbunclos[61], los siete sellos de Soleimán, las coronas de los primeros califas y otros mil portentos y riquezas de los reinos del Sur y del Septentrión.

Este espacioso camarín está labrado en lo más hondo de los palacios má-

52 *Adirames*: Dinares, monedas de oro.

53 *Zequí*: Cequí, moneda de oro, de procedencia europea, sobre todo veneciana.

54 *Doblas zahenes*: Moneda de oro castellana. Dobla zahén: Moneda de oro muy fina usada por los moros españoles en tiempo de los Reyes Católicos.

55 *Aljófar*: Perla de forma irregular y, comúnmente, pequeña.

56 *Jacinto*: Piedra semipreciosa, blanca o amrillenta-rojiza.

57 *Joyel*: Joya pequeña.

58 *Ajorca*: Brazaletes, pulseras o tobilleras de oro o plata.

59 *Brinquiño*: Alhaja pequeña.

60 *Presea*: Alhaja, joya, tela, etc., preciosas.

61 *Carbunclo*: Rubí.

gicos y ocultos de la Alhambra; son necesarias veinte semanas para descender a ellos por las dos escaleras, una de mármol negro y otra de jaspe blanco, que tienen en sus dos extremos. En los jardines crecen árboles y plantas cuyas hojas y frutos son topacios, esmeraldas, zafiros y otras cien especies de piedras preciosas, según la familia y naturaleza de cada planta y árbol. El Dauro riega estos vergeles desconocidos por canales fabricados de cristales y beriles, y de entre sus arenas, en redes de seda, sacan incesantemente los genios copiosos granos de oro, que van atesorando en silos de inapreciable riqueza. De los desperdicios de estas arenas son con los que ese hermoso río suele enriquecer a los buenos muslimes[62] que en los placeres y remansos del alveo buscan medios para remediar sus necesidades y dar limosna a los pobres.

Pues has de saber, hermano Mohamad, que esos tesoros están encomendados a la custodia de dos genios, el uno malo y de la especie de los Alafrits, y el otro bueno, de condición noble y de aspecto hermoso, que se llama Najum-Hasam.

En esos tesoros hace muchos siglos que faltaban dos inestimables joyas, que andaban todavía en manos de los hombres; la una era la mesa de Salomón, hecha de una sola esmeralda, y la otra, y más preciosa, era el collar de perlas, que, conservado en tu ilustre familia, lo llevaba ayer en su cuello de cisne por regalo de boda la bellísima Híala, que en sueño profundo se encuentra recostada en ese riquísimo lecho.

Cuando el fundador de tu dinastía arrojó de estos países a los últimos príncipes de los Almohades, no pudieron éstos, en el rebato de aquellos sangrientos sucesos, transportar de aquí los inmensos tesoros de su casa, tesoros que habían venido acreciendo y aumentándose incesantemente de sultán en sultán y de dinastía en dinastía, ya por las herencias y conquistas, y ya por las artes y maravillas de las ciencias ocultas, en que eran muy versados. En el despecho de perder todo este imperio que la fortuna regalaba a tu familia en fraude de la suya propia, los príncipes Almohades dejaron invisibles todos sus tesoros y riquezas en las mansiones subterráneas de estos inmensos alcázares y palacios, con tales artes y por tales secretos cabalísticos, que sólo Soleimán o quien su anillo posea, pudiera haber a la mano y apoderarse de tanto encantado tesoro.

Es el caso que el collar maravilloso de Híala estuvo antiguamente entre los tesoros de los Almohades, y mientras allí estuvo, por el prodigioso poder y virtud de tal joya, el imperio y la ventura de aquella dinastía fueron en aumento, no habiendo comenzado a eclipsarse su gloria, hasta extinguirse, cual ya sabes, sino desde el punto en que por una aventura de amores, que no es del caso entretenerte ahora con ella, salió el collar de aquella familia, y vino a posesión de la tuya, que desde entonces comenzó a engrandecerse en la corriente de los años y con los favores de la fortuna.

Pues el Alafrit, que es guarda de esos tesoros, que es favorecedor eterno

62 *Muslimes*: Muslimes: Musulmanes

de la familia de los Almohades, así como enemigo jurado de la tuya, sabe las virtudes del collar maravilloso. Según los decretos de los sabios y magos que lo ligaron a la vigilante custodia de tanta riqueza por las fórmulas y figuras nigrománticas de las ciencias ocultas, preveía que estando en continuo acecho pudiera ofrecerse ocasión oportuna y valedera para volver a poseer la inestimable joya del collar. El Alafrit deseaba tal favor de la fortuna para quedar libre y franco de esa centinela continua que desempeña con honores también de escucha y de atalaya trescientos años hace, y poder así volar a las montañas de Kaf, su habitual residencia.

Es el caso que allí trata de amores con una muchacha de su especie, algo pequeña de persona, pues no tiene más que tres parasangas del tobillo a la frente, pero no fea. Su nariz es bien encantada y tornátil, así como la Giralda de Esbilia, sus ojos son algo rasgados, pero que cada uno será mayor que la bahía de Gadir, sus cejas son dos hermosas selvas de robles y jarales, y todos sus demás adherentes a este tenor. La muchacha quiere casarse, el Alafrit otro que tal, y tu imprevisión le ha llevado la sopa a la miel, el bocado a la boca.

Tú deberías saber que ese collar maravilloso, esperanza de tu porvenir, así como ha sido origen de la grandeza de tu familia hace perfecta balanza y forma, por inseparable, con tu famoso alfanje Dul-Cahir, que fue un tiempo la victoriosa espada de Alí, bendígalo Alá. Si tú hubieses llevado el collar, si Híala siquiera llevara el alfanje, ya que pensabas separarte de su lado, la catástrofe no tuviera lugar; pero te separaste, o, por mejor decir, apartaste por un momento a Dul-Cahir del collar, y la ocasión se le presentó al Alafrit por el copete, no siendo él ni necio, ni manco para dejar de asirlo de buena manera. El fue quien envió a la mariposa azul para provocar a Híala y a su esclava Encirnún a que para cazarla y perseguirla se desviase de su séquito y comitiva, y se acercasen a sitio conveniente para el sobresalto.

A propósito de esto te recordaré, hermano Mohamad, el olvido en que como monarca has tropezado respecto a la hermosa Encirnún, esclava que puede ser reina en cualquier parte en donde se dé culto a la hermosura. El Alafrit, en cuanto la vio, si con la una mano empuñó el collar, con la otra engarfió a la hermosísima persiana, aficionado de su donosa figura, como tú pudieras estarlo, si te encontraras jugando entre las flores con unos esclavillos tamaños como alfileres. Aquel jayán[63] piensa llevarle presente tan cuco a la señora que le está otorgada en las montañas de Kaf, para que, montando a Encirnún sobre su oreja siniestra, la rasque mansamente con un almocafre[64] aquel lado de la cabeza, operación que la halaga muy dulcemente. Encirnún se resignó desde luego a fracaso tan grande, como debe hacerlo todo esclavo que cae por su culpa en situación tan triste; pero, o yo me equivoco mucho, o esta muchacha ha de volver loco al noble Najum-Hasam, el genio que con el Alafrit guarda los tesoros, y no será extraño que de esclava se convierta en reina de las Hadas. Esto, por otra parte, a ti te estaría bien, hermano Mo-

63 *Jayán*: Persona de gran estatura y fuerza.

64 *Almocafre*: Instrumento que sirve para escardar y limpiar la tierra de malas hierbas, y para trasplantar plantas pequeñas.

hamad, pues así tendrías esperanzas de recobrar tu collar por el buen afecto de la esclava; pues te advierto, hermano mío, que faltando de tu familia esta joya maravillosa, este talismán de tanta virtud, tarde o temprano ha de perder el imperio. Pero volvamos a Híala.

Píntate en tu imaginación, hermano Mohamad, cuál se quedaría tu bellísima y tierna esposa al ver súbito delante de sí al jayán de ese descomunal Alafrit con su disforme estatura, casi doble que la de la novia, cuya descripción te he hecho; con sus ojos semejantes cada cual al corral de Belet, si estuviese ardiendo con azufre; con los hornillos de sus narices iguales a dos caleras humeantes e hirvientes; con sus dos piernas de figura salomónica, cada una formada de dos enormes serpentones enroscados; con su barba tejida de breñales y raíces de antiquísimos árboles, y con otros primores de tal jaez. La muchacha hubiera expirado en el punto si la virtud poderosa del collar no la hubiese asistido. El collar resistió en parte la fascinación infernal de aquel demonio; pero como al punto fue arrebatado del blanquísimo cuello, Híala cayó, no muerta, pero sí desvanecida, en profundo parasismo, pero conservando en el desmayo su interior conocimiento.

En suma, Híala, cuando no duerme en el mismo desvanecimiento en que se encuentra sumergida, oye, entiende y conoce. Todas las demás facultades de su mente están en suspenso, pero el lograr que vuelvan al manso curso que animaba regaladamente esa infantil y casi divina existencia es lo difícil, es lo casi imposible; pero en manos está el adufe, Mohamad hermano, que bien lo sabrá repicar.

Si tuviéramos a mano una pluma de los pájaros de rosa que vuelan en el paraíso, sólo con halagar con ella un poco la nariz de nieve de la desmayada, estornudaría tres veces y despertara contenta y salva como de un sueño desapacible; pero como este no es posible, fuerza será optar entre dos remedios solos que restan. Si quieres, hermano Mohamad, ver entrar a la muchacha por estos salones, danzando y triscando como una hurí celeste, con sus frescas mejillas hechas rosas, y dos soles por ojos, cantando como un ruiseñor y parlando como una mujer hecha y derecha, deja que me la lleve por tres días...

—Eso, no –respondió el Sultán.

—¡Eso, no! ¡Eso, no! –dijo Ben-Farding algo enfadado – ; pues entonces la cura será en toda forma, esto es, que será larga y bien fastidiosa. Es necesario, pues, si así lo quieres, hermano Mohamad, que Híala todas las mañanas sea conducida, media hora antes que despunte el sol, al propio sitio, junto a aquella fuente y debajo del mismo frondoso peral, en donde se encontró desmayada después de la catástrofe. Allí se le darán a oler. en matizados ramilletes, de todas las flores del Generalife, y aun se la acercará a los labios fruta del peral y raudales de la fuente, para que tales aromas y tan regalados como sencillos manjares, produzcan en la hermosa Sultana el mágico efecto que me figuro. Después, en aquel mismo lugar, formando un cerco con cojines y almohadones de seda, y alfombrando el suelo con alcatifas[65] de Persia, y de manera que las pueda oír la lindísima Híala, contarán sendas historias por el estilo que mejor puedan o sepan los esclavos, esclavas o personas que sobresalgan en tan peregrino como envidiable talento. Si las historias o cuentos que se relatan son por lo prodigioso y de maravillas, y la hermosa desmayada da alguna señal de admiración, o si por lo trágico y lastimoso la arrancan alguna lágrima, o siendo de donaires y chistes mueven la celestial sonrisa de Híala; Híala está salvada, y poco a poco volverá en sí, dando un leve suspiro y entreabriendo sus ojos de paloma. A tu diligencia oficiosa, a la buena voluntad de estos heroicos sabios que aquí me escuchan, mis mozos de silla o porteadores, y sobre todo al buen arte del agradable Abu-el-Casin, capitán de la guardia africana, les toca y atañe exhumar, buscar y hallar muchos de tales recontadores de jadices[66] e historias, o noveladores trágicos o cuenteros festivos, y que de entre ellos salga alguno que sepa por las maravillas de su relato, por las gracias de su decir o por las galas de su invención y sales de sus chistes, poner en juego las sensibles cuando delicadas facultades del ánimo de la simpar Híala.

Y con esto me despido,
que vivo lejos,

hermano Mohamad, haciendo gracia por ahora de las ceremonias y procesión con que aquí se me condujo, y del andamio, atalajes, cuadrigas y tiros con que se me porteó, pues ya está harta la locura de ir en cuestas de la sabiduría.

Diciendo esto Ben-Farding, saltó de su huronera, dio tres o cuatro carrerillas por la estancia, sacudió de papirotes y sardinetes[67] a los deslumbrados wazires, cadíes y altos dignatarios del diván, y salió rehilando de la Alhambra, como bodoque[68] disparado por fuerte brazo de bien templada ballesta.

---

65 *Alcatifa*: Tapete o alfombra fina.
66 *Jadices*: Leyendas.
67 *Sardinetes*: Sardineta, Papirotazo que por juego da un muchacho a otro en la mano, con los dedos mojados en saliva.
68 *Bodoque*: Proyectil esférico de piedra o metal que se lanza con una ballesta.

El bautismo de Mudarra, sobrino del rey moro de Córdoba, según nuestras crónicas.

José Somoza

La aportación principal de Somoza al relato se hace a través de sus relatos históricos, radicalmente distintos a todos sus contemporáneos. Es cierto que la vida de Somoza y su pensamiento están muy presentes en los relatos. Tanto que llega a interrumpir la narración para intercalar reflexiones que emanan de la vida del autor.

> ¡Dichoso aquel mortal privilegiado que en los primeros años de su edad consiguió cultivar su entendimiento! Todas las situaciones de la vida le proporcionan placeres. Consigo lleva su felicidad. En medio de los páramos desiertos, sobre los vastos abismos de los mares, entre las selvas sombrías, allí goza. El hombre estúpido, el atrabiliario le envidian y se irritan contra él, e intentan degradarle, abatirle, rebajarle al nivel suyo; le persiguen, le atormentan, le empobrecen, le destierran, le sepultan en sus calabozos. ¡Vana porfía! Allí es dichoso el sabio, meditando en los medios de mejorar la suerte de sus verdugos.

Esta reflexión, intercalada en «El Bautismo de Mudarra» es reveladora de la mentalidad de Somoza. En ella están los recuerdos del luchador contra los franceses, prisionero en las cárceles de Fernando VII, perseguido por los absolutistas y protegido por sus convecinos, del voluntario solitario de Piedrahita.

El título «El Bautismo de Mudarra, sobrino del rey moro de Granada, según nuestras crónicas» es engañoso porque nada tiene que ver lo que se cuenta en el relato con las crónicas medievales. La historia es contada desde la perspectiva de Mudarra. Aquí aparece como un curioso híbrido de ilustrado y héroe romántico. Por un lado es enemigo de la violencia y de la venganza, benéfico e interesado por la ciencia. Por otro lado le persigue una maldición del destino y todos los sacrificios que hace por amor filial y respeto le llevan al desastre, al crimen que rechaza y la violencia que le repugna. No es el vengador de sus hermanos, los Infantes de Lara, que aparece en los romances tradicionales castellanos, ni tiene intención de serlo. Los otros dos personajes importantes del relato violentan a Mudarra, explotando su amor y respeto. Gonzalo

Gustios, su padre, le obliga a una venganza sangrienta y usa de engaños para que colabore en el asesinato de Doña Lambra. Doña Sancha, su madre adoptiva, fuerza su conversión, a pesar de las dudas y el sufrimiento de Mudarra. Gonzalo aparece aquí como un malvado, obsesionado por la venganza y defensor de la ley del más fuerte y Doña Sancha como un fanática religiosa.

Mudarra aquí es España, desgarrada entre la violencia y la religión, sin reposo por causa de los que sólo piensan en la venganza y en la fuerza y de los defensores de una religión intolerante y tiránica. Al final Mudarra se siente manchado, sucio. Llegó limpió y honrado desde tierra de los moros y España y los españoles le han hecho convertirse en un asesino y apóstata de la religión en la que cree y traidor de aquellos que le criaron. Y todo ello por intentar ser respetuoso y honrado y por obrar de acuerdo con las normas y las leyes de la sociedad que le acoge.

Gonzalo representa la España más oscura, que sólo cree en la fuerza y desprecia la inteligencia. «Los débiles arguyen y los fuertes vencen» es la respuesta que da a Mudarra cuando este quiere racionalizar sus actos e impedir la cadena de venganzas. En la venganza obsesiva de Gonzalo se retrata la serie de venganzas a las que se han entregado los carlistas y los cristinos. La muerte de Doña Lambra hace pensar en el fusilamiento de la madre del carlista General Cabrera, así como las guerras carlistas están aludidas en la descripción que Somoza hace de la España que se encuentra Mudarra, con «sus habitantes, entregados a lides inútiles, divididos en fracciones insensatas, esclavos de pasiones frenéticas y de preocupaciones absurdas».

Doña Sancha es la religión española. Intolerante, decidida a lograr la conversión de Mudarra, pero no por el ejemplo, ni por la enseñanza, ni por el razonamiento, sino por la amenaza y el chantaje. Mudarra se bautiza por caridad hacia ella, pero sin fe y con grandes remordimientos. En la religión que aparece en el cuento, no hay paz, ni caridad, ni dulzura. Violencia y sólo violencia es lo que Mudarra ve en la cristiana España. Incluso Gonzalo desdeña los argumentos cristianos de Mudarra con una cínica afirmación: «Los delitos contra el cielo admiten expiación. Los del honor ninguna». Mudarra y el lector sienten que el protagonista se envilece al cambiar de religión.

Para acentuar más este contraste la tierra de moros es presentada como un remanso de paz, de honradez y de sabiduría. Somoza anota que el rey Hiscen recibe al traicionado Gonzalo, asombrado de la maldad que hay en tierra de cristianos y compadecido de su suerte. Para valorar lo inusitado de la presentación de los dos religiones hay que recordar el momento de la conversión al islamismo del cristiano Beltrán en el cuento del mismo nombre de José Augusto de Ochoa. Después de la conversión Beltrán se convierte en un personaje monstruoso, dedicado a los peores crímenes, hasta que, en justo castigo a sus desmanes, un fantasma de negra armadura le arrastra a los infiernos, cuando después de haber convertida la iglesia de su castillo en «mansión de Satanás» pretende que un «vil sarraceno» vestido de ministro de su religión le case con su malvada amante. En la mayoría de los cuentos la visión del enfrentamiento de las dos religiones va a ir en la línea de «Beltrán» y no en la de «El Bautismo de Mudarra».

Peers, que ha prestado alguna atención a este cuento lo califica con gran dureza: «Desgraciadamente la fase principal de su actividad literaria coincidió con la llamarada romántica y cuando probó sus fuerzas en un cuento medieval, como *El Bastardo Mudarra*, el resultado fue desastroso» (Peers, 1973, II, 192) Peers es injusto. Aparte de que cita mal el título, su mención de la «llamarada romántica» y la calificación de la narración como «cuento medieval» no se corresponden con la realidad.

Si hubiera existido una «llamarada romántica» Somoza hubiera sido el escritor de la época más alejado del fuego. Sin duda, desde su retiro de Piedrahita, conoció la narrativa histórica romántica y aprovecha algunos de su elementos para «El Bautismo de Mudarra». En gran parte son elementos de ambientación nocturna y misteriosa: el cementerio de San Pedro de Arlanza donde Mudarra encuentra a Doña Sancha, los paisajes por donde Mudarra pasea mientras medita sobre las dos peticiones de Gonzalo y su esposa: «Las arboledas de tristes cipreses, los hondos valles, la silenciosa luna o los sepulcros de sus hermanos son los únicos testigos de sus penas». Mudarra, también, como muchos héroes románticos se siente marcado por su nacimiento. Como Don Álvaro es producto de una mezcla de razas y como Don Álvaro se encuentra, sin pretenderlo, con sangre en sus manos.

Pero ahí acaban las semejanzas. Nada hay en Mudarra de resentimiento por su nacimiento, de insatisfacción con su situación. Entra en España como un héroe benéfico: su intención es conseguir el bien. Su destino no es producto de la fatalidad, sino de las maquinaciones de Gonzalo en pos de su venganza obsesiva y del fanatismo religioso de Doña Sancha. Su oposición a la venganza le diferencia de forma radical de muchos personajes románticos. La ausencia de intriga amorosa, nos indica que no se trata del amor como metáfora de la libertad frente a una sociedad injusta. Somoza está hablando de su España, la de las guerras carlistas, de violencia incesante, de venganza sobre venganza, de religión inquisitorial, intolerante y conminativa, del abandono de la cultura. No es un cuento medieval, como dice Peers que no entendió la historia que Somoza pretendía contar: es un testimonio de un hombre que mira a su alrededor y ve una España encenagada en un rosario de odios, presididos por una religión que no combate contra la violencia y no consigue convencer de su bondad.

No se trata de un cuento medieval, sino de una aplicación de la historia al tiempo contemporáneo. El cuento tiene interés por la alteración que da Somoza al carácter del protagonista y por ende, la revisión del mito. En este sentido se adelanta a autores modernos (Torrente Ballester) al cambiar los caracteres y plantear una nueva visión de la historia que pone en cuestión la interpretación tradicional

* * *

Obras de José Somoza. Artículos en prosa. 1842.

El bautismo de Mudarra, sobrino del rey moro de Córdoba, según nuestras crónicas.

José Somoza

En el siglo IX ocupaban los árabes gran parte de nuestra patria. Castilla sacudía el yugo, pero sus fuerzas apenas bastaban a sostenerla en libertad. El rey Hiscen[1] la amenazaba continuamente desde el trono, asentado y consolidado por tanto tiempo en Córdoba. Esta corte era el centro del poder sarraceno. El resto de España entera reconocía su preeminencia y superioridad en las artes y en las ciencias. Allí resucitaban el saber y las letras de la antigua Grecia, olvidadas ya en todo el Occidente. A su universidad célebre concurrían de todas las naciones los hijos de los nobles que no se contentaban con ser únicamente cazadores y guerreros.

En esta brillante corte se educó el joven Mudarra[2]. Llegaba apenas a los quince años, y ya las gracias habían hermoseado su persona, las musas su entendimiento, la virtud su corazón. Criábase como individuo de la familia real. La hermana del rey Hiscen[3] le amaba como a hijo suyo, mas no le confesaba que lo era. En vano el amable mancebo, echándose mil veces en sus brazos y nombrándola madre, cubría de besos su rostro. El rostro de la mora se inundaba en llanto, y el joven, apartando el suyo, se retiraba también a llorar en silencio.

Pero llegó, en fin, un día en que el amor materno terminase aquel mutuo martirio.

—¡Hijo mío eres! –exclamó la Infanta, abrazando a Mudarra–. ¡Pero no me maldigas! ¡Eres bastardo! Tu padre es un cristiano, un adúltero, esposo de otra cuando te dio el ser en mi seno. Tu existencia es un oprobio para tu débil madre, para ti mismo, víctima inocente de nuestra flaqueza. ¡Y me atrevo a esperar que no me odies! ¡Me atrevo a exigir que ames, que respetes,

1 Hisam II, Califa de Córdoba entre 976 y 1013. Llegó al poder con diez años de edad y el poder efectivo lo desempeñó Almanzor.

2 Por los años de 994 (Nota del autor).

3 Otros dicen hermana de Almanzor. (Nota del autor).

que obedezcas al cómplice de mi crimen y de tu ignominia si llegas conocerle! ¡Tanto confío en tu virtud!

El generoso Mudarra, volviendo en sí del proceloso abismo en que le habían hundido las palabras de su madre, la jura amor eterno y sumisión sin límites.

—Es preciso separarnos –le dice ésta–. Tu permanencia en la corte pudiera perderte. Si un día se divulgase la afrenta de tu nacimiento, si osase un insolente echártela en cara, tendrías que aplacar con sangre al ídolo inflexible del honor; otro destino te reserva el Cielo si favorece mis súplicas. La real sangre de los godos corre por tus venas, mezclada con la de los monarcas africanos. Tal vez se te reserve la dicha de aplacar los odios de las dos naciones. Tal vez te deban un día los afligidos mortales una paz y un sosiego permanentes. Todo está preparado. Sabes que el Rey mi hermano armándote caballero, armó doscientos nobles de tu misma edad, que han jurado seguir tu suerte. Marcha a su frente: busca en tierra de los cristianos al caballero de quien eres hijo. Ampárale, defiéndele contra sus poderosos enemigos. Para que te reconozca, toma ese anillo partido, prenda de nuestros desgraciados amores. Besa la mano adornada con la mitad del anillo que falta, y ella te dé la bendición paterna.

Así habló la ilustre mora, dejando a Mudarra conmovido y triste. Pésale abandonar a su adorada madre en el momento mismo en que la acababa de reconocer. Siente dejar su encantadora patria, cambiar sus dulces y urbanas costumbres por la vida errante y aventurera. Pero una lisonjera perspectiva le alienta: la idea de un padre a quien ama antes de conocerle y la de una madre consolada y feliz. La del bien general, sobre todo, que no duda conseguir, le anima, le inflama y quisiera que ya el nuevo día no le hallara en Córdoba.

Entre tanto el rey Hiscen ordena lo necesario para que la partida de su deudo sea decorosa y magnífica. Luego le instruye sobre la conducta que debe observar en las tierras neutrales o enemigas. Le da cartas y despachos que acrediten y caractericen su persona. Llegado el día y la hora, los doscientos nobles moros que han de acompañarle se presentan armados y montados gallardamente. Todos son bellos, diestros y discretos como el Dios de la luz y la armonía. Todos llevan en su seguimiento algunos escuderos y hombres de armas. El lucido escuadrón reconoce a su joven adalid y marcha a su voz.

¡Dichoso aquel mortal privilegiado que en los primeros años de su edad consiguió cultivar su entendimiento! Todas las situaciones de la vida le proporcionan placeres. Consigo lleva su felicidad. En medio de los páramos desiertos, sobre los vastos abismos de los mares, entre las selvas sombrías, allí goza. El hombre estúpido, el atrabiliario le envidian y se irritan contra él, e intentan degradarle, abatirle, rebajarle al nivel suyo; le persiguen, le atormentan, le empobrecen, le destierran, le sepultan en sus calabozos. ¡Vana porfía! Allí es dichoso el sabio, meditando en los medios de mejorar la suerte de sus verdugos.

Mudarra, errante por la triste España, compadece la suerte de sus habitantes, entregados a lides inútiles, divididos en fracciones insensatas, esclavos de pasiones frenéticas y de preocupaciones absurdas. No ve sino fortalezas rodeadas de fosos, ciudades encerradas dentro de sombríos muros, aldeas incendiadas, campos talados, ganados que huyen con sus conductores al aspecto del caminante. Suspira el moro; pero disipa su melancolía, embebido en ideas de esperanza y alivio para la especie humana. O estudia las virtudes de las plantas, o el origen de los ríos, o la dirección y ángulos de las montañas, o la forma y materia de las rocas, por las cuales infiere los trastornos, los incendios, las inundaciones que ha padecido el globo, girando en torno del astro que lo alumbra. En la tranquila noche contempla, mide y calcula los diversos planetas que describen su órbita reglada; los cometas, de forma extraordinaria, y que a pesar de su irregular giro, no pueden evitar que la mente del sabio sorprenda y averigüe su camino, y pronostique y fije su retorno. Las altas estrellas fijas, centro de infinitos orbes a que da vida su luz, y cuya vibración en el espacio emplea años enteros en llegar a la vista del mortal: del mortal, que se eleva a la contemplación de la inmensidad, despreciando entretanto los intereses y pasiones mezquinas, cual llama inútil de exhalaciones fétidas.

En una de estas noches, la oscuridad había separado al moro de sus compañeros, y vagaba sin camino por las márgenes del río Arlanza, cuando el viento trajo a su oído el sonido de una campana. Guiado por ella, llegó hasta un elevado y gótico edificio, monasterio solitario edificado por la piedad cristiana[4]. Dirige sus pasos una débil luz hasta la entrada de un dilatado claustro. En el pórtico deja el caballo, y camina por las sombrías bóvedas, al fin de las cuales ardía una lámpara que alumbraba diferentes sepulcros. Una mujer sollozaba hincada de rodillas entre aquellas tumbas. Su traje y porte y el número de dueñas y criadas que la rodeaban, mostraban ser dama ilustre. El tiempo comenzaba a hollar su semblante en que parecían haber morado las gracias.

Alzóse sobresaltada cuando miró al guerrero; mas luego dirigiéndose a él con voz airada, le dijo:

—¿Por qué turbáis la paz de los sepulcros y la soledad religiosa del asilo de la aflicción?

El moro, desenlazando la celada que cubría su rostro, le pide perdón; la informa de que es un pasajero extraviado, y quiere retirarse; pero la dama le detiene.

—¿Visteis –dice, volviéndose a las que la asistían–, retrato más parecido a mi Gonzalo? ¿Al menor de mis hijos? ¡Su misma voz, su amable sonrisa y el mirar encantador del malogrado Gonzalo! Caballero, si vuestra cortesía iguala a vuestra gentileza, confiadme vuestro nombre y el objeto de vuestro viaje.

4 San Pedro de Arlanza, cerca de Burgos. (Nota del autor)

Enseguida manda a sus criadas que acerquen un estrado y se retiren. Mudarra se contenta con decirle que viene de Córdoba, con mensaje de su tío el rey Hiscen.

—Pues sois deudo del rey Hiscen –replica ella–, por mí debe correr desde hoy vuestro hospedaje. Más he debido a ese monarca moro que a mis conciudadanos y parientes, que profanan el nombre de cristianos no teniendo más ley que la perfidia. Vuestro generoso tío me devolvió el esposo a quien mis deudos vendieron y le entregaron para que le mandara degollar. Me le devolvió, ¡ay de mí!, compadecido de nuestras horribles desventuras, y permitió que aquel infeliz padre volviese a sollozar entre los brazos de su esposa Doña Sancha, ¡de la madre de los Infantes de Lara! Sí señor, yo soy esa miserable que, perseguida de tigres, me he refugiado a esta última guarida con los sangrientos restos de la presa que me devoraron. ¡En esas siete tumbas están los troncos de sus cuerpos sin cabezas, para oprobio de este bárbaro siglo, baldón eterno de la cristiandad, y escarmiento de humanas grandezas!

Calla ahogada por el llanto. Mudarra no se empeña en consolarla, pero llora con ella, único medio que halla un corazón tierno de aliviar al afligido. Después de un largo silencio, el compasivo moro indica que desearía le contase sus desgracias, si el renovar su memoria no agravaba su pesar.

—Os engañáis –le replicó la dama cortésmente–, el doliente descansa cuando habla de su dolor. Pero la historia de mis infortunios está enlazada con la de mi patria y con la del benéfico gobierno de Nuño Rasura, tío de mi esposo Gonzalo.

—Castilla estaba alterada desde que sus cuatro Condes habían sido degollados en León por orden de su tío el rey Ordoño, y se aumentó el descontento en el reinado del sucesor Fruela, que también mandó matar a los hijos de Olmundo, principal caballero, sin que de unas ni otras muertes se haya sabido el motivo. Este rey se hallaba enfermo y malquisto en León, y de esta circunstancia se aprovecharon los castellanos para alzarse abiertamente. Resolvieron nombrar dos varones que con el nombre de Jueces les gobernasen en paz y en guerra. No recayó la elección sobre los más principales y poderosos caballeros, sino sobre los más prudentes y esforzados. Nuño Rasura era hombre de gran juicio, sufrido, modesto, diligente y recatado[5]. Así era amado de todos, y apenas se hallaba quien se quejase de lo que juzgaba, aunque muy pocas veces daba sentencia en los pleitos y diferencias, concertando las partes con afabilidad y discreción. El yerno de éste, Laín Calvo, era el otro Juez, electo tan sólo para negocios militares, a que era aficionado. Entonces fue cuando tuve la dicha de ser elegida por Nuño Rasura para esposa de Gonzalo, su sobrino, a quien él educaba en su palacio con toda la nobleza de Castilla. Quería preparar a la nación por medio de esta noble juventud otro siglo de honradez, previendo

---

5 Así se expresan las crónicas (Nota del autor) La Historia Gótica (llamada también Crónica del Toledano) escrita por el Arzobispo de Toledo, Rodrigo Ximénez de Rada, a principos del siglo XIII define así a Nuño Rasura: «vir patiens et modestus, solers et prudens, industrius et circunspectus...» (hombre paciente y modesto, hábil y prudente, trabajador y recatado).

que su edad no le daría tiempo para consolidar por sí la felicidad de la patria. Fue así: pereció con él a poco tiempo: ¡tanto importa a las naciones la vida de un justo! Fernán González, su nieto, amaba la falsa gloria, lisonjeado por un pueblo que amaba en él la memoria de su abuelo. Mas ¿qué mucho si ya entonces la ambición se tenía por virtud y ningún delito lo era, como se cometiese por mandar y se lograse? Ramiro inhumanamente había sacado los ojos a su propio hermano y a sus tres sobrinos. En fin, señor, el reino de Castilla fue puesto en venta, el premio en que se tasó, ¿cuál os parece que fue? ¡Un caballo y un halcón, propios de Fernán González, los cuales codiciaba el rey don Sancho! ¡No valía más Castilla, pues por tal precio se daba! Mostró el cielo desde entonces abandonar esta tierra degradada. El árabe volvió a invadirla. Mis siete Infantes, en edad ya de manejar las armas, corrieron a tomarlas. Mi esposo Gonzalo, al frente de sus hijos, vio las primeras pruebas de su valor; pero fue más el mío, pues toleré su ausencia sin morir. ¡Cuánta menos fortaleza necesita el guerrero que marcha al combate que la esposa o la madre que le ve partir! Inmóvil la cuitada en el recinto estrecho de su estancia, su corazón sensible es el campo en que pasan los combates; en él se lidian todas las batallas; en él se clavan todos los aceros. Por fin volví a abrazar a mis hijos y esposo. Volvieron estos a la corte de Burgos, a las bodas de mi hermano Rui-Velázquez, que casaba con doña Lambra, dama de gran distinción, pero de carácter orgulloso y vengativo, y origen de todas mis desdichas. Un primo de ésta tuvo un altercado con el más pequeño de mis hijos en el torneo que se celebró para solemnizar el casamiento. Medió el Conde de Castilla, y la disputa quedó olvidada por todos menos por mi cruel cuñada. Ni sosegó hasta lograr hacernos a todos odiosos para con su esposo, ciego, crédulo y alucinado por ella. Un día que uno de mis hijos se hallaba en sus jardines, mandó a un esclavo que le insultase y se acogiese a las rodillas de ella[6]. Allí fue muerto por mi ofendido hijo, como era de creer, y ella esperaba sin duda, para quejarse al marido de tal desacato. Este juró la ruina de sus sobrinos, comenzando por el padre de éstos, por mi esposo Gonzalo. Por medio del valimiento que con el Conde tenía, logró mi pérfido hermano que Gonzalo fuese a Córdoba como embajador de paz al rey Hiscen; mas reservadamente pedía al Rey le prendiese y matase como sospechoso, ofreciéndole en premio parte de Castilla. Para facilitar su entrada en ella emprendió luego mi hermano una jornada sobre la frontera del moro, y no contento aquel monstruo con privarme del esposo, se llevó consigo todos mis hijos. ¡No sé qué presentimiento de que no volvería a verlos me oprimía el pecho al despedirme de ellos! Los abrazaba alternativamente, besaba sus semblantes inocentes, y hacía responsable de sus días a su ayo Nuño Salido, a cuyo cuidado iban[7]. Marchan en fin, y llegan al castillo de Alvacar, adonde les destinaba su aleve tío Velázquez, cual víctimas entregadas

6 Le arrojó un cohombro empapado en sangre, grave ofensa en aquel tiempo. (Nota del autor). *Cohombro*: especie de pepino (N. del E.)

7 Nuño Salido murió como caballero, defendiendo a los infantes, a quienes había dado excelente educación. (Nota del autor)

al cuchillo agareno[8]. Diez mil lanzas cercaron en el campo a doscientos caballeros que iban con mis hijos. Tres días enteros mantuvieron su honor los de Lara, retirándose al fuerte y esperando socorro, hasta que el hambre, el cansancio, las heridas y el despecho les hicieron rendir las vidas. ¡¡¡Las cabezas de los siete Infantes fueron con inhumana diligencia remitidas a Córdoba a su padre por el vengativo tío!!! Yo ignoraba que había hombres, caballeros, cristianos, sedientos de la sangre de su propia especie. ¡Repugna el lobo hambriento verter la de su familia! El rey moro se horrorizó de este espectáculo detestable. Lloró a mis hijos, compadeció la miseria de éste. Dióle la libertad, dióle su poderosa protección para volver sin riesgo a su patria, a gemir con su esposa. Aquí me había retirado yo, habiendo conseguido trasladar los restos de los Infantes para sepultarlos. Aquí vino mi esposo, y en él miré lo que no creía posible, un ser más digno de lástima, porque yo era inocente y él se hallaba culpable. Además de nuestras penas mutuas, se hallaba oprimido de otra que no admitía consuelo, porque era incomunicable a su esposa. Logré sin embargo sondear su llaga, verter en ella el bálsamo de la esperanza, y disipar la corrosiva caries del remordimiento. No es un secreto en la corte de Castilla el que voy a confiaros, ni vos una persona vulgar para que os lo reserve. Mientras mi esposo estuvo preso en Córdoba, se dignó visitarle en su prisión una sensible mora del más alto carácter. La compasión y el agradecimiento produjeron una pasión violenta en ambos. Uno y otro se olvidaron de sí. Hubo un momento culpable, pues que las leyes crean los delitos, los del amor, ¿quién no los disimula y los perdona?, ¿quiénes son inflexibles contra ellos? O los hipócritas, o los egoístas insensibles. Mi religión exige el perdón de las injurias, y mi índole las de aquéllas que lo son sólo para el amor propio. Conseguí que Gonzalo creyese mi indulgencia y mi perdón sinceros, pero me fue imposible averiguar si existe el fruto de su debilidad. Lo ignora Gonzalo. Quince años hace que volvió de Córdoba: quince años que la triste mora, al dejarla su amante, partió un rico anillo que ceñía su dedo, le entregó la mitad y reservó la otra, ofreciendo enviársela por una cara y suplicante mano, si daba a luz y el cielo conservaba la víctima inocente que llevaba en su seno.

A estas palabras, el joven Mudarra no es dueño de sí mismo. Arrójase a los pies de doña Sancha. Le muestra en sus manos juntas y elevadas al cielo el materno y roto anillo, ocultando su rostro cubierto y abatido de rubor. Doña Sancha, sorprendida, cerciorada, conmovida, toma en las palmas de sus manos trémulas la sonrosada faz del mancebo, la observa atentamente, contempla una por una sus facciones y besa en fin su frente, nombrándole hijo suyo. El moro en seguida satisface la curiosidad de ésta, circunstanciándole su nacimiento, educación y venida en busca de la paterna bendición. Doña Sancha le ofrece conseguirla, presentándole a Gonzalo, retirado en su castillo de Salas, a corta distancia. Entretanto los compañeros de Mudarra, inquietos por la falta de su jefe llegaban al monasterio, doña Sancha los recibe, cuida de su regalo, y les

8 Trescientos de la gente de Velázquez no obedecieron la orden de éste y fueron a socorrer a los infantes. (Nota del autor). *Agareno*: descendiente de Agar. Mahometano. (N. del E.)

proporciona un asilo cómodo. Sólo Mudarra no descansa ni se entrega al sueño. La esperanza y el temor agitan su ánimo y suspira por el día que ha de decidir de su futura suerte. Llegado éste, Doña Sancha le conduce al castillo de Salas. El escuadrón del moro le sigue.

La habitación de Gonzalo era cual la de todos los grandes de Castilla: una fortaleza erizada de almenas cubiertas de centinelas armados. El puente levadizo da entrada solamente a Doña Sancha, que se anticipa a informar a su esposo y disponerle a recibir al hijo. Vuelve ésta al cabo de algún tiempo con la sonrisa del bueno que acaba de ejercer un acto benéfico.

—Entrad –le dice–, que os abrace Gonzalo, vuestro buen padre.

Mudarra, guiado por ella, cae a los pies de un venerable anciano. Sus desgracias estaban grabadas en su rostro, y éstas más que los años habían debilitado sus miembros. Examina con ojos enternecidos las facciones del moro, ve el anillo, lo toma, lo acerca a sus labios, alza la vista y las manos al cielo, e incapaz de soportar la conmoción de su ánimo, se retira apoyado en su hijo y en su esposa. Pero el alma violenta de Gonzalo, aún más exasperada que abatida por el largo padecer, recobra pronto toda su fiereza. La agitación de su ánimo amenaza una horrible explosión. Así el antiguo monte de Sicilia, tranquilo por mucho tiempo, truena repentinamente, arrojando el fuego a torrentes y destruye cuanto la mano del hombre benéfica y activa había edificado alrededor de él.

Había poco tiempo que Mudarra, bajo el paterno techo, con sus compañeros, gozaba su dichosa situación, cuando un día Gonzalo le llama y le dice:

—El cielo es justo, le pedí un vengador y me envía un hijo en la flor de la edad y de la fuerza. ¡Que perezca, hijo mío, por tu mano el vil Velázquez y la indigna Lambra, asesinos aleves de tus siete hermanos! Pero no me descubras, oculta, yo te lo mando, este secreto a mi esposa. Su débil sexo, su piedad religiosa, su antiguo afecto hacia el único hermano, se opondrían a una resolución que juro por mi honor se ha de cumplir. Juro tener por enemigo eterno a todo el que se oponga a mi venganza.

Gonzalo se retira. Su hijo horrorizado queda inmóvil. Erizado el cabello, pálida la frente. Las pupilas de sus ojos sin pestañear están fijas en tierra cual si mirasen un profundo abismo, cual si viese humear la sangre que se quiere que vierta su inocente mano, cual si el remordimiento del crimen despedazase ya su corazón.

—¡Oh, virtud! –exclamaba–. ¿Será imposible ser feliz contigo? ¿Te habré yo consagrado inútilmente por templo mi corazón? Esperanzas de paz y reconciliación, ¿dónde habéis ido? ¿El torbellino de las pasiones os habrá disipado en un momento. ¡Padre adorado e injusto! Yo que por vuestro amor agotaría mis venas; que por vuestra defensa exterminaré huestes de enemigos, ¿no he de osar aplacar vuestro furor, combatir y disipar una preocupación de pundonor funesto? Tú, sensible y benéfica cristiana, esposa generosa, que has extendido el velo de la religión sobre un esposo criminal contigo, tú apoyarás mis débiles palabras, tú auxiliarás mis suplicantes voces. Mas ni aun esto me es lícito. El paternal precepto me prohíbe revelar este secreto horrible.

Así se atormentaba el virtuoso Mudarra, cuando Doña Sancha, que venía de orar y ofrecer a su Dios la felicidad suya y la de su familia, se acerca al moro, le estrecha en sus brazos, le sienta a su lado.

—Dios me ha inspirado –le dice–, el Dios que te ha dado un padre y que te da en mí otra madre (porque la que te tuvo en sus entrañas no te ama más que yo), ese Dios, hijo mío, ha de ser el Dios tuyo, si te interesa la felicidad de la que sólo anhela por la tuya. No, yo no disfrutaré un momento tranquilo mientras no te abra el camino de la eterna dicha. Si te cegare tu fatal error, ¡me estremezco al pensarlo!, yo moriría, porque no me sería permitido, ¡oh hijo mío!, darte este nombre, ni tenerte a mi lado. ¡Yo en comunicación con un infiel! ¡Mas apartarme de mi único apoyo de la vida, imagen del malogrado Gonzalo! Moriría de la muerte más infausta, desesperada aun de vivir contigo en la mansión eterna de la vida. Pero si abres los ojos a la luz del cielo, la ilustre casa de Lara renacerá en ti, serás el fundador del vínculo de paz entre dos grandes y devastadas naciones a quien tal vez tu raza dará reyes justos[9].

El llanto inundaba las mejillas del moro, postrado a las rodillas de su nueva madre.

—Haced –le dice al fin– que vuestro esposo, que mi amado padre me conceda volver con vos al solitario asilo donde os encontré; que me permita meditar allí y hallar los medios de que sean felices las únicas personas por quien amo la vida.

Doña Sancha se da por contenta. Pide y alcanza el permiso de este retiro, grato a su piedad. Gonzalo lo concede con repugnancia y sólo por respeto al religioso objeto de su esposa, pero señala a su hijo un breve plazo para la ejecución del deber que en secreto le ha puesto. El atribulado y confundido Mudarra, llegando al monasterio solitario, suelta la rienda a su melancolía. Las arboledas de tristes cipreses, los hondos valles, la silenciosa luna o los sepulcros de sus hermanos son los únicos testigos de sus penas.

—¡Oh, lecciones! ¡Oh, Maestros –exclamaba– de la moral y la sabiduría! ¿Por qué no estáis de acuerdo con las leyes, las costumbres y las opiniones de todos los hombres? ¿Por qué la especie humana está más dividida entre sí misma que las demás especies? Nazco, y mi nacimiento es un oprobio inevitable en mí. Encuentro un padre y no me reconoce sino con la condición de cometer un crimen que juzga obligación. Me ordena que asesine a su propio cuñado, a mi tío, al hermano de esta mujer benéfica que me adopta por hijo, pero cuya inflexible religión exige decidida y absolutamente que abandone y abjure la religión mía, la religión de la que me dio a luz, la religión de la patria que me adoptó al nacer. ¿Y yo cometeré tan fea ingratitud? ¡Primero morir! Pero morir y dejar en la desolación y el abandono aquella misma madre; y

9 Los de Portugal, según las crónicas (Nota del autor)

esta madre adoptiva que me anuncia su muerte si no la complazco. Mi padre entonces maldeciría con razón mi existencia y mi muerte. Conmigo bajarían a la tumba las esperanzas de dos nobles familias. Las esperanzas que yo propio alimento de dar la paz al afligido pueblo. ¡Oh Dios! ¿Por qué permite tu justicia que tan difícil sea ejecutar el bien?

Así pasaba los días el desgraciado mancebo para quien era otro tormento nuevo la presencia y mirada suplicante de Doña Sancha. Terminó tan penosa situación la venida de Gonzalo.

—El Conde de Castilla –les dice– quiere conocer a mi hijo. Yo mismo voy a presentarle en su corte. En término de tres días se lo devolveré a mi esposa, que juzgará entonces por su sumisión, si merece que le adopte por hijo suyo.

Mudarra se prepara a obedecer, y Doña Sancha, al despedirse de él, rompe el silencio que había guardado por tantos días.

—No prolongues, hijo, las angustias de tu segunda madre. Los doctos religiosos que aquí habitan me aseguran que estás instruido en los augustos misterios; que tu consentimiento sólo falta para que recibas el agua saludable. Yo he respetado hasta hoy tu silencio a costa de mi sosiego y mi salud. Mira este semblante pálido, estas lívidas mejillas, efecto son de mi inquietud por ti. Así me tiene tu ingrata obstinación. Que no dure más tiempo este martirio. Si es necesario me postraré ante ti para alcanzarlo. Abrazaré tus rodillas y besaré tus pies.

Diciendo esto cae arrodillada. Su hijo también se arrodilla, la abraza, la sostiene, le ruega que no abuse de su amor. Pero Doña Sancha se alza. Se desprende de sus brazos. Le aparta de sí, diciendo:

—Aléjate de mí desventurado infiel. Tu ceguedad y mi condescendencia están escandalizando esta religiosa casa. La religión me prohíbe en adelante toda comunicación contigo. Déjame descender en paz y en inocencia, si es posible, al sepulcro de mis padres.

Gonzalo llegaba entonces a despedirse de ella. Gonzalo, que ha escuchado las últimas palabras de su esposa, le ruega que se calme, que no precipite la obra del cielo. Lleva consigo a su hijo, y juntos toman el camino de Burgos.

Entonces es cuando Gonzalo participa a su hijo que ha retado en su nombre al bárbaro Velázquez y que debe prepararse para el mortal duelo.

—Padre –exclama el mancebo–, ¿para qué pedís víctimas a vuestro hijo inocente? ¿Por qué exigís que vuelva a los brazos de su madre adoptiva, de vuestra esposa, manchado con la sangre de su hermano? ¿Debo prepararme por un parricidio al sacramento augusto y primitivo de vuestra religión?

—Los delitos contra el cielo –replica Gonzalo– admiten expiación. Los del honor, ninguna.

—Pero ese honor, señor, ¿no exigiría después otra venganza de parte de la raza de Velázquez contra la raza vuestra? ¿Por qué hemos de dejar tan triste herencia a nuestros descendientes? Si no es dado a los buenos cortar alguna vez esta horrible cadena de rencores, ¿cuál ha de ser el último eslabón?

—Los débiles arguyen y los fuertes vencen –interrumpe Gonzalo–. Tu padre sostendrá el duelo. En él serás espectador cobarde de mi venganza o de mi muerte. Arrojaré sobre ti algunas gotas de mi última sangre con mi maldición.

Mudarra se estremece de la alternativa horrenda y no encuentra esperanza sino en su destreza. Combatirá, desarmará al enemigo, satisfará a su padre y a la humanidad.

Al día después de haber entrado en Burgos, Gonzalo, llevando a su lado al moro gallardo, se le presenta al Conde de Castilla y a los grandes que le acompañaban. Velázquez estaba entre ellos. Velázquez osa escarnecer al bastardo, pero éste entonces le recuerda el duelo y exige la hora. Los grandes murmuran entre sí y deciden a una voz que Velázquez está obligado al duelo. El Conde, a pesar suyo, señala el día siguiente para el combate y los despide cortésmente. Pero cuando la noche ha tendido sus sombras, Velázquez reúne todos su parientes y parciales, hace que le abran una puerta de la ciudad y huye en silencio hacia su fortaleza de Barbadillo, llevando a su esposa, la culpable Lambra, en medio de un escuadrón de caballeros. Gonzalo había espiado todos los pasos de su enemigo, como el lebrel a la presa, para, en viéndola fuera de su asilo, salirla al encuentro y lanzarse sobre ella. Nada quiere decir a su hijo, que descansa retirado en otra estancia; pero en nombre suyo marcha. Reúne los guerreros moros que habían quedado en su castillo de Salas y se oculta con ellos en un bosque sobre el mismo camino por donde ha de pasar Velázquez con los suyos.

Ya la estrella precursora del día centelleaba sobre el horizonte, cuando el vigilante Gonzalo siente y descubre la marcha de la enemiga hueste.

—He aquí nuestros enemigos –les dice a los moros–. Estos son los asesinos de los Infantes de Lara, hermanos de vuestro jefe.

La lid se traba a pesar de la oscuridad. Los de Velázquez combaten como caballeros enlazados por el parentesco; los moros como mancebos a quienes ha hermanado la virtud.

Mudarra entre tanto permanecía en Burgos. Después de una inquieta noche sobre un lecho en que su padre le había ordenado permanecer, se levanta con el día, busca a su padre; nadie le responde. Toma su caballo y armas; averigua en una de las puertas que por ella han salido gentes armadas; toma aquel mismo camino, le sigue a todo correr de su caballo, y, al fin, descubre... ¡cielos!, su anciano padre en desigual combate con el robusto Velázquez. Grita, se acerca, se pone delante del fatigado Gonzalo, recibe los golpes que Velázquez redobla, y con más certero brazo, traspasa el corazón de aquel malvado. Mas apenas lo ha visto expirar, cuando un sudor helado corre por sus miembros.

—¡No evité mi destino! –exclama desesperado–. ¡La sangre del hermano de mi madre es la que humea en mi espada!

Su razón se turba; su cerebro arde; en sus entrañas hacen presa las furias. Agitado por ellas acomete frenético al escuadrón cristiano. Le atropella, le hiere, le desune y le ahuyenta hasta que las fuerzas le faltan, y cae sin sentido. Cuando volvió en sí se halló entre los brazos de algunos de sus compañeros, Los demás, con el implacable Gonzalo, se habían alejado persiguiendo el resto de los de Velázquez, que con su viuda Lambra procuraban salvarse en Barbadillo. Mudarra tiende la vista por el campo. Treinta caballeros de Castilla están allí sin vida. Le horroriza esta escena. Y un torrente de llanto viene a su socorro. Pregunta a sus amigos, se informa de las circunstancias, del motivo de aquel desastre, y pide que le conduzcan a la morada y a los pies de su madre Doña Sancha.

El monasterio no estaba distante. Los amigos de Mudarra respetan sus lágrimas y sus órdenes. Cerciorados de que no está herido, le presentan su caballo y dirigen la marcha por el camino que ya conocen. En breve llegan. Mudarra quiere al punto presentarse a su madre. Algunos religiosos que arropados en la estancia oraban al resplandor de varias antorchas, le impiden la entrada, y le dan a entender que su angustiada madre se hallaba enferma peligrosamente desde el día mismo en que él se ausentó. Mudarra insiste, suplica y porfía. La enferma conoce su voz y quiere cerciorarse de quién es.

—Vuestro hijo –exclama Mudarra–, vuestro hijo desventurado a quien ya no le falta otra desdicha que la de vuestra muerte.

—Mi muerte es obra tuya –responde la débil madre–, tú me obligas a bajar al sepulcro para separarme de ti eternamente.

—No, madre mía, vivid, no rechacéis los abrazos de vuestro hijo. Si vos no debéis vivir, ¿quién es acreedor a la vida, ni quién sobre la tierra merece ser feliz?

—No puede ser feliz tu infeliz madre si su hijo no es cristiano.

—Lo será, madre mía. ¡Oh, si supieseis el estado de mi corazón!

Recuerda entonces, mas no se atreve el moro a revelar un crimen que quitaría la vida a Doña Sancha. Ésta se incorpora en el lecho al escuchar la oferta de su hijo. El celo de la religión le da fuerzas. Mudarra le reitera su promesa, la abraza, le suplica que repose. Ella cede, se apodera de la mano de su hijo, la pone bajo su rostro, sobre la cabecera que la sostiene, y se entrega a un sosiego restaurador. El mancebo, sentado a su lado, la observa en silencio. Advierte que se disminuye por grados el ardor de sus mejillas; la oye respirar en un sueño pacífico, y se entrega a la meditación de su propia suerte.

—Al fin –dice– salvé otra víctima, la más inocente, la más digna víctima de una pasión benéfica. Me llamarán perjuro mis compañeros, tendré que renunciar para siempre a su amistad. Tendré que renunciar para siempre a mi patria, a la amable mansión de mi niñez. ¡Oh dios de los cristianos! Si ves el triste estado de mi alma, ¡qué intentas, qué dispones de tu criatura! Tú sufres que mi mano parricida sirva de almohada al sueño del justo.

Tales eran sus varios pensamientos durante el sueño de Doña Sancha. Despertó ésta, y mirando a su hijo:

—No dilatemos –dice– el acto augusto. Yo quiero presenciarlo, me hallo restablecida, y mientras los sacerdotes preparan lo necesario, retírate, hijo mío, dispón tu entendimiento y tu voluntad. Serías un sacrílego abominable si así no lo hicieses.

Mudarra se retira, pero apenas ha dado algunos pasos fuera de la estancia, se presenta ante él su padre.

—Nuestra venganza no es completa –dice éste–. La perversa Lambra escapó de mis manos, perdí la esperanza de poderla alcanzar. Mis fuerzas no bastan para perseguirla pero tengo las tuyas.

—¡Oh padre mío! –le responde su hijo–. Ya que logré salvaros de un peligro, y ya que me complazco en miraros ileso, no me queráis lanzar sobre una presa débil e indigna de nuestra atención. Vos no sabéis sin duda que vuestra esposa, mi adorada madre, enferma desde el día de nuestra ausencia, ha tenido la vida en peligro. Que vuestro hijo llegó dichosamente a tiempo de salvarla, y para obedecerla se dispone ahora mismo a recibir el sacramento que ha de reconciliarle con vuestra religión. Venid, padre mío, a dar a vuestro hijo obediente y sumiso la bendición de la mano que debe sostenerle en la presencia de vuestro Dios.

A estas palabras Gonzalo enmudece, inmóvil y reflexivo por algún tiempo.

—Tendrás mi bendición y la del cielo, pero júrame antes que si ese mismo cielo, por sus altos decretos, pusiese algún día en mi poder a la pérfida Lambra, a la mortal enemiga de mi familia, no la protegerás ni la sustraerás a mi justa venganza. Esto solo exijo, no que la persigas, no que me la entregues, no que jures ponerla entre mis manos.

Mudarra intenta en vano distraer y disuadir al obstinado Gonzalo. El anciano se irrita y le aparta de sí con indignación.

—Conozco que estoy vendido –exclama–, que mi pérfido hijo es un traidor, que ha revelado el secreto que le confié, que unido con mi esposa contra mí conspiran juntos con mis enemigos; que todos se conjuran, se rebelan contra mi autoridad, que soy un tirano odioso a mi familia y que debo abandonarla y morir.

Dicho esto vuelve la espalda y sale precipitado. Su hijo se adelanta, se arroja a sus pies, abraza sus rodillas, le promete sumiso obedecerle en todo. Le jura no oponerse a su venganza.

—No me contento con el juramento –replicó Gonzalo–. Exijo un documento: sobre el papel y con la pluma que te presento firma: «No proteger a Lambra ni oponerse a mis órdenes».

El hijo obedece y firma. Gonzalo se retira con la fatal cédula.

No era cierto que a Gonzalo se le hubiese escapado su perseguida presa.

Doña Lambra y sus secuaces se habían acogido al fuerte, mas los moros le habían asaltado. Lambra estaba en su poder. Pero estos nobles guerreros se habían opuesto a Gonzalo, que intentaba darle muerte. En vano había el vengativo anciano exigido y reclamado su obediencia. Los moros se la negaban, y le habían contestado que su jefe era Mudarra, y que sólo por su orden entregarían una débil mujer a la espada. Entonces el cruel Gonzalo vio necesario exigir de su hijo y arrancar de su mano el escrito funesto. Este es el que entregado por Gonzalo a un escudero suyo para que se lo muestre a los guerreros moros, va a terminar la vida de la mísera Lambra. Mas la venganza es una desdichada pasión. El placer de su logro es momentáneo. La agonía de la víctima lo termina. Así Gonzalo después que ha despachado al bárbaro satélite, ve terminada su funesta obra, y vuelve melancólico e inquieto a la presencia de su hijo.

Doña Sancha se hallaba con él. Doña Sancha, que había dejado el lecho para presenciar en el templo la solemne ceremonia, exhortaba a su hijo a lanzar de su alma toda duda y no abrigar en ella criminales pasiones, ni siniestras ideas de violencia contra sus semejantes, Doña Sancha saluda y abraza con ternura a Gonzalo:

—Conduzcámosle –dice–, guiemos, esposo mío, a vuestro hijo obediente hasta el altar del verdadero Dios, que se digna cumplir en este día todos nuestros deseos y proyectos.

Gonzalo la sigue turbado, ve a su hijo ya entregado en manos de los ministros del templo. Le mira arrodillado sobre las gradas del baptisterio, le contempla entre el humo del incienso. Le parece que oye en las palabras del sacerdote un terrible anatema, que escucha el trueno sobre su cabeza; que ve el abismo abierto para recibirle. Su razón se turba, lanza un lúgubre grito y cae en espantosas convulsiones. La ceremonia cesa. Gonzalo es llevado al lecho, de que su esposa no quiere apartarse por más que su afligido hijo se lo suplica. Allí el delirio de una fiebre ardiente hace revelar a Gonzalo lo que la triste Doña Sancha ignora: lo que ignoraba su hijo todavía. ¿Quién puede describir la situación de esta mujer sensible al saber que su hermano pereció por la mano de Mudarra? ¿Quién el horror de este virtuoso joven al saber que por su fatal firma ha sido Doña Lambra entregada a las llamas? Tal había sido la orden de Gonzalo, y en aquella hora estaba ejecutándose[10].

—¡Dios! –exclamaba el moro, torciéndose las manos–. ¡Cada acto de virtud y de sumisión filial me cuesta un delito y un delito inútil! ¡Mi padre expira desastrosamente! ¡Su esposa va a seguirle, detestándome! ¡Lo perdí todo sin salvar mi inocencia! Amando la virtud he tenido que optar entre los crímenes.

Mudarra perdió sus padres. Pero el huérfano cristiano, fue siempre honrado y benéfico, y en él tuvo principio la ilustre casa de Amalarico o Manrique de Lara[11].

---

10 Fue apedreada y quemada Doña Lambra por orden de Mudarra: pero entre su muerte y la de su marido Velázquez hubo más intervalo que el que aquí se supone. (Nota del autor)

11 Véase a Mariana y las crónicas.(Nota del autor)

NOTA. Es digna de notarse una antigüedad que refieren las crónicas respecto a la adopción de Mudarra. El día que se bautizó, teniendo su madrastra Doña Sancha vestida sobre sus ropas una camisa muy ancha para este efecto, tomó por la mano a su alnado y le metió por la manga de aquella camisa, y lo sacó por el cabezón y lo besó en el carrillo, y con esto quedó por hijo suyo y fue heredero en el señorío de Lara y en toda su hacienda. Así se entiende el origen del proverbio usado en Castilla: *Metedle por la manga y salirse ha por el cabezón.*

La virgen del clavel. Cuento morisco

José Jiménez Serrano

Relatos que parten de lo maravilloso cristiano y las tradiciones populares. Esas son las dos fuentes principales de donde se nutren algunos de los mejores frutos del cuento maravilloso romántico español[1]. Hacia finales de la década de 1840 ese modelo está plenamente desarrollado y consolidado. No es extraño, por lo tanto, que podamos, sin esfuerzo, encontrar cuentos que responden a esa tendencia y que aparecieron en las páginas de las revistas españolas entre 1845 y 1850. Insertamos aquí dos cuentos uno de José Jiménez Serrano: «La Virgen del Clavel, cuento morisco» (*Semanario Pintoresco Español*, 1848 y otro de Francisco José de Orellana: «El Clavel de la Virgen» (*Semanario Pintoresco Español*, 1850)[2].

La «Virgen del Clavel»[3] se basa en la tradición popular del Sacristán del Albaicín que había sido la base de otros dos cuentos de escritores granadinos: uno de Luis de Montes en 1839 y otro de José J. Soler de La Fuente en 1849[4]. Juan, huérfano adoptado por el párroco granadino de San Cristóbal se ha convertido con el tiempo en seductor y camorrista. En una de sus conquistas, rapta una noche a Amina, una joven mora, y se prepara a abandonar con ella Granada. Pero en el camino se encuentra al anciano párroco al que mata de una puñalada. Errante por Granada se ve envuelto en una tormenta sobrenatural, que le hace caer hasta el Río Darro. Allí un ángel se lleva a Amina y a él le sepulta en el río un diablo. Después Juan despierta, en medio de la calle, ante la puerta de San Cristóbal y ve que ha amanecido el día siguiente. Arrepentidos ambos amantes, Juan entra en una cartuja y Amina en un convento[5]. Tiempo después una partida de moriscos rebeldes asaltan la cartuja de Juan

---

1 Para más detalles sobre la tipología del cuento romántico español, B. Rodríguez Gutiérrez (2003 y 2004). Sobre el cuento maravilloso romántico es necesario mencionar los trabajos de Monserrat Trancón Lagunas, la principal investigadora del tema: (1991, 1992, 1993, 1997, 1999, 2000).

2 Edición moderna de estos cuentos en Rodríguez Gutiérrez, Borja (2008). También en la Biblioteca Virtual Miguel de Cervantes: http://www.cervantesvirtual.com/FichaObra.html?Ref=32069&portal=0

3 José Jiménez-Serrano. «La Virgen del clavel. Cuento morisco» *Semanario Pintoresco Español*. 1848. 190-192/198-200/213-215

4 L. de Montes(1839); J. J. Soler de la Fuente (1849).

5 Hasta aquí la tradición popular. Jiménez Serrano añade de su cosecha el final trágico de la muerte de los protagonistas.

y él, asiendo un hacha de leñador, les resiste hasta que ve que entre los moriscos está el hermano de Amina. En la batalla es muerto por éste. Agonizante entrega un relicario a un soldado con el ruego de que se lo hagan llegar a Amina, que ahora se llama Sor Amparo, que muere también al conocer la noticia.

Las mismas características de origen folklórico podemos encontrar en «El Clavel de la Virgen»[6] de Francisco José de Orellana. Una flor bendecida por la Virgen María, protege a la protagonista. Solita, una joven fea, jorobada y huérfana, se aleja del pueblo, donde todos la desprecian, la noche de San Juan. En una caverna se le aparece un espíritu: el Niño de Oro que es en realidad un moro encantado junto con sus riquezas y que necesita que una doncella le sea fiel durante tres meses para desencantarse. Solita accede y entra en el palacio encantado del Niño de Oro, pero al poco tiempo va aburriéndose del encierro. Inspirada por los malvados consejos de Bay, un criado negro que pretende la ruina del Niño de Oro, primero le pide a éste la belleza y luego la libertad de salir del palacio. Cuando consigue esto último vuelve a su pueblo y allí se enamora del conde que la compra en una subasta un clavel santificado por la virgen. Solita llega tarde a su cita y no cumple la palabra dada al Niño de Oro pero el clavel de la Virgen que lleva desencanta a éste y le convierte al cristianismo. Al final el conde encuentra a Solita desmayada en el campo con una arquita llena de joyas y una carta del Niño de Oro que la informa de que es hija de una marquesa.

En el breve espació do tiempo que hay entre 1845 y 1850 hemos podido entresacar estos ejemplos, y no son los únicos, de cuentos maravillosos en las revistas españolas. Todos ellos responden a unas características comunes que han ido conformándose ya desde la década de 1830, muchas de las cuales se podían encontrar en dos relatos fundamentales en desarrollo del cuento maravilloso español: «Los tesoros de la Alhambra» y «Beltrán».

Todos ellos tienen una ambientación histórica, más determinada a veces, más indeterminada otras. En ese marco histórico se introduce el elemento maravilloso, de acuerdo a unas circunstancias muy determinadas: el espacio de lo maravilloso y el introductor.

Ninguno de ambos relatos presenta el elemento maravilloso en su inicio: el planteamiento es un presentación inicial en la que las circunstancias son realistas y verosímiles. Un desplazamiento, viaje o huída del protagonista es el que motiva que éste entre en el espacio de lo maravilloso, en el que, de repente, el cambio es total y una nueva realidad aparece. Se trata de una presentación del hecho maravilloso en línea con la literatura popular que suele asociar lo maravilloso al viaje del protagonista: en tierras extrañas es donde podemos encontrar lo inesperado, lo que sale de lo normal, lo imposible. Solita, la jorobada protagonista de «El clavel de la virgen» huye del pueblo donde todos la insultan y humillan y se interna en las Alpujarras. Allí es

6 Francisco José de Orellana. «El clavel de la Virgen». *Semanario Pintoresco Español*. 1850. 396-400/402

donde encuentra el mágico palacio del encantado Niño de Oro, en el que todo es posible. Juan, el disipado sacristán del Albaicín de «La virgen del clavel» intenta huir con Amina, la bella morisca a la que prende raptar y se encuentra perdido en una Granada transformada por una fantástica tormenta en la que no llega a encontrar nunca su camino.

Este espacio maravilloso por donde transitan los protagonistas, no es transitable a voluntad, no tiene franca la entrada. Para entrar él se necesita un introductor que franquee el paso. Como en el caso anterior ese es otro elemento que viene de las tradiciones y narraciones populares. En los cuentos maravillosos de origen popular el protagonista no tiene dominio sobre lo extraordinario. Si existe un auxiliar mágico, sea personaje o talismán, a él debe recurrir, y sin ese auxiliar mágico, no puede acceder a lo maravilloso. Eso ocurre por ejemplo en los castillos o lugares encantados, que tiene un guardián que franquea o no la entrada. Muchas veces esos guardianes del palacio mágico son víctimas de un encantamiento y tampoco pueden abrir su palacio a quien quieran, sino en ocasiones muy especiales y en momentos muy significativos. Así pasa, por ejemplo, en el caso del Niño de Oro, ambos prisionero en su recinto encantado, esperando que el amor de una doncella le rescate. El introductor es el dueño del terreno maravilloso: si el protagonista abandona ese territorio le pueden prohibir el regreso o puede devolver al protagonista a la realidad si éste ya ha cumplido su misión. La culminación del relato significa el abandono definitivo del territorio encantado, tanto si es negativo (la Granada nocturna y maligna) como si es positivo (el castillo encantado del Niño de Oro). Lo maravilloso es un momento determinado en un sitio determinado, con unos personajes fijos. Nunca es la situación habitual, siempre es una excepción y el final del relato significa el regreso a la realidad.

Lo usual es que introductor se comunique exclusivamente con el protagonista y permanezca inaccesible a los demás personajes, de tal modo que el territorio maravilloso tan sólo puede ser recorrido por él.

Tras el territorio y el introductor el otro gran elemento presente en las historias de fantasía que aquí vemos es el talismán, el objeto mágico. En estas dos historias ese talismán es una flor que sirve de guía al o a la protagonista para seguir el camino recto. En las dos (un clavel encarnado en «La virgen del clavel» y un clavel disciplinado en «El clavel de la virgen») hay una evidente y transparente relación entre las flores y la pureza y fidelidad de Amina, la joven mora, y de Solita.

La religión es otro elemento presente en los relatos maravillosos románticos. Siguiendo una añeja tradición de la literatura española vemos aparecer la tradición mariana: la Virgen es la protectora y la solución a la que el protagonista se puede agarrar en su conflicto. Solita, que ha incumplido su palabra al Niño de Oro y ha sido infiel a su pacto, cuenta con la protección de un clavel consagrado a la Virgen, y eso la salva y al final del relato la lleva a la felicidad. La Virgen del Amparo es la protectora de Juan, el alocado sacristán del Albaicín en «La Virgen del Clavel».

Un ambiente histórico, un viaje como elemento de introducción a lo maravilloso, un introductor, la presencia de un talismán, la presencia de la religión y la protección mariana. Una serie de elementos del cuento maravilloso romántico español que salen del fondo de las tradiciones populares y de las tradiciones literarias españolas. Elementos que no deben nada a Hoffmann ni a otros románticos europeos sino que son propios y que ya aparecen en 1832 en «Los Tesoros de la Alhambra» y en 1836 en «Beltrán». Una fantasía por tanto que no es importada, ni ajena a la literatura española sino manifestación de unas tendencias presentes de antiguo en la literatura española.

* * *

Semanario Pintoresco Español. 1848. 190-92/198-200/213-215

La virgen del clavel. Cuento morisco

José Jiménez Serrano

Recuerdo agradablemente que cuando niño, acostumbraba mi buen tío a llevarme por las empinadas cuestas del Albaicín de Granada, hacia el severo convento de Santa Isabel la Real. Las oficiosas madres me llenaban de dulces los bolsillos, me abrumaban con preguntas y me agasajaban siempre como mejor podían; mas yo ambicioso y descontentadizo, puse singular empeño desde los primeros días en visitar el convento -entonces era bien inocente mi deseo-. Llegada una pascua, cargado con un santuario todo cubierto de flores, entré por la severa portería cual si fuese un monaguillo de casa. Una venerable anciana me tomó de la mano, y dándome por entretenimiento un sabroso rosco de Loja, empezó a enseñarme las dependencias notables del edificio. Aquí la enfermería con su capilla triste y sombría, allí el gran patio gótico con sus cortinas blancas y sus claustros solitarios, silenciosos como las ruinas, después el coro con sus cuadros de Juan de Sevilla, sus rejas impenetrables y su santa melancolía, luego las celdas pobres, limpias y respirando tranquila bondad, los cuartos oscuros, sin adorno, retirados, donde en la cuaresma lloran sus culpas pasadas las de corazón fervoroso. Al fin salimos a un elegante corredor morisco que de filigrana parecía. Daba a un patio sembrado de flores, con setos de arrayanes, de gayombas floridas y de mejorana. Era el alfaji (patio) del palacio magnífico de Dar-la-Horra (casa de la honesta)[7], y formaba extraño contraste aquel voluptuoso apartamiento oriental con la sombría parte del edificio construida a la manera gótica. Bajamos al claustro, sostenido por columnas torneadas de mármol de Macael, con los capiteles miniados de azul, oro y carmín, atravesamos el jardín del centro, y fue la buena de la madre y se arrodilló delante de una pequeña capilla alumbrada por la oscilante luz de una lamparilla de plata. Hice lo mismo instintivamente y paré curiosa atención en el retablo. Estaba embutido en un arco árabe festoneado, lleno de labores de estuco que representaban bandas, divisas, flores, grecas y difíciles enlazados y coronado por una inscripción africana bañada de oro. El centro estaba ocupado por una virgen de talla correcta, como las de Miguel Ángel, que tenia los ojos elevados al cielo en ademán de súplica y un niño amparado entre los pliegues de su manto. Un broche sujetaba el manto sobre su torneado pecho: este broche era sobrepuesto, se asemejaba a un relicario, y al través del cristal circular, se entreveían las hojas secas de un clavel encarnado. Sólo el relicario fijó toda mi atención. Díjome la buena madre que me acompañaba, que allí hacia luengos años se guardaba una flor, y que por eso aquella virgen era de las monjas conocida con el nombre de la Virgen del Clavel, aunque antes se llamaba Nuestra Señora del Amparo. Pasáronse muchos años y yo no había podido olvidar aquellos claustros, aquel patio, aquella hermosísima imagen de la madre de Dios, y su poético nombre; mas al fin una comadre ochentona que jamás pierde el jubileo, y que me trata con singulares distinciones me aclaró el caso que voy a contar en gracia de Dios. Si a pesar de todo te empeñas lector travieso, en sostener que gran parte es pura invención y mentira mía, no te dé mucha pena, que tal vez acertarás.

Corrían los primeros años del siglo XVI, y poco a poco los cristianos con duro cetro iban domeñando la desazón y descontento de los moriscos granadinos que veían usurpadas sus tierras y ocupadas sus propiedades por los soldados conquistadores.

Los palacios y las casas de Granada comenzaban a desmantelarse de sus bellísimos adornos orientales, los baños y los bazares se cerraban, las armas moriscas se prohibían y las mezquitas bendecidas por los sacerdotes de Cristo se tornaban en iglesias. Una campana resonaba sobre las almenas de la torre del Sol y sobre el opuesto collado (uno de los siete sobre que se asienta Granada, cual otra Roma) en lo mas encumbrado de la pendiente que da sobre la rauda, hoy plaza del Triunfo, y que forma en su falda la cañada por donde corre la calle de Elvira, se había construido una sencilla parroquia, la primera entre todas, conocida con el nombre de San Cristóbal por estar dedicada a este Santo.

En ella pues, y por los tiempos que decíamos, había un travieso sacristán,

---

7 Esta casa verdaderamente regia y de la que se conservan vestigios en el interior y exterior del convento que aquí se describe, fue un regalo de boda que Muley-Hacen hizo a su esposa Aixa, que por su virtud se llamó la Horra. Aquí se refugió Boabdil cuando escapó de la Alhambra. (Nota del autor)

mozo en la flor de sus años, de ingenio agudo, robusto en fuerzas y sobrado en alientos. Lo mismo le cuadraba la sotana que el coleto de ante, y llevaba el hisopo con tanta desenvoltura como la espada de ganchos. Limpiaba los santos y acariciaba a las moriscas, era humilde con los viejos y daba cuchilladas a los bravos, y tal grandeza tenia en su descompuesta travesura que no se le importaba un bledo de las murmuraciones de todos, porque siempre fue de suyo irreflexivo y poco atento a consideraciones mundanas.

Mas obligación tenemos de fijar lealmente todos los rasgos de su carácter: llegaba un jubileo y su iglesia más que parroquia parecía oratorio de monjas; se daba un rebato, y su tizona brillaba la primera. Querido de las hijas, maldecido de las madres, protector de pequeños, temido entre valientes, tocador de guitarra, cantor de trovas, franco, gastador y buen mozo, su fama se extendía por todo el Albaicín y aun llegaba a la rondilla y al rincón de vagos.

Profesábale el cura singular amor por haberle criado desde niño, y severamente le aconsejaba para que dejase su carrera de perdición, conteniendo también sus arranques en bodas y bautizos, mas como bondadoso y dócil acababa el buen ministro del Señor por arrinconar su gravedad oyendo las chuscadas y bernardinas[8] del huerfanillo (así le llamaba el párroco), y se alejaba de su presencia temeroso de provocar los alientos y endiabladas aventuras del mozo.

Juan, quería como a las niñas de sus ojos al buen cura, su tutor, y respetaba sus palabras y veneraba sus acciones; pero sus propósitos de arrepentimiento duraban menos que las nubes de verano. De repente la enmienda del mancebo comenzó a ser notable: abandonó sus rondas estrepitosas, andaba cabizbajo y cejijunto, los ojos mortecinos, la gorra encasquetada y, con aire y porte de hombre colérico consigo mismo, ensimismado y con penas.

Nadie podía dar con la causa y origen de semejante trastorno y sólo una vecina curiosa y habladora columbró que a deshora de la noche con paso de zorra, recatado de todos en el embozo de una larga capa, rondaba la casa de una morisca, encomendada para su conversión al cura, por encargo especial del Arzobispo.

Poco sabían las comadres acerca de aquella mora; pero corrían voces de ser singular su hermosura y extraordinario su gracejo para los cantos y danzas orientales.

Amina, pues tal era su nombre, estaba en la mañana de la vida. Hija de un noble Zegrí[9] (que fiel a toda prueba, murió gloriosamente en los muros de Loja), había quedado bajo la guarda de un muy distinguido morisco lleno de años, con premáticas[10] entre los suyos y de gran valer. Celoso el buen musulmán de los usos y creencias de su raza, ocultó para todos el tesoro que se le había confiado y se deleitaba en la crianza de su hija adoptiva que más hermosa y discreta era, mientras más entraba en días. Siempre llevó Amina los trajes ricos que gastaban las moras granadinas de otros tiempos, apenas

8 *Bernardinas*: Fanfarronadas.

9 Los *Zegrís* o *Zegríes* fueron una de las familas nobles más importantes del reino árabe de Granada.

10 *Premáticas*: Autoridad.

entendía el aljamía[11] cristiana y hablaba con singular perfección el sonoro y poético idioma de sus mayores. Nunca pisó las tortuosas calles de la ciudad, ni vio más campo ni tierras que el jardín de su guardador.

Los bandos crecían y rigurosos, ningún niño podía ser educado en la ley de Mahoma y las públicas oraciones se prohibían. Los ojos de la inquisición estaban muy abiertos; mas de todo se libraba el moro y Amina seguía oculta en sus afiligranados alhamíes[12] como una esmeralda engarzada en plata o como una perla dentro de su concha. La muerte vino a deshacer aquella obra con tanto afán conservada.

Amina rayaba en los quince años y era un portento de belleza: entonces fue descubierta en su retiro, porque su guardador dejó de existir, sin tener a quien encomendarla, que de su confianza fuese.

Llegó a oídos del celoso Arzobispo el abandono de aquella infiel, y por aviso especial el cura de San Cristóbal, varón de grandes virtudes, anciano de extremada mansedumbre y dulzura, se encargó de catequizarla. Con ella habían recogido a un su hermano, que fiero ya en su adolescencia, se fugó no sin intentar el llevarse consigo a Amina. Ésta, pobre paloma sin hiel, pura como los ángeles, llena de amargura por la muerte de su segundo padre, sola como la flor de los valles, recibió con sabrosa admiración las palabras de consuelo que el párroco derramó en su oído y su corazón se hizo cristiano, antes que comprendiese su entendimiento las eternas verdades de la religión divina.

Despertóse su alma herida por el dolor y fortificada por la creencia, cayó la venda de sus ojos y otro mundo riente, bañado con el sol de la verdad y de la poesía se desplegó ante sus ojos y engrandeció su pensamiento.

Otras pasiones también se despertaron en el fondo de su pecho que la llevaban a lugares sin fin, sin luz ni color; mas las santas advertencias del cura calmaban el fuego de su alma africana, y saboreando las agradables prácticas de su nueva religión, sentía dulce calma y bienestar suave. Parecía sin embargo, que estaba destinada por Dios a sufrir, el dolor había punzado con sus ardientes espinas las delicadas alas de su corazón; el amor arrojó una tea en el pecho de Amina y todos los sufrimientos, las tormentas, la fatiga, y las tumultuosas alegrías, entraron de tropel por las puertas de su alma.

Una noche de agosto oyó a los pies de su ajimez una canción melancólica y de amores que entonaba con voz limpia, argentina y cadenciosa el sacristán de San Cristóbal, y tal atractivo, tan misteriosa simpatía ejercieron en su corazón aquellas dulcísimas notas, que abandonando el mullido cojín de terciopelo se atrevió confusa, recelosa, a echar una furtiva ojeada, al través de la celosía sobra el cantor nocturno. Frente de la ventana estaba Juan tañendo una guitarra con destreza y un rayo de la luna bañaba su frente despejada, altiva, se reflejaba en su cabellera negra, y dibujaba su gallardo porte y altanera compostura. Sus ojos mas melancólicos aun, por la tibia luz de la hermana del sol, se elevaban al cielo como demandando consuelo a sus pe-

11 *Aljamía*: Nombre que daban los musulmanes al castellano.

12 *Alhamí*: banco de piedra más bajo que los ordinarios y revestido comúnmente de azulejos.

sares, y su boca entreabierta dejaba escapar muellemente aquellos sonidos que tan de lleno penetraron en el corazón de Amina.

Apenas divisó al galán quiso retirarse la morisca; pero los encantos de la armonía y la dulcísima atracción que emanaba de aquellos hermosísimos ojos, de la apasionada expresión de aquel semblante, la sujetaban en el calado arquito del ajimez. Poco a poco la canción fue más tierna y amorosa, más sentida, más vivos y luminosos los rayos que de aquellas negras pupilas se desprendían, y la hermosa estaba como colgada de la musita y del mirar.

Distraídamente había cortado un clavel rojo como el carmín de las macetas que adornaban el ajimez.

El cantor terminó su trova y ella entusiasmada y con lágrimas en los ojos arrojó la flor que vino a caer a los pies de Juan. Cuando la vio oscilar mecida por el viento, cuanto tocó el pavimento de la calle ya estaba arrepentida la niña; mas con gozo y contento vio al sacristán inclinarse, recogerla con presteza, besarla con pasión y desaparecer como por encanto.

La torre de la iglesia parroquial de San Cristóbal, domina los cerros de la ciudad, las casas todas y la campiña feraz y amenísima. Desde los arcos de su campanario se descubren a vista de pájaro las azoteas, los corredores moriscos, los patios y los jardines; desde allí parece en realidad la Damasco de los árabes, la Elvira de los romanos, la maceta de albahaca de los jardines de Andalucía. Una granada partida en siete cascos, cuyos granos son los rojos tejados de las casas.

Colocado en esta atalaya, había visto el sacristán a Amina regar las plantas de su huerto (que casi tocaba con los muros del santuario) y en aquellas alturas nació su pasión, vigorosa con la juventud, ardiente y emprendedora por la fogosidad de su alma y su natural entusiasmo.

Horas enteras pasaba Juan, de pechos sobre el pretil, mirando a su amada recorrer los arriates y las macetas de claveles, más hermosa que todos ellos, más pura y mas ligera; allá en su fantasía de enamorado la comparaba con esas hadas que vemos en nuestros ensueños de niño recostadas entre las flores, mecidas por el viento en una nube de oro y coronadas de estrellas.

En la mañana que sucedió a la nocturna serenata, aún no había rayado la claridad del alba por las cumbres del Veleta, cuando ya nuestro sacristán ocupaba el alto mirador. La noche fue para él eterna, de agitados insomnios, de convulsivos movimientos de fatiga, de calor, de esperanza, de vértigos, de colores y de felicidad. Subió brincando por los triangulares peldaños, y se paró agitado y como satisfecho de sí propio, al observar que la ciudad dormida se extendía cual una niebla abigarrada, sin formas distintas, semejante al mar en calma, sin más luz que los tenues reflejos del crepúsculo.

—Es temprano –dijo en sus adentros–, y un rayo de placer encendió sus ojos apagados con las angustias de la velada. Sacó el clavel que principiaba a marchitarse lo examinó con ternura, lo beso una y mil veces, y lo guardó en el seno, buscando en aquella flor, prenda de su querida, frescura para templar el ardor que le devoraba el corazón.

Una corona de fuego empezaba a ceñir la cana frente de la Sierra Nevada, y sus picachos vestidos de hielo, despedían centellas como una diadema de brillantes. Torrentes de luz rosada bajaban por las laderas de la montaña, inundaban los valles, daban reflejos a las azoteas y terrados, y claridad a las calles y a los patios. Los ruiseñores, los gorriones, los petirrojos que dormían en el jardín de Amina entre los laureles y los cipreses entonaron sus alegres y bulliciosos gorjeos. La brisa empezó a extender lentamente sus alas. Juan se recostó en el antepecho del arco mayor de los que miran al collado del aceituno.

La veleta y la cúpula vidriada de la torre se pusieron como el oro, el sacristán sintió un relámpago en los ojos, miró al oriente y vio asomar por entre las nieves convertidas en púrpura el ancho disco del sol. Al mismo tiempo una mujer aérea como las nubes blancas, entraba en el jardín de Amina. Llevaba una túnica de lana más limpia que la piel del armiño, con rayas de seda carmesí, y sus negros cabellos estaban envueltos en una red de oro. Impío el sacristán como todos los enamorados, irreverente a fuer de monaguillo, creyó al principio que aquello se asemejaba a un arcángel. Mas no; era ella que venía con intención de regar su jardín. Juan la vio estático por algunos segundos: después, saliendo de su arrobamiento, tomó el cable asido al badajo de la campana que servia de dosel a su cabeza, y sin separarse del arco, con notable exposición, empezó a tocar las campanas del alba, con un desenfado que más parecía son de rebato o repique de fuego. A seguir de tal manera, el barrio y la ciudad toda se hubiera puesto en arma. Pero Amina calmó aquella tormenta levantando sus ojos lánguidos (que también para ella fueron de tormento las horas de la pasada noche) hacia el alborotado campanario.

La mirada de los dos amantes se encontró en medio del gran espectáculo de la alborada, en la poética y sentida hora de la oración de la mañana. Sus corazones desde entonces se ligaron para siempre y su vida fue ya semejante a la de esas palmeras que crecen en las islas de flores y de verdura del desierto, una para otra y sin más destino que entretejer sus hojas, que cambiar el aroma de sus frutos y vivir con la frescura del arroyo que riega el pie de entrambas.

Horas enteras pasaban los amantes por cien varas separados, unidos por el amor; y así se deslizaron días y días sin que otro pensamiento acudiera a su alma.

Amina, africana de sangre, mora en sus costumbres, cristiana en sus creencias, quería al travieso sacristán con el fuego del desierto, con el voluptuoso abandono de los orientales, con la poética humildad de la mujer esclava de su galán, con la intensidad y espiritualismo de la religión cristiana. Juan estaba loco y muestras de ello daba a cada paso en sus distracciones fatales. El cura no sabia cómo explicar tanta mudanza; el joven vocinglero y calavera, atolondrado y bailador se había convertido en un calladísimo y prudente mancebo. Por fraile pasaría al ver su compostura y rostro macilento, si no diese continuos escándalos con sus irreverentes olvidos. Ni la casulla estaba a tiempo, ni los altares limpios, ni la iglesia barrida, ni las hostias prontas, ni animado el jubileo, ni acordes las respuestas del oficio divino. Las honradísimas comadres, llenas de religioso celo y con la más sana intención, murmuraban en el atrio de la parroquia viendo el cambio de Juanillo y hubo más de cuatro que dieron por seguro su hechizamiento, si bien otras se inclinaban, apoyadas en sucesos semejantes, a que tenía demonios en el cuerpo, afirmando que no se vería curado sin su estolazo y exorcismo.

¿Qué le importaba al sacristán de todo ello? ¿Qué es el mundo para los que viven de las ilusiones del corazón? Un árido camino sin más sombra amiga que la señora de sus pensamientos, un arenal sin más riqueza que los tesoros de su amor; y ¡ojalá que nunca quisieran beber del purísimo raudal que llena de frescura y de flores el valle de su vida!

El sacristán no contento con ver libremente a su dama, no satisfecho con el misterioso lenguaje que lleva la luz de la mirada, el aura de los suspiros, quiso apurar la copa y regalarse con el sabroso licor de otros goces.

Arrojó una carta al jardín escrita en algarabía para hacerse entender mejor de la morisca.

Dos noches después al pasar recatado al pie de la celosía de Amina, un ramo de flores cayó a sus pies y conoció que era un mensaje viendo la singular colocación de los jazmines, de los claveles y del arrayán. Ufano partió a casa de una vieja renegada, tendera al pormenor, habladora como pocas, y muy sabida; ésta le explicó lo que ya su corazón adivinaba.

—Picarillo – le decía la comadre después de examinar las flores–, siempre lo mismo. Una cita de amores, y a la noche, te da esta dama. En verdad que es principal a juzgar por el cordón de seda y oro con que está cogido el ramo. Buena suerte, bribonzuelo. ¡Quién tuviera tus años!

Amor, risas y gozo van juntos según algunos amadores. Mas parece que nunca sintieron latir en su pecho un corazón amante los que tal doctrina sentaron; porque la melancolía, el dolor y la amargura son fieles compañeros de los que aman y sus alegrías son delirios que dejan luego honda pena y tristeza sin cuento. Son para ellos como la brillante lucidez del calenturiento; sueños azules primero, postración y estupidez después.

Juan así creía llegada la hora de la felicidad y el huérfano recordaba todas sus desgracias pasadas, su aislamiento y sus pequeñas miserias para regocijarse más con el presente contento. Miraba el trabajoso desierto de su pasada vida para descansar más satisfecho en el valle delicioso de las próximas caricias de Amina.

Doce horas pasó luchando el mancebo, doce horas eternas, angustiosas y que valían por doce años de la vejez; apuró en ellas todos los sufrimientos. Lloraba, reía unas veces, se pasaba la mano por la frente como para arrancarse un mal pensamiento y otras quería clavar sus crispados dedos en el sitio donde sentía latir agitado el corazón.

Ni contar, ni discernir podemos el bullicio de ideas malas, buenas, alegres o amargas, de recuerdos, de impresiones que en el fondo de su pecho se movían con presteza inconcebible, asomando unas, asentándose otras, volando las mas; que los secretos del corazón sólo Dios que mide y pesa los humanos juicios puede verlos distintamente.

Llegó la noche y la hora de las once (para las doce era la cita) y la decisión urgía. Juan no había tomado ninguna. Arrastrar en el cieno del vicio al purísimo ángel de sus amores, destrozar el corazón de la única persona que nos da consuelo y apoyo en el mundo, y borrar nuestros más queridos y santos recuerdos, no es cosa para hecha de tropel cuando se tiene virtud en el alma.

El joven revuelto en su manteo, con el sombrero calado hasta las cejas, había dado mil vueltas por los angostos callejones del Albaicín y su cuerpo estaba tan fatigado como su alma, su mente estaba turbada. Se halló cerca de una taberna, teatro de sus antiguas locuras, y empujando con el marcial desembarazo del aturdimiento la puerta, se coló en un oscuro y sucio portal.

Un candil de hierro goteando aceite negruzco y con un pabilo enorme, alumbraba cuatro cacharros de barro y hasta media docena de vasos de peltre colocados sobre una mesa de pino que tenia por cabecera un tonel. Alrededor del cuartucho ahumado había algunas mesas largas con sus correspondientes bancos ocupados por dos grupos de bravos que hablaban desacordes, gritaban, juraban, blasfemaban o cantaban con voces cascadas y estropajosas. Uno de ellos, mozo de balumba, con espada de ganchos y broquel doble, mal carado y perdonavidas, reconoció al monaguillo y todos al punto hicieron lado con marcial alegría y brutal franqueza. Vinieron cantares, dio vuelta al corro un jarro y tomó mayor incremento la broma. Juan bebió con avidez y mucho.

Aquella honrada compañía sufrió, sin embargo, sobresalto repentino. Se oyeron los pasos de la ronda y cada cual tomó la del rey por evitar entrevistas y coloquios con alguaciles y alcaldes, gente de suyo escrupulosa, entrometida en vidas ajenas y murmuradora de pecados leves.

El sacristán y Corbacho (así era llamado el temerón[13] que divisó primero a nuestro héroe) se quedaron solos y la ronda pasó sin topar en aquella huronera.

—Juan, a la punta y finiquito del suceso –dijo Corbacho luego que todo estuvo quieto y solos entrambos–, los amigos van con los amigos. Suelta rienda a las penas, que magín tengo para ponerte consuelos, y alientos para vengar tus agravios. Agradecido soy, mas que lo nieguen mujeres, y siempre está en la plaza de mi memoria la noche que hiciste cara a tres blancos que venían sobre mí para echarme al *finibus terre*.

El mancebo no deseaba otra cosa, contó lo que en su corazón pasaba y con su vehemencia aquel buen amigo como que vaciló por los primeros instantes. Luego echándose el alma atrás y avergonzado de sí mismo soltó una carcajada, bebió un trago y con aire compasivo repuso:

---

13 *Temerón*: fanfarrón.

—Voacé tiene mucho de nuevo en estos lances; apure ese moscatel, y oiga el consejo de un lobo con el corazón muy duro. Cuando suenen las doce y esté la gente asegurada, tomas una escala de cuerda que para otros usos guarda el señor Abispa, y que tendrá oculta de envidiosos entre esos toneles; te aseguras bien el cinto y requieres la daga; te cuelgas de la pretina este broquel que no lo pasa una china de arcabuz; el sombrero hasta los ojos, la capa mas cerrada que una nube; y con aire a lo valiente te vas a casa de la moza, y déjame en la bocacalle que rematado quedará quien se venga a buscar el hombre, porque cada uno en su casa y Dios en la de todos.

Juan no contestó; seguía bebiendo.

Sonaron en esto los tres cuartos para las doce en el reloj del Salvador y se levantó con presteza, tomó el último trago, pidió al señor Abispa (que era el honrado tabernero) la escala y con prudencia notable le fue entregada. Siguió uno por uno los preceptos de Corbacho, y arrojando unas monedas sobre la mesa salió seguido de su amigo.

La noche estaba como de boca de lobo, convidando a malas acciones y capaz de poner miedo en corazones de bronce. Silbaba el viento, el cielo parecía una losa de mármol negro y truenos y relámpagos despedían las nubes de que estaba vestido el firmamento.

—Toma pies que el asunto no es de valentía –dijo Juan con voz ronca.

—Tus razones me ofenden....

—Calla: y supuesto que los amigos son de los amigos vete a casa de la Pintada que allí daré con mi persona cuando falta me haga tu ayuda.

Insistió Corbacho: pero el sacristán por pocas monta en cólera y al fin tomó el bravo el portante hacia su casa jurando cada vez que tropezaba.

La oscuridad era tan grande que el mancebo aguardaba la luz de la tempestad para guiarse, y aun a la claridad de los relámpagos las calles estaban confusas para sus ojos. Tal peso sentía en la frente que apenas sostener podía la cabeza, los objetos que divisaba giraban formando madejas de colores.

Dieron las doce. Un relámpago iluminó la casa de Amina. Juan estaba al pié de su ajimez desdoblando la escala.

Después del relámpago, la oscuridad se hizo impenetrable, densa, y Juan cerró los párpados involuntariamente. Las madejas enmarañadas de colores se perdieron poco a poco en un mar violado, por donde pasaban aristas de oro. Anchos celajes de sombra inundaron aquel océano de venturina[14]. El sacristán sentía pesadumbre alrededor de la cabeza como si la tuviese ceñida con una barra de plomo caliente, mortal decaimiento corrió por todos sus miembros, entreabrió los labios y se apoyó sobre el muro

Sintió sin darse cuenta de ello (tal vez en el fondo de su alma) que subía por la escala de cuerda con paso firme. Tropezó con la celosía persa, y abarcándola entre sus robustos brazos la desencajó del marco. Las macetas de arrayán, de claveles y de azucenas de ajimez le enviaron su perfumado aliento, y por entre el

14 *Venturina*: Cuarzo pardo amarillento con láminas de mica dorada en su masa.

ramaje vio una estancia blanca como el nácar, y semejante a una taza chinesca. Arrojar la capa, deshacerse de la celosía, apartar los búcaros de las flores y penetrar de un asalto en aquel recinto encantado todo fue obra de un punto.

Nunca a los ojos del travieso monaguillo, presentose espectáculo semejante. Estaba en un templete morisco con paredes de filigrana y cornisas de encaje, cerrado por una cúpula de alerce y ébano. El pavimento era de mármol y un surtidor de agua olorosa saltaba en el centro de un reducido mar. La luz salía al través de unas lámparas transparentes de mármol de Macael, ocultas entre las flores que adornaban los ángulos del recinto y mezclándose los rayos débiles de la luz artificial con los reflejos de la luna que penetraban por las claraboyas estrelladas de la cúpula y por el calado de los muros formaban un conjunto semejante a la claridad de la alborada.

Sobre una piel de tigre, en un almohadón carmesí con alamares de oro estaba sentada Amina ensartando las perlas esparcidas de un collar. Al ver a Juan, dio un grito penetrante y quiso huir pronta, como una gacela cuando siente el rugir cercano de un leopardo. El mancebo con aire resuelto cogió las sueltas puntas del riquísimo cinturón y la detuvo.

—¿Huyes; señora mía, de quién viene a buscarte? –dijo con amargura y amor al tiempo que la traía hacia sí dulcemente–. ¡Huyes de quien te adora con toda su alma!

La niña volvió el rostro con infantil rubor y se dejó conducir a un alhamí que enfrente había, ocupado con el magnífico lecho de la morisca.

Ambos se sentaron en el borde del poyo alicatado y así comenzó sus razones Amina.

—Cuánto deseaba tenerte a mi lado, abrasarme en la luz de tus ojos y oír tu voz tan querida!... ¡Temí que no vinieras! Ya se han volado las golondrinas a la tierra de mis padres y con ellas todas las alegrías.

—¿Por qué no venir? ¿Quién puede colocarse entre los dos? Tú, mía para siempre, yo, tu mas rendido esclavo. ¡Cuán hermosos son tus cabellos azulados rizos! ¡Cómo brillan tus ojos dulcísimos!.... Aroma de jardines exhalan tus labios. Déjame estrechar tu talle, déjame beber la vida en tu boca.

El sacristán ciñó con su brazo la torneada cintura de la mora y selló con un ardiente, suave y voluptuosísimo beso la boca de coral. Estremeciose de placer la joven, y Juan sintió que la sangre se encendía en sus venas. Parecía que un huracán caluroso rodeaba sus frentes y cegaba sus ojos.

Mas de pronto Amina colocando su breve mano sobre el pecho de Juan, le retiró de sí, y volvió el rostro.

—No –dijo con acento melancólico y fatal–, aléjate de mí, que Dios nos acecha con los ojos de su ira. Este lecho es el de mi padre, y la hija que mancha la honra del que le dio la vida, morirá para siempre. La tribu arrojaría piedras contra mí, la virgen apartaría su manto que ahora extiende sobre mi cabeza y llamas sin fin me aguardan luego. ¡No, no, aléjate de mí!

—Amina mía, olvida tan siniestros pensamientos. Tu padre era un infiel, y ¿quién de tu tribu pondría airados los ojos en la presencia tuya?... Dios se olvida de nosotros... Olvidémosle también. Dios mató a mi pobre madre. Dios me tiene solo en el mundo, Dios me prohíbe que te ame...

—Calla –interrumpió la conversa, aterrada con tanta blasfemia–, calla y no pronuncies esas palabras en esta estancia, porque a luz de la luna, la sombra de mi padre se dibuja en las paredes.

—Salgamos, pues, de aquí, el mundo todo es nuestro. Salgamos, sí; que yo he de pasar mi vida a tu lado: aliento con aliento, alma con alma.

—Lejos sí, lejos de estas tierras donde soy oprimida, lejos de la sombra de mi padre.

Y como fascinada la mora se dejó arrastrar por el monaguillo, que sin saber cómo, se halló en la puerta del jardín y sintió la impresión del viento, y el frío de las anchas gotas de las lluvias de otoño.

Borrasca de mar parecía la tormenta que sobre Granada descargaba en aquellas horas. Amina horrorizada con la tempestuosa noche se asió fuertemente del sacristán. que requiriendo el broquel y la daga, y cubriendo cuidadosamente a su amada con los anchos pliegues de su capa, empezó con resuelto paso a cruzar las sombras y a perderse por el laberinto de calles que parten por los ángulos de la irregular plazuela de San Cristóbal.

La tormenta crecía. Cuatro pabellones de nubes espesas y negras, como la boca de una sima, se disputaban el ancho espacio de la bóveda celeste, afirmadas cada cual, como los Titanes de la fábula, en las crestas de los opuestos cerros. La tierra temblaba con el horrible fragor de los truenos, y las montañas vecinas enviaban, cual una piedra despeñada, cien ecos aterradores. Las gotas de la lluvia parecían granizos, los granizos piedras. El viento rugía como un león aprisionado, y formando remolinos cargados de agua y nieve se estrellaba en los muros y pasaba arrastrando su cabellera, con gritos y quejidos, por las estrechas callejuelas.

Juan y Amina, desafiando la cólera de los elementos, vagaban por las calles, sin saber adonde se dirigían. Los delicados pies de la morisca se ensangrentaron, y sus miembros todos se llenaron de mortal fatiga. El sacristán sudaba y trasudaba, tenia trabajosa la respiración y el torbellino que en su cerebro bullía era causa de que fuese mayor para él la confusión y la oscuridad.

El combate de los cielos arreciaba. Extendiendo sus negras olas y a toda fuerza de viento se entrechocaban las nubes descubriendo a jirones la bóveda azulada. Ceñían con sus bandas de vapores, los altos picachos del Veleta, queriendo derribar el coloso que les impedía desparramarse por el mar, se revolcaban en las laderas de las peñas de Parampanda y cubrían de luces las puntas de Sierra Elvira. Mangas espesas de nutridas gotas de agua enviaban sobre la dormida ciudad y cada calle era un torrente, cada plazuela, un lago.

—¡Detente Juan –dijo llena de terror Amina–, detente! ¡Que la voz de Dios se oye entre los gritos de tormenta y los espíritus se quejan en los remolinos del huracán!

Un relámpago con claridad mas vívida que los reflejos de un brillante al sol, partió a este tiempo del seno de una nube y con serpientes y flechas de fuego encendió la atmósfera y puso como una ascua de oro las nubes y las montañas. Los cipreses de la rauda[8] cercana se coronaron de fatídicas lenguas de llama y los edificios y las torres cubiertos de ígnea aureola parecían incendiados. El mancebo reconoció que se hallaban de nuevo, después de tantas vueltas en la plazuela de San Cristóbal, al pie de la torre de la iglesia en la puerta de la casa de Amína....

Tan extraño acaso amilanó más y más al fiero mancebo. Siguió al relámpago un trueno espantoso. El sacristán creyó que el cielo se desplomaba sobre su cráneo. Las campanas respondieron a los cielos con un toque como de agonía. Los cabellos se erizaron sobre la frente del atrevido mozo, y toda su piel se contrajo como al soplo de una brisa helada. Estrechó a la morisca contra su corazón y se embutió temeroso, huyendo, en el dintel de la puerta de su amada

Otro relámpago menos vivo y más prolongado aumentó su angustia con nuevo y horrible espectáculo. El cura se presentó a los ojos de los amantes envuelto en sus hábitos negros. Y dirigiéndose al huérfano con rostro airado y voz tremenda le dijo:

—La maldición de Dios llevas grabada en la frente. ¿Dónde irás que no te la lean? Suelta infame tu presa, y no desgarres la inocencia de esa palomilla.

—Dejadme, señor, dejadme –repuso el mozo con la reconcentrada ira del criminal sorprendido–, he pisado la carrera del crimen y mis ojos están ciegos.

—No, miserable, delante de Dios tu ira es impotente – al tiempo que esto decía asió el sacerdote del brazo a Juan, con tal fuerza, que sus dedos parecían garfios de hierro.

—Soltad, y libre dejadme el paso.

El párroco sacudió fuertemente por toda respuesta al monaguillo y apoderándose de Amina oculta entre los pliegues de la capa intentó separarla del mancebo.

—¡Soltad, señor, que una nube de sangre rodea mi frente!

—No

—¡Pues toma, viejo imbécil!

Juan acompañó estas palabras con una puñalada que fue derecha al corazón del cura. La claridad de un relámpago lejano iluminó la hoja sangrienta de la daga, y la sorda caída del anciano. La morisca se desmayó dando un agudísimo grito.

Juan la levantó con sus hercúleos brazos, y dio a correr con la velocidad de un ladrón o de un ciervo herido.

---

8 Por cima de la plaza del Salvador, existe todavía una cruz gótica, rodeada de cipreses, llamada Cruz de la Rauda, o del Panteón, porque allí hubo en tiempo de moros un cementerio, que después fue bendecido. (Nota del Autor).

Callóse el viento. La lluvia era tan espesa como el grano en las espigas.

El sacristán siguiendo en su carrera, sintió que el terreno declinaba y oyó la voz del río allá en la hondura. Estaba en la cuesta del Chapiz. Nuevas alas tomó conociendo el terreno. Saltaba por la pendiente, como una bola despedida por mano diestra. Llegó a la orilla del Darro escarpada y elevadísima; un relámpago protector le enseñó el puente de troncos que servia de pasadera. Entró por él con valor, levantando en alto y como en triunfo a su amante.

El cimbrear de las vigas le indicó que estaba mediando el pasaje, un paso más.... Cayó; se perdió en el espacio, dio una vuelta y luego veinte, todo su cuerpo se descoyuntó como el de una culebra cuando se sacude, y oyó las aguas del río que con salvajes mugidos le esperaban; quiso gritar y le faltó aire en sus anchos pulmones.

La voz de la morisca rompió el viento con eco desgarrador.

—¡Virgen mía del Amparo! –pronunció vuelta en sí con el peligro.

Un ángel veloz como la luz llegó a la hondura cuando tocaban los amantes el encrespado oleaje del Darro, y asiendo del cabello a Amina la levantó con presteza prodigiosa en medio de un luminoso y aromático vapor.

Juan en la agonía, luchando ya con la corriente se asió de la orla brillante de la vestidura del celestial mancebo buscando salvación también; pero de la misma oscuridad de la sima salió una deforme figura con sulfúreos y cobrizos reflejos de fuego, que dando al robador una furiosa patada en el corazón le envió a lo profundo de las aguas.

....

Despertó a este tiempo el sacristán y se halló al pie del ajimez de Amina, recostado sobre la escala por donde había intentado subir. Pasó la mano por su frente, se recogió el cabello con terror y recorrió con la vista todo el espacio que le rodeaba.

El alborada tendía su red de seda rosada por los alcores y los caseríos de la vega que como barquillos empavesados blanqueaban en aquel mar de esmeralda. Suavísimo perfume exhalaban los arriates de flores de los cármenes cercanos. El cielo está límpido y sereno sin huella alguna de la pasada tempestad. El suelo apenas mojado. Palpaba sus miembros fatigados el mancebo, dudaba de su propia existencia, levantóse y vio la celosía del ajimez de su amada, cerrada como un cancel misterioso y dejando apenas sobresalir a las flores, oyó un suspiro y recogió del suelo un clavel encarnado, prueba de amor, que cuando pasaba de mañana a tocar las campanadas del alba, le concedía siempre la mora. De seguido vio venir al cura con agrado y dulce sonrisa en los labios

—Picaruelo, me has ganado por la mano esta mañana. Bueno es el madrugar. Sube y toca a misa después de dar el alba, que hoy quiero despachar temprano.

Juan estaba como alelado, ocultó como pudo la escala, acortó el tiro de la espada, siguió maquinalmente al cura y tomó las escaleras de la torre.

Tocó las campanadas del alba, después los compasados golpes que sirven para convocar los fieles al santo sacrificio de la misa, preparó el recado v con recogimiento extraordinario ayudó al cura en la celebración del oficio divino, Todo el día le pasó nuestro sacristán abismado en reflexiones y con señas en el rostro de hallarse dominado por una impresión profunda de terror. El sueño horrible de la noche anterior no le dejaba un punto y caminaba su cerebro hacia la locura. Al siguiente día con lágrimas en los ojos se llegó al buen párroco, su padrino y le pidió que le oyese en confesión general, suplicándole después que le concediese permiso y protección para entrar en la nueva orden cartujana del Paular que fundaba en Granada a expensas del Gran Capitán Gonzalo Fernández de Córdova.

No hubo humanas fuerzas que su voluntad cambiasen y pasados algunos meses era ya lego Juan de tan rigurosa orden con notable admiración de las murmuradoras del barrio y no poco descontento de las enamoradas del gallardo porte de nuestro héroe. Mas como en la misma semana en que acaeció tan inopinada conversión tomó el velo en Santa Isabel la Real, Amina la morisca, el caso picó en historia y excitó las públicas cavilaciones. Nosotros dejando a un lado habladurías daremos fin a nuestro verídico cuento, pues la parte mas trágica nos resta.

Extramuros de la ciudad (sabido es que hablamos de Granada), por la parte del Norte, sobre una collacion de las más vecinas descollaban las ruinas de una atalaya, a cuya sombra había una mal oculta sima que daba entrada a un aljibe sin agua, de tanta extensión y estructura que se asemejaba mas a suntuoso salón de soterrado palacio. Cuatro eran sus naves y ocho los robustos y altísimos pilares que sostenían las elegantísimas bóvedas apuntadas, que con elegantes arcos se enlazaban. Bañados sus muros con roja v brillante mezcla de búcaro guadijeño, engalanados sus rincones con petrificaciones caprichosas, cubierto de blanco mármol su pavimento, no parecía destinado aquel lugar magnifico a ser centro común y reunión de los monfier más fieros que por aquellos tiempos inundaban los campos granadinos.

Eran estos monfier, moriscos fanáticos que exasperados por las injurias de los cristianos recibidas, o airados con la humillación de su grey, de su Dios, de sus leyes y de los tratados, se habían huido a los bosques y lugares escondidos de los campos para vengar cruelmente con tormento y martirio de cristianos el recibido daño, o tal vez el impensado insulto.

Los que en el aljibe se reunían eran salidos del Albaicin y con sus feroces hazañas tenían aterradas a las pacíficas gentes cristianas y en reserva a los mas valientes de la soldadesca. A la ocasión presente (un año después de ser monje nuestro monaguillo y profesada ya la catecúmena Amina) acababan de perder su jefe en un encuentro con la gente de los cuarteles de San Lázaro y andaban a la desbandada sin dar golpe de provecho, ni combinar sangriento asalto. Para remediar esta inercia secretamente se habían reunido y conversaban, a la lumbre de unas teas en el aljibe que hemos descrito; pero aunque todos se hallaban animados de vengativos deseos era imposible compaginarlos para la elección de un jefe, pues un anciano Dervix que con proféticas y elocuentes voces los exhortaba contra los cristianos tenia secos los ojos por el fuego de la inquisición y mutilados todos sus miembros.

La noche se promediaba sin decidir nada de provecho, todos aseguraban obediencia, mas cuando alguno se proclamaba capitán, la reunión era un tumulto y brillaban las armas, cruzándose amenazas horribles y gritos de sedición.

—Retirémonos, hijos –exclamó desconsolado el anciano–. Dios grande, eterno, invisible que todo lo sabe y todo lo ve, nos enviará un hombre privilegiado para que como el santo profeta os guíe contra los enemigos de su ley que con eterna maldición confunda.

—Sí, en nombre de Dios vengo yo, para guiaros a la matanza y llevar delante de vosotros la tea del incendio y la gumía[9] que se afila en las entrañas de los enemigos y se purifica con la sangre que destilan sus corazones.

Y al tiempo mismo dando un salto de pantera apareció en medio de ellos un mancebo que apenas rayaba en el fin de los tres primeros lustros de la vida. Estaban rotos sus vestidos, descalzos sus pies, descubierta su cabeza y descompuesta su corta y avedijada cabellera. En la una mano traía una rica gumía desenvainada y en la otra una brillante tea de resinoso pino de Armilla. Sus ojos despedían fuego, sus labios hinchados, su afilada nariz, su despejada y altiva frente inspiraban respeto, porque aparecían rodeadas con el aureola del entusiasmo.

—¡Noble hijo de Harmez! Dame los brazos que si mis ojos no pueden contemplar tus nobles facciones, mis oídos se han regocijado oyendo el áureo murmullo de tu voz. Si; tú eres el jefe que Alá nos envía con su santa y omnipotente mano – esto dijo el venerable Dervix, todo conmovido con aquel inspirado acento.

—Sí –repuso el joven – humillaos monfíes que soy Ben-Harmez, el más noble de los zenetes[10]. Tended vuestras marlotas para que pase el capitán que os envía Alá que da la victoria y decide las batallas con el aire de los pliegues de su manto.

Aquellos hombres endurecidos en el crimen y en la guerra, subyugados por el acento del imberbe y audaz rapazuelo, cruzaron sus brazos ante el pecho y doblaron humildes la frente.

—Ensalzado seas, Señor que con tus ojos dominas la extensión del universo y que has dejado llegar hasta mis labios la copa de la venganza

9 *Gumía*: Daga curva.

10 *Zenetes* o *Cenete*: Tribu berberisca.

Y oyendo las campanadas de las doce en un reloj de la ciudad cesó en su oración y dijo dirigiéndose a los monfíes el improvisado general.

—Cerca de este lugar, levantan un templo y habitan paganos sacerdotes de Castilla, corramos a desgarrar sus vestiduras y a extinguir con su sangre las lámparas no encendidas en la mezquita ¡Guay! *¡Alá juma subafana ju!*[11]

—*¡Alá achbar!*[12] contestaron todos, y dejando al anciano Dervix, que en las ruinas habitaba se lanzaron apagando las teas en seguimiento de Harmez que hacia la cartuja comenzó a guiar con cautela.

La arrea primitiva del monasterio cartujano estaba concluida, mas no la Iglesia ni los claustros; si bien la capilla mayor estaba habilitada para en ella celebrar los divinos oficios. En una pobre casa de tierra habitaban los cuatro monjes más ancianos venidos de las cuevas, y de los otros dos, el donado[13] guardaba la portería del cercado y el lego (que era Juan) dormía en una pieza contigua a la sacristía por ser esto lo que la comunidad le tenia especialmente encargado.

Los monfíes deslizándose por entre la maleza como serpientes, llegaron a las tapias de la cerca y se acurrucaron en los ángulos del cobertizo de la portería. Harmez se tendió en el umbral de la puerta y comenzó a quejarse primero y después a llorar como un niño recién nacido. Sus mismos compañeros que eran ocho y bien armados, admiraban la perfecta imitación, y ya columbraban el fin de tan extraña superchería.

En efecto el donado que guardaba la puerta, se despertó con el fingido llanto y movido por caritativo impulso cogió una lamparilla que delante de una virgen ardía y abriendo con cautela la rejilla se certificó de que nadie estaba a las puertas y que solo en el umbral lloraba una criatura abandonada al parecer. Separó entonces el puntal de pino descorrió el clavo y alzó el picaporte entreabriendo con cuidado el robusto y angosto postigo; mas al tiempo mismo cayó sobre él como un rayo Harmez y de una puñalada le arrancó la vida franqueando así la entrada a sus amigos. Como infernales sombras penetraron aquellos forajidos en el compás y comenzaron a rodear la pobre habitación de los monjes, a la manera que una hambrienta jauría de lobos cerca con torvo paso al helado e indefenso caminante sorprendido en despoblado por la noche. No hallaban medio los monfíes de entrar sin ruido y si los cartujos se alarmaban, con un toque de rebato, el golpe era en vano porque la ciudad estaba cercana. Con un ligero grito semejante al de un ave nocturna, Harmez los congregó a su lado y les mandó que se acercasen a la puerta principal. Después que le hubieron obedecido trepó a un robusto madreselvo que cercano a la casa había y meciendo una de sus ramas logró acercarse y aun dominar a veces el humilde tejado que servia de cubierta al comenzado claustro. Sus ojos de gato penetraron en la oscuridad y reconocido el terreno de un salto se lanzó sobre el caballete con la agilidad de una ardilla. Deslizóse por las tejas sin ruido, llegó a la modesta torre, compuesta entonces de dos pilares y un mal

11 ¡Hágase la voluntad de Dios! (Nota del autor)

12 ¡Dios es grande! Éste era el grito de guerra de los abencerrajes. (Nota del autor)

13 *Donado*: Sirviente de una congregación religiosa.

cobertizo tejado, escaló afianzándose en las rodillas, ayudado de sus manos, con la gumía entre los dientes, la más escarpada de las esquinas barbeó el antepecho y con un desesperado esfuerzo pasó como una serpiente por debajo de la campana y vino a caer en la meseta interior desde donde el sacristán repicaba. Cortó la cuerda con su puñal y con aire de victoria dio otro grito imitando el de las aves nocturnas cuando hacen presa. Le entendieron los de abajo y el regocijo inundó sus pechos crueles.

Presto Harmez pisó los claustros y tropezando con un monje que delante de una capilla oraba le arrojó por detrás un lazo con la cuerda que enroscada a su brazo traía y poniéndole el pie en la espalda le dejó sin vida y sin aliento antes que gritar pudiese. Bajó, franqueó la puerta y al grito de «*¡Alah acbhar!*», el lugar de ascetismo y de oración cristiana fue convertido en sangriento teatro de crueldades sin número. Mas la hazaña debía ser completa y por el pasadizo se dirigieron a incendiar la iglesia no acabada, a robar los sagrados vasos y a trocar sus inmundas vestiduras por las sagradas y ricas ropas del sacerdocio. Mas allí encontraron no esperada resistencia. Confiados con la fácil victoria, ebrios con la sangre de los indefensos ancianos que acababan de sacrificar, penetraron en el templo con grande algazara y con teas para incendiarle. A tan extraño clamoreo despertó Juan y conociendo que eran moriscos los gritadores olvidó su nueva profesión de mansedumbre y con alientos de bizarrísimo soldado cogió un hacha de las que los carpinteros allí guardaban y se lanzó a la sacristía, airado como el marino que ve llegar los piratas al costado de su barco.

—¡A mí perros! –salía gritando el fiero sacristán y todos los monfíes dispersos por la capilla se le vinieron encima aullando y escupiéndole en el rostro. Mas mordió la tierra el primero que llegó a ponerse al alcance de su hacha que revolvía Juan como si fuese una pluma. Espantados retrocedieron los alarbes y nuestro héroe dando un seguro salto hendió por el pecho a uno de ellos y con el cuento de su arma hirió mortalmente en la sien a otro que le amagó con una azagaya por el derecho lado. Cinco restaban; pero todos dieron a huir al tiempo que Harmez gritando «*¡Alá acbhar!*», se ponía delante de aquel inesperado enemigo con una tea en la siniestra mano y su ensangrentada gumia en la derecha.

Juan vaciló al reconocer aquellas facciones y un tropel de recuerdos cruzaron por su frente, encendida con la ira. Harmez era hermano de Amina y tal influjo ejercieron en el ánimo del monje las miradas ardientes del morisco que desmayó su valor y aguardó el ataque. No se hizo esperar el mancebo, plegóse con la vista fija en el arma de Juan y cogiendo una azagaya del suelo la envió silbando derecha al pecho del cristiano. El sacristán trazó un semicírculo con el mango de su hacha y la lanza salió despedida y fue a clavarse en uno de los pilares del edificio.

Animados los monfíes con el ardimiento de su jefe intentaron rodear al valeroso monje. Éste conociendo el peligro de su vida ganó el muro se preparó a la defensa. Mas Harmez hizo seña a los suyos de que le dejasen solo, y todos le obedecieron. Juan, guarnecido por la espalda, había bajado su hacha como diestro reñidor y esperaba los golpes de sus enemigos. Su elevada talla, sus robustos miembros, sus ojos fulminantes con la pelea, su negra y luenga barba formaban un conjunto hermoso y terrible. Harmez se adelantó y amenazó con la encendida tea al sacristán, poniéndose muy al alcance de su brazo. El amante de Amina creyéndole descuidado y compadeciendo los pocos años del morisco lo asestó un revés al costado pero veloz como un gato saltó el mancebo y Juan se descompuso para la defensa con el golpe en vago. Entonces Harmez le sacudió la tea sobre los ojos cegándole con las chispas y arrojándole la gumía con destreza le atravesó el cuello con tal ímpetu que quedó clavado Juan al muro del edificio...

Las llamas rompieron al mismo tiempo por la cúpula del edificio y coronaron la casa que los monjes habitaban. Alarmóse el barrio inmediato de la ciudad y los alentados fueron allí ganosos de pelea. Algunos bravos que siempre en fiesta de espadas llegan los primeros, más por el interés que por la honra, penetraron por entre las llamas que casi inundaban la iglesia y a la cabeza de ellos iba nuestro conocido, Corbacho, el amigo de Juan que tropezando con el cadáver de un monje se inclinó y reconoció al travieso sacristán de San Cristóbal cosido a puñaladas y exhalando el último suspiro.

—Voto a... – y lo echó redondo–. Eres tú, Juan. ¡Pronto aquí, lebreles ayudadme a levantar este mozo que es de chapa![14]

—Déjame morir –dijo con exánime aliento el monje–, arranca de mi pecho un relicario y entrégale en Santa Isabel a Sor Amparo...

Con estas palabras dio el último suspiro envuelto en borbotones de sangre...

Corbacho que era hombre de entrañas de hierro sintió que se le ablandaba el corazón y viendo que el fuego le rodeaba con sus alas dijo con acento solemne.

—Te lo juro por la salud de mi madre y por el contento de mi vida – y abriéndole el hábito con la daga le arrancó el relicario y salió medio chamuscado de aquella hoguera que ya por todas partes le cercaba.

Los monfíes no se encontraron. Al reflejo del incendio algunos campesinos aseguraban que por la montaña vecina vieron huir a algunos vestidos con los hábitos blancos de los monjes.

Pasados algunos días, un bravo con gran sombrero, ligas[15] de balumba[16] y ancha espada de travieso[17], llamaba en el torno de las monjas de Santa Isabel la Real, con mas respeto de lo que su traza requería y entregaba a Sor Amparo (que no era otra sino Amina) un relicario manchado de sangre y le contaba con frases mal sonantes, aunque sentidas, y casi con lágrimas en los ardientes ojos la trágica historia del incendio de la cartuja. Tal impresión hicieron sus razones en la pobre monja que le entró un parasismo del cual no volvió en

14 *De chapa*: de mérito.
15 *Liga*: Unión.
16 *Balumba*: Conjunto desordenado de cosas.
17 *De travieso*: puesta a un lado.

algunas horas con notable admiración de las buenas madres. Amina colocó el relicario que solo encerraba el clavel cuya historia conocen ya mis leyentes, en el pecho de la Virgen del Amparo, cuyo nombre llevaba, cuya capilla cuidaba con religioso amor y ante la cual pasaba las noches de claro en claro, orando con fervor y derramando lágrimas que brotaban del corazón. El fuego del alma de la joven profesa incendió su cerebro y su sangre. La fiebre lenta de las grandes pasiones secó las hojas tempranas de aquella flor; antes del octavo día después de la muerte de Juan subió al cielo para morar entre el coro de las vírgenes.

Sus compañeras que la tenían en olor de santidad, sintieron notablemente su muerte, la hicieron las modestas exequias que reza la orden y la enterraron al pie de la capilla árabe de la Virgen del Amparo que desde entonces por lo que encerraba el relicario se llamó del Clavel y es fama que habiéndole encargado el sermón de honras de la monja al cura de San Cristóbal, subió al pulpito el buen anciano y al querer dirigir la palabra a los fieles se le anudó la voz en la garganta, se le inundaron los ojos de lágrimas y llorando como un niño tuvo el padre octogenario que dejar la tribuna del Espíritu Santo, quedando burladas las beatas y descontentas las madres.

Tal es la triste historia de la Virgen del Clavel en cuya trama y relato tienen, lector, como te dije, gran parte la tradición popular y la crónica y no poca el escaso ingenio mío.

El clavel de la Virgen

Francisco de Orellana

Semanario Pintoresco Español. 1850. 396-400 / 402

I. Solita

Entre las fragosas sierras de las Alpujarras, o sea «montes del sol y del aire», hay frondosísimos valles cruzados en todas direcciones de riachuelos y torrentes, en cuyas profundas cuencas no se puede penetrar de noche, sin peligro de tropezar con el espíritu errante de algún moro que, con cimitarra en puño y los ojos encendidos como brasas, guarda los tesoros que allí escondió antes de abandonar aquella tierra, o de morir en ella combatiendo por su ley. Estos espíritus sólo se aparecen de noche; pero de día se les oye en las soledades de los campos, y siempre donde corren las aguas, donde los árboles crecen robustos y espesos, y en los parajes cercados de altas montañas y de peladas rocas. Cuando el pastor vocea llamando a alguna cabra descarriada, la voz de los espíritus invisibles contesta desde lejos en las angosturas de las ramblas, y otros repiten sus palabras como los centinelas la voz de ¡alerta! Cuando el viento sopla, los espíritus gimen entre las hojas; y cuando las aguas corren por entre altas peñas y cauces angostos, los espíritus hablan a una, diciendo con acento chillón y destemplado: «¡Alá akbar! ¡Alá akbar!»

En una de las aldeas que, cual toscos ermitaños, reposan en medio de aquellas solitarias montañas se celebra la fiesta de San Juan con mucho regocijo. Bajo un ancho entoldado de copudos castaños, bailaban, al compás de dos guitarras y un violín tañidos por bizarros aunque agrestes mozos, las jóvenes del lugar con sus compañeros de infancia; los ancianos hablaban de sus campañas y tradiciones, apurando panzudas botas de moscatel o de albillo; los zagales subían a los frondosos cerezos, y doblando sus ramas, las bajaban hasta el alcance de las muchachas, que cogían el colorado fruto: los niños triscaban por el prado jugando con los perros y los cabritos, traviesos como ellos. Entretanto algunas jóvenes, sentadas a la sombra, daban quejas a sus novios, porque las alcachofas, cuya flor habían quemado la víspera para consultar su horóscopo amoroso, no habían amanecido floridas, lo cual es indicio de frialdad en el amante. Otras, por el contrario, a quienes había salido bien la prueba, se sonreían lánguidamente, y acercaban tanto sus morenas cabezas a las de sus amantes, que estos se estremecían de cuando en cuando al sentir el contacto de sus negros cabellos.

Todo era contento y amor en el castañar: nadie había que no gozase: unos con sus inocentes alegrías, otros con sus mutuas satisfacciones, otros en fin con sus penas amorosas. Únicamente Solita, la jorobada, estaba triste y abatida, sola en medio del gentío, abandonada de todo el mundo; pero no de Dios, ni de la Virgen, su abogada.

Solita era una infeliz criatura sin familia, que un día se apareció en la aldea, cuando sólo contaba seis años sin que nadie, ni ella misma, supiese de dónde venía ni quienes eran sus padres. Pobre, sin más amparo que la caridad, la desdichada niña era enfermiza, además y contrahecha. Tal vez hubiera sido hermosa, si su negra fortuna no hubiese influido en su raquítica naturaleza pero desheredada por naturaleza y fortuna, era un ser feo, muy feo, que servía de burla y chacota a todos los muchachos del lugar, y de espantajo a las madres para acallar a sus pequeñuelos.

Acurrucada detrás del tronco de un árbol, seguía la pobrecita con sus ojos inflamados el bullicio de la fiesta. Sus miradas se animaban al ruido de los panderos y de las castañuelas; agitábase su pecho al contemplar los deliquios amorosos de las otras jóvenes, porque ella soñaba ya también con el amor, con el amor que consumiría su corazón sin exhalar llama, y a cuyos generosos latidos no correspondería jamás ningún hombre. Solita tenía ya dieciséis años; pero nadie lo hubiera creído, y sólo a ella no le alcanzaba el adagio que dice: «¡No hay quince años feos!» ¡Pobre Solita!

Temerosa la joven de provocar las burlas de los insolentes campesinos, y acaso los golpes con que los muchachos se complacían en atormentarla, permanecía agazapada y silenciosa, pero llorando, llorando mucho, pues para ella el mundo era un desierto lleno de abrojos. El alborozo general aumentaba su melancolía, de tal modo que para dar libre curso a sus sollozos, determinó alejarse de allí, no fuese que llamando la atención aumentase sus pesares.

2. EL NIÑO DE ORO.

La pobre jorobadita comenzó a caminar sin rumbo cierto por la ladera del monte, procurando sustraerse a las miradas, protegida por los troncos de los árboles; y andando, andando se internó entre dos montañas de piedra cortadas a pico, por cuyo seno tortuoso corrían transparentes y espumosas las aguas de un torrente. De cuando en cuando traía el viento el rumor placentero de la fiesta, que resonaba en las alturas quejumbroso y entrecortado como una algazara de brujas; pero Solita no escuchaba nada, y seguía caminando como una sombra, sin volver atrás la vista. Con sus descarnadas manos se apretaba el corazón, y algunas veces alzaba una de ellas para enjugarse las lágrimas que le impedían ver. Bien tenía por qué llorar, entre tantos seres llenos de salud y de esperanzas, ella sola era raquítica y asquerosa, y veía en su presente su porvenir.

En lo más solitario del monte formaba el torrente una elevadísima cascada que se desprendía con mucho ruido desde lo alto. Solita vio entonces que no podía pasar mas allá, y se sentó abatida junto a un bosquecillo de lentiscos[1] que, lozanos, crecían en la orilla del agua. Apoyó los codos en sus rodillas y dejó caer la cabeza entre sus manos, entregándose a su dolor.

Era la última hora del día, y algunas nubes se acercaban al poniente para recibir en sus labios dorados los postreros besos del sol. La joven dio rienda suelta a su llanto, hasta que, cansados sus ojos, se cerraron, y se quedó dormida.

Pasaron así las horas, y el eco repitió en los peñascos las últimas campanadas de la queda. Solita oyó entre sueños aquel sonido lejano, y cruzó sobre su pecho los enflaquecidos brazos, porque la humedad había penetrado sus débiles vestidos, y estaba tiritando de frío. La pobre joven, acostumbrada toda su vida a dormir sobre el duro suelo, teniendo cuanto más un pajar por alcoba, no echaba de ver, ni su molesto descanso, ni el peligroso lugar en que se hallaba.

Con efecto, apenas se hubieron desvanecido en el aire los últimos ecos de las campanadas de la queda, la luna, que hasta entonces había derramado su plateada luz sobre la tierra, se cubrió de espesas nubes, y las espumas del torrente dejaron de brillar con ese bello reflejo nocturno que es la sonrisa del agua. Sonó ruido, como de armas que se chocan, debajo del cristalino arco de la cascada, iluminóse ésta de repente con una luz azufrada, y Solita creyó oír la voz de un niño que, como salida de las entrañas de la tierra, cantaba, al compás de una guitarra tenuemente pulsada, estas palabras:

> Solita que sola estás,
> ¿adónde vas?
> Desamparada criatura;
> no llores tu soledad,
> que solo vive tu amante
> como la perla en el mar.
> Solita que sola estás,
> ¿ me amarás?

Creía la infeliz huérfana estar soñando, pues nunca palabras tan dulces habían resonado en su oídos. Llena de inquietud se frotó los ojos, miró a su

---

1 *Lentisco*: Arbusto pequeño de hoja perenne y flores amarillas o rojas.

alrededor, evocó sus embrollados recuerdos, y reconoció. el lugar adonde le trajera su desventura; pero no acertaba a comprender de dónde provenía la luz extraña que entre las aguas brillaba.

—¿Si habrá aqui duendes? –dijo para sí llena de miedo; y comenzó a temblar como un azogado.

Entretanto volvió a sonar la música misteriosa, y la voz de niño entonó esta segunda copla:

Solitaria está la luna,
Solita, en el cielo azul;
y en los campos crece el lirio
solitario como tú.
Solita que sola estás,
¿me amarás?

A medida que el ser invisible cantaba esta trova, la humilde niña sentía disiparse su temor y un suave bienestar fortalecer sus cansados miembros.

—¿Si será cierto que hay en el mundo quien pueda amarme? –dijo–. ¡A mí, que soy el espantajo de los muchachos traviesos! ¡Ah! Yo sólo sé amar a cuantos me han hecho bien: si alguien me amase, no lloraría nunca mas.

La voz cantó por tercera vez:

¡Murmurando van las aguas,
murmurando van, mi amor!
No habrá, Solita, en el mundo
quien te adore como yo.
Solita que sola estás,
¿me amarás?

—¡Sí! –exclamó la jorobada, no pudiendo reprimir una lágrima de placer, la primera de esta especie que había refrescado sus ojos en toda su vida.

Como si la breve palabra pronunciada por Solita hubiese sido un talismán poderoso, las aguas de la cascada se dividieron inmediatamente que la pronunció, formando dos trasparentes cortinas, y del seno de la roca, iluminada como un horno de alfarero, se vio salir primeramente un hermoso niño de oro enteramente desnudo, y detrás de él una llueca con doce pollos todos de oro y los picos de diamante. La llueca[2] decía: *¡clo!, ¡clo!*; y los pollos: *¡pío!, ¡pío!*; y después de haber dado tres vueltas meneando las cabezas a compás, rodearon a Sólita y al Niño de Oro. El cual, acercándose más a la joven que temblaba de placer, le tomó una mano, y con una voz atimbrada y sonora, como el sonido de una moneda de ocho duros, le dijo:

—Bien venida seas, amiga mía, si vienes para mi ventura; la tuya no tendrá igual si accedes a mis deseos.

Solita estaba encantada de la amabilidad de aquel extraño sujeto, y

---

2 *Llueca*: gallina clueca.

aunque sentía un vago temor al percibir caliente aquella mano de oro, y al oír la voz humana que de unos labios metálicos salía, era tal la delicia que experimentaba, que contestó con placentera sonrisa:

—Vuestra voluntad será mi ley; mandad, que vuestra sierva os escucha.

—No, sino mi señora habrás de ser –repuso el niño–. Pero atiende a lo que aspiro. Hace ya muchos años que vivo aquí sepultado por la malicia de un mago, el cual, sabedor de que yo había enterrado en este paraje mis tesoros, en lugar de transportarlos al Africa (porque has de saber que soy moro), me condenó a permanecer envuelto entre mis riquezas, y en la forma que estás viendo, hasta que encontrase una doncella que me amase y me fuese fiel tres meses. Yo tengo para ti cuanto de más rico y bello puede concebir tu imaginación; tengo placeres sin cuento que ofrecerte; ricas galas y perfumes, y esclavas para que te sirvan; tengo un palacio con baños y jardines deliciosos, y en ellos risueñas fuentes que brotan entre rubíes. Todo es para ti, si consientes en vivir a mi lado y en amarme con fina constancia.

Contentisíma quedó Solita de oír este razonamiento, y aunque hubiese querido rehusar los dones que se le ofrecían, no hubiera podido hacerlo porque su corazón palpitaba ya de amor, y sus ojos húmedos habrían hecho traición a sus palabras.

—Tuya soy; dispón de mí – fueron los únicos acentos que osaron pronunciar sus labios. Y en el mismo instante se sintió llevar por los aires a una mansión desconocida, en cuyo embellecimiento habían trabajado la maravilla y el encanto.

3. Bay.

Erase un palacio sin límites aparentes, pues los muros, de cristal de roca, no cerraban el espacio a la vista, la cual se perdía en una inmensidad sin término; la techumbre era infinita y profunda como un cielo de verano. Basábase el edificio en un zócalo de rosas, y las delgadas columnas de diamante parecían ondular al soplo del aura, como los juncos a la orilla del río. Cantaban las aves en amenos bosquecillos de frescas flores siempre lozanas, pero sin olor, ni germen; y los mismos pájaros no se juntaban nunca en amoroso nido. En los jardines había fuentes bullidoras, pero sin murmullo, y las balsas de agua lo mismo que los baños, no reflejaban ninguna imagen, porque las lustrosas tazas y el pavimento del edificio mágico eran también diáfanos, y ningún cuerpo opaco interceptaba su transparencia. Los árboles no daban sombra. Sin haber sol, había luz, y el ambiente aromatizado por esencias artificiales era fresco y suave. Aquella era la mansión de la opulencia; todo allí estaba dispuesto para gozar sin amar.

Sobre la cúspide aguda de un centenario ciprés tenia su morada un cuco, el cual, cantando una vez cada veinte y cuatro horas, anunciaba los días; y un negro sentado al pie del tronco los apuntaba haciendo rayas en un libro de anchas hojas. Sin esto era imposible conocer el transcurso del tiempo, pues allí nunca anochecía.

Embelesada estaba Solita en contemplar aquel encantado palacio, que no lo hubiera soñado jamás tan hermoso su fantasía, y al contento que experimentaba de hallarse tan bien aposentada, vino a unirse el de verse vestida de riquísimo brocado, llevando en su cuello sartas de blancas perlas, y en sus cabellos flores de oro montadas de piedras preciosas. ¿Qué invisibles hadas habían tan de improviso atendido a su tocado? ¿Quién había cambiado sus pobres harapos en elegantes y opulentas ropas? Esto no se sabe; pero ello es que Solita no necesitaba molestarse ni aún para desear, pues todo se le proveía antes que lo apeteciese, y ella misma ignoraba los medios desconocidos que se empleaban en su servicio.

El Niño de Oro, si bien era galante y previsor, no por eso molestaba jamás con sus atenciones a su amada. Una hora antes de cantar el cuco venía siempre a visitarla, y en el momento de oírse el agorero canto de aquel ave fatídica, que siempre era a las doce de la noche, abandonaba el dorado amante a su amada, para no volver hasta otro día a la misma hora.

El infeliz encantado tenia en aquel momento que obedecer a la dura ley de su destino. Apenas se apartaba de Solita, oía ésta el cacareo de la llueca y el piar de los polluelos, y en medio de su diabólica algazara tristísimos y profundos ayes, lúgubres quejidos y rechinar de dientes.

—Está visto –dijo para si la jorobada–, que no es todo oro lo que reluce.

Pero como esto se repitiese varias veces, la joven comenzó a tener miedo, y participó su sobresalto a su Niño en la primera ocasión.

—Cuando me cante el cuco – le dijo él–, sígueme con precaución, y no pases de aquella puerta que conduce a la Galería de los Arcanos. Desde allí podrás presenciar mi triste suerte.

Pasado un rato cantó el cuco. El Niño de Oro echó a correr, y Solita le siguió por muchos pasadizos, siempre corriendo, hasta que ambos llegaron a la puerta de la Galería de los Arcanos. El Niño pasó adelante; Solita se quedó en la puerta, desde donde presenció el espectáculo mas extraño que imaginarse puede. Una inmensa mano de hierro cogió por mitad del cuerpo al Niño de Oro, y le tendió sobre un montón de joyas y pedrería. Dos enormes serpientes de plata ondeaban por la galería, produciendo con el choque de sus escamas un sonido metálico estridente, las cuales, enlazándose luego, una a los pies y otra a los brazos del paciente, lo encadenaron al montón de riquezas, mientras la llueca y los pollos de oro le taladraban el corazón con sus picos de diamante. Daba el Niño tristísimos gemidos, pero la llueca cloqueaba y los pollos piaban, ensañándose con mas furor, a medida que eran mayores los ayes del encantado. Este castigo terrible duró hasta el tercer canto del gallo; entonces desapareció de repente todo el cruel aparato, y la galería quedó oscura como bolsa de usurero.

Solita pasó llorando todo el tiempo que tardó en ver a su dorado amante.

—¡Desdichado! –decía ella–, ¿de qué le sirve tanta opulencia, si todo se le convierte en acervo tormento?

Cuando el Niño volvió la encontró llorosa y la consoló diciendo:

—No te aflijas, vida mía, por mis pesares, pues no son tan grandes que no tengan alivio. Si tu amor de doncella me es fiel hasta que se cumplan tres meses, todos mis tormentos cesarán, y tú serás muy dichosa.

—Toda mi dicha consistirá en verte libre de tu odiosa esclavitud –contestó la doncella. Y olvidando por una hora la pena que le causaban los dolores de su amante, Solita se entregó toda entera a esos deliquios puros que solo siente quien adora una quimera; porque el Niño era solamente un espíritu palpable.

Pero este espíritu era egoísta. Solita amaba sin ser correspondida, y su amor era un sacrificio, un tesoro que debía servir para el rescate del encantado. Sin embargo, ella se creía amada, y esta ilusión la hacia dichosa, de modo que su sacrificio no era costoso, y el triunfo de su pretendiente parecía seguro.

No obstante, el Niño de Oro tenia contra él dos enemigos poderosos, capaces de robarle el amor de la doncella, tales eran la ociosidad de ésta – pues mujer desoficiada no piensa en nada bueno–, y el negro contador de los días. Era éste un espíritu envidioso de la dicha ajena e incapaz de disfrutar goce alguno. Desde que Solita puso los pies en el palacio encantado, el negro concibió el proyecto de arrebatar al Niño de Oro su esperanza. Llamabas este negro Bay, es decir, Serpiente, nombre que le cuadraba muy bien por su astucia y sus negras intenciones.

En una ocasión en que Solita estaba pensativa y algo hastiada de su soledad acercósele el negro, se arrodilló, tocó tres veces el suelo con la frente. y dijo:

—Perdóname, sultana, mi atrevimiento; pero si te ofende tu esclavo, poder tienes para hollarlo con tus plantas, en lo que le harás merced.

—¿Qué es lo que quieres, Bay? –dijo Solita.

—Todos los espíritus te obedecen, y las huríes te proclaman sultana de este paraíso. ¿Por qué te ven mis ojos pensativa? Mi sumisión te ofrece recreo y esparcimiento. Dígnate aceptar el homenaje de tu mas ínfimo siervo.

—¿De qué modo, Bay?

—En este edén hay fuentes que tienen suspensas sus aguas; flores que lloran tu ausencia cubiertas de eterno rocío y aves que ensayan sus cantos y no aciertan a formularlos, porque no han oído tu voz. ¿Serán dignas de que las visites una vez sola?

—Si, llévame, Bay; comienzo a sentir necesidad de recreo.

La doncella y el negro pasearon largo rato por mágicos jardines colgados en el aire: donde quiera que la joven ponía un pie brotaba una azucena; las flores, a su paso, sacudían coquetamente sus cálices llenos de aroma; el agua congelada de las fuentes se derretía a su vista, como el hielo a los rayos del sol de abril, y las aves silenciosas prorrumpían en armoniosos gorjeos.

Solita sintió por primera vez germinar en su cabeza el espíritu de vanidad.

—¡Mucho valgo! –dijo para sí–, cuando la naturaleza me rinde culto.

El negro penetró este pensamiento de la doncella, y asomó a sus labios una horrible sonrisa. Con efecto, su obra de destrucción estaba comenzada.

—Sígueme ¡oh reina de las flores y de las aves! –dijo el maldito – descansaremos al pie de aquel antiguo roble.

Sentáronse ambos al pie del árbol, sobre cuyas ramas había una urraca y una golondrina entretenidas en sabrosa plática.

Decía la golondrina: *¡Chirrichi, chirrichi, chirrichi!¡Vaayá!... ¡No es mala moza la novia! ¡Chirrichi! ¡Vaaayá!*

Decía la urraca: *¡Si no fuera jorobada!*

La golondrina: *¡Chirrichi, vaayá, que no es tan maaalá!*

La urraca: *¡Si no fuera negra y flaaaca!*

La golondrina: *¡Calla, calla, compañera, que hay moros en la frontera, y la novia es pasadera... ¡chirrich!, chirrichi, vaaayá!*

La urraca: *¿Y una joroba no es falla?. ¡Giba! ¡giba!.. ¡Jah! ¡jah! ¡jah!*

Los dos pájaros echaron a volar, mientras Solita ofendida en su amor propio, permanecía muda de cólera y de vergüenza. ¿Era posible que dos pájaros negros se atreviesen a echarle en cara sus faltas, cuando las mas hermosas aves, las fuentes y las flores le rendían homenaje? Pero bien mirado, no era culpa de aquellos pájaros si ella tenia defectos visibles. Bay acudió a consolarla diciendo:

—No te aflijas, sultana de las flores, por tan leve causa. Esas aves son parlanchinas de suyo y mal criadas. Si a costa de mi salud me fuera dado remediar esos males y hacer que la urraca se desdijese...

—¡No prosigas! –exclamó despechada la doncella–. ¿De qué puede servirme una retractación lisonjera, si llevo encima mis faltas?

—Confúndame tu grandeza señora mía: esas faltas pudieran desaparecer –dijo Bay.

—¿Cómo? –exclamó Solita respirando júbilo y esperanza.

—Sólo tu amante tiene poder para ello, pero no lo hará por temor de que le abandones al verle hermosa.

—¡Oh! ¿yo abandonarle? ¡Nunca! Pero dices que puede...

—Ruégaselo.

—Si haré –dijo la joven con resolución, y se marchó impaciente a esperar que viniese su amante.

El negro, sentado al pie del ciprés, se reía entretanto a carcajadas, sin producir ruido.

A la hora de costumbre vino el Niño de Oro, y encontró a Solita enojada, por lo cual la dijo:

—¿Qué tienes, amada mía? ¿Seré tan desdichado que haya perdido tu gracia?

—¡Ingrato! –dijo la picarilla casi llorando–, bien lo merecías.

A lo que contestó él:

—¿Pues en que te he faltado amor de mis amores? ¿No tienes cuanto apeteces?

Entonces ella sonriéndose y tomándole la barba, le dijo:

—Tengo más de lo que apetecer quisiera. Esta giba.

—¡Tontuela! –exclamó el Niño afectando tranquilidad–. ¿Y eso te entristece? ¿Acaso no te quiero yo así?

—Eso no me basta –repuso la joven poniéndose seria–. Si tienes poder para todo, ¿por qué no satisfaces mi deseo?

Echó a temblar el Niño de Oro, y con voz insegura preguntó:

—¿Con quien has hablado, Solita? Tú has oído los consejos de Bay.

—Es verdad. Pero, ¿qué mal hay en eso?

—No te fíes de ese negro, lucero mío; es un infame que nos perderá a los dos.

Solita insistió sin embargo, lloró, suplicó, rabió; y tal poder tuvieron sus ruegos, y sobre todo sus amenazas, que el Niño no pudo resistir por más tiempo al temor de perder la fortuna que entre las manos tenia y dijo:

—Si yo supiese que no me habrías de abandonar al verte hermosa, te haría la mas perfecta de las mujeres.

—¡Niño! –contestó ella–. Pues si me haces hermosa, ¿no tendré eso más que agradecerte?

—Eres mujer –contestó el niño.

El cual, sin embargo extendió su brazo derecho, primero hacia el norte y luego hacia el mediodía, después hacia el oriente, y en fin hacia el occidente. Poblase el aire de espíritus invisibles, que aleteaban como mariposas alrededor de Solita, quien, cediendo al prestigio de ciertas armonías sordas, y de los soporíficos aromas que la envolvían como entre una nube, se quedó profundamente dormida.

Cuando despertó la joven era mas hermosa que un serafin.

4. Vires acquirit cundo.

«No te fíes de ese negro»

Estas palabras murmuraba Solita entre sueños en el momento de despertar. En seguida se miró las manos y las vio blancas, torneadas y regordetas, tocóse la espalda, y la encontró derecha como una vela de cera, contemplóse toda, y se sonrió diciendo:

—¿Por qué no me habré de fiar de él, cuando debo a sus consejos mi hermosura?

Esto decía Solita, sin saber todo lo hermosa que se había vuelto de la noche a la mañana; porque ella no podía verse el rostro blanco y suave como una azucena, sonrosado y gracioso como una rosa de mayo, ni sus labios encendidos y tersos como dos cerezas, ni el hechizo de sus miradas penetrantes y halagüeñas, ni el alabastro de su frente pura, ni otros mil atractivos que solo el espejo podía reproducir de una manera imperfecta. Y ya se sabe que, a no mediar un prodigio, los espejos eran imposibles en aquel palacio encantado.

Mientras la joven se recreaba en la contemplación de sí misma, un deseo vago de ajenos elogios cruzaba su entendimiento. «Debo de ser muy hermosa, pero nadie me lo dice», pensó en su vanidad; y al mismo tiempo oyó repetidas voces que de todos los ángulos de la estancia salían diciendo: «Es hermosa. Es hermosa sobre todo lo creado»

Además, un coro invisible, que acaso era una alucinación de la doncella, cantaba muy quedo estas palabras:

Para alumbrar la hermosura
de tan celestial doncella
no es la luz bastante pura.
Porque es ella
mucho mas bella
que el matutino arrebol,
primer hálito del sol.
¡Viva, viva la hermosa!
¡Viva, viva su amor!
¡Vergüenza tiene la rosa,
pues no hay flor como esta flor!

Saltó Solita del blando lecho y eligió sus mejores vestidos; después de lo cual salió a pasear por los jardines, ganosa de oir los elogios de las aves, las cuales a su paso enmudecían de admiración, y replegaban sus alas. Pero estas demostraciones no satisfacían al amor propio de Solita. Necesitaba ver todo el esplendor de su belleza, y con este pensamiento se acercó a una fuente; mas aunque las aguas se quedaron paradas, aquel cristal no reprodujo su imagen.

La urraca comenzó a cantar en tono burlón desde el roble donde estaba encaramada:

¿Quién es esa que viene,
fresca y lozana,
mas bella que el lucero
de la mañana?

Solita se paró a escuchar, saltándole el corazón de contento. La urraca continuó:

¡Vaya una perla!
Quiero cerrar los ojos
para no verla.

—¿Se estará burlando? –exclamó Solita. Pero recobrándose luego, añadió –¡Eso es envidia!

La urraca, que sin duda era inspirada por el maligno espíritu de Bay, entonó esta otra seguidilla:

Los bultos dela espalda,
sol sin segundo,
no son los mas rebeldes
que hay en el mundo.
Pero es simpleza
querer sanar las gibas
de la cabeza.

Trémula de terror y de impotente ira, en presencia de aquel terrible enemigo, que con tanta desfachatez le echaba en cara sus defectos, púsose la joven a llorar, y se volvió de repente como si buscara un sitio que la amparase. Clavado detrás de ella encontró al cauteloso negro, y no pudiendo mantenerse en pie, se dejó caer entre sus brazos acongojada.

La hermosa Solita tenia un corazón bueno y sencillo, un corazón de ángel inocente y confiado; cual pedazo de cera flexible dispuesto a recibir todas las impresiones; tan fácil de seducir por los atractivos del orgullo como blando para las aspiraciones generosas, tan dispuesto a empedernirse bajo la exclusiva armadura del amor propio, como a franquearse sin reserva con toda la candidez de un alma virgen: tenía en fin un. corazón de mujer, término medio entre el cielo y el infierno; materia dispuesta para labrar un ángel o un demonio. Como todas, Solita era capaz de ser buena, si por buen camino la guiaban. Hubiera sido mala sin sospecharlo siquiera, y como si el serlo fuese la cosa mas natural. Su imaginación no comprendía que hubiese ningún mal en recrearse en la propia hermosura, y así dijo a su consejero sollozando.

—¿Qué daño he hecho a ese animal para que me persiga con sus graznidos? ¿Por qué me ofenden tanto sus burlas insolentes? Yo he sufrido siempre con resignación la risa y aun el desprecio ajenos, cuando era jorobada y fea; pero ahora que soy perfecta, ¿ qué mal hay en que me glorie de serio? ¿Acaso, tengo defectos que no veo?

A lo cual contestó el negro con voz melosa:

—¿Defectos puede tener la señora de la hermosura? Siempre fue achaque de maldecidores ensañarse en deprimir el mérito, cuya posesión envidian. Gózate, reina y señora, que bien puedes gozarte en tu perfección sin tacha, y si a tu felicidad estorba esa negra bruja que se complace en murmurar de tus hechizos, habla y a tu voz la verás convertida en cenizas.

—No, eso no –repuso la doncella–, no quiero causar la muerte de ese pobre animal.

La urraca dio una carcajada, diciendo:

—¡Jah! ¡Jah! ¡Jah! Piquito de verdades, nunca muere.

—¿Ves? –dijo entonces el negro–, desafía tu poder, y se burla de tu compasión. Permíteme castigarla.

Solita se encogió de hombros. Bay tomó un pedreñal, y apuntando con él a la urraca, disparó el tiro, antes que la joven hubiese podido impedirlo: verdad es que ésta sintió, al ver el ademán del negro, una vaga satisfacción.

El tiro retumbó en los bosques acompañado de centellares de carcajadas huecas, que hicieron estremecerse a Solita, El cuerpo de la urraca descendió pelado del árbol, cayendo sobre una mata de claveles blancos que tiñó con su sangre. Las negras plumas revolotearon por el aire, y antes de llegar al suelo se convirtieron en otras tantas urracas habladoras, que entonaron en coro esta copla:

Cuando la verdad te ofenda
súfrela y no te impacientes:
haz propósito de enmienda,
y así no hablarán las gentes.

En seguida toda la negra banda batió las alas a compás, y se alejó de aquel sitio.

Solita se quedó pensativa. La lección que acababan de darle aquellos pájaros hizo penetrar en su alma un rayo de luz, pues comenzó a comprender que la vanidad en la mujer es una mancha que cubre sus mayores perfecciones. Pero este feliz pensamiento duró poco, pues el negro Bay acudió presuroso a desvanecerlo con sus palabras lisonjeras:

—¡Malditas brujas! –dijo–, no sirven sino para turbar la alegría. ¿En qué puede emplear mejor sus días la mas bella hurí del paraíso, sino en admirarse y procurar que la admiren? No dirán mal de ti las hermosas aves que reciben sus galas de tus miradas.

Pasando días y viniendo días Solita contrajo un indefinible fastidio. Estaba siempre sola, sin que la distrajese nada nuevo. No tenía más rato bueno que mientras su dorado amante la visitaba, y esto no duraba sino una hora. El negro, después de haber sembrado la semilla de la vanidad en el corazón de la doncella, no se dejaba ver; de modo que aislada entre riquezas de incomparable magnificencia, no se consideraba Solita más feliz que en sus antiguos tiempos de pobreza y desamparo. Poco tiempo después de su regeneración física, obtuvo de su amante, a fuerza de ruegos y mediando un prodigio, un hermoso espejo de acero, ante cuya tersa luna pasaba la joven horas enteras contemplando sus graciosas formas, y sonriéndose de mil modos, ya poniéndose flores artificiales de preciosas materias construidas, ya tirando éstas y sustituyéndolas por otras naturales; unas veces brincando y saltando con loco regocijo, y otras reclinando en la mano la mejilla y quedándose lánguidamente absorta y concentrada en sí misma. Pero estos pasatiempos llegaron a cansarla, y ¡cosa extraña! cuando tan inconstante se mostraba su fantasía, su corazón permanecía fiel al amante que por tan extraordinario camino la había deparado la suerte.

La soledad en que el negro Bay dejaba a su protegida, como se deja conocer, era calculada, y debía producir naturalmente sus efectos. Como queda dicho, el primero fue el fastidio, después vino un vago deseo de objeto indeterminado; esa inquietud, ese afán de algo desconocido, que se ignora lo que es, pero que desazona y molesta: mas tarde vinieron los recuerdos de tiempos pasados, y aunque estos no tenían para la joven ningún atractivo, pues eran recuerdos de dolor, sin embargo formulaban en su alma una aureola de orgullo, basado en su ventajosa posición presente. Este sentimiento podía resumirse en estas palabras:

—¡Cuánto se admirarían, si ahora me viesen, los que antes me conocieron raquítica, enfermiza y pobre!

Al concebir este pensamiento, Solita dio un suspiro; y al suspirar, apareció Bay en el umbral del aposento.

—Dichosos los ojos que te ven, mi buen amigo –dijo la joven, pudiendo apenas echar el habla del cuerpo, y sin moverse de la pila de almohadones donde estaba recostada.

El negro se arrodilló y tocó el pavimento con la frente, diciendo:

—Caigan sobre mí tus iras, reina y señora: reconozco mi grave culpa, y me rindo a tu voluntad.

—¡Qué tétrico! –exclamó Solita con acento burlón–. Si al cabo de tanto tiempo –añadió–, me vienes con zalamerías y lamentaciones, puedes volverte. No es eso lo que quiero. Estoy fastidiada.

—Bien lo sé, generosa princesa –contestó Bay–. La vida que llevas no es la que conviene a una hermosa de tus años; y a decir verdad, otra que tú, maldeciría esa fortuna que te hace prisionera y esclava del capricho de un amante exigente.

—Si supieras cuánto me ofenden esas palabras –repuso la doncella incorporándose, no tendrías la avilantez de pronunciarlas–. La voluntad de mi amante y tu señor es la mía; y lo que él dispone está bien dispuesto.

El negro se encogió de hombros e inclinó la cabeza. Después dijo:

—Soy desgraciado, puesto que mi señora no comprende el generoso móvil de mis palabras. Guárdeme el grande Alá de concebir un pensamiento ofensivo a mi señor y dueño. Solo he querido decir que para conservar el amor de una doncella no es necesario aprisionarla.

Solita abrió desmesuradamente sus hermosos ojos, púsose el dedo índice sobre la barba y dijo:

—Explícate, Bay, te lo permito.

Bay se sonrió, tomó cautelosamente asiento a los pies de la doncella, y alzando hacia ella los ojos con bien fingida timidez continuó diciendo:

—Lucero de la mañana: las flores que bordan el aire necesitan esponjar sus frescas hojas; el ruiseñor enamorado no vive entre dorados hierros; el sol que asoma por el Oriente arrolla las sombras, que son cadenas de la luz, y dispersa las estrellas para que nada estorbe su carrera; el amor entre prisiones es el sol ofuscado por negras nubes: la luz allí está, pero alumbra macilenta; el fuego allí se supone, pero no da calor. ¿Por qué ha de vivir aislado y solo el modelo de la hermosura? ¿Por qué no habrá de llenar el mundo de sus encantos y de su fama? Escucha un romance que me contó mi padre, que lo oyó de su abuelo:

Alhamar, rey de Granada
una paloma tenia,
de ojos tiernos y albas plumas,
su consejera y su amiga.
Guardábala cauteloso,
que por demas la quería,
y si algun hombre la viera
costárale a éste la vida.
Marchó Alhamar a la guerra
contra gentes de Castilla,
y la paloma en su jaula
de pena se consumía;
confiada la ha dejado
el rey a la hermosa Alija,
que cuidadosa la guarda,
y la regala y la mima.
Mas la paloma encontróse
abierta la jaula un día,
y al campo salió afanosa
de libertad y de brisas.
Cuando Alhamar de la guerra
para Granada volvía,
la paloma fue a su encuentro,
y así le dijo sumisa;
—En prisiones me dejaste,
que en prisiones me tenias;
la libertad he cobrado,
pero vuelvo a tus caricias.
El rey le tendió la mano,
que ella besó enternecida,
y él sin contestar palabra
la pasó con su gumía.

—Tales son los hombres –prosiguió diciendo el negro–. Exigen injustos deberes, y si una vez son quebrantados, sacrifican lo que más aman a su capricho o a su cólera. Si la paloma de Alhamar hubiera permanecido encerrada, se habría muerto de tristeza; cobró su libertad y buscó a su dueño, y éste le dio la muerte. Tal es el porvenir que te aguarda, señora mía, si no logras hacer a tu amante esclavo de tus antojos.

—Me asustas Bay –dijo Solita consternada – ; pues entre tus razones y tus ejemplos hallo cierta oscuridad misteriosa que me espanta. ¿Qué debo hacer?.

—¡Te espanta –repuso Bay–, morir de tristeza o morir a mano airada! Para evitar lo uno y lo otro, no hay mas que un medio. Pídele a tu amante la libertad; ruégale, estréchale, amenaza si es preciso, y cuando te falte otro recurso, llora. Serás libre por su voluntad y entonces no podrá quejarse de ti.

—Mi buen Bay, ¡cuánto te debo! –exclamó la joven, y luego se preparó para recibir a su amante. El cual vino a la hora de costumbre y ella le hizo muchas zalamerías y luego le dijo:

—Estoy muy triste.

—¿Por qué, vida mía? –contestó el Niño.

—Porque todos mis días son iguales y el horizonte que veo es siempre el mismo.

—¡Ay, qué no está en mi mano transformar ese horizonte!

—No lo dudo; pero al menos, puedes trasladarme a otro lugar.

—Te comprendo: ¡deseas abandonarme! –dijo el Niño con suma tristeza.

—Eso nunca –contestó Solita– ; pero bien conoces que no hay triunfo donde no hay combate; y mal se concibe la fidelidad sin el libre albedrío.

—¡Solita! ¡Solita! –exclamó el encantado – ; mucho arguyes para lo poco que sabes. ¿Qué maligno espíritu te inspira esas razones?

—Te engañas, querido mío –repuso ella–. Solamente me inspira el temor de fastidiarme en mi soledad, y perder el cariño que te tengo.

—Si no es mas que eso, te daré otras compañeras; no quisiera que salieses de aquí.

Solita se levantó orgullosa y dijo resueltamente:

—O la libertad, o nada; tal es mi determinación.

El Niño bajó la cabeza y suspiró:

—Si ha de sufrir violencia tu fidelidad –dijo–, prefiero antes perderte. ¿A dónde quieres ir?.

—A la aldea.

—¿Y volverás?

—Cuando quieras.

—Pues bien –repuso el Niño sollozando– ; al tercer canto del gallo quedarás hoy libre. Si te acuerdas de mí, vuelve a buscarme cuando suena la queda.

Solita hizo dobles caricias a su amante, y luego que éste se despidió, entretúvose en arreglar su tocado.

El negro acudió a darla la enhorabuena por su triunfo, trayéndola para adornar su cabeza un clavel disciplinado[3]. Este clavel era de la mata que había manchado la sangre de la urraca.

La doncella esperaba impaciente los cantos del gallo. Ya se había oído el primero, y el segundo no podía tardar. El horizonte se comenzó a teñir de color de rosa: cantó el gallo otra vez, y todo el cielo se cubrió de color encarnado. Al tercer canto del gallo, Solita se encontró en otro mundo, rodeada de los ramos de una adelfa.

5. EL CLAVEL DE LA VIRGEN.

Era la hora del amanecer de un hermoso día de septiembre, y las campanas del lugar vecino tocaban a fiesta. Solita oyó con júbilo aquellos sonidos que la recordaban pasadas aflicciones, porque el corazón ama sus penas como sus alegrías, que son su propiedad, y se complace en la memoria de unas y otras.

Salió la joven de entre las ramas, como Venus de las aguas, hermosa y sencillamente vestida de blanco. En su cabeza no llevaba más adorno que el clavel disciplinado; el cual, por una misteriosa influencia, enloquecía de orgullo su cerebro, haciéndola concebir los proyectos mas descabellados. «Voy a transformar las cabezas de todos los mozos del lugar, y a burlarme de ellos», pensaba en su interior: «me llamarán hermosa, y yo me haré la gazmoña, para que más se enamoren de mis hechizos. Las mozas me tendrán envidia, y cuando sepan quien soy, me halagarán con falsas caricias, para que les comunique el secreto de mi hermosura; pero me reiré también de ellas, y patearán de coraje».

Con estas malignas intenciones entró Solita en el lugar, cuando le gente se encaminaba a la iglesia para oír la misa mayor, que se debía cantar solemnemente, por ser el día de la Natividad de la Virgen. Pasó la joven por delante de la iglesia, y le dio deseo de entrar en ella ; pero un mal pensamiento la detuvo, y pasó de largo. «Está eso muy oscuro», dijo, «y no repararían en mi.» En seguida se fue a una de las casas donde solía parar en otro tiempo.

Desde que Solita faltaba del lugar, las gentes se habían hecho lenguas con motivo de su desaparición repentina: unos decían que se había marchado de cantinera con unos soldados que pasaron por el pueblo, otros aseguraban que se la habían comido los lobos; no faltaba quien dijese haberla visto volar montada en una escoba tocando un pandero; y algunos, mas cuerdos, opinaban que se había caído en un pozo. Pero una vieja que andaba buscando yerbas en la montaña, la tarde de San Juan, dijo que la había visto cuando se la llevaban los duendes. Prevaleció esta opinión, y todavía, cuando los muchachos eran traviesos o llorones, sus madres les decían para intimidarles: —«¡que viene la jorobada!»

---

3 *Clavel disciplinado*: Clavel a rajas rojas y blancas, llamada así por que las rayas rojas se asemejan a las cicatrices de las disciplinas en la piel.

Sin embargo, en los últimos días, grandes novedades habían ocurrido en el pueblo, lo bastante para que se diese al olvido la misteriosa suerte de Solita. El señor del lugar había muerto, y su hijo y sucesor, joven de veinte años, arrogante mozo y muy galán, quiso visitar sus dominios, y a la sazón se hallaba en el pueblo. Con motivo de su venida hubo danzas públicas para festejarle, repiques de campanas, salvas de trabucos y escopetas, y por dos o tres noches consecutivas iluminación de candiles y cohetes. El ayuntamiento dio un banquete al señor y otro a los pobres del lugar, y un baile de máscaras en las casas consistoriales. Con estas cosas, nada tiene de extraño que las gentes se olvidasen de la jorobada.

Pero, cuál no seria el asombro de aquellos sencillos habitantes, cuando la hermosa joven se presentó en las casas que mas había frecuentado en otro tiempo, y dijo a sus conocidos su nombre, llamándolos a todos por el suyo, y dándoles tales señas, que no había medio de dudar de la identidad de su persona. Inútil es decir que nadie la reconocía, y que las mujeres se hacían mil cruces al verla tan hermosa y transformada. Entonces no quedó ninguna duda de que algún espíritu del otro mundo había tenido que ver con Solita, por lo cual se la miraba con cierto respeto supersticioso, que más tenía de miedo que de admiración.

Sin embargo, los mozos comenzaron a mirarla con apetito, y las muchachas con envidia, y Solita que otra cosa no deseaba, se ponía más hueca que un pavo real, aunque, con el afán de oscurecerlas a todas, se mezclaba familiarmente con ellas, y así era mayor el realce de su belleza.

Llegó la tarde, y se dispuso, según costumbre, la rifa del mejor clavel que había nacido de planta, y que, como cosa rara en una estación tan adelantada, excitaba la codicia de todas las jóvenes. Los mayordomos de la Virgen paseaban la plaza de la iglesia, publicando en alta voz el precio en que había sido puesto el clavel de la Virgen, y convidando a los mozos a subir la puesta, para que fuese mayor el lucro que resultase para el culto de la imagen que lo había tenido en su altar. Todos los jóvenes que tenían novia decían sus pujas al oído de los mayordomos, y estos publicaban en seguida el precio del mejor postor.

En un grupo de las personas principales del lugar se paseaba el arrogante conde de la Rosa, señor de aquellos dominios, sin fijar su atención en la rifa del clavel, sino con una curiosidad indiferente, cuando apareció en la plaza Solita, acompañada de otras jóvenes. Todas las miradas se fijaban en la hermosa criatura, y moviese un murmullo general, en el que solo se distinguían estas palabras:

—¡La jorobada! ¡La jorobada!

Solita había desembocado en la plaza en el momento en que el condecito de la Rosa terminaba su paseo vuelto de frente hacia la calle por donde ella venia. Causó al joven conde tal impresión la hermosura de la prodigiosa doncella, que se quedó parado algunos momentos, sin poder apartarla vista de ella, y cuando recobró su serenidad, preguntó a uno de los que le acompañaban:

—¿Quién es esa joven? ¿De quién es hija?

Nadie pudo responder a la segunda pregunta, y en cuanto a la primera, solo se dieron contestaciones ambiguas, pues no era fácil atinar con la solución del misterio que a la hermosa niña envolvía. Ella por su parte sintió un extraordinario orgullo, al ver que había promovido la admiración de todo el gentío; pero cuando observó las miradas del condecito, sus preguntas y su arrogante apostura, subió el carmín del rubor a sus mejillas, y se turbó, sin comprender la causa de su indecisión.

A este tiempo gritó uno de los mayordomos :

—En tres ducados está el clavel de la Virgen. ¿Hay quien dé más.?

El joven conde se acercó al mayordomo y le habló al nido. El mayordomo gritó :

—El clavel de la Virgen está en treinta ducados. ¿Quién da más.?

Los mozos del lugar comenzaron unos a remolinear y otros a dispersarse, confesándose derrotados. Nadie creía posible que hubiera quien pujase mas; pero fue general el asombro, cuando se oyó la voz del mayordomo, que gritaba:

—Hay quien da cien ducados por el clavel. ¡Que se remata!

Fijáronse entonces las miradas en un joven desconocido, de vulgar apariencia, pero de interesante fisonomía, que miraba el clavel con ojos codiciosos y a la joven Solita con tristeza. ¿Quién podía ser aquel forastero que a competir se atrevía con el señor del lugar? Este hizo una seña al mayordomo, el cual proclamó en seguida que el clavel de la Vírgen había sido puesto en mil ducados, pero inmediatamente se le acercó el forastero, y a la proposición que le hizo no pudo menos el mayordomo de contestar que necesitaba una garantía.

Sacó el joven de su bolsillo un riquísimo medallón de oro guarnecido de innumerables diamantes, y lo puso en las manos del mayordomo, quien lleno de asombro, exclamó:

—¡Dan cien mil ducados por el clavel!.

La gente del pueblo presenciaba con pasmo esta competencia nunca visita. No extrañaban que el conde, por un capricho, arriesgase cuantiosas sumas ; pero no podían comprender que hubiese un hombre capaz de pujar mas que él. Preguntábanse unos a otros si alguien conocía al forastero, de dónde había venido; pero nadie acertaba a dar respuesta.

El conde, irritado de la oposición que se le hacia, se acercó lleno de cólera al mayordomo, y le habló en voz baja:

—¡El clavel es mío! –le dijo–. Te va la cabeza si lo das a otro. ¡Pónlo en quinientos mil ducados!

El pobre mayordomo no pudo resistir a los argumentos concluyentes del conde, y declaró que el clavel de la Virgen quedaba adjudicado al mejor postor, en quinientos mil ducados.

—¡Hay quien da más! –gritó una voz en medio del gentío.

Pero el mayordomo sostuvo que era ya tarde, y que estaba cerrada la rifa. Levantáronse rumores contra la parcialidad del mayordomo; pero al ver que éste se acercaba al conde para entregarle el disputado clavel, nadie se atrevió a rebelarse contra su señor.

Casi a un mismo tiempo se dirigieron el conde y el forastero hacia el grupo donde estaba Solita: el primero, con el clavel en la mano, se acercó a ella y le hizo presente de él con suma galantería; el segundo pasó rozando los vestidos de la joven, y la dijo al oído:

—¡Hasta la queda!

Solita se turbó al oír estas palabras, y el clavel que acababa de recibir, se le cayó de la mano. El forastero continuó rápidamente su marcha, y el conde gritó a sus servidores:

—¡Seguid a ese hombre!

Pero esta prevención fue inútil, pues a los pocos pasos el forastero había desaparecido, sin que bastasen para dar con él las mas minuciosas indagaciones.

Creció con esto el pasmo de las gentes, y no faltaba ya quien se atreviese a murmurar, diciendo que aquel forastero era el demonio en figura de lugareño; y esta suposición adquirió crédito cuando, acordándose el mayordomo del riquísimo medallón que aquél había dejado en su poder, llevó la mano a su bolsillo y solo sacó de él un puñado de carbones y ceniza, que arrojó lleno de terror. Cundió en seguida la voz de que la hermosa Solita tenia inteligencias misteriosas con el diablo, y aquella misma noche partieron emisarios secretos a Granada con el objeto de denunciar los hechos referidos al Santo Tribunal de la Inquisición.

6. La enferma imaginaria.

Favorecida Solita con el clavel de la Virgen, a ella le correspondía, según costumbre, el honor de llevar la banderola de la Virgen en la procesión del Rosario, que debía efectuarse en seguida, y presidir el baile que aquella noche daba la cofradía en la plaza, bajo un entoldado de ramas verdes. Lo primero tuvo sus inconvenientes, pues las personas mas timoratas del lugar reputaban sacrilegio depositar en manos de una joven bruja las insignias de la Madre de Dios. Nadie, sin embargo, se atrevió a formular la negativa, por temor de atraerse la cólera del señor conde; pero algunos se acercaron al cura, manifestándole el escrúpulo de sus conciencias; y el venerable pastor reunió en junta al teniente de la parroquia, a otro clérigo de misa y olla, al sacristán y al alcalde, para consultar lo que convenía hacer en tan apurado trance.

Todos opinaran que no se debía conceder a Solita el favor que le correspondía de derecho; pero ninguno se creyó con valor suficiente para arrostrar las iras del señor del lugar, y como el tiempo no daba treguas, resolvieron contemporizar con las circunstancias, sin perjuicio de hacer después rogativas públicas en descargo del pecado que cometían. Para no incurrir en las penas del Santo Oficio, se acordó que el señor cura oficiase aquella misma noche al inquisidor provincial refiriéndole el caso y lo que había sido preciso hacer para evitar mayor escándalo.

No fueron las mozas del lugar tan condescendientes como la sabia junta, pues ninguna quiso encargarse de llevar las borlas del estandarte, y fue menester comisionar al efecto a dos monacillos.

Después de terminada la fiesta religiosa, comenzó el baile, que presidió Solita en compañía del conde, el cual no se apartaba de su lado. Llevaba la joven el clavel disciplinado en la cabeza, y el de la rifa en el pecho; y, no se sabe si a causa de la influencia misteriosa de aquellas flores, o como resultado de las nuevas emociones, la hermosa huérfana sufría una lucha extraña que la tenia en continua distracción. Asaltábanla pensamientos livianos; ideas de vanidad la enloquecían, y al mismo tiempo la modestia la obligaba a bajar los ojos cuando alguien la miraba, y una graciosa timidez la embellecía si el joven conde la dirigía la palabra. Bullían en su cabeza proyectos ambiciosos, y temblaba al considerar su pequeñez comparada con la grandeza del señor que la honraba con sus distinciones. En medio de esta lucha, nueva para ella, y que confundía su razón, pasaba por su memoria de cuando en cuando, y como la luz de un relámpago, el recuerdo del Niño de Oro, y entonces se entristecía; pero el ruido de la fiesta, una palabra del conde, un murmullo de admiración o de envidia producido por su hermosura, devolvían a sus labios la sonrisa, que, ora aparecía cándida y placentera, ora contraía sus mejillas con cierto desdén malicioso.

—Distraída os encuentro, hermosa joven –le dijo el conde en una ocasión– : ¿acaso no estáis contenta de vuestra suerte, o vuestro pensamiento divaga lejos de aquí?

—No es nada de eso –contestó Solita – ; mí suerte no puede mejorarse, pues alcanzo favores que no merezco y en este instante nada me falta para ser dichosa.

Esto dijo la joven, y sin embargo se puso triste al decirlo. Reparolo el conde y repuso :

—Quiero creerlo; y si no sospechase que dais mucho valor a ese clavel disciplinado..

—Este clavel –dijo Solita interrumpiéndole, no vale nada.

—De otro modo lo apreciaría yo si fuese mío –contestó el conde.

La joven se ruborizó, y quitándose el clavel de la cabeza, lo presentó al conde diciendo:

—Clavel por clavel, tomad este, si os agrada; pero no vale tanto como el vuestro.

Tomó el joven conde la flor, y la colocó sobre su corazón.

—No hay duda, me ama –pensó con alegría Solita. Y no bien hubo formulado este pensamiento, cuando se oyó el canto de un cuco sobre la enramada que adornaba la plaza. La joven sintió un dolor agudo, y se desmayó.

La turbación del conde no se puede explicar. La fiesta se descompuso; los criados del joven señor corrían en todas direcciones, buscando auxilios que prodigará la hermosa Solita, y no siendo posible restituirla el sentido con los remedios que inmediatamente se la administraron, el conde, informado de que la joven no tenia casa conocida, dispuso que la condujesen con mucho miramiento a la suya. El médico y el boticario del lugar se colocaron a la cabecera de la hermosa enferma: cuatro mujeres fueron destinadas a su cuidado: se envió a buscar los médicos de los pueblos vecinos; hízose cuanto en lo humano cabe para destruir aquel terrible parasismo, pero todo fue inútil, y la joven no volvió en sí, hasta que comenzó a rayar el alba. Entonces abrió los ojos y miró con extrañeza la barahúnda de gente que la rodeaba, los innumerables potingues que había sobre una mesa, y el aspecto consternado de los servidores del conde.

—¿Qué significa todo esto? –dijo. ¿Hay aquí algún enfermo? Que me dejen sola.

Los médicos mandaron despejar, y ellos mismos se retiraron, para consultarse, a una estancia inmediata, satisfechos de su ciencia. No dudaban que la joven sufriría un ataque de fiebre, y dieron las órdenes convenientes para este caso previsto.

Entre tanto, Solita se vistió apresuradamente, abrió una ventana, y al ver la luz del día, se retiró abatida, cayendo consternada en una silla.

—¡Es ya tarde! –exclamó–. ¿Cómo es que he podido dormirme? ¡Pobre Niño! !Qué será de él!

Los médicos, desasosegados, volvieron a entrar en la habitación de Solita, la cual con sus razones y más aún con su normal y tranquilo continente, les probó que estaba buena y sana; y hasta pretendió probarles que nunca había estado enferma, pero ellos no lo creyeron, aunque esto dió pábulo a nuevas conjeturas, y a mayor convencimiento entre el vulgo de que Solita era bruja.

Dispuso el conde nuevas fiestas para las noches siguientes, a fin de obsequiar a su amada, pues era mucho el cariño que la había cobrado, y proyectaba hacerla su esposa; si bien su mayordomo, como hombre de experiencia y riguroso partidario, que era, de las distinciones sociales, trabajaba para impedir esta grave determinación, y pretendía trocar el amor de su amo en liviano apetito. La segunda noche aconteció lo mismo que la primera, con lo cual creció al día siguiente el desconsuelo de la joven, que tomó la firme resolución de no faltar a su palabra dada.

7. QUIEN ECHA PAN A PERRO AJENO

Llegó la tercera noche y con ella nuevos bailes y diversiones; pero no tardó el regocijo en convertirle en alarma, cuando al entrar el conde en el aposento de Solita para ofrecerla su brazo, encontró desierta la habitación. Llamó a sus criadas, y éstas le informaron de que la joven se había hecho ataviar con sus mejores galas, y adornado con el clavel de la Virgen que conservaba en agua, después de lo cual había mandado que la dejasen sola. Inmediatamente se hicieron diligencias para buscarla por toda la casa, donde no fue encontrada. El conde comenzó a tener celos y estaba inconsolable, motivos ambos por los cuales resolvió perseguirá todo trance a la fugitiva hasta encontrarla, aunque fuese menester remover las entrañas de la tierra. Salieron exploradores por todo el pueblo, con encargo de averiguar con maña el paradero de Solita, a quien seguiremos nosotros, mejor enterados del camino que había tomado; pero no sin decir antes que al poco rato de andar preguntando, volvieron dos de los servidores del conde y le dijeron:

—Señor, varias personas han visto a la hermosa Solita encaminarse hacia el torrente del Diablo, acompañada del joven que compitió con Vuecelencia en la rifa del clavel, y han observado que ambos iban entretenidos en sabrosa conversación.

El conde, que tal oyó, dispuso en el acto una batida, para perseguir a su hermosa ingrata, muy resuelto a matarla con su cómplice, si lograba alcanzarlos; al mismo tiempo que otra comparsa de cuadrilleros del Santo Oficio, le seguía la pista a Solita por diferente camino.

La ex-jorobada, entre tanto, pesarosa de haber engañado involuntariamente al dispensador de su hermosura, habia salido con cautela de la casa de su nuevo amante, para estar, a la hora convenida con el Niño de Oro, al pie de la cascada prodigiosa, y poder corresponder a los favores de que era deudora. Sola, absolutamente sola se abra internado en la cuenca del torrente, sin encontrar a nadie en su camino, y sin embargo, era evidente que la habían visto acompañada del joven desconocido. El pícaro encantado se había valido seguramente de este ardid, que le permitían sus malignas artes, para conservar la presa que veía próxima a serle arrebatada por el amor del conde.

Cuando llegó la joven al pie de la cascada, se sentó y aguardó, y al cabo de una hora, vio aparecer un resplandor siniestro y oscilante que a intervalos iluminaba los dobleces de las rocas, por entre cuyo seno corría espumoso el riachuelo.

Este resplandor intermitente llenó de pavor a Solita, pues le veía irse acercando de la parte del lugar, y no comprendía la causa. Pasado un rato, oyó pisadas de caballos en la arena, cuyo estridente chasquido se reproducía pavoroso en los ecos de la montaña, y percibió rumor como de gente que hablaba quedo, por lo cual comenzó a sospechar que la andaban buscando, y se ocultó como mejor pudo entre los arbustos de la ribera.

Con efecto, el conde y su gente llegaron en breve, exploraron todo el terreno con bastante miedo, y ya fuese por esto, ya por una casualidad providencial, a poco volvieron las espaldas convencidos de que no había nadie en aquel sitio, y de que no era posible pasar adelante. Cambiaron de dirección, y minutos después viérose ondear sobre la montaña las cabelleras de fuego de las antorchas que llevaban en la mano peones y caballeros, destacándose sobre el fondo negro del cielo, y ofreciendo a la vista perfiles rojizos de hombres y caballos. Este espectáculo fantasmagórico parecía el de una cabalgata de diablos, en medio de la oscuridad de la noche.

Solita temblaba de miedo, mucho más que cuando se encontró en aquel sitio por la vez primera. El ruido de los caballos retumbaba al pie de las rocas, semejante al rumor de una fragua subterránea. Mezclábanse a este sordo estruendo los agudos silbidos con que se citaban los exploradores distantes entre sí; y para hacer mas pavorosa y al mismo tiempo más extraña esta escena, comenzó a resonar en los peñascos el eco de las campanadas de la queda, cual si fuesen los lamentos de un enfermo de bronce, al paso que suaves armonías brotaban entre los cristalinos pliegues de la cascada.

Solita sintió a la vez alegría y tristeza, pues por una parte gozaba con la idea de cumplir como agradecida, y por otra deplorada la pérdida de su libertad, y la afligía el recuerdo del conde. Después de un arrobador preludio, lleno de dulce melancolía, se oyó una voz que cantaba:

¡Ay de mí, que confiado,
y esperando galardón,
en tierra ingrata he sembrado
la flor de mi corazón!
¡Fecunda era la semilla,
mas da por flores abrojos!
Por eso no es maravilla
que viertan llanto mis ojos,
¡Pobre corazón mio
llagado sin piedad!
tu antiguo poderío,
¿adonde, adonde está?

Solita reconoció la voz de su antiguo amante, y una lágrima de compasión humedeció sus pestañas. Comenzó a temer que no fuese ya reparable su involuntaria infidelidad. La voz entonó otra estrofa:

Esperanzas lisonjeras
humo desprendido son
del fuego que abrasa enteras

las alas del corazón,
y la mujer es el viento
que activa la roja llama,
sirve al humo de alimento
y luego lo desparrama,
¡Dulce esperanza mía,
llevóte el viento ya!
Virgen de mi alegría,
¿en dónde, en dónde estás?

—¡Aquí, fiel como siempre! –exclamó Solita sollozando.

Al decir esto, sintió la joven un frío de hielo sobre su cabeza, llevóse la mano a ella y solo encontró el clavel de la Virgen como causa de aquella sensación, que fue momentánea. El clavel estaba mojado de rocío. Hubiera querido la cándida niña reflexionar sobre tan extraño accidente, pero le faltó tiempo; pues levantada en alto por una fuerza invisible, pronto vio como las negras rocas se tornaban trasparentes, cual si de purísimo aire fuesen hechas y como su cuerpo ligero las penetraba. A lo lejos descubría la cabalgata del conde, y andando sobre su cabeza unas figuras de hombres vestidos de negro, con espada en el cinto y largas varillas de autoridad en las manos.

Así entró Solita en el vasto recinto del palacio encantado, en donde fue breve su permanencia, pues sin sospecharlo ella, llevaba consigo un talismán poderoso, que debía deshacer aquel hechizo. Y, con efecto, apenas se esparció por el palacio el aroma del clavel de la Virgen, comenzaron a temblar las diamantinas columnas, deshaciéndose como la sal en el agua, y el terso pavimento a levantarse, como la niebla que de una laguna se alza a los primeros rayos del sol. Mil espíritus invisibles cruzaban el espacio, produciendo con sus alas agudísimos silbidos.

La deliciosa mansión convirtióse pronto en negro y espeso humo, y únicamente alrededor de Solita lucia una brillante aureola, pareciendo la joven un astro en medio del caos. De entre las densas y vertiginosas tinieblas, en cuyo profundo seno se oían rumores de terremotos y estallidos como de leña verde que tuesta el fuego, brotó una nubecilla blanca, semejante a una columnita de incienso, la cual se transformó poco a poco en un arrogante mancebo vestido a usanza morisca. Siete lucecillas revoloteaban como fuegos fatuos alrededor del hermoso joven, y se convirtieron luego en otras tantas doncellas de voluptuosas formas, de las cuales doncellas unas sostenían un azafate de flotes sobre el que quedó recostada Solita, otras tañían instrumentos armoniosos, otras con alas de mariposa revelaban sobre la joven, arrojándola frescas rosas y jazmines y alguna de ellas, envidiosa de su triunfo, se apoyaba de codo sobre un antepecho de nubes. El hermoso mancebo dobló una rodilla delante de Solita, y la dijo :

—Sin terminar tu sacrificio, reina de la hermosura, has puesto fin a mi cautiverio, por la sola virtud de ese clavel que ostentas con gallardía. Para ti quise conquistarlo, y me lo arrebató la injusticia; pero no le guardo rencor al que, más afortunado, lo ganó para ti, pues por él reconquisto la libertad que anhelaba. Dóite millones de gracias por este señalado favor, ángel querido, y por la bienaventuranza que me espera te juro que no seré ingrato a tamaño beneficio.

—¡Infeliz! –exclamó Solita con acento inspirado– ; ¡aguardas la bienaventuranza de tu falso Profeta, mientras crees en la virtud de este clavel, que sólo por haber tocado el altar de María, tiene fuerza bastante para deshacer tu encanto! ¡Abre los ojos a la luz y sé cristiano!

—Sultana, tus labios derraman la verdad, como los panales la miel–, respondió el mozo–. Pero dime, te ruego, ¿quién. me hará cristiano?

—¡La gracia de Dios! –contestó Solita, e incorporándose en el lecho de flores, se quitó el místico clavel que estaba todo él empapado en rocío, hizo la señal de la cruz sobre la cabeza del mancebo, y vertiendo sobre ella las celestiales perlas, bautizó al moro en nombre de la Virgen.

Desaparecieron en el momento aquel todas las visiones fantásticas y Solita se quedó profundamente dormida. Del encantado hecho cristiano con las gotas de rocío de un clavel y por la mano pura de una doncella, solo se percibió en los aires un suspiro de alegría.

En vista de tan inesperados prodigios, el negro Bay diz que se comió a sí mismo de coraje, lo cual es muy posible, siendo como era tan envidioso, y de la ventura del Niño echó la culpa al cuco que, en su sentir, no había contado bien los días.

Entre tanto, la cascada y el torrente del Diablo habían cesado de existir. Al penetrar Solita en la montaña, un espantoso terremoto había sacado de sus cimientos los montes y las rocas de la comarca; las aguas del torrente habían subido por los aires, resueltas en una densa cortina de nubes, de cuyo seno entreabierto y resquebrajado brotaron llamas opacas y angulosos relámpagos: esta nube se deshizo en un destructor pedrisco que arrasó las campiñas, y al amanecer solo quedó en el lugar del torrente una turbia laguna, cuyas bituminosas y amargas aguas no alimentan a ningún ser viviente. De los cuadrilleros que andaban en busca de Solita nada se supo, y se presume que están sepultados, para escarmiento de pícaros, en el fondo de la laguna.

El furioso vendaval y el gran terremoto que precedieron a la tempestad hicieron que la cabalgata del conde se dispersase, sin que fuera posible que se reuniesen más los exploradores en toda la noche. Los caballos espantados huyeron en direcciones diferentes; cual arrojando al jinete se precipitó en los abismos formados por enormes tajos; cual, guiado por su fiel instinto, trepó ligero por las breñas y empinadas rocas, sacando milagrosamente a su dueño a punto de salvación; cual encabritándose y relinchando de terror fue a estrellarse juntamente con su caballero en el fondo de crecidos barrancos, cuyas aguas arrastraron sus mutilados cuerpos hasta el mar.

El joven conde permaneció algún tiempo acompañado de dos de sus más fieles servidores, pero en breve se quedó solo y a la ventura de su fogoso potro; el cual, bufando y con las crines erizadas, más que pies parecía tener alas. El huracán encubría el ruido de sus pisadas, de las cuales brotaban sin embargo cuádruples manojos de chispas. Sólo de cuando en cuando aparecían caballo y caballero sobre los picachos de las altas rocas, destacando su perfil negro, como el de la salamandra en medio del fuego, en el ancho cráter de las nubes incendiadas por los rayos. Luchó cuanto pudo el joven contra la fatiga, pero rindióse al fin, y casi asfixiado por la velocidad del aire que cortaba, perdió el conocimiento y se echó de bruces sobre la silla. Su muerte era segura, pero el generoso bruto, como si conociese el peligro de su dueño, se contuvo en su carrera, procurando conservar la carga hasta que, reventado, fue a caer a la puerta de una cabaña, en la cual dio dos golpes con las manos, cual pidiendo socorro, y expiró en el momento.

Salió de la cabaña un anciano pastor, que al ver al caballo muerto y al jinete desmayado, acudió al socorro de éste, por si podía tornarle a la vida; y quiso la buena estrella del conde que aquel pastor fuera hombre experto en el conocimiento de yerbas medicinales, con cuyo auxilio y el del agua fresca con que le roció el rostro y le mojó los pulsos, reanimose aquél, y pudo comprender lo que le pasaba.

8. Entre paréntesis.

(No sé lo que te irá pareciendo este cuento, lector crédulo; pero cualquiera que sea tu opinión me satisface. Sin embargo, estoy por que pienses bien de él, y para ello quisiera que no echaras nada de menos. Esta consideración me ha detenido, pues ahora recuerdo que le faltan a mi obra dos cosas esenciales: el Prólogo y la Dedicatoria. Pero nunca es tarde, si la dicha es buena. El primero puedes hacerlo tú a tu gusto, y es el modo de que seas bien servido, porque yo no sirvo para el caso. La segunda si la haré con mil amores...

¿Y a quién dedicaré este clavel?.. ¡A quién!

A la hermana de la deliciosa Jarilla,

A LA INSPIRADA POETISA DOÑA CAROLINA CORONADO;

pues aunque no tengo la dicha de conocerla personalmente, confío en que lo aceptará, porque las hermosas nunca desdeñan las flores.)

9. La herencia del moro.

La del alba sería cuando se oyó fuera de la cabaña el relincho de un caballo. El condesito que, abrigado en la humilde cama del pastor recobraba sus alientos, al oír aquel relincho no pudo resistir a su impaciencia, y se levantó presuroso, anhelante de saber noticias de sus pobres gentes y de abrazar a alguno de sus compañeros de infortunio. Efectivamente, allí había un caballo, pero sin jinete, y receloso, barruntaba desde lejos al overo muerto del conde.

Acercósele éste y lo montó, resuelto a recorrer las montañas siguiendo a la ventura el instinto del animal, para ver si lograba encontrar a alguno de los suyos, y aunque con lágrimas en los ojos le rogó el pastor que se quedase hasta restablecerse completamente, no cedió de su intento y emprendió su camino antes que la luz de la aurora alumbrase lo bastante para distinguir los objetos.

Transparente y puro estaba el cielo, como suele estarlo después de una tempestad de verano. La luz del alba bordaba las montañas del Oriente con su blanca y risueña claridad, y un vientecillo fresco y apacible parecía regenerar a la tierra maltratada.

El joven conde caminaba con rumbo incierto, pero con el corazón, aunque triste, lleno de inexplicables esperanzas. Parecíale, sin saber por qué, tener próxima la realización de su felicidad, y la memoria de sus penas presentábasele confusa, y como el recuerdo de fútiles y quiméricos disgustos.

Al doblar la vertiente de una loma, detúvose el caballo y aguzó las oreja. Metiole espuelas el conde, pero el bruto, aunque dio algunos pasos, volvió a pararse respirando fuerte, y se apartó hacia un lado de la vereda. Tendió la vista el joven señor y sólo vio delante de sí y a su izquierda un ameno sitio, poblado de arbustos aromáticos, de gayombas y zarza-rosas: pero imaginando que entre aquellos arbustos podía estar el objeto que barruntaba su caballo, echó pie a tierra y penetró en los matorrales.

En medio de ellos le aguarda una sorpresa. Tendida sobre el musgo encontró a su adorada Solita, y creyéndola muerta, dio un grito de dolor y se lanzó hacia ella. Ninguna idea de resentimiento ni de celos atormentó en aquel instante a su corazón generoso. Tocar a su amada, cerciorarse de su existencia, socorrerla si aun era tiempo, fue lo único en que pensó. Arrodillado junto a ella, puso temblando la mano sobre el pecho virginal, y acercó sus labios a los de ella, para percibir los latidos y aspirar el aliento que para él eran la vida ó la muerte. Pronto se incorporó con el semblante risueño, y dando un dilatado suspiro, exclamó:

—¡Vive!

El joven reparó entonces en un objeto que antes no había visto. Era una caja de madera primorosamente labrada, y embutida de oro, concha y nácar, sobre cuya tapa se leían, en letras formadas de mosaico bellísimo, estas palabras:

«DOTE DE SOLITA.»

Esta caja estaba junto a la joven dormida, la cual tenia pendiente del cuello una cinta con una llave; y presumiendo el conde que sería la de la caja, quiso tomarla sin ser sentido, para enterarse de lo que aquella contenía.

No fue tanta su destreza que, al intentarlo, no despertase la joven sobresaltada, y fue grande el asombro de ésta, cuando se vio abandonada en el campo y sola con su noble amante. Pasóse Solita la mano por los ojos, como para cerciorarse de que estaba despierta, mientras que el conde la miraba turbado, vacilando entre opuestos sentimientos. Por una parte se abrasaba de amor, pues nunca le había parecido la joven tan hermosa; por otra renacían en su alma los amortiguados celos, y esta pasión cruel predominó en su razón, pues reconviniendo a su amada la dijo:

—¡Por fin os encuentro! ¿Qué habéis hecho de vuestro amante?

—¡Ah! ¿sois vos realmente? –dijo Solita incorporándose con alegría, como quien sale de una pesadilla–. ¿Es cierto que estoy en el mundo? Hablad, amigo mio, hablad.

—¡Vuestro amigo! –exclamó el conde con amargura–. ¿Qué significa esto? ¿Dónde se oculta el infame que os acompañaba anoche?

Solita se quedó estupefacta; púsose el dedo índice sobre el labio inferior, y alzando los ojos al cielo se quedó pensativa, y luego dijo:

—¿Anoche? ¡Ah! Ya recuerdo. Anoche vine sola, hasta la cascada que está allá abajo...Después... No recuerdo nada mas.

—¿Y vinisteis cargada con este cofre? –preguntó el conde, señalando a la caja misteriosa.

—No conozco ese cofre.

—¿Ni tampoco esa llave?

—¿Esta llave! Verdad es que tengo aquí una llave. ¿Será la suya?

El Conde no sabia qué pensar de la ignorancia que Solita demostraba de todo cuanto veía. Ella, entre tanto, probó la llavecita en la cerradura de la caja, e inmediatamente saltó la tapa, dejando a la vista multitud de joyas de inestimable valor. Grande fue la sorpresa del conde al ver aquellas riquezas; pero Solita, por el contrario, dándose una palmada en la frente, exclamó:

—¡Ya lo comprendo todo!

En seguida contó al Conde sus aventuras subterráneas, sus extraños amores con el Niño de Oro, el desencanto de éste por la virtud del clavel de la Virgen, y todo lo demás que ya sabemos. Inútil es decir que el conde puso en duda tan extraña historia y quiso pruebas que le convenciesen de su veracidad. Pero no era fácil encontrar estas pruebas.

Examinando las ricas joyas que la caja contenía, vio Solita un pliego cerrado y sellado en medio de ellas. Tomólo con curiosidad, y abriéndolo, se lo entregó al Conde, el cual halló en él escritas estas palabras:

> «Herencia de Aben-Mequenun-ben-Chalid-el-Tuzaní.»
> «Lo que a los muertos molesta es alegría y bienandanza de los vivos. Goce con salud, paz y amor estas riquezas Solita, mi salvadora, hija natural de Luisa, marquesa de Flores-Altas, y de..»

Lo restante estaba escrito en caracteres arábigos, de modo que el condecito no pudo entenderlo y era bastante lo que quedaba por descifrar. Otro portento hirió la vista del joven amante: el clavel de la Virgen se había transformado en otro en la cabeza de Solita: sus hojas eran de topacio rojo, y los nombres de María y Solita resaltaban en ellas, formados de pequeños diamantes imitando a gotas de rocío. Con tales pruebas quedó el amante tan satisfecho, que ambos entraron en el lugar aquella misma mañana, montados él en la silla y ella a las ancas del caballo. (Empero la mejor prueba de fidelidad diz que se la dio Solita al conde la noche de novios, aunque no dice la crónica cuál fue esta prueba; pero ello es que vivieron después muchos años en amor y concordia.)

El tesoro, que había quedado oculto en el monte, fue recogido llegada la noche; y al día siguiente el conde y los que habían quedado vivos de sus servidores tomaron el camino de la corte, llevando en su compañía a la hermosa Solita, y un mes después se celebró el matrimonio de los dos amantes, asistiendo a la boda la marquesa de Flores-Altas, que con sumo regocijo había reconocido a su hija. Hubo muchos bailes, muchos dulces, mucho jolgorio, y yo fui y vine y no probé nada, por culpa de la suegra.

Pero logré robar el pliego misterioso que se encontró en la caja y en la parte escrita en caracteres arábigos leí que la marquesa había tenido, cuando soltera, una hija; que la dió a criar a una aldeana del campo de Guadix, pero la abandonó después completamente, habiendo contraído un enlace ventajoso; que la niña, siéndole gravosa a la aldeana y además inútil por su complexión enfermiza, había sido dejada en aquel lugar a la ventura del cielo, y que habiendo enviudado sin hijos la marquesa, lloraba la pérdida de su Solita.

De modo, que el pícaro del moro encantado lo sabía todo, y si hubiera muchos moros encantados y escribieran de cuando en cuando algunas cartas a los vivientes, no habría por esos mundos de Dios tantos niños sin padres conocidos ni tantas madres desconsoladas. Pero, como esto no es muy común, la bondadosa Solita, viéndose rica, noble y considerada, empleó parte de sus riquezas en la fundación de un hospital de expositos, con destino especial a los niños jorobados. Y colorín colorado, cata aquí el cuento acabado.

Yago Yasck de Pedro de Madrazo y las ilustraciones litográficas de Carlos L. de Ribera

Este trabajo forma parte del proyecto de investigación Análisis de la Literatura Ilustrada del siglo XIX, dependiente del Plan Nacional de I+D+I 2008-2011 del Gobierno de España, Ref. nº FFI2008/0035FILO.

El siglo XIX español fue un siglo complejo, y fue también el siglo en el que más se desarrolló el arte de la ilustración en prensa, a través del dibujo y del grabado. Los promotores de las revistas románticas eran tanto escritores como pintores y las ilustraciones de sus páginas, aunque hasta ahora no estudiadas de forma conjunta, tan importantes para ellos como los textos. Por ello las revistas, desde su mismo título, pregonan las ilustraciones como atractivo para el público. Ya en 1835, la revista señera del romanticismo literario español, *El Artista*, presumía en su segundo número de incluir una estampa que «ha sido ejecutada con el objeto de presentar a nuestros lectores una imitación del grabado en madera que han elevado a tan alta perfección los artistas ingleses y franceses».

Este interés por las ilustraciones se puede ver con facilidad en publicaciones como el *Semanario Pintoresco Español* [no hay que olvidar que aquí «Pintoresco» es una traslación directa del francés «Pittoresque» es decir que lleva pinturas, grabados o ilustraciones], *Observatorio Pintoresco*, *Siglo Pintoresco*, *La Ilustración Española y Americana*, etc. A partir de aquí se desarrolla la ilustración que es la reina en prensa y narrativa, antes de que la fotografía cortará de raíz esta proliferación: hacia finales del XIX la fotografía ya está ganando la batalla.

La gran proliferación de revistas y periódicos en el siglo XIX, proporcionó a grabadores y dibujantes un enorme campo de trabajo y posibilitó muchas combinaciones entre dibujo y narrativa: en las revistas del XIX tanto podemos encontrar tanto grabados que ilustran una historia como historias compuestas a partir de un dibujo. Un conocimiento y estudio de la prensa ilustrada del romanticismo es pues básico en nuestro planteamiento a la hora de desarrollar el estudio de las relaciones entre dibujo y literatura

La novela (así como la literatura costumbrista) es heredera de esta tendencia a incluir ilustraciones. En los estudios y análisis de los anuncios de novelas parecidas en la prensa española del XIX se ve rápidamente la abundancia con que las obras se anuncian «con ilustraciones», «ilustrados» «con grabados»... En muchas ocasiones a los suscriptores de una colección de novelas se les obsequia con grabados y dibujos.

Respecto al costumbrismo, la ilustración se convierte en una referencia imprescindible. Las primeras ediciones de las *Escenas Matritenses* de Mesonero Romanos, de las *Escenas Andaluzas* de Estébanez Calderón o de la obra colectiva de *Los españoles pintados por sí mismos* (nótese la doble significación del adjetivo *pintados*: en el libro a cada texto le acompaña un grabado que representa al personaje descrito) se esmeran en presentar unas ilustraciones de calidad artística e impecable confección técnica. Cuando la fotografía invade las páginas de la prensa, la ilustración se refugia en el libro, sobre todo en la novela (han pasado ya los mejores años del costumbrismo), que sigue ma nteniendo la presencia de los grabados en sus páginas, en muchas ocasiones como un sello de calidad técnica y editorial. En suma el fenómeno de la ilustración invade a toda la narrativa, bien sea en prensa o en libro.

Es necesario en este trabajo acometer un estudio histórico: recopilación y clasificación de fuentes por medio de la investigación; búsqueda de los caracteres básicos de estas fuentes teniendo en cuenta el momento histórico en que se producen; secuenciación de los años decimonónicos en las etapas en las que encontremos diferencias significativas, relación de las fuentes con los diferentes períodos de la historia literaria y pictórica que en el XIX se producen y establecimiento de una cronología. Pero eso no significa la renuncia al estudio crítico detenido: de hecho en la tercera fase de la investigación se procederá al análisis exhaustivo de una serie de obras, seleccionadas por su importancia y significación en el campo de la narración ilustrada. El modelo para esta trabajo de análisis detallado y crítico es el utilizado por una de las investigadoras del proyecto, Raquel Gutiérrez Sebastián, en sus estudios (véase la bibliografía) sobre dos novelas de Pereda: *El sabor de la tierruca* y *Al primer vuelo*

Respecto a los antecedentes de la investigación en este terreno, hemos de indicar que los primeros análisis que aparecen sobre las novelas ilustradas españolas del XIX se deben al hispanista francés Jean François Botrel, catedrático de la Universidad de Rennes, que enmarcó sus trabajos sobre este tema en una línea más general que era la del análisis de todos los aspectos editoriales de la novela decimonónica francesa en primer término y española posteriormente. Dentro de ese marco el profesor Botrel ha trabajado sobre las ilustraciones en algunas obras de Benito Pérez Galdós y en *La Regenta* de Leopoldo Alas, «Clarín». Otro de los especialistas que se ha centrado en este ámbito es Stephen Miller, también autor de trabajos sobre Galdós y Clarín. En la Universidad de Santiago de Compostela ha trabajado sobre las novelas ilustradas de Emilia Pardo Bazán la profesora Ermitas Penas.

Los estudios referidos a textos ilustrados en la primera mitad del siglo se han circunscrito casi siempre a los artículos costumbristas ilustrados, y se deben a Enrique Rubio y Ángeles Ayala, ambos profesores de la Universidad de Alicante, y está comenzando a estudiarse alguna novela histórica española, por parte también de Ángeles Ayala. De nuevo, hemos de indicar la relación de cooperación de la investigadora mencionada con estos profesores.

Más escasos son los estudios que se han dedicado a la narrativa de las revistas literarias románticas y sus ilustraciones. Es ya un lugar común que la aparición de la prensa ilustrada en España es un fenómeno romántico y que su nacimiento se puede localizar muy claramente en la revista *El Artista*, de la que fueron codirectores un escritor y un pintor: Eugenio de Ochoa y Federico de Madrazo. Aunque *El Artista* duró poco, desde su aparición nunca se puso en duda que las revistas literarias debían ser ilustradas y de esta manera las ilustraciones llegaron a ser tan importantes como el texto. No es de extrañar, por lo tanto, que a finales de siglo, Pedro de Madrazo, escritor y crítico de arte, hermano de Federico de Madrazo, autor de un catálogo del Museo del Prado que se mantuvo en vigor más de 70 años y componente de una importante familia de pintores publique en 1882 un artículo en la *Ilustración Española y Americana* en el que analiza la calidad de las revistas literarias españolas aparecidas desde *El Artista* considerando a partes iguales sus niveles literarios y pictóricos.

Sobre otros aspectos de la ilustración romántica podemos encontrar alguna referencia, bien sean referencias a figuras conocidas como Valeriano Bécquer o Gustavo Doré o un dibujante habitual de las revistas románticas: Leonardo Alenza, bien a las ilustraciones del Quijote. Merece la pena señalar el interesante artículo, que sepamos hasta ahora no continuado, en el que María Luisa Vicente Galán aborda el estudio de la iconografía romántica a través de las ilustraciones en el período 1830-1850 y el ya muy antiguo de Evaristo Correa sobre los dibujantes costumbristas. Salvador García Castañeda, en una cuidada edición de las *Leyendas* de Zorrilla, reproduce varias de las ilustraciones que aparecieron en la edición de las *Obras Completas* del autor, en 1884

Si bien es cierto que hay estudios sobre periódicos y revistas españolas que pueden aportar información interesante, como es el caso de del fundamental estudio de Enrique Rubio Cremades sobre el *Semanario Pintoresco Español*. Rubio Cremades es también autor de un valioso estudio sobre un escritor a caballo entre el costumbrismo y la novela, Antonio Flores, escritor en cuya obra la ilustración desempeña un papel importante. María Angeles Ayala Aracil y Margarita Ucelay de Cal en su estudios sobre las colecciones costumbristas, y sobre *Los españoles pintados por si mismos* también merecen ser citadas, así como la esplendida *Antología Costumbrista* editada por los ya anteriormente citados E. Rubio Cremades y M.A. Ayala Aracil.

El análisis de la ilustración en las antologías de cuentos de la segunda mitad del siglo ha sido más bien escasos cuando no inexistente. La investigación que sobre este material ha realizado Juan Molina posibilita la ampliación de nuestro estudio. Sirva de ejemplo de lo que decimos la importancia que las ilustraciones desempeñan en las primeras antologías de ciencia ficción (caso de las tres de Nilo María Fabra) o en las primeras traducciones de los cuentos de Edgar Allan Poe

Sobre las relaciones entre literatura y pintura, tan importantes en el caso del costumbrismo, podemos citar los artículos de Peláez Martín y Peña Gómez.

No conocemos apenas bibliografía sobre las ilustraciones en la narrativa breve. Tan sólo Montserrat Trancón Lagunas ha hecho referencias sobre ellas y reproducido algunas, en sus estudios sobre el cuento fantástico romántico.

De los relatos publicados en esta antología, cuatro aparecieron ilustrados. Uno en *El Artista* («Yago Yasck») y tres en el *Semanario Pintoresco Español* («El marqués de Lombay», «La peña de los enamorados» y «El lago de Carucedo»). Estas dos revistas son las referencias de la prensa ilustrada en la primera mitad del XIX, y cada una de ellas optó por dos caminos diferentes a la hora de añadir el grabado a sus publicaciones. *El Artista* por la litografía y el *Semanario Pintoresco Español* por la xilografía.

El triunfo económico y popular del *Semanario* y el fracaso, en ambos campos, de *El Artista*, tuvo también ahí una honda significación: a partir de entonces las revistas ilustradas se van a inclinar decididamente por la xilografía[1]. El renovado intento de los autores de *El Artista* con la revista *El Renacimiento*, en que de nuevo apuestan por la litografía, terminó en un nuevo fracaso económico, aún más estruendoso y rápido que el de *El Artista*. A partir de ahí solo se inclinarán por la litografía obras de gran formato y edición de lujo: las series *Recuerdos y Bellezas de España* que fueron litografíadas por Parcerisa y las de *España Artística y Monumental* cuyas litografías se confeccionaron en Francia[2].

Hay varios elementos que tener en cuenta a la hora de valorar esa dife-

1 Este éxito del *Semanario* no fue recibido de muy buen grado por los redactores de *El Artista*. En 1837, en una nueva revista romántica de breve vida, *No me olvides*, Pedro de Madrazo recordaba así la desaparecida revista: «Por eso de pocos años a esta parte contamos con varios periódicos dedicados exclusivamente a las artes y a la bella literatura; el *Artista*, lindo y lujoso aventurero, fue el primer paladín de esta cruzada de fantásticas ideas que venían a conquistar sus arenas al materialismo; pero aquel bizarro y bien apuesto caudillo debió también morir el primero en la lucha» y calificaba, bastante acremente los grabados de su rival: «El grabado en madera, tan común en España en los siglos XV y XVI, había desaparecido (y sea dicho con perdón de las aleluyas): nuestras publicaciones artísticas de ahora reclamaban su auxilio; el *Semanario Pintoresco* fue el primero que lo logró, aunque de *una manera poco recomendable* hasta que publicó la primera viñeta de Batanero; por eso, solo los interesantes y lindos artículos de Mesonero pudieron contener *la disolución con que sus viñetas le amagaban*» (las cursivas son mías). Pedro de Madrazo. (1837) «Publicaciones artísticas» *No me olvides*. N° 7: 4-6)

2 Un completo estudio sobre esta publicación en Gutiérrez Sebastián, Raquel «Una imagen del país desde el exilio: España artística y monumental y Patricio de la Escosura» *Romanticismo y Exilio. X Congreso del Centro Internacional de Estudios sobre Romanticismo Hisánico*. Bolonia. Il Capitelo del Sole. 2009. 135.147.

rencia: la litografía es más cara y la xilografía más barata, la litografía produce una impresión de mejor calidad, y la xilografía (en el momento de la publicación de ambas revistas) menor, la litografía se imprime aparte y va en láminas exentas y la xilografía se imprime simultáneamente con el texto, de manera que texto e imagen comparten la misma página.

En el caso de *El Artista* nos encontramos con que el impresor de la revista, Sancha, no realiza las litografías que aparecen en la misma, sino que éstas son obra del Real Establecimiento Tipográfico. Y en este punto surge la figura de José de Madrazo.

José de Madrazo y Agudo (1781 – 1859), pintor de cámara de Fernando VII y de Isabel II, padre y primer eslabón de una poderosa familia[3] que cultivó el arte sin dejar nunca de lado la política, siempre junto al poder y utilizando éste para aumentar sus riquezas y sus posesiones. Los padres de José de Madrazo fueron hidalgos de escasa fortuna y José al principio estudió náutica, pero viendo su vocación por la pintura le hicieron entrar como criado del conde de Villafuertes, para poder así llegar a Madrid. Allí asiste a las clases nocturnas de la Academia de San Fernando y a fuerza de puro talento consigue labrarse una sólida posición, hasta convertirse en el personaje más poderoso de la época dentro del mundo de la pintura, y en uno de los personajes más influyentes de la corte fernandina.

Fruto de esta influencia fue el privilegio concedido por Fernando VII al Real Establecimiento Tipográfico, propiedad de José de Madrazo. La historia merece ser contada y retrata al personaje que estaba, en la sombra, detrás de *El Artista*.

Era José de Madrazo hombre implacable con sus rivales de toda índole y el resto de los litógrafos españoles pronto se dieron cuenta. Cuando puso sus ojos en la técnica litográfica, todavía una novedad pues había sido desarrollada en Alemania a finales del XVIII, encontró una manera de llevar al grabado a las manos del pintor, suprimiendo el intermediario, necesario, y muchas veces molesto, que era el grabador. Esa técnica interesó al pintor que era el Jekyll de José de Madrazo, pero la otra parte de su persona, el Hyde intrigante de la corte fernandina, rápidamente pensó que nada mejor que el monopolio para asegurar los beneficios del negocio litográfico. Y así fue: tras una serie de decretos que otorgaban cada vez más poder a Madrazo en el campo de la litografía, una orden real de 1827, le concedió la exclusiva de confeccionar litografías en España ante la rabia impotente de otros litógrafos españolas que habían desarrollado esa técnica antes de él, y con la protesta expresa de la Real Academia de San Fernando, alarmada por los problemas que esa exclusiva podía suponer para este nuevo modo de impresión y difusión de imágenes. Fernando VII, sin duda, prestó a la protesta la misma atención que a lo largo de su vida manifestó hacia todas las quejas que recibía sobre su despótico gobierno. Con los privilegios en su poder, Madrazo creó el Real Esta-

3 José de Madrazo fue padre de Federico de Madrazo y Kuntz, de Pedro de Madrazo y suegro de Eugenio de Ochoa, con lo que la relación familiar con la redacción de *El Artista* era muy evidente

blecimiento Litográfico de Madrid, sin reparar en gastos... sobre todo teniendo en cuenta que él no puso ni un ochavo en el empeño. Formó sociedad con un tal Ramón Castilla, socio capitalista de la empresa. Madrazo ponía las relaciones con el rey y Castilla el dinero. Castilla asumía la totalidad de las pérdidas que se pudieran producir y Madrazo se quedaba con la mitad de las ganancias. Con el dinero de Castilla, Madrazo viajó a Francia y compró prensas, papel y piedras y contrató a los mejores litógrafos que encontró. Con todo este material técnico y humano dio comienzo a su primera gran obra: la *Colección lithográfica de Cuadros del Rey de España*, «lujosísima publicación que podía competir con lo mejor de la litografía de reproducción europea de su tiempo» (Gallego: 1991: 347). El negocio parecía seguro, puesto que Madrazo había conseguido que la Casa Real se suscribiera a 300 copias de cada litografía que el Establecimiento produjera.

Pero Ramón Castilla no lo debía ver claro, sobre todo teniendo en cuenta que un Madrazo obsesionado por la calidad y el arte derrochaba dinero a paletadas en el Establecimiento y que el negocio no acababa de dar el dineral que Castilla había esperado. El socio de Madrazo, en 1829, tuvo la mala idea de quejarse al rey y de resultas de ello el Real Establecimiento cambió de Director. El Duque de Hijar lo fue, pero a efecto puramente nominal, ya que Madrazo siguió siempre controlando el Establecimento, puesto que, a resultas de la queja, Ramón Castilla fue obligado por la corte a abandonar el negocio y a renunciar a sus propiedades, entre ellas el Establecimiento Litográfico, que quedó en manos de Madrazo. Fue tan abusiva la actuación de Madrazo durante el reinado de Fernando VII que en 1830, aprovechando una enfermedad del rey, el Consejo revoca por una orden todos los privilegios de Madrazo. Pero el pintor de cámara actuó con celeridad y apenas una semana después un decreto, escrito de puño y letra del rey, revocó todas las disposiciones del Consejo y restituyó a Madrazo todo su poder y sus privilegios[4].

Dueño José de Madrazo del negocio que había montado con el dinero de Castilla, siguió dedicando tiempo y esfuerzo a la litografía, una de su obsesiones. Tanto es así que instaló los talleres del establecimiento en su propia casa, en la lujosa finca del Tívoli que le había regalado Fernando VII.

Éste era el hombre que estaba detrás de la revista «romántica por excelencia». Que la financió, que hizo valer sus influencias para que la corte emitiese una orden indicando a los Jefes políticos de las provincias que se suscribieran a ella, que puso a disposición de la revista sus plantas, sus talleres y sus

---

4 La influencia y capacidad de maniobra de José de Madrazo no acaba ahí. En ese mismo año de 1830, el 24 de junio, un decreto le adjudica la finca del Tívoli, propiedad del Ayuntamiento de Madrid, para instalar el Establecimiento Litográfico. El Tívoli, situado en lo que ahora es el actual paseo del Prado, junto al Museo, era un jardín público que había sido construido, por una concesión municipal, por la compañía francesa Perret en 1826. Después había sido adquirido por el propio Ayuntamiento a la compañía en 1826, y había sigo asignado para su explotación por un particular, en 3000 reales anuales. Madrazo no solo consigue la cesión, sino que, y a pesar de que ésta en principio era temporal, construyó allí su casa y apenas un año más tarde, en 1831, se convirtió en dueño de la finca y de todas las construcciones allí existentes (Lopezosa Aparicio Concepción. (2005). «Ocio y negocio. El jardín del Tívoli en el Paseo del Prado de Madrid». *Anales de Historia del Arte*. 15: 269-279.).

litógrafos, en cuya casa se reunían los jóvenes que escribían la revista, y que en varias ocasiones está presente en *El Artista*, escribiendo o siendo retratado por su hijo, Federico.

Y que duda cabe de que muchos de los que vieron aparecer la revista en 1835, que sabían la historia de José de Madrazo, que conocían su influencia en la corte absolutista de Fernando VII, que eran testigos del poder que iba acumulando el santanderino durante el gobierno de Calomarde –pensemos en Larra por ejemplo, que nunca colaboró en *El Artista*, en Mesonero o en Estébanez Calderón, que tampoco lo hicieron– verían con escepticismo los ímpetus revolucionarios de aquellos niños bien que imprimían su revista en los talleres del Establecimiento Litográfico y se reunían en la casa del pintor de cámara de Fernando VII.

Para cuando sale a la luz *El Artista* el Real Establecimiento ya tiene una amplia experiencia en la litografía. En 1826 aparece, como antes hemos dicho, la primera entrega de la *Colección lithographica de cuadros del Rey de España*. En 1837, aunque litografiadas entre 1835 y 1836 (es decir al tiempo que *El Artista*) el Establecimiento lanzó la *Colección de Vistas de los Sitios Reales y de Madrid*.

La comparación de los nombres de los dibujantes presentes en *El Artista* con los de estas dos colecciones es significativa. En el *Artista* colaboran Federico de Madrazo (41 láminas), Carlos Luis de Ribera (20), Elena Feillet (5), José Abrial (5), F. Aranda (5), Faramundo Blanchard (4), Cayetano Palmaroli (4), Asselineau (2) y C. J. de Morales (2). De ellos Madrazo, Abrial, Blanchard y Asselineau ya habían colaborado en la *Colección lithographica del cuadros del Rey de España*. Mientras que Elena Feillet era hija de P. J. Feillet, otro de los colaboradores habituales del Real Establecimento. Es decir que buena parte de los artistas gráficos presentes en *El Artista* eran nombres que ya habían colaborado anteriormente con José de Madrazo. La presencia de Madrazo padre no acaba aquí, puesto que se le dedica un número de la revista, en la Galería de Españoles Célebres que van presentándose en las páginas de *El Artista*, y, con anterioridad, mantiene una polémica con el Conde de Campo Alange, a raíz de una definición de la pintura que había hecho el joven aristócrata en su cuento *Pamplona y Elizondo*[5] y que el pintor de cámara de Fernando VII no había encontrado justa.

---

5 Estas son las palabras que Conde de Campo Alange que irritaron a José de Madrazo:

«El pintor observa los objetos que contiene la naturaleza, los combina en grupos más o menos complicados, varia a veces sus formas y sus colores, dándoles las de otros objetos, pero siempre copia. Sus creaciones, ininteligibles para los hombres vulgares, no son sino la pintura fiel de un tipo que existe o ha existido, una imitación de cosas que han visto sus ojos o que su imaginación le representa con todos sus colores.

El poeta es un pintor. Al dibujante pertenecen el exterior, las formas materiales, las propiedades visibles de los objetos, las impresiones que en nuestro físico estampan las pasiones, el prestigio de la luz y del colorido. El poeta se apodera del interior, penetra los misterios, lee en el alma, pinta lo invisible, da formas a lo que no las tiene, presenta al hombre desnudo de la corteza exterior y aprecia justamente sus acciones, no por los resultados, sino por la intención que presidió en ellas; en una palabra, analiza y pinta las causas cuyos efectos materiales copia el pintor. Para esto observa continuamente el corazón humano, se observa a sí mismo: ésta es la ocupación que llena su existencia. Estudia y copia». (Rodríguez Gutiérrez: 2008b: 171)

Pintores eran los promotores de *El Artista*. Y como pintores piensan y ejercen. La revista nace y se piensa en la casa madrileña, en el palacio, mejor dicho de José de Madrazo, en su finca del Tívoli, al lado del establecimiento tipográfico. Allí se imprimen las litografías, pero para la impresión de las entregas de la revista se recurre a la imprenta de Sancha. La distancia entre el Establecimiento Litográfico y los talleres de Sancha, marca asimismo una relación entre imagen y literatura.

El pintor que ilustra «Yago Yask» de Pedro de Madrazo es uno de los pintores de la casa: Carlos Luis de Ribera. Para la primera lámina que publica en la revista se centra en una de las escenas iniciales de la narración:

> Algunos gritos confusos y repetidos que salían de una puerta del coliseo, acompañados de un ruido como de carrera, precedieron a la aparición de dos bultos negros en persecución uno de otro; eran dos enmascarados. El perseguidor, a beneficio de las gentes que por allí andaban, pudo alcanzar a su enemigo y le asió fuertemente del cuello. La fatiga producía en su pecho un sonido ronco. Revolvióse el otro con presteza, y al revolverse, el dominó abriéndose dejó ver dos piernas por su forma y aparato más de Deán que de espadachín. Con su sacudimiento hizo perder a su antagonista toda la ventaja. Volvió éste a rodearle con sus brazos, y aquel levantando los suyos en calma le cogió ambas muñecas, y como quien se desprende de un niño de pecho, dando una carcajada que resonó seca como un árbol al troncharse, se libertó de su contrario arrojándole de espaldas en la nieve.
>
> El desgraciado perdió el sentido
>
> Dispersáronse los curiosos como una multitud de hojas al soplo de la brisa, y desapareció con ellos el de las pierna de deán, repitiendo su carcajada más atronadora que la del mismo Estentor.
>
> A pocos minutos volvió a pasar éste con una mujer envuelta en un largo mantón. Salía por los costados su cabellera rubia, flotando al aire y esparciendo una especie de resplandor azulado. Parecía un ángel arrebatado del cielo por un demonio.
>
> Los ojos de él centellearon al pasar por el lado de la máscara que aún permanecía derribada, y señalándola con una mano:
>
> —¿Le conoces? –preguntó a la mujer–; parece una mosca ahogada en un artesón de leche. Repitió su risotada, y prosiguieron su camino. Pero la mujer se estremeció y le dijo:
>
> —Abate ¿Le ha mandado usted con algún recado a mi madre

La lámina presenta a la figura inconsciente, el enmascarado, tendido en la nieve, y a su contrincante, señalándole, mientras pasa por su lado, abrazando a una mujer. Ribera presenta a estos tres personajes, siguiendo fielmente las indicaciones del texto narrado, pero la pintura añade una serie de detalles, con lo que el elemento significante de la imagen va más allá de la mera representación del texto literario. Ello se ve claramente en el empleo de las caretas o máscaras que llevan los tres personajes principales de la lámina (hay otros al fondo, como luego veremos). El texto, como hemos visto, habla de dos enmascarados, y no indica que la mujer lleve careta alguna. La imagen presenta en cambio ese rasgo de forma destacada de manera que la máscara que cada uno de esos personajes ostenta forma parte del diseño de su personalidad, al menos de la personalidad que nos llega mediante el mensaje icónico.

El personaje que está tendido lleva una máscara que deja al descubierto

la boca y la barbilla, mientras que los otros dos llevan la cara totalmente cubierta. Hay que recordar que Jenaro es el personaje inconsciente y que el desarrollo de la historia le va a convertir en la víctima del demoníaco abate Yago Yasck, que es quien está de pie junto a él. Esa media máscara le da un rasgo de humanidad de la que carecen los dos personajes que están con él en el centro de la lámina. Además la postura, semejante a la de un Cristo crucificado aumenta esa impresión de víctima, metras que la media máscara que lleva puesta simplemente se superpone a sus rasgo sin deformarlos ni caricaturizarlos en absoluto.

La mujer. Ángela, va como dice el texto, envuelta en un mantón y lleva al aire su rubia cabellera, pero Ribera añade a la descripción de Madrazo una muy evidente careta que recubre todo su rostro. La máscara es blanca, inexpresiva y despersonaliza aún más a esa figura, la cosifica. De forma intencionada Ribera le ha dado a esa máscara un calro aspecto de muñeca, de objeto. Ojos redondos y fijos, boca breve y congelada en un gesto, una mancha de color en las mejillas: una mascarilla de porcelana, una marioneta. A eso se añade que el tercer enmascarado que es quien preside la escena la agarra fuertemente, casi la aprisiona, marcando así claramente su carácter de posesión, de instrumento. Para dar a la figura ese aspecto de muñeca, Ribera tiene en cuenta un fragmento que Madrazo incluye en una apartado posterior del cueto en el que Yasck, efectivamente, maneja a Ángela como a una muñeca, como a una marioneta:

> ¡Y a pesar de todas las apariencias, la malignidad de Yasck había encontrado un reflejo, aunque débil, en el cristal de aquella alma, y la había corrompido; no había allí ya virtud, era un frío escepticismo, un indiferencia interrumpida por el rastro de lo pasado, pero sin fuerza para entusiasmarse, crear, espiritualizar la realidad que la envolvía!...
>
> [...]
>
> La mandó reírse y estar alegre, y ella se rió, y se levantó esbelta y ligera. Mas en su risa flotaba aquel matiz que sólo da a unos ojos azules en la inocencia, el júbilo del corazón.
>
> [...]
>
> Pero otras veces adoptaba de tal manera sus acciones a la voluntad del abate, que hubiera podido compararse a una sombría virgen de las que solo aparecen en la niebla, tomando lecciones de brujería de una vieja gitana.

Como he dicho, es el tercer enmascarado quien preside la escena. Su máscara es un pozo de negrura que recubre totalmente su rostro, negrura a la que se añade la sombra que proyecta la capucha que lleva puesta. En esa negrura en la que se adivinan bigote y barba, destaca el brillo de unos ojos que el pintor sabe poner en el centro de la percepción del contemplador, sin incluís apenas incluir más que un mínimo blanco en la careta. La cara de Yask es tan negra como su lama y el contrate entre la blancura de la máscara de Ángela y la lobreguez de la del malvado abate, causa un efecto en el espectador que hace que nos concentremos en esa figura maléfica de negro rostro y, quizás, negra alma, que señala al caído con una mano que parece una garra, mientras aprisiona con su otro brazo a la joven que va ser, primeros su marioneta e instrumento, y después su segunda víctima.

Toda esta escena ocurre a la puerta de un teatro, el madrileño teatro de la Cruz, en el que se celebra un baile de disfraces. Escenario recurrente este entre los románticos, y que podemos encontrar también, aunque con distintos objetivos y formas, en el relato d Antonio Ros de Olano, «La Noche de Máscaras»[6]. Los románticos amaban los efectos de misterio, equívoco y ambigüedad que se podían conseguir en este escenario. Ejemplos ilustres son «La máscara de la muerte roja» de Edgar Alan Poe o la ópera *Un ballo in maschera* de Giuseppe Verdi, adaptación de una anterior de Auber con libreto de Scribe. Madrazo lo utiliza como elemento ambiental y como escenario perfecto para la equivocación de dominó que luego se desvelará en la conversación entre Jenaro y Rafael, y con la que se explicará, posteriormente, el significado de la confusa escena que contemplamos al principio del relato. Pero Ribera sabe aprovechar mejor que Madrazo las posibilidades de ese escenario, y utiliza esa ambigüedad entre lo real y lo irreal que permite el disfraz, para crear un efecto que añade y da profundidad al personaje demoníaco que Madrazo pretende crear con el abate Yasck.

Y es que al fondo, tras los tres protagonistas, se divisan las siluetas de algunas figuras, trazadas con arte por el dibujante, insinuando más que mostrando. Una pareja sale del baile y se aleja en una dirección distinta a la que están nuestros tres protagonistas: se les entreve entre las sombras. Al otro lado de la puerta, y también confundido en la oscuridad se adivina otro enmascarado con el correspondiente dominó esperando algo, o quizás mirando la escena protagonizada por Jenaro, Ángela y Yasck. Tanto la pareja que se va como el enmascarado que espera están malamente iluminados por la luz que sale de la puerta del teatro. Y en esa puerta queda silueteada claramente una figura con cuernos y rabo que, justo en el umbral, parece salir detrás de la pareja. Con los brazos abiertos y las piernas igual, puede ser muy bien otro asistente al baile de máscaras disfrazado de diablo. Pero, y tengamos en cuenta ahora la personalidad demoníaca que a lo largo del relato va demostrando Yasck, también nos puede hacer pensar que se trata del demonio en persona, que está contemplando satisfecho desde la puerta, los hechos de su secuaz. Lo que está claro es que a esta figura no le afecta el frío, pues, mientras que el resto de personajes, incluido el caído, van cubiertos de gruesos ropajes, el no lleva ninguno. Esta sugerencia de la presencia del demonio la incorpora

6 Incluido también en esta antología.

Ribera pues ese personaje no aparece en ningún momento en el cuento de Madrazo.

La segunda estampa que ilustra este cuento, nos presenta otro de los escenarios preferidos de los románticos, sean escritores o pintores: el estudio del joven artista.

El artista romántico tiene unas características muy definidas. Es un personaje fundamental para los integrantes de ese movimiento, paladín de la verdad y de la integridad, enviado de los dioses, mensajero de lo absoluto. Su imaginación, su inspiración, su libertad construyen el «genio» que hay dentro de él. El genio es la actividad constante, incesante, el entusiasmo, el fervor emocional y de sentimiento, la espontaneidad y sobre todo la originalidad.

Con el romanticismo se afirma el carácter individual de la obra de arte, la idea de que el artista nos da una visión propia, creación libre de su ser particular. El artista quiere imponer su personalidad en la representación del mundo y no permitir que el mundo se la imponga. Su individualismo va a llevar a que el artista sea cada vez mas independiente de patronatos, cortes, mecenas, academias, y otras entidades que le protegen o mantienen, pero que le imponen temas, formas y gustos.

El artista busca imponer su visón al mundo. Se trata de un fenómeno concomitante a la ascensión de una burguesía que pueda constituirse en público. Esta visión de la misión y la figura del artista se lleva a la propia literatura. Así se explica la aparición de diversas novelas, entre finales del XVIII y principios del XIX, cuyo protagonista es un artista. Pero en seguida se va a producir un cierto efecto de rechazo: el artista no se siente aceptado por el público burgués, que desconfía de su libertad, y, al mismo tiempo, él desconfía de ese público a quien en el fondo no puede interesar sus ideales de cambio absoluto: es el desarraigo social o nacional. Tal vez las tertulias, los cenáculos literarios respondan a la necesidad del artista de protegerse, de encontrar a otros como él.

Pero en último término está condenado a la soledad. Ése es otro de los grandes temas románticos: el artista incomprendido que padece su talento como un maldición divina. En literatura esto lleva a los escritores a buscar figuras del pasado con las que identificarse, pero también al cultivo de las memorias, de la autobiografía. Rousseau inicia el camino que otros van a seguir, llegando a autores como Byron, en donde el tema constante es él mismo. El arte es una enfermedad que aísla y en muchas ocasiones mata. Una de estas manifestaciones es la extrema sensibilidad y la naturaleza enfermiza de Shelley, de Gil y Carrasco, de Bécquer. Otra es la fascinación por la neurosis y la locura tan presente en la obra de Poe.

Jenaro, solitario, desgraciado, y al final loco es una representación del artista romántico y su estudio una representación de su personalidad, una extensión de su sensibilidad.

Y tomando en seguida un violín que descansaba todo empolvado sobre un pequeño estante de libros, abrió una portezuela disimulada en un rincón de su habitación, y se escondió en aquella especie de nicho, después de lo cual siguió un profundo silencio. Considere el lector a este joven, pintor—músico, incrustado en su nicho apenas iluminado por la pálida luz que por lo alto mandaba un reducido ventanillo, vestido con una negra bata cuyos pliegues parecían salir de la tierra, su cabeza rubia iluminada superiormente, clavados los ojos en el cielo como un alma del purgatorio en el momento de la inspiración divina, y teniendo en su mano el instrumento, inmóvil como un santo de escaparate, y rodeado de esqueletos, momias, ins-

> trumentos de anatomía, retortas y otros objetos de alquimia no menos dignos de atención. Una armadura de reluciente acero colgada a un lado de la portezuela, aumentaba lo misterioso del cuadro. Visto todo a la luz del crepúsculo de la tarde, el cerebro menos pensador y positivo se hubiera hecho de repente visionario, y creería ver el purgatorio en miniatura al reparar en aquellos jeroglíficos infernales, al sentir aquel sabor a edad media y a encantamiento a pesar del polvo y de las cuantiosas telarañas que a guisa de arabescos colgaban por toda la antigua alacena.
> Levantó majestuosamente el arco, y dejándolo caer sobre las cuerdas, empezó un canto lleno de sentimiento y de misterio. Participaba aquella armonía de ideas a un mismo tiempo extravagantes y tiernas, y resonaba en aquel nicho con un inexplicable sabor romancesco y enérgico. Entraban las vibraciones del sonido por entre la armazón de hueso de un esqueleto colgado por el cráneo en el fondo de la alacena. Los huesos parecían responder por dentro con un murmullo vago a las vibraciones de afuera. Balanceábanse las piernas de aquel despojo de hombre con solemne compás, chocaban a veces una con otra con seco estallido, temblaban todas sus costillas como movidas por el chispazo eléctrico, y la amarillenta calavera formaba en sus yertas cavidades sonidos desconocidos que expedía con un no sé qué de sardónico y feroz.

Ribera, en esta ocasión, ante las indicaciones del texto no aumenta y añade, como en el caso anterior, sino que extracta aquellos elementos, de la abigarrada descripción de Madrazo, que pueden formar parte de la composición gráfica de la estampa. Y es que la enumeración de elementos que Madrazo hace, si bien en el texto literario tienen una función acumulativa, creando un ambiente muy adecuado para la historia por la abundancia de elementos que hablan de misterio, fantasía y oscuridad, resultaría excesiva y poco organizada en un cuadro, en un dibujo. En el texto esta acumulación de elementos tiene un motivo, pues se está preparando el decorado propicio para la escena fantástica posterior en la que diversos espíritus, entre ellos el de Yasck van a tomar cuerpo ante el joven protagonista. Pero lo que Ribera se plantea, únicamente, es presentar el estudio del artista, en su desorden y confusión y misterio.

La imagen está centrada en Jenaro, en el interior del nicho. La luz cae de lleno en su rostro y en el violín que está tocando, mentiras que la parte inferior de su cuerpo queda en la oscuridad hasta tal punto que apenas se distingue. Al fondo del nicho, tras Jenaro, se percibe la silueta de un esqueleto. Fuera del nicho, a la izquierda se ve una parte de una armadura y de la banqueta del pintor, con sus ruedas, mientras que a la derecha, y a plena luz está el cuadro en que ha estado trabajando Jenaro: una virgen con el niño. Sobre el lienzo está apoyada una regla de pintor, mientras que en el suelo se ve una paleta rota, pinceles esparcidos y los colores mezclados: testimonios, todos ellos, del acceso de ira del pintor antes de de encerrarse a tocar en su nicho.

> La paleta y los pinceles desparramados por el suelo, y un chafarrinazo dado con rabia en la tela, indicaban la ninguna superioridad de la pintura sobre su desesperación.
> —¡Nunca he podido hacer una madona! –gritó lleno de despecho. Murmuraba por intervalos algunos nombres con voz bronca y cascada. Quería también pronunciar el de Ángela, y gesticulaba como un demente sin poder pasar del primer sonido. Levantóse de su banqueta, hízola rodar de un puntapié un buen espacio sobre sus ruedas, se frotó las cavidades de los ojos con ambos puños hasta hacerles saltar lágrimas. Y repetidas veces se llevaba las manos a la cabeza, y después de un prolongado quejido que parecía salir de sus entrañas, hacía una especie de risa mezclada de dolor como la de un niño antes de llorar.

Ribera ha escogido de entre todos los elementos que Madrazo apunta una serie de ellos para destacar: el cuadro, la banqueta, la armadura. El nicho queda en la oscuridad, por lo que los elementos que en el texto se mencionan en su interior, esqueletos, retortas, instrumentos de anatomía, no se ven, sino que aparecen como líneas que se adivinan entre las sombras. Como pintor consciente, Ribera añade al estudio la regla de pintor que ha quedado apoyada en el marco, y un par de detalles que complementan el abandono bohemio del personaje: una botella, al fondo tras el cuadro y una copa rota volcada en el suelo mezclada con los colores pisoteados. Pero fundamentalmente lo que hace el pintor es colaborar con el escritor y hacer que ese escenario fantástico y abigarrado del estudio del joven artista sea convertido a imágenes comprensibles por organizadas internamente: es decir que para dar la impresión de desorden, esta lámina ha sido minuciosamente estudiada y ordenada en su composición.

Las dos ilustraciones litográficas de Ribera para el cuento de Madrazo nos presentan con claridad una forma de abordar la ilustración en las revistas románticas. Un pintor de talento, conocimientos y habilidad estudia a fondo el relato y de él se fija en dos escenas que permiten desarrollar dos cuadros que en sí mismos tienen significado y entidad. La cuidada composición, el detallismo, la preocupación por los fondos, el uso de primeras y segundas e incluso de terceras capas de profundidad en el dibujo (recuérdese que en la primera lámina, tras la primera capa de profundidad que son los personajes, está la segunda, que es el diablo en el umbral, y aún hay una tercera capa pues tras el diablo se perciben unas siluetas que aún están dentro del teatro –¿o del infierno?– y que no podemos identificar con certeza, pero cuya presencia es indudable); todo ello nos habla de un trabajo meditado, pensado y elaborado con cuidado. Y también de una voluntad de colaboración con el autor, plasmada en una atenta lectura del texto de manera que los elementos que se añaden en el dibujo y que no parecían previamente en el texto, tienden a acentuar más la impresión que el texto quiere causar, respetan su sentido y su composición, ayudan a la lectura y potencian el efecto que el autor literario busca.

Un trabajo de lectura, comprensión del texto, y plasmación en imágenes de la interpretación que el dibujante hace, al servicio del texto. Y ello porque el procedimiento litográfico impone, para la ilustración literaria, la necesidad de que haya un texto anterior al dibujo.

Thank you for acquiring

TRECE CUENTOS DEL ROMANTICISMO ESPAÑOL

from the
Stockcero collection of Spanish and Latin American significant books of the past and present.

This book is one of a large and ever-expanding list of titles Stockcero regards as classics of Spanish and Latin American literature, history, economics, and cultural studies. A series of important books are being brought back into print with modern readers and students in mind, and thus including updated footnotes, prefaces, and bibliographies.

We invite you to look for more complete information on our website, **www.stockcero.com**, where you can view a list of titles currently available, as well as those in preparation. On this website, you may register to receive desk copies, view additional information about the books, and suggest titles you would like to see brought back into print. We are most eager to receive these suggestions, and if possible, to discuss them with you. Any comments you wish to make about Stockcero books would be most helpful.

The Stockcero website will also provide access to an increasing number of links to critical articles, libraries, databanks, bibliographies and other materials relating to the texts we are publishing.

By registering on our website, you will allow us to inform you of services and connections that will enhance your reading and teaching of an expanding list of important books.

You may additionally help us improve the way we serve your needs by registering your purchase at:
HTTP://WWW.STOCKCERO.COM/BOOKREGISTER.HTM

www.ingramcontent.com/pod-product-compliance
Lightning Source LLC
Chambersburg PA
CBHW051600100726
47898CB00001B/171

9781934768273